Darf ich Sie ein Stück begleiten?
Die Rudi Schuricke Bio-Diskografie

Hans-Joachim Schröer (†) und Alexander Zäh
Herausgegeben von Martina Wunsch

AF223151

Über die Autoren:

Alexander Zäh, 1970 in Hanau geboren, lebt in Maintal und ist im Hauptberuf Kunsthistoriker (https://kunst-zaeh.de). Durch sein Interesse für Rudi Schuricke ergab sich der Kontakt zu Hans-Joachim Schröer (geb. 1935), dem wohl wichtigsten Schuricke-Experten und -Sammler. Zäh kuratierte Schröers diskografische Liste und Memorabilia und begann, an der nun hier vorgelegten Schuricke-Bio-Diskografie zu arbeiten. Leider verstarb Hans-Joachim Schröer nach langer Krankheit im Jahr 2022.

Die Herausgeberin: Martina Wunsch, Jahrgang 1966, lebt in der Nähe von Baden-Baden und ist die Autorin einer Internet-Seite (https://kardosch-saenger.de) und eines Buches zu den Kardosch-Sängern („Herr Ksardosch und seine Sänger. Fünf Musikerschicksale im Schatten der NS-Zeit").

© 2024 by Alexander Zäh
Verlag: BoD • Books on Demand GmbH, In de Tarpen 42, 22848 Norderstedt
Druck: Libri Plureos GmbH, Friedensallee 273, 22763 Hamburg
Herausgeberin: Martina Wunsch
Coverbild: Archiv Hans-Joachim Schröer
Foto Rückseite: Archiv Alexander Zäh
ISBN: 978-3-7597-8666-1

Darf ich Sie ein Stück begleiten?*

Die Rudi Schuricke Bio - Diskografie

**von Hans-Joachim Schröer †
und
Alexander Zäh**

**herausgegeben
von
Martina Wunsch**

2024

*Nach dem gleichnamigen Chansontitel von Heinz Reinfeld / Willy Mattes, gesungen von Rudi Schuricke, begleitet vom Komponisten Reinfeld, am Klavier 1936 (veröffentlicht auf Grammophon 10470 A).

INHALTSVERZEICHNIS

Teil 1
Rudi Schuricke. Eine musikalische Biografie
Alexander Zäh

Teil 2
Diskografie

Teil 3
„Wie die Zeit verging – Von Jahr zu Jahr"
Hans-Joachim Schröer †

Teil 1
Rudi Schuricke.
Eine musikalische Biografie
von
Alexander Zäh

Quellen- und Abkürzungsverzeichnis

Zitierte Zeitschriften, Tageszeitungen und nur einmal zitierte Literatur erscheinen in der Fußnote ausgeschrieben mit der Angabe der Nummer bzw. des Erscheinungsdatums und werden hier nicht vollständig gesondert aufgelistet. Häufiger zitierte Literatur wie folgt:

BA = Bundesarchiv, Sammlung Berlin Document Center (BDC): Personenbezogene Unterlagen der Reichskulturkammer (RKK), [hier: Reichsfachschaft Film, Personalakte: Schuricke, Rudolf]; Signaturen: R 9361-V/113020; R9361-V/124559.

BOLIG = John R. Bolig, The Bluebird Label Discography, Santa Barbara (Calif.) 2017 [online.pdf].

BUCHHOLZ = H. Buchholz, Lang' ist's her, Folge 1. Rudi Schuricke vom Refrainsänger zum lyrischen Tenor, Begleitheft zur gleichnamigen CD (o. J.).

BUCHHOLZ II = H. Buchholz, Tonfilm – Chansons, Begleitheft zur gleichnamigen CD (o. J.)

CZADA – GROßE = P. Czada – G. Große, Comedian Harmonists. Ein Vokalensemble erobert die Welt, Berlin 1993.

DANZI = M. Danzi, *American Musician in Germany 1924-1939. Memoirs of the Jazz, Entertainment and Movie World of Berlin during the Weimar Republic and the Nazi Era – and in the United States, as told to* Rainer E. Lotz, Schmitten 1986.

DDT = R. E. Lotz (Hg.), Deutsche National-Discographie[1] – Serie 2. Discographie der Deutschen Tanzmusik, Bde. 1-8, Bonn 1993-2003 [weitere Bände in Vorbereitung].

---

[1] Obwohl das Wort laut Duden eigentlich Diskografie bzw. Diskographie geschrieben wird, da es sich vom griechischen Wort ὁ δίσκος – die Scheibe – ableitet, hat

DHD = R. E. Lotz (Hg.), Deutsche Hot-Discographie. *Cake Walk, Ragtime, Hot Dance & Jazz* – Ein Handbuch, Bonn 2006.

DÖMPKE = J. Grundmann, *Hot Bandoneon – Swingin' Guitar.* Die Fred Dömpke Bio-Discographie, Der Jazzfreund 30, Hamburg 1986.

DRA = Deutsches Rundfunkarchiv, Frankfurt am Main.

FETTHAUER = S. Fetthauer, Deutsche Grammophon. Geschichte eines Schallplattenunternehmens im „Dritten Reich". Musik im „Dritten Reich" und im Exil, Bd. 9, Hamburg 2000.

FILM-ECHO = Film-Echo. Offizielles Organ des Zentralverbandes der Deutschen Filmtheater e. V., Wiesbaden 1946 ff. [wöchentlich].

FOX AUF 78 = Fox auf 78. Ein Magazin rund um die gute alte Tanzmusik. Dietramszell 1986 ff. Bisher erschienene Hefte bis 2021 (hrsg. von Professor Dr. med. Klaus Krüger) mit Inhaltsangabe bei: http://www.fox-auf-78.de/FOX-auf-78/Verzeichnis.html

GREVE = B. Greve, Polydor – Sternenhimmel. Die Chronik einer deutschen Schallplattenmarke, Höfen 2001.

HAWRANKE = St. Hawranke, Rudi Schuricke. Ein Troubadour der Liebe, in: Der Schalltrichter, Stuttgart 1999, 8-12. Mitglieder-Magazin des Deutschen Grammophon Clubs e. V. (Stuttgart).

HEIN = E. Hein - Deutsche Grammophon Gesellschaft (Hg.), 65 Jahre Deutsche Grammophon Gesellschaft 1898-1963, Hamburg 1963.

IMPERIAL – KRISTALL KATALOG 1939 = Kristall GmbH (Hg.), Imperial und Kristall Gesamtverzeichnis 1939, Berlin 1939.

KRÜGER = K. Krüger, Auf in's Metropol! [Artikelserie], Fox auf 78, Hefte 2-9 (1986-1991).

KR 1 = W. Limpert Verlag – Berlin (Hg.), Künstler des Reichsrundfunks 1937-1938, Berlin 1937.

KR 2 = W. Limpert Verlag – Berlin (Hg.), Künstler des Rundfunks [!] 1938-1939, Berlin 1938.

---

sich im Deutschen eine weitverbreitete – wohl am Englischen und Französischen orientierte – Schreibweise eingebürgert.

KÜNSTLER IM RUNDFUNK = Der Deutsche Rundfunk – Funk Post (Hg.), Künstler im Rundfunk (Teil 1-4). Ein Taschenbuch unseren Lesern gewidmet: Teil 1, Sänger und Sängerinnen (1933; 1935). Teil 2, Dirigenten und Instrumentalsolisten (1933). Teil 3, Schauspieler und Ansager (1934). Teil 4, Vortragskünstler und Unterhaltungsorchester (1936), Berlin 1933-1936.

LANGE = H. H. Lange, Jazz in Deutschland. Die deutsche *Jazz*-Chronik 1900-1960, Hildesheim 1996.

LANGE II = H. H. Lange, Die deutsche „78er" Discographie der *Hot-Dance*- und *Jazz*-Musik 1903-1958, Berlin 1978.

LOTZ, LINDSTRÖM = R. E. LOTZ, Carl Lindström und die Carl Lindström Aktiengesellschaft, *Einführungsvortrag zum 9. Discografentag*, Immenstadt 2008, 1-27 [online pdf, abgerufen am 21.11.2022].

MELODIE = Melodie. Illustrierte Zeitschrift für Musikfreunde (Hg. Bruno Balz – Gerhard Froboess), Berlin 1946-1949 [Erscheinungsfolge: Monatlich].

MEYER – RÄHNITZ = B. Meyer-Rähnitz – F. Oehme, Eine Freundin ist in die Jahre gekommen. Zum 50. Geburtstag der Schallplattenmarke Amiga, Fox auf 78, Heft 17 (1998), 4-11.

PA = Personalakte Reichsfachschaft Film „Schuricke" im BA (wie oben)

PAULUSSEN = D. Paulussen, Strawinsky-Interpretationen 1946 – 1985. Ein Verzeichnis (west-) deutscher Rundfunkaufnahmen, Fassung 1985 – Internet-Ausgabe 2002.

PAYSAN = M. Paysan, *Swinging Ballroom Berlin II,* Begleitbuch zur 4 CD-Box (Universal 2002).

PAYSAN, Sounds of an Era = M. Paysan, Berlin 1920-1950. Sounds of an Era, Hamburg 2016 (inkl. 3 Musik-CDs mit Schellackaufnahmen / Edel Music).

PFAU = H. Pfau, Adalbert Lutter – Telefunkenplatten. Die deutschen Tanzorchester – ein Stück europäischer Kulturgeschichte, Teil 1 und 2, Hamburger Musik Magazin Nr. 10 (1984), Nr. 20 (1986).

PRIEBERG = F. K. Prieberg, Handbuch Deutsche Musiker 1933-1945, Kiel 2004 [9570 Seiten; CD-ROM / online .pdf][2]; [2. Aufl. Kiel 2009].

RFF = Reichsfachschaft Film, im BA (wie oben).

RM = Reichsmark

RSA = Rudi-Schuricke-Archiv, Hans-Joachim Schröer (†), Berlin.

SIELMANN = H. Sielmann, Mein Leben. Abenteuer Natur, München – Berlin 1995.

SIELMANN II = Ohne Autor, Warum Heinz Sielmann am Grab von Rudi Schuricke sprach, in: Gong 4 (26.01.1974), 5.

SCHNEIDEREIT 2 = W. Schneidereit, Discographie der Gesangsinterpreten der leichten Muse im deutschsprachigen Raum von 1925-1945 […], Bd. 2: Kirsten Heiberg bis Ethel Reschke, Norderstedt 2019.

SCHNEIDEREIT 3 = W. Schneidereit, Discographie der Gesangsinterpreten der leichten Muse im deutschsprachigen Raum von 1925-1945 [...], Bd. 3: Franzi Ressel bis Slobodan Zivojnovic, Norderstedt 2019.

SCHRÖER, Spree-Revellers = H.-J. Schröer, Ein bisschen Singsang – Arbeitsalltag bei den Spree-Revellers (Mai 1934 – Okt. 1937), Fox auf 78, Heft 23 (2005), 45-47.

SCHRÖER – BUCHHOLZ = H.-J. Schröer – H. Buchholz, Zarte Töne in rauhen Zeiten, Begleitheft der gleichnamigen CD (2003).

SCHRÖER – WUTHE = H.-J. Schröer – St. Wuthe, Tanze und Sing'! Begleitheft der gleichnamigen CD (2000).

SCHURICKE = R. Schuricke, Auszüge aus der unveröffentlichten Rudi Schuricke Autobiographie „Halt' die Schnauze – sing'!", als Vorabdruck: „Rudi Schuricke der Mann, der Millionen Träume erfüllte", in: Quick, Nr. 6 (Februar 1974), 37-46.

SCHURICKE II = R. Schuricke, Meine Lieblingslieder. Autobiographischer Begleittext der gleichnamigen Polydor LP 2371 431 (1973).

---

[2] Das Werk ist gemeinfrei angelegt und online etwa bei: https://archive.org abrufbar.

STAUFFER = T. Stauffer, Es war und ist ein herrliches Leben, Berlin – Frankfurt / M. 1968.

THIELE = E. Thiele (Hg.), Telefunken nach 100 Jahren. Das Erbe einer Deutschen Weltmarke, Berlin 2003.

UFA – BUCH = H.-M. Bock – M. Töteberg (Hg.), Das Ufa – Buch. Kunst und Krisen. Stars und Regisseure. Wirtschaft und Politik, Frankfurt am Main 1992.

VÖLMECKE = J.-U. Völmecke, Ein Troubadour der leichten Muse. Rudi Schuricke zum 30. Todestag, Triangel (April 2003), 20-27.

VÖLMECKE, Raymond = J.-U. Völmecke, „Schau' einer schönen Frau nie zu tief in die Augen". Zum 100. Geburtstag: Fred Raymond und die Operette, GEMA-Nachrichten 161 (2000), Internet; abgedruckt auch in: Triangel (April 2000).

VÖLMECKE, Schmidseder = J.-U. Völmecke, Gitarren spielt auf! Vor 30 Jahren starb der Operetten- und Filmkomponist Ludwig Schmidseder, Triangel (Februar 2001), 16 ff.

VÖLMECKE, Schwenn = J.-U. Völmecke, „Für eine Nacht voller Seligkeit …" Zum 100. Geburtstag des Textdichters Günther Schwenn, Triangel (März 2003), 50 ff.

WALKER = L. Walker, Ein Leben mit der Gitarre. Kindheitserinnerungen - Begegnungen - Rund um die Gitarre - Konzertreisen, Frankfurt am Main 1989.

WOLFFRAM = K. Wolffram, Tanzdielen und Vergnügungspaläste. Berliner Nachtleben in den dreißiger und vierziger Jahren. Von der Friedrichstraße bis Berlin W., vom Moka Efti bis zum Delphi, Berlin 1992 (4. Auflage 2001).

WUNSCH= M. Wunsch, Herr Kardosch und seine Sänger. Fünf Musikerschicksale im Schatten der NS-Zeit, Weisenbach / Norderstedt (Books On Demand) 2022.

ZÖCHLING = D. Zöchling, Operette. Meisterwerke der leichten Muse. Mit einem Vorwort von Anneliese Rothenberger, Braunschweig 1985.

Vorwort und Danksagung

Dieser Beitrag ist ein erster Versuch, das Werk Rudi Schurickes umfassend als Monografie zu würdigen. Ohne den bereits vor Jahren zu Stande gekommenen freundschaftlichen Kontakt zu Herrn Hans-Joachim Schröer [†] (Berlin) und dessen Archiv (im folgenden Rudi-Schuricke-Archiv = RSA), den wohl besten Kenner Schurickes und seines Werks, wäre die Vorlage so nicht möglich geworden. Mein Manuskriptteil wurde bereits im April 2006 im Grundgerüst abgeschlossen, bevor sich Herr Schröer an die Vervollständigung und Durchsicht des diskografischen Teils machte, was aufgrund der Fülle der Aufnahmen einige Zeit in Anspruch nahm.

Rudi Schuricke nur als Interpret seines wohl bekanntesten Titels, der „Capri-Fischer", und damit als „Schnulzensänger" der Nachkriegszeit abzutun, oder ihn gar nur als „Refrainsänger" in Erinnerung zu behalten, wäre ungerecht.

Rudi Schuricke ist sicher als einer der wichtigsten und fähigsten Gesangsinterpreten deutschsprachiger populärer Musik des 20. Jahrhunderts zu begreifen. Dies lag zum einen in seiner Vielseitigkeit und ungeheuren Produktivität begründet, zum anderen darin, dass er neben der Interpretation von gängigen Tagesschlagern bis hin zu Titeln der Kleinkunst in der Lage war, einer Melodie oder einem Lied mit seiner kristallklaren Tenorstimme seinen eigenen Stempel aufzudrücken, so dass daraus etwas ganz Besonderes wurde. Hinzu kommt, dass Rudi Schuricke in nur wenigen Jahren durch seinen einprägsamen Refraingesang die deutsche Jazz- und Swing-Musik von 1936 bis 1941 entscheidend mitgeprägt hat. Rudi Schuricke, aber auch sein Gesangstrio, das „Schuricke-Terzett", stand mit allen bedeutenden deutschen Tanzorchestern der damaligen Zeit vor den Mikrophonen unserer Schallplattenfirmen, die zunächst fast ausschließlich in Berlin zuhause waren.

Von 1940 bis 1941 war Schuricke an den schnellsten, elegantesten und musikalisch am besten besetzten Swing-Aufnahmen beteiligt, die in Deutschland jemals aufgenommen wurden, und dies, obwohl diese Musikrichtung von offizieller Seite eigentlich abgelehnt – wenn auch nicht verboten – und mit dem Bannstrahl des „Dritten Reiches" belegt wurde. Was sich allerdings in den Aufnahmestudios der Plattenfirmen tatsächlich zutrug, zeigt, dass eine deutsche Swing-Musik mit großer Lebendigkeit bis an das Kriegsende existierte, gewissermaßen geduldet wurde und ihren ganz eigenen Stil hervorbrachte – der zwar im Vergleich zum amerikanischen Swing solistisch etwas „glattgebügelt" klang, aber dennoch zu glänzenden Einspielungen führte, und der bis heute, dank der Beteiligung Rudi Schurickes, auf den Hörer einen unverwechselbaren, nie wieder erreichten Glanz und Zauber ausübt.

Der hier vorgelegte Katalog von Schuricke-Aufnahmen versteht sich als erster Versuch, das Werk Rudi Schurickes diskografisch zu erfassen. Die Vorlage beginnt mit den ersten Gesangsaufnahmen mit den Kardosch-Sängern (1933) und endet mit den letzten Aufnahmen, die kurz vor seinem Tod für die Polydor entstanden (1973). Insgesamt sind über 1500 bisher belegte Gesangs-Aufnahmen entstanden. Viele Schuricke-Aufnahmen wurden vor allem in den 1930er Jahren anonym veröffentlicht, das heißt auf dem Etikett der Schallplatte fand sich ohne näheren Vermerk zur Identität des Interpreten zum Beispiel nur der Hinweis „mit Refraingesang" oder „mit Gesang". Daneben verwendete man für Rudi Schuricke mehrere Pseudonyme, hauptsächlich „Rudolf Erhard" (gebildet aus seinen tatsächlichen Vornamen) für etliche Veröffentlichungen auf „Kristall-Schallplatten" (1935-1938) und „Michael Hofer" für die Einspielungen für „Tempo-Schallplatten" (1940). Dazu kommt die Mitgliedschaft in verschiedenen Gesangsgruppen, die Schurickes Teilnahme ebenfalls in Anonymität hüllt. Neben den Kardosch-Sängern waren das die „Spree-Revellers" (1936-1937) und die „Vier Lustigen Jungens" (1937-1940), letzteres eigentlich ein Pseudonym des „Schuricke-Terzetts". Außerdem existieren weitere Anonyma (hauptsächlich für „Kristall" und „Imperial"- Veröffentlichungen) mit dem Etikettenaufdruck „mit Quartettgesang", was zu einer gewissen Konfusion führte.

In vielen Fällen konnte und kann eine Überprüfung, und damit eine Identifizierung, erst durch Autopsie – eigentlich „Autophonie" – das heißt über das Anhören der entsprechenden Aufnahmen durchgeführt werden. Die allermeisten Unterlagen der Plattenfirmen wurden im Krieg vernichtet oder existieren nicht mehr, da auch nach dem Krieg die Archive einzelner Firmen durch Auflösung oder Firmen-Fusionen verloren gingen. Manche erhaltenen historisch wertvollen Unterlagen sind leider nicht öffentlich zugänglich und mögen in den Händen diverser Sammler verstreut sein. Mit einiger Mühe und Hilfe vieler Sammler (hier besonders Henner Pfau), der Auswertung von Platten- und Auktionskatalogen, historischen Firmenkatalogen, Informationen aus dem Internet, dem Deutschen Musikarchiv (vormals Berlin) und den Platten aus dem RSA konnte damit von Herrn Schröer diese erste diskografische Übersicht erstellt und vervollständigt werden, die hoffentlich vielen Musikinteressierten ein wenig weiterhelfen wird, da sie ein lange gewünschtes Desiderat war.

Aus dieser Notwendigkeit heraus entstand auch die Motivation zu dieser Vorlage, da ich, als ich mich in den 1990er Jahren mit dieser Musikepoche intensiver zu beschäftigen begann, erstaunt feststellte, dass merkwürdigerweise weder eine „Schuricke-Biografie" noch eine „-Diskografie" im Buchhandel erhältlich waren noch jemals existiert hatten. — Als etwa Zehnjähriger hörte ich Schurickes Stimme erstmals auf einer im elterlichen Besitz befindlichen LP-Buchklubedition „*... das gab's nur einmal*" mit dem zum Träumen anregenden Titel „Stern von Rio" und mit „Junger Mann im Frühling" vom Schuricke-Terzett (beide Aufnahmen von 1940). Der Verfasser war damals von Vortrag und Aufnahmen sofort gleichermaßen begeistert. „Schuricke" war natürlich auf Nachfrage bei den Großeltern bekannt, allerdings fand sich in deren kleiner Nachkriegs-Schellack-Plattensammlung enttäuschenderweise keine einzige Schuricke-Platte. Nun: Der Interpret war registriert und für „gut" befunden, nur gab es um 1980 und in den folgenden Jahren noch nicht die Möglichkeiten, sich Wissen zu Künstlern und deren Werken so rapide wie heute zu erschließen. Das sollte sich dann, ab Mitte der 1990er Jahre, rasant ändern. Es wurden Flohmärkte aufgesucht und noch später Platten im Internet und von einschlägigen Händlern bestellt, was zum Aufbau einer kleinen Sammlung führte.

Gemessen an der eigentlichen Bedeutung und Bekanntheit und Beliebtheit des Künstlers, war das Fehlen eines Buches (aus meiner Sicht) als ein relativ verwunderlicher Sachverhalt anzusehen. Schnell wurde im Dialog mit Herrn Schröer klar, dass man daran ja etwas ändern könne. Wobei nun aber gewiss das riesige Schuricke-Œuvre und die Menge des Materials sowie dessen Unübersichtlichkeit (unter den schon genannten Schwierigkeiten) auf jeden potenziell interessierten Rechercheur oder Musikhistoriker einen abschreckenden Eindruck gemacht zu haben scheinen, was das bisherige Nicht-Erscheinen eines Buches zu „Schuricke" erklären mag. Die sehr verdienstvolle Reihe „Deutsche National Discographie" (Lotz-Verlag, Bonn) kann und konnte die Frage nach einer Übersicht nicht beantworten, da sie erstens noch nicht abgeschlossen ist und zweitens nur nach Tanzorchestern, nicht aber nach Gesangsinterpreten aufgebaut ist. Wolfgang Schneidereit schaffte diesbezüglich später dankenswerte Abhilfe.

Rudi Schuricke selbst hat in den Jahren vor seinem Tod an einer Autobiografie mit dem geplanten Titel „Halt' die Schnauze und sing'!" gearbeitet, deren Manuskript aber heute leider verschollen ist. Auf interessante veröffentlichte Vorab-Auszüge und Fragmente konnte im folgenden Text allerdings Bezug genommen werden. Das wenige, was in der

Presse aus diesem Manuskript, kurz nach seinem Tod, veröffentlicht wurde, macht deutlich, dass Rudi Schuricke selbst sich an bestimmte Details seiner langen und produktiven Aufnahmekarriere nicht mehr so recht erinnern konnte, bzw. seine Erinnerung ihm hier und da einen Streich spielte und er damit, ob bewusst oder unbewusst, an seiner eigenen Legende mit strickte. Seine Autobiografie, wäre sie denn jemals erschienen, hätte eher das heiter bewegte private Künstlerleben „Schuricke" als das Œuvre des Künstlers in den Vordergrund gestellt. Hier soll es aber hauptsächlich um den Künstler „Schuricke" gehen, und der Beitrag wird durch zum Teil seltene Bilder aus den Archiven Schröer (RSA) und in geringem Teil „Zäh" hoffentlich unterhaltsam ergänzt und aufgelockert.

Namentlich möchte ich mich an aller erster Stelle bei Herrn Hans-Joachim Schröer †, dem wahrscheinlich besten und auskunftsfreudigsten Schuricke-Experten Deutschlands, bedanken. Herr Schröer hat mir in zahlreichen Gesprächen wichtige Informationen zum Verständnis von Schurickes Biografie vermittelt und mir aus seinem umfangreichen Privatarchiv, das wohl fast alle bekannten Aufnahmen auf originalen Tonträgern umfasste, freundschaftlich zahlreiche CDs besonders seltener Aufnahmen zusammengestellt.

Herzlicher Dank gebührt auch Herrn Andreas B. Kubitza, der sich mit guten Ideen und Engagement in die Gestaltung des diskografischen Anhangs eingebracht hat und damit sehr zur Übersichtlichkeit desselben beigetragen hat. Des Weiteren bedanke ich mich herzlich bei Herrn Hans Winkler (Gerhard-Winkler-Archiv, Berlin-Charlottenburg), Herrn Bernd Meyer-Rähnitz (Dresden), Herrn Henner Pfau (Leverkusen), Herrn Alan Newcomb (Archiv der Deutschen Grammophon Gesellschaft, Hamburg), Frau Sigrid Berr und Frau Dr. Bettina Seyfried vom Deutschen Musikarchiv (seinerzeit Berlin, jetzt Leipzig).

Last but not least kam der Kontakt zur Kardosch-Sänger-Spezialistin und Biografin, Frau Martina Wunsch, zu Stande. Sie zählt zu den letzten Musikfans, die zu Herrn Schröer Kontakt hatten, bevor er nach schwerer Krankheit im Februar 2022 verstarb. Frau Wunsch hat sich spontan dazu bereit erklärt, die lange liegen gebliebene Arbeit auf ihrem weiteren Weg (auch in das Internet) zu begleiten, wofür ich ihr unschätzbaren und herzlichen Dank ausspreche.

Eine sicher gewinnbringende Erweiterung der Arbeit durch zwei geplante Beiträge des hoch verdienten Herrn Marko Paysan (1966-2024), kam durch dessen Erkrankung leider nicht mehr zu Stande. Herzlich gedankt sei darüber hinaus besonders Herrn Stephan Wuthe (Berlin) für seine freundliche Kontaktaufnahme. Schließlich bedanke ich mich noch bei den Herren Günter Lotz und Sohn Karsten für die Durchsicht der letzten Schuricke-Polydor-Plattendaten (1953-57) sowie Herrn Axel Mellenthin vom Team http://cover.info (n.e.V.) für zahlreiche Hinweise

Allen Genannten sei für unermüdliche Unterstützung und der Beantwortung vieler Fragen „Rund um Rudi Schuricke" herzlich gedankt, auch wenn einige diesbezügliche Kontakte mittlerweile recht lange zurückliegen.

Maintal, im August 2024
Alexander Zäh

In Memoriam Hans-Joachim Schröer † (1935-2022)

Berlin 2015 – Zufriedener und stolzer, aber auch erschöpfter Sammler. Wir befinden uns im „Heiligtum" des „Schurickologen": Achim „Rudicke" Schröer in seiner Wohnung vor seinem Musikalienschrein und vor seiner Schellackplattensammlung, die einen Teil seines Schuricke-Archivs bildeten (Foto: Zäh).

Herr Schröer war ein begeisterter Sammler, der emsig bis März 2017 die hier vorgelegte Diskografie weiter fortführte. Als letztes informierte er mich über eine anonym besungene Kristall-Platte mit Militärtiteln (Nr. 2148, vgl. Diskografie *0839-0840*). Besonders freute es ihn auch, fortwährend ihm zur Kenntnis geratene, „neue", bisher unbekannte und besonders exotische Pressungen vermelden zu können, etwa Schuricke-Platten aus Brasilien oder Australien. Getrost kann man behaupten, dass die Schuricke-Sammelleistung sein Lebenswerk war. Kein Lebenswerk ist vollkommen, und es bleibt abzuwarten, was hier und da noch ergänzt werden kann. Relativ sicher kann man aber davon ausgehen, dass die Titelerfassung zu über 95% komplett sein dürfte. Alle, die Herrn Schröer kannten, werden ihn als äußerst liebenswürdigen, auskunftsfreudigen und zuvorkommenden Musikliebhaber in Erinnerung behalten (der auch gerne, immer völlig selbstlos, kleine Schuricke-Spezialkompilationen und Wuncheditionen an Freunde und Bekannte versendete) und ihm für seine Sammelleistung die gebührende Anerkennung nicht verwehren.

Rudi Schuricke.
Eine musikalische Biografie
von
Alexander Zäh

1913-1932
Herkunft und Jugend

Zweimal Rudi Schuricke
Schon der Dreizehnjährige
sah — wie das Bild links
erkennen läßt — recht
stattlich aus. Heute betört
er mit seiner Stimme man-
ches schwache Frauenherz

Abb. 1 aus: **Hörzu 41 (1949)**, Jugendaufnahme und Foto von 1948

„Rudi" Schuricke wird als Rudolf Erhard Hans Schuricke am 16. März 1913 in Brandenburg an der Havel geboren.[3] Zwei der Vornamen standen Pate für das am Anfang seiner Schallplattenkarriere auf Kristall-Schallplatten häufig verwendete Künstler-Pseudonym „Rudolf Erhard". Rudi Schuricke stammte aus einer musikalischen Familie – sein Vater

---

[3] Schuricke, 38. Geburtsurkunde (Fotokopie) im RSA, belegt einen dritten Vornamen „Hans": Nennung unter Vornamen „Erhard Rudolf Hans". R. Schuricke, Beitrittserklärung Reichsfachschaft Film (29.04.1936), Künstlername „Rudolf Erhard-Schuricke", BA.

war der Militärkapellmeister Otto Wilhelm Schuricke, seine Mutter hieß Luise Anna (geb. Wartenberg).[4] Schuricke hatte einen einzigen, älteren Bruder: Otto Carl Schuricke (1901-1965). Dieser trat später, wohl erst nachdem sein Bruder in der Musikbranche etabliert war, auch gelegentlich als Sänger auf (ebenfalls in Tenorlage) und komponierte wohl auch ein wenig.[5] Größere persönliche und berufliche Schnittmengen bestanden zwischen beiden scheinbar aber nicht, was sich auch darin belegt, dass der Bruder niemals von Rudi Schuricke selbst erwähnt wird. Das Militär war, was die Musik anbelangte, zu Beginn des 20. Jahrhunderts ein wichtiger Arbeitgeber – viele bedeutende Komponisten und Orchesterleiter dieser Epoche stammten aus Militärmusikerfamilien, so etwa der österreichische Operetten-Komponist Nico Dostal (1895-1981).[6] In seiner Kindheit zieht Schuricke mit seinen Eltern nach Königsberg, der Hauptstadt Ostpreußens, um. Seine Mutter verstirbt hier um das Jahr 1928, als Rudi 15 Jahre alt ist, an Brustkrebs.[7] Rudi Schuricke macht eine Ausbildung zum Drogisten, sein Hobby ist aber die Musik. Ein Königsberger Jugendbekannter Schurickes ist der später weltbekannte und berühmte Naturforscher und Tierfilmer Heinz Sielmann (1917-2006), der selbst aus einer musikalischen Familie stammte und dessen Vater in Königsberg die erfolgreiche Radio-Handlung „Dr. Paul Sielmann" betrieb.

---

[4] Geburtsurkunde (Fotokopie) im RSA. — Hawranke, 8. — Völmecke, 20.
[5] Veranstaltungsprogramm [Ausschnitt], o.O.; o.J., Foto mit Begleittext „Otto Carl Schuricke, der Bruder von Rudi Schuricke, bringt das musikalische Erbe seiner Familie und begeistert mit seinem strahlenden Tenor", wohl zweite Hälfte 1940er Jahre, RSA. — Weiteres Konzertprogramm [Ausschnitt], o.O.; o.J., mit wohl späterem Portraitfoto, vermerkt den zusätzlichen Text: „Sein künstlerisches Schaffen führt ihn durch alle deutschen Lande und er erfreut fast täglich auf einer anderen Bühne sein Publikum." [online bei: www.grammophon-platten.de] — Kunsthandel / Buchantiquariat, Signierte Portrait-Postkarte, o.O., o.J. — Copyright Office, The Library of Congress (Hg.), Catalog of Copyright Entries, Third Series, Published Music January-June 1956, Washington D.C. 1957, 239. Hier wird unter „Schuricke, Carl Otto ([Geburtsjahr hier wohl irrig:] 1917-)" ein publiziertes Notenblatt angeführt: „Versöhnung: Wenn Du die kleine Hand mir gibst" Lied und langsamer Walzer, Worte: Martin Dahlem für Piano und Akkordeon mit Text, Arrangement: Erich Trapp. Siebenton-Verlag, Garmisch, 30. Dez.1955. — Schallplattenaufnahmen scheinen nicht vorzuliegen.
[6] Vgl. Zöchling, 52 ff. — ebenso die Autobiographie: N. Dostal, Ans Ende Deiner Träume kommst Du nie. Berichte – Bekenntnisse – Beobachtungen, Innsbruck 1982 [Berlin 1986].
[7] Schuricke, wie oben.

Seine eigenen Erinnerungen und Eindrücke an die Jugendzeit in Ostpreußen schildert er anschaulich:[8]

„Mein Bruder [Karl, geb. 1915], der als Juniorchef in das Unternehmen meines Vaters einsteigen wollte, interessierte sich vor allem für Mädchen und ließ sich mit seinem besten Freund auf so manchen romantischen Wettstreit ein. Der Freund hieß Rudi Schuricke. Er ging zu einem Drogisten in die Lehre. Da die Lehre zum Drogisten Rudi überhaupt keinen Spaß machte, tröstete ihn meine Mutter so manches Mal, wenn er bei uns zu Gast war: ‚Rudichen Du hast doch eine so schöne Stimme, mach' Dir mal keine Sorgen, Du wirst Deinen Weg schon machen'. Sie sollte Recht behalten. ‚Wenn bei Capri die rote Sonne im Meer versinkt' wurde zu einem Welterfolg für Rudi. Ich blieb mit dem sympathischen Sänger befreundet und hielt 50 Jahre später die Rede an seinem Grab.“ [9]

Rudi Schuricke besuchte zusammen mit Heinz Sielmann das Hufen-Gymnasium in Königsberg, wo beide im Schulchor sangen.[10] Neben Schuricke war Heinz Sielmann noch mit einer ganz anderen Künstlerpersönlichkeit befreundet – dem berühmten bildenden Künstler Joseph Beuys (1921-1986), der seinerseits anfangs ein versierter Tierzeichner war und Sielmann in den 1950er Jahren auf einigen Forschungsausflügen begleitete. Zu prägenden Jugenderlebnissen dieser Zeit äußert sich Rudi Schuricke:

„Ich war inzwischen achtzehn geworden. In dieser Zeit gab es so herrliche Filme wie ‚Die Drei von der Tankstelle' mit Willy Fritsch und Lilian Harvey. Das waren unsere großen Vorbilder. Wir sahen uns auch ‚Die Nacht gehört uns' mit Hans Albers an. Das war übrigens der erste deutsche Tonfilm – na und ‚Bomben auf Monte Carlo'. In diesem Film sangen die ‚Comedian Harmonists' ein zauberhaftes Gesangsquintett. Nie dachte ich daran, dass ich diese Stars einmal persönlich kennen lernen und mit einigen von Ihnen sogar auf der Bühne stehen würde. Sehen Sie, so märchenhaft war mein Leben – so unwahrscheinlich und doch wahr.“ [11]

---

[8] Sielmann, 20 f.
[9] Sielmann, 24.
[10] Sielmann II, 5.
[11] Schuricke, ebenda.

Ab etwa 1930 bis 1932 tritt Rudi Schuricke erstmals öffentlich auf, nämlich als Mitglied des Königsberger Gesangsquartetts „Schmidts Harmonisten", bei dem auch sein späterer musikalischer Mitstreiter und Freund Horst Rosenberg Mitglied ist.[12] Das Quartett tingelte in dieser Zeit durch Ostpreußen – dazu Schuricke:

> „Allenstein, mein Gott, entschuldigen Sie bitte diesen Sprung, ist für mich bis heute ein Alptraum geblieben. Vor allem das Schloss-Café. Wenn unser Quartett in eine ostpreußische Stadt kam, standen alle Kopf. Was wurden wir von den Mädchen angehimmelt. Nein, war das schön [...] Das war ein Gastspiel. Doch wir traten nicht nur in Sälen und Cafés auf. Wir vier waren auch im Rundfunk zu hören. Wir fühlten uns wie die Größten. Ein ziemlich sorgenfreies Leben lag hinter mir. Die Zukunft erschien mir rosenrot. Ich war jung, unternehmungslustig und frei."[13]

---

[12] Die frühesten bekannten Foto-Aufnahmen von Rudi Schuricke mit der Gesangsgruppe bei: Schröer – Buchholz, 4. — Völmecke, 25 [beide nach: RSA].
[13] Schuricke, 40.

1933-1935
Das ist Berlin!

Abb. 2 **Wintergarten Varieté-Theater**, Friedrichstraße 143-149, Berlin-Mitte (Postkarte um 1935): Eine frühe Wirkungsstätte von Rudi Schuricke, der hier von September bis Dezember 1933 mit den Kardosch-Sängern auftrat.

Rudi Schuricke betritt von Königsberg aus seinen neuen Wirkungs- und Hauptschaffensort, an dem er bis in die Nachkriegszeit des 2. Weltkriegs verbleibt – die pulsierende europäische Metropole Berlin. Berlin ist ebenso Hauptort der deutschen wie der zentraleuropäischen Schallplattenindustrie – hier wird gleichsam für den internationalen und benachbarten skandinavischen und europäischen Markt produziert (z.B. Holland, Dänemark, Finnland, Tschechoslowakei, Rumänien[14], Bulgarien). Für die Karriere des jungen Sängers ist es nun bemerkenswert, dass diese zunächst – zumindest chronologisch – parallel zum Aufstieg und Fall des Nationalsozialismus verläuft, und Rudi Schuricke auch am

---

[14] Zeno Coste, (seit 1932) erster Tenor der Kardosch-Sänger, nimmt bereits 1930 etliche deutsche Schlager mit rumänischem Text für den dortigen Markt auf, die auf „Columbia" (Marke der Carl Lindström A.G.) für den Export erscheinen. Vgl. – Wunsch, 226-228, Abb. (rumän. Columbia-Werbeanzeige), 346 (Diskografie der Titel).

Ende dieser Zeit im zerstörten Deutschland, wie viele Deutsche, wieder ganz von vorne beginnen musste.

Rudi Schuricke baute sich, möglicherweise auch ein wenig begünstigt durch die Restriktionen gegen jüdische Künstler, in dieser schwierigen Zeit eine erfolgreiche Karriere auf. Nach Berlin kommt der junge Sänger (so die plausible Selbstüberlieferung[15]) durch eine Einladung des ungarischen „Musik-Professors" und Pianisten István (Stephan) Kardosch (1891-1975, ungar. „Kardos", gebürtiger Jude aus Debrezin / Debrecen), der im Rundfunk Schurickes Stimme bei „Schmidts Harmonisten" gehört hatte, wohl um die Mitte des Jahres 1933. Zu diesem Zeitpunkt hatten die von Kardosch im Juni 1932 gegründeten „Kardosch-Sänger" schon einige Schallplatten bei „Telefunken" und auf „Grammophon" (Exklusivvertrag Januar-Mai 1933) veröffentlicht[16] und traten in frühen deutschen Tonfilmen auf.[17] Die Firma „Telefunken" war zu dieser Zeit ein Neuling auf dem Schallplattenmarkt und schaffte den Einstieg über den Kauf der Marke „Ultraphon", die zum insolventen holländischen Küchenmeister-Konzern gehört hatte.[18] Zur erwähnen sind mehrere Kardosch-Einspielungen mit dem Tanzorchester von Adalbert Lutter (1896-1970) im Sommer und Herbst des Jahres 1932 (noch ohne Schuricke) – unter anderen die Nummer „Du, du, dudl, du, du" (Telefunken A 1182).[19] Den Beginn seiner Berliner Zeit mit dem ersten Vorsingen und seiner „Aufnahmeprüfung", schildert Schuricke wie folgt:

„Deshalb fuhr ich auch ganz unbesorgt wegen einer Postkarte nach Berlin. Die Karte hatte Professor Kardosch aus Berlin an den Ostmarkrundfunk[20] geschrieben. Er bat, diese Karte an den Herrn weiterzuleiten, der manchmal in einem Quartett zu hören sei und zwar ‚der mit der ganz hohen Stimme'. Na, die vom Funk wussten, dass dies nur ich sein konnte. Als ich Kardosch gegenüberstand, schmunzelte er nur und sagte: ‚Na, dann woll'n wir mal sehen'. Er setzte sich ans Klavier und forderte mich auf: ‚Singen Sie alles

---

[15] Vgl. zu dieser, aber auch anderer Überlieferungslegende, jetzt auch: — Wunsch, 286 ff.
[16] — Wunsch, 59-60, vgl. auch: 326-328.
[17] Vgl. — Pfau, 4. Die Geschichte dieser Gesangsgruppe zeichnet jetzt Martina Wunsch nach, die u.a über die Familie des Mitglieds Zeno Coste (erster Tenor) noch viele Informationen sammeln konnte. Vgl. — Wunsch, 324 ff.
[18] Thiele, 117 ff.
[19] Wiederveröffentlicht auf der Pumpkin Pie CD „Adalbert Lutter beim 5 Uhr Tee im Strandcafe" (2001).
[20] Damalige Adresse und Intendanz: KR 2, 12 f.

nach, was ich Ihnen vorspiele.' Das tat ich dann auch. Kardosch spielte mal tief, mal hoch. Plötzlich hielt er inne und fragte mich: ‚Wissen Sie überhaupt, was Sie alles gesungen haben?' – ‚Nein', sagte ich, ‚Sie?' – ‚Aber ja, mein Lieber Sie haben nicht nur das Hohe C, sondern auch noch D und E und F und G gesungen!' – ‚So', sagte ich, ‚gefällt Ihnen das?' – ‚Na großartig', sagte er. ‚Dann woll'n wir mal anfangen. Aber junger Freund – Zuckerlecken ist das nicht. Sie müssen viel lernen und nochmals lernen.' Na, und dann ging's los – jeden Tag vier bis fünf Stunden. Ich sang wie ein Verrückter. Nach langen Wochen war es endlich so weit. Die drei anderen ‚Kardosch-Sänger' begrüßten mich. Zunächst waren sie mir gegenüber noch zurückhaltend. Doch das sollte sich schnell ändern, als wir gemeinsam sangen. Ich merkte plötzlich, wie alles, was ich erlernt hatte, Hand und Fuß bekam. Ich war wie berauscht, dass so etwas überhaupt möglich war. Meine Stimme jubilierte mit den anderen. Es war zauberhaft, und wie im Zaubergarten tastete ich mich immer weiter vor. Nach einer halben Stunde ertönte es einmütig: ‚Ja, das ist der Richtige.' Wir alle atmeten befreit auf. Ich hatte sie – und die hatten mich. […, Anekdote, wohl vom Sommer 1933]. 1934 [richtigerweise: September bis Dezember 1933] traten wir auch im Wintergarten auf.“ [21]

Abb. 3 **Wintergarten-Varieté bei Nacht** (Mitte der 1930er Jahre).

Zur Gruppe gehörten nach Schurickes Beitritt als zweiter Tenor bereits der Rumäne Zeno Coste (erster Tenor, 1907-1985), der ungarische

---

[21] Schuricke, 41. Vgl. dazu: — Wunsch, 71-76, Abb. 22-28, 111.

Basssänger Paul von Nyiri (eigentlich: Pál Sándor Nyíri, 1903-1981, erstes Mitglied der Finalbesetzung) und der Bariton Fritz Angermann (1906-1944), der pikanterweise ab April 1933 engagiertes NSDAP-Mitglied war.[22] Der Leiter und Gründer der Gruppe, István (Stephan) Kardos (Kardosch) hatte von 1929 bis 1932 mit den „Five Songs" (vormals bekannt als Abel-Quartett, gegründet von seinem Landsmann Paul Abel) bereits ein höchst erfolgreiches Gesangsquartett geleitet.[23]

Abb. 4.a **Die Kardosch-Sänger im Wintergarten.**Von li.: Fritz Angermann, Rudi Schuricke, Zeno Coste, Paul von Nyiri.

Abb. 4.b (folgende Seite) **Die Kardosch-Sänger, Odeon-Werbeplakat, Oktober 1934** (von oben nach unten): Zeno Coste, Rudi Schuricke, Paul von Nyiri, Fritz Angermann, „Prof." István „Stephan" Kardos (Kardosch); Druck: „Druckhaus E. Heckendorff, Berlin, SO36"; Grafikdesign: Cameron Kende; Foto: STEINBERG – BERLIN W (Plakat im RSA).

---

[22] Wunsch, 262, 427.
[23] Zur Geschichte der Abels/Five Songs: https://kardosch-saenger.de/die-abels-die-deutschen-revellers-aus-ungarn — Wunsch, 40 ff, 369 ff.

Es erfolgten zwischen 1933-1935 zahlreiche Schallplattenaufnahmen mit den Kardosch-Sängern für die Marken „Telefunken", „Columbia" und „Odeon" (letztere beide Handelsmarken der Carl Lindström A.G.[24]). Zu den frühesten Aufnahmen mit Schurickes Beteiligung zählt „Du bist die Frau für mich" (B-Seite von Columbia DW 2184), mit dem „Columbia-Tanzorchester" vom August 1933 (Datum nicht gesichert, ggf. auch später)[25]. Die A-Seite wurde mit dem gleichen Orchester und einem hochtalentierten jungen Schallplattentenor namens Eric Helgar (1910-1992) belegt, einem der wenigen überhaupt existierenden „freundlichen Rivalen" Schurickes auf diesem Gebiet, auf den wir später noch zu sprechen kommen. Sicherer datiert scheint dagegen „Hallo, kleines Fräulein" (Telefunken A 1430) mit dem Orchester Barnabás von Géczy, mit anonymem Etikett-Hinweis mit „Quartettgesang" vom 06.10.1933.[26]

Zahlreiche Tourneen und Engagements (teilweise mit Radioübertragungen) schließen sich an.[27] Am 19. Januar 1935 erfolgt ein Auftritt der Kardosch-Sänger für eine Radiosendung des Reichssenders Leipzig.[28] Am 3. Februar ist man in der mit Hakenkreuzfahnen festlich geschmückten Festhalle Karlsruhe, und wahrscheinlich wusste Kardosch spätestens jetzt, dass es mit von der NSDAP solcherart umrahmten und vereinnahmten Veranstaltungen keine Zukunft mehr für ihn und sein Ensemble in Deutschland gab.[29] Das Repertoire der Gruppe reichte von romantischem Liedgut und deutschem Volkslied bis hin zum „Novelty Song-Vortrag" und US-amerikanischen Schlagern.[30] Wohl im Sommer 1935, auf einer Kardosch-Konzert-Tournee (August-September)[31], geleitet vom bekannten schwäbischen Kabarettisten Willy Reichert (1896-1973)[32], hat

---

[24] Vgl. Lotz, Lindström, 1-27.
[25] Vgl. auch: — Wunsch, 288, 329.
[26] Wunsch, 329.
[27] Vgl. dazu nun ausführlich: — Wunsch, 114-117.
[28] Völmecke, 22. Nach: — Wunsch, 114, wird der Auftritt aus Dessau übertragen.
[29] Wunsch, Prolog, 7-8.
[30] Zum Beispiel: Telefunken A 1534 „Ade zur guten Nacht (Volkslied)" / „Morgen will mein Schatz verreisen (Volkslied)"; Telefunken A 1638 „Ständchen (Schubert)" / „Serenata (Moszkowski)" als „Kardosch-Sänger mit Begleitorchester / Begleitung. Dirigent am Flügel: Stephan Kardosch" (1933 / 1934). Odeon O-25068 „Der alte Cowboy (The Last Round up)" (Billy Hill – Ewald Walter) / „Wissen Sie schon?" (Otto Berco – Gerd Karlick) als „Die Kardosch Sänger" (März 1934). Vgl. allgemein dazu jetzt auch: — Wunsch, Diskografie, 324-337.
[31] Vgl. Wunsch, 116.
[32] Vgl. auch die autobiographischen Anekdoten von Willy Reichert, die allerdings nicht auf den hier geschilderten Sachverhalt Bezug nehmen, sondern eher allge-

Schuricke eine kurze Liaison mit einer hochtalentierten österreichischen Gitarristin, der ein wenig älteren Wienerin Luise Walker (1910-1998).[33] Luise Walker wurde später Professorin an der Wiener Musikhochschule und lehrte 45 Jahre lang das Fach „Klassische Gitarre". Ihr Vater war leitender Angestellter und britischer Abstammung, und förderte das Talent seiner Tochter nach Kräften.[34] Von Luise Walker sind schon frühe Schallplattenaufnahmen 1932 für die Marken „Odeon"[35] und 1934 für „Telefunken"[36] belegt. Nach dem Krieg erfolgten zahlreiche weitere Schallplattenaufnahmen, und es wurden einige Klassik-Langspielplatten veröffentlicht. 1933 fanden Tourneen als Solokünstlerin in die USA und 1935 in die UdSSR statt, und Luise Walker war damit Schuricke an „Erfolg" schon um eine kleine Nasenspitze voraus.[37]

Eine gewisse Form von Bewunderung klingt in Schurickes Worten, der seinerseits allerdings in Luise Walkers Memoiren keine Erwähnung findet:

> „Es war ein Leben aus dem Koffer. Wir reisten viel durch Deutschland. Und dabei gingen wir auch mit Willy Reichert, dem ‚König der Schwaben', auf Gastspielreise. Ich lernte Willy Reichert sehr gut kennen. Ich bewunderte immer seine Schlagfertigkeit und die wunderbare Art, wie er den Humor unter das Volk brachte. Wenn Reichert mal böse wurde, war sein Lieblingsschimpfwort stets: ‚Dieser Trottel.' Einmal hatte er sich auch über mich geärgert. Er sagte mir ganz ruhig die Meinung, schaute mich dabei blinzelnd an, hob etwas den Kopf, und ganz zum Schluss murmelte er: ‚Dieser Trottel'. Er sagte es so mehr zu sich – aber hören sollte ich es schon. In unserem Tourneeprogramm mit Willy Reichert trat die

---

mein humoristischer Natur sind. H. Hartwig (Hg.), Willy Reicherts Spätlese, Offenbach am Main, 1974. Zeitgenössische Fotografie: Künstler im Rundfunk 4 (1936), 58. Vgl. dazu nun aber auch: — Wunsch, Prolog, 7-8, 114-116.

[33] Vgl. die Luise Walker-Seite im Internet: http://www.spinnst.co.at/BZ/Gitarre/Walker/index.html und nun auch: Fr. Herrera, Enciclopedia de la Guitarra. Biografias, Danzas, Organologia, Técnica, Bde. 1-4, Valencia 2004; Bd. 4, s. v. Walker, Luise, 430 f. Luise Walker ist Verfasserin zahlreicher Schriften zur Gitarren-Theorie und -Lehre.

[34] Walker, 15, 51ff.

[35] Odeon-Schellackplatten: Schubert: Ständchen; Weber: Menuett für Gitarre, Violine & Flöte; Schumann: Träumerei; Brahms: Walzer in A-Moll; Luigi Boccherini: Menuett aus dem 3. Quintett in E / Allegretto aus dem 3. Quintett in E (auf: Odeon 11807) als „Luise Walker, Gitarren- und Lautensolistin mit Streichquartett".

[36] Telefunken-Schellackplatten: Tarrega: Gran Jota; Dominici: Italienische Fantasie; Friessnegg: Variationen von Schuberts „Die Forelle"; Chopin: Nocturne Op. 9, No. 2.

[37] Walker, 80 ff., 116 ff.

zauberhafte Sologitarristin Luise Walker auf. Sie war so begabt und so ungemein schön. Sie war so schön mit ihrem schwarzen Haar und den dunklen Augen, dass einem der Atem stocken konnte. Da ich ja noch gerne weiteratmen wollte, tat sich unser beider Atem zusammen. Willy Reichert bemerkte das. Er sagte nichts. Aber ich glaube er hat damals so gedacht: ‚Warum ausgerechnet dieser Trottel?' Aber auch diese wunderbare Zeit endete nach einem Monat. Luise Walker habe ich nie wiedergesehen. Ich glaube, ich war damals viel zu dumm, um zu wissen, was für eine Kostbarkeit mir da zugefallen war. Vielleicht schenkte sie mir auch ihre Gunst, weil kein besserer da war – vielleicht? [38] *So trug ich in diesem Monat [wohl Aug. 1935] außer meiner Stimme auch Luises Gitarre mit herum, – na und? Das tat ich gern. Nach ein paar Jahren [wohl richtiger: Wochen] unbeschwerter Lebenskunst kamen wir – die ‚Kardosch-Sänger' – wieder nach Berlin zurück. Zwei Tage später stand ich allein da. Die Kardoschs hatten sich abgesetzt [meint hier nur: István Kardos' abrupte Flucht aus Deutschland nach einem letzten öffentlichen Auftritt der Kardoschs bei einem „Bunten Abend" in Breslau am 3. November 1935][39]. Sie [richtigerweise: Er und ggf. Basssänger Paul von Nyiri, der mit einer Jüdin verheiratet war, aber Deutschland erst 1938 verließ[40]] wollte[n] nicht in einem Deutschland bleiben, das vom Nationalsozialismus geprägt wurde. Meine Träume, meine Existenz, alles war zerstört. Doch auch dieser Augenblick musste sein. Ich wusste es nur noch nicht. Genauso musste es sein. Sonst könnten Sie heute nicht von ihren ‚Capri-Fischern' träumen, aber der Weg dahin war noch weit. Für mich zerbrach eine Welt – und wie viele Welten zerbrachen in dieser Zeit [...]"* [41]

---

[38] Zum Ende einer anderen Affäre auf ihrer USA-Tournee 1933 allerdings vermerkt Luise Walker erklärend: *„John der wunderbare Künstler, der mich so gerne heiraten wollte, ist zurückgeblieben, obwohl der Abschied für uns beide schmerzlich war. Aber ich dachte auch an FEUERBACHS Ausspruch: ‚Die gefährlichste Klippe im Leben eines Künstlers ist die Heirat … Zu einer Künstlerehe gehört viel Liebe, viel Verstand, viel Geduld und viel Geld.' … Ich glaube ich hatte von all dem damals nichts im ausreichenden Maße."* Walker, 90.

[39] Dieser letzte Auftritt erhielt begeisterte Kritiken, nun exakt belegt bei: — Wunsch, 106-108, 117. Kardos war bereits am 05. November 1935 in Budapest eingetroffen.

[40] Wunsch, 176 ff., 396.

[41] Schuricke, 41. — vgl. zu den genaueren Umständen der Auflösung der Gruppe und den Schicksalen ihrer Mitglieder jetzt: — Wunsch, 106-108.

Abb. 5 Die Gitarristin **Luise Walker** (Aufnahme ca. 1933).

Im Krieg tourt die Künstlerin Luise Walker im Auftrage der NS-Organisation „Kraft durch Freude" u.a. durch Österreich.[42]

Befreundet war Schuricke in dieser Zeit mit dem Berliner Fotografen „Mischa" Steinberg, der hier ein Atelier unterhielt (Aufnahmen auch für die Odeon-Reklame, vgl. Abb. 4b).[43] Dieser verschaffte Schuricke in der Anfangszeit angeblich wohl einige Engagements. Als Steinberg bereits 1938 sehr jung mit erst 36 Jahren verstarb, stand Rudi Schuricke *„ganz allein an seinem Grab auf dem jüdischen Kirchhof von*

---

[42] A. Riester, Gitarrenabend mit Luise Walker, Innsbrucker Nachrichten (8. Mai 1942), Seite 5: *„Am 6. Mai veranstaltete die NS.-Gemeinschaft ‚Kraft durch Freude' [KdF] einen Meisterabend gitarristischer Kunst mit Luise Walker, Wien. Der Name Walker, der untrennbar mit der Vorstellung höchster Vollendung auf dem Gebiete des Gitarrenspiels verbunden ist und Weltgeltung besitzt, vermochte auch heuer im Konzertsaal der Städtischen Musikschule bis auf den letzten Platz zu füllen. Was wir an griff- und lauftechnischer Vollkommenheit, an Flageolett-kunststücken und Modulationsfähigkeit des Tones zu hören bekamen, grenzt ans Unwahrscheinliche. Daneben ist die Künstlerin auch eine tief musikalische Begabung, für die die Technik nur ein Mittel zur Darstellung feinster seelischer Regungen im Sinne des Komponisten bedeutet. Dass das solistisch bei uns so selten gehörte Instrument eine prächtige, allen Ansprüchen hoher Musikkultur und vornehmen Geschmacks gerecht werdende Literatur besitzt, bewies die Vortragsfolge des Abends. Von Altmeister Fer[nando] Sor über A[lfred] Uhl bis zu den mit unvergleichlichen Klangeffekten arbeitenden Spaniern [Francisco] Tarrega und de la Mazza [Regino Sáinz de la Maza y Ruiz (1896-1981) und nicht zu vergessen die vorzüglichen Variationen über das Schubertlied ‚Die Forelle' von Frieseneck [= Karl Friessnegg!] verdanken wir der Künstlerin eine Blütenlese gediegenster gitarristischer Solomusik. Es gab reichen Beifall."*

[43] Schuricke, 43. — Czada – Große, 56 (Odeon-Werbeaufnahme der Gruppe = Abb. 4). — Schröer – Buchholz, 5 [Abb. wie Czada – Große]. Odeon-Namensangabe „Die Kardosch Sänger". Historischer Fotonachweis hier: „Steinberg – Berlin-W".

Berlin.*[44] Für ein Weilchen verdingt sich Schuricke nun nebenbei mit seinem Auto, einem „roten Adler", als Chauffeur und Botenfahrer, unter anderem auch bei einem Schuhvertreter, ohne allerdings sein Karriereziel aus den Augen zu verlieren (zu dieser Anekdote, vgl. auch S. 134). Zudem nimmt er offenbar auch Schauspielunterricht beim Bühnenautor Max Reimann (1890-1943) und steht irgendwann in dem Bühnenstück „Minna von Barnhelm" von Lessing als 1. Offizier auf der Bühne.[45]

---

[44] Vgl. Luxemburger Wort (15. März 1954). Vgl. dazu auch: — Wunsch, 290-291.
[45] „Bei Rudi brennt noch Licht", Hamburger Echo (21. November 1957).

1935-1938
Rund um den Schlager

Abb. 6 **Rudi Schuricke am Beginn seiner Karriere:** Frühe Autogrammkarte mit Signatur (Foto um 1936, ggf. von Mischa Steinberg).

Der Herbst 1935 bringt für Rudi Schuricke seine letzten Aufnahmen mit den Kardosch-Sängern. Eine der letzten Platten der Gruppe ist eine englisch gesungene Version des US-Schlagers *„Lookie, lookie here comes Cookie"*[46] sowie eine eingedeutschte Version von *„Lullaby of Broadway"* als „Sensation am Broadway" auf Telefunken (Telefunken A 2000), die bis heute als würdiges und melancholisches „Farewell" dieser unsterblichen und unglaublich ambitionierten, frühen paneuropäischen Gesangsgruppe nachhallen. Die Sänger werden hier nicht von Kardosch, sondern vom berühmten Komponisten, Arrangeur, Pianisten und Orchesterleiter Peter Kreuder (1905-1981) begleitet, der zuvor etliche Titel mit Marlene Dietrich für Telefunken aufgenommen hatte.[47] Der Titel *„Lullaby of Broadway"* stammt aus der US-

---

[46]— US-Plattenfassungen u.a.: Ted Fio Rito Orchestra, Brunswick 7380 (1. Einspielung) und Glen Gray and the Casa Loma Orchestra (US.-Decca 386 A).
[47] Vgl. den biogr. Abriss bei Prieberg, 3971-397 (NSDAP-Mitglied von 1932-1934, danach gestrichen; ab 1939 fortwährende Konflikte und Querelen mit der Reichsmusik-Prüfstelle, der Reichskultur- und Musikkammer). — DDT, Bd. 3 (1994), 701 ff. — Zur Schallplattenkünstlerin Marlene Dietrich vgl. auch: Greve, 39 ff. — Vgl. auch: http://www.peterkreuder.com/.

Filmmusicalreihe „Gold Diggers" (hier: „Gold Diggers of 1935)" und erhielt 1936 den „Oscar" für den besten originalen Filmsong.[48]

Abb. 7 **Eine der letzten Aufnahmen der Kardosch-Sänger** (November 1935).

Fast gleichzeitig begründet Rudi Schuricke nun mit der Einspielung des wunderschönen und populären Tangos „Regentropfen" (Kristall 3568) den Beginn seiner glanzvollen Solokarriere. Das Stück erfuhr mit dem Schallplattentenor Paul Dorn und dem Orchester Fritz Domina auf derselben Marke kurz zuvor schon eine Veröffentlichung (Kristall 3541). Als Nachfolgetitel nahm man für „Kristall" eine ganze Serie weiterer schöner Tangos mit demselben Orchester, dem Tanzorchester Gerhard Hoffmann, auf. Hervorzuheben sind Titel, wie „Wenn vom Himmelszelt… [ein kleines Sternlein fällt]" und „Das kleine Medaillon". Dazu kommen weitere Tango-Aufnahmen mit dem Orchester der Kristall-Haus-Band von Fritz Domina, wie „Gern' möcht' ich schau'n in das Herz schöner Frau'n".

Nach der Auflösung der „Kardosch-Sänger" berichtet Schuricke, wie er schnell wieder den Karriereanschluss geschafft hatte:

„In den nächsten Wochen gelang es mir, einige Schallplattenfirmen für mich zu interessieren. Dies war auch nicht allzu schwer, denn die ‚Kardosch-Sänger' kannte jeder Aufnahmechef. Da ich bei

---

[48] — US-Plattenfassungen u.a.: Dorsey Brothers' Orchestra, der Refraingesang von Bob Crosby (US.-Decca 370 A). Bob Crosby (1913-1993), war der jüngere Bruder des großen Bing Crosby und avancierte bald zu einem der besten Swing- und Dixieland-Revival-Jazzbandleader der USA.

mehreren Gesellschaften [bei denen er vorher auch schon auf-
nahm, nämlich bei ‚Telefunken' und ‚Lindström'] ins Geschäft kam
sang ich bald unter den verschiedensten Namen: Rudi Schuricke,
Rudolf Erhard (unter diesem Namen wurden viele Operettenlieder
verkauft), Fritz Rudolf (wenn ich so hieß, gab ich deftige Sachen
zum besten)[49] und Michael Hofer (so nannte mich meine Wiener
[!?] Plattengesellschaft)[50]. Soweit schien alles gut anzulaufen. "[51]

Abb. 8 **Die zweite Solo-
platte:** Ein Tango aufgenommen mit dem Orches-
ter Gerhard Hoffmann (ca.
November 1935). Etiket-
tenangabe ausnahms-
weise einmal nicht mit
dem Kristall-Dauer-Pseu-
donym „**Rudolf Erhard**".

Wohl Ende des Jahres 1935 nimmt Rudi Schuricke zusätzlich erstmals offiziell mit dem Gesangsquartett Spree-Revellers auf, zu dem
u.a. der Gründer Herbert Imlau (Bariton), Gerhard Herrmann (Tenor),

---

[49] Tatsächlich ist dieser Name bisher nur für eine Aufnahme eines Volkslieds belegt (Kristall 9131b). Vgl. Imperial-Kristall-Katalog 1939, 36. Gemeint sind hier sicher auch die Aufnahmen der weiteren Schuricke-Alias-Gruppe „Die vier lustigen
Jungens" die unter diesem Namen meist volkstümliches Liedgut und „Kriegs- und
Soldatenlieder" bis hin zu Karnevalsschlagern einsangen.
[50] Dieses Pseudonym ist tatsächlich bisher nur für die Aufnahmen für die Berliner
Firma „Tempo", im Jahre 1940, belegt. Die Firma wechselte nach dem Krieg allerdings nach München. Vielleicht ist die Verwechslung so zu erklären. Von einer
Wiener Zweigstelle der „Tempo" Werke ist mir im Gegensatz zu denen der „Kristall-GmbH", die in Wien produzierte, nichts bekannt.
[51] Schuricke, 43.

Bernhard Wehlan (Bass) und ein Pianist (wohl Albert Schmitz) gehörten.[52] Damit zählte die Gruppe fünf Mitglieder, wie auch die Kardosch-Sänger. Die Spree-Revellers existierten zu diesem Zeitpunkt als Gruppe schon einige Zeit, nämlich seit 1934. Es liegen aus dem Jahre 1935 einige Aufnahmen mit dem Orchester von James Kok auf Grammophon-Schallplatten vor, ohne dass hier allerdings eine Beteiligung von Schuricke zu hören wäre.[53] Die Gruppe war als Reminiszenz an die amerikanische Gesangsgruppe „The Revellers" gegründet worden, die auch als Vorbilder der „Comedian Harmonists" gelten.[54] Im Sommer 1936 sollte Rudi Schuricke bei der Comedian-Harmonists-Nachfolgegruppe, dem „Meister-Sextett", als Sänger verpflichtet werden, was jedoch am Einspruch Ari Leschnikoffs (dem ersten Tenor) scheiterte, der an das äußerliche Erscheinungsbild der Gruppe dachte und angeblich Schuricke wegen seiner körperlichen Größe für ungeeignet hielt. Die Ablehnung hing jedoch auch mit Schurickes großer Popularität und seinen zahlreichen Schallplattenaufnahmeverpflichtungen zusammen und wurde auch so begründet.[55] Herbert Imlau (1904-1983) Gründer der Spree-Revellers[56] und ebenso Mitglied der Vokalgruppe „Humoresk Melodios"[57], wird schließlich im Oktober 1936 als Bariton in das „Meister-Sextett" aufgenommen.[58] Ebenso

---

[52] Fotoaufnahmen der Gruppe bei: Schröer – Buchholz, 6-7; — Völmecke, 23 (nach RSA). — Schröer, Spree-Revellers, Abb. 4-6 (RSA). — vgl. auch: J. Westner, „Spree Revellers", bei: grammophon-platten.de (online), wie unten.

[53] Ein Titel wiederveröffentlich in der Hörzu-Universal CD-Reihe „Die großen Tanzorchester 1930-1950: James Kok".

[54] Vgl. Czada – Große, 11 ff.

[55] Czada – Große, 80. Zitat aus einem Brief von Robert Biberti (Leiter des Meister-Sextetts) vom 11. August 1936 an Rudi Schuricke. [Kopie RSA, Berlin] — Vgl. auch: Völmecke, 23.

[56] Schröer, Spree-Revellers, 45 ff. — Czada – Große, 81, 142. — Westner, wie unten, 39 ff. Imlau setzt seine Karriere nach dem Krieg bis in die 1950er Jahre hinein mit den Gesangsgruppen „Comedian Quartett" und „Die Sieben Raben" fort und begleitet mit diesen zahlreiche Orchester.

[57] J. Westner, Die Geschichte der Humoresk Melodios, Fox auf 78, Heft 23 (2005), 39-44.

[58] Buchholz II, 91-92. — Foto des Meister-Sextetts in folgender damaliger zeitgenössischer Besetzung Erwin Bootz (Piano), Fred Kassen (3. Tenor), Herbert Imlau (Bariton), Robert Biberti (Baß), Alfred Grunert (2. Tenor), Ari Leschnikoff (1. Tenor) bei: KR 1, 194. Die Besetzungsangaben nach: Czada – Große, 81 ff. Fred Kassen hat einige Lieder geschrieben, die auch von Rudi Schuricke aufgenommen wurden, so z.B. „Ich schreibe meiner Mutter einen Brief" (Aufnahme vom 12.12.1941; Datum nach dem Aufnahmebuch der Deutschen Grammophon Gesellschaft).

kommt zu dieser Zeit auch Zeno Coste (1907-1985), vormals der erste Tenor der Kardosch-Sänger, kurzfristig zu der Gruppe.

Anstelle von Imlau tritt nun Friedrich Mietzner in die Gruppe ein. Die Spree-Revellers existieren in der Besetzung mit Schuricke nur bis in das erste Drittel des Jahres 1937 – damit ist Schuricke also nur wenig mehr als ein Jahr bei der Gruppe, für die er sich in einem Ein-Jahres-Vertrag mit der Kristall GmbH verpflichtet hatte, scheinbar ohne Ambitionen diesen zu verlängern.[59]

Wohl gleichzeitig mit Schuricke wurde der Pianist Werner Doege für Schallplattenaufnahmen verpflichtet, der sich 1990 erinnert:

„Am 29. Februar bat mich Imlau, in seiner Gruppe Spree-Revellers als Pianist und Arrangeur mitzumachen. Die Sänger Schuricke, der am gleichen Tag begann, Hermann, Imlau, Wehlan. Schon am nächsten Tag, am 01. März 1936, schlossen wir bei der Kristall-Schallplatten-GmbH Berlin Reinickendorf, einen Jahresvertrag mit Option für ein weiteres Jahr ab. Wir verpflichten uns innerhalb von 12 Monaten 24 Titel aufzunehmen. Es war üblich, dass wir die Lieder selbst aussuchten, von denen wir annahmen, dass sie für uns und besonders auch für die Bühne geeignet sind. Es kam auch mal vor, dass Kristall Wünsche äußerte, was jedoch eher selten war. Für unseren Vertrag war Frau Killmann, Prokuristin der Firma zuständig. Als Sachverständiger fungiert oft Fritz Domina, damals ein

---

[59] Schröer, Spree-Revellers, 45-47, 46 (Abb. 2). Hier ist der Faksimile-Abdruck dieses Vertrags wiedergegeben.

bekannter Pianist und Kapellmeister. Technische Schwierigkeiten gab es fast nie. Fehlerhafte oder unsaubere Aufnahmen wurden selbstverständlich wiederholt." [60]

Tourneen, Aufnahmesitzungen und Rundfunkauftritte mit den „Spree-Revellers" u. a. beim Reichssender in Königsberg füllen diese Zeit für Rudi Schuricke mit zahlreichen Verpflichtungen an, wie aus den Tage-buchaufzeichnungen von Werner Doege hervor geht.[61] Nach dem Ab-gang von Schuricke im März 1937 besteht die Gruppe bis Oktober 1937 in anderer Besetzung weiter, bis dann der Name wegen der Bezug-nahme auf die amerikanischen Revellers verboten wird. Man firmiert nun (mit mäßigem Erfolg) bis 1940 unter der Leitung Doeges als „Die (fünf) Melodisten."[62]

Neben seiner Gesangskarriere nimmt Rudi Schuricke Schauspielun-terricht und beschäftigt sich laut einer Anzeige in dem Werk „Künstler des Reichsrundfunks" auch mit dem Gesangs-Synchronisationen von Tonfilmen (vgl. Abb. 15.b).[63] Er stellt deshalb wegen der benötigten Ar-beitserlaubnisse und den damit zusammenhängenden Auszahlungen der Gagen am 29. April 1936 einen Aufnahmeantrag bei der Reichsfach-schaft Film (RFF).[64] Aus diesem Dokument geht ferner hervor, dass Schuricke dabei keine Mitgliedsangabe zur NSDAP macht.

---

[60] Schröer, Spree-Revellers, 45.

[61] Siehe Teil 3.

[62] – vgl. zum Fortbestand und dem endgültigen Ende der Gruppe (als „Die Fünf Melodisten" im Jahre 1940) besonders: J. Westner, Ein bischen Singsang und gute Kameradschaft. Die Spree-Revellers (Online-Artikel bei https://grammophon-platten.de , s.v. Künstler > Gesangsgruppen > Spree-Revellers).

[63] KR 1, 137. – Belegt ist für diese frühe Zeit die Mitwirkung an den Filmen „Land der Liebe" [der Terra/Tobis; 1. Hälfte 1937, gleichnamiges Titellied, Soundtrack], „Fledermaus", „Rätsel um Beate", vgl. hierzu ebenso die Schuricke-Anzeige, wohl 1938 aus einem Künstlerhandbuch, bei: Czada – Große, 81. – im BA: Schreiben (06.09.1937) der Imagoton-Film-GmbH wegen „Playback-Aufnahmen" (für den Film „Fledermaus"); Schreiben der „Cine-Allianz-Tonfilmproduktions-GmbH" (vom 15.11.1937), wegen Filmauftritt in „Rätsel um Beate" (Gage 459.-RM), Titel „Mä-del, Dein Mund ist zum Küssen da". Davon entstehen zwei Plattenaufnahmen mit dem Erhard-Bauschke-Orchester (Gr 47160) und Will Glahé (Electrola EG 6238); sowie Schreiben der UFA-A.G. (15.02.1938), wegen Synchronisation eines Lie-des für den Schauspieler Hans Brausewetter (1899-1945) für den Film „Kleiner Mann – ganz groß" (Gage 700.- RM). Der Titel ist wohl „Weil der D-Zugführer heute Hochzeit macht", zwei Plattenaufnahmen für Grammophon (Gr 10828) mit Inge Vesten (vcl.) und dem Erhard-Bauschke-Orchester, sowie mit dem Orchester Erich Schneidewind (Kristall 3507).

[64] — Eine Unterorganisation der Reichsfilmkammer, Antragsdokument im BA.

Etwa ab September 1936 finden neben Aufnahmen mit den Spree-Revellers auch mit Horst Rosenberg (Bariton)[65] und dessen Studienfreund Helmut Krebs (zweiter Tenor) erste Aufnahmen für „Telefunken" statt. Krebs wird „wenig später" – zu einem bisher unbekannten Zeitpunkt – durch Karl Golgowsky ersetzt.[66] Damit ist das Schuricke-Terzett formiert. Die Arrangements übernahm der Pianist Albert Schmitz.[67] Zumeist werden die Plattenaufnahmen für „Kristall" ab 1935 von den „Hausorchestern" der Kristall-GmbH unter den Orchesterchefs Fritz Domina (1902-1975)[68] und Gerhard Hoffmann (1898-1955) begleitet, deren Verträge 1938 allerdings nicht mehr erneuert werden. Eine seltene frühe Aufnahme, „Königin der Liebe", entsteht Anfang 1936 mit dem Orchester von Willy Giebel[69] für Grammophon auf dem preisgünstigen „Braun-Etikett" (es existiert auch eine Version dieses Titels auf Kristall mit dem Orchester Hoffmann vom Herbst 1935). Ebenso erfolgen zu dieser Zeit heute seltene Aufnahmen mit einem blutjungen Willy Steiner (1910-1975), der von 1931-1945 das Kleine Funkorchester in Berlin leitete, welches im Krieg nach Breslau verlegt wurde, und der nach dem 2. Weltkrieg das Rundfunkorchester des Senders Hannover des Nordwestdeutschen Rundfunks begründet.[70]

Ein weiterer interessanter Titel ist ein schneller Foxtrott, der von Ludwig „Lulu" Kletsch, einem Mitglied des Orchesters von Adalbert Lutter, später bei Will Glahé, (Instrumente: Akkordeon, Alt-Saxophon, Klarinette)[71] komponiert und vom etablierten Texter Klaus S. Richter (1894-1953) mit einem originellen „Winter-Text" versehen wurde, und im Februar 1936 unter Rudi Schurickes Kristall-Pseudonym „Rudolf Erhard" mit dem Orchester Gerhard Hoffmann aufgenommen und als „Eiskristalle [Komm' mit mir zu den Eskimos]" veröffentlicht wurde (Kristall 3586 A). Hierbei dürfte es sich um eine der jazzigsten und besten Einspielungen

---

[65] KR 1, 542.
[66] Schröer – Wuthe, 3. – Völmecke, 22.
[67] Schröer – Wuthe, wie oben. Schmitz war auch kurzzeitig Pianist der Spree-Revellers. – Vgl. Schröer, Spree-Revellers, 45.
[68] M. Paysan, Herr im Hause– Kristall. Die Fritz Domina Biographie, Fox auf 78, Heft 16 (1997), 58 ff. – M. Paysan, Opera Domina, Fox auf 78, Heft 17 (1998), 69 ff. Zeitgenössische Fotografie: Künstler im Rundfunk 4 (1936), 101.
[69] KR 2, 293 (Foto).
[70] Zeitgenössische Fotografie: Künstler im Rundfunk 4 (1936), 124. – Paulussen, 24 ff. – Zu Beginn der 1950er Jahre sind Schallplattenaufnahmen für Polydor belegt.
[71] Vgl. Paysan, 21, 27 (Fotos). – Danzi, 84 f.

dieses Tanz-Orchesters überhaupt handeln.[72] Nach dem Vokalpart (voc*) von Rudi Schuricke – der untypischerweise direkt einsetzt – treten Akkordeon (acc, 2x), Posaune (tb) und Piano (pn) als Orchesterinstrumente mit kurzen Soli (= sog. „breaks", Abfolge hier: voc – acc + pn – tb – acc – pn) hervor, die gut eingespielte Band „kocht". Die Aufnahme ist deshalb als äußerst gelungen und als jazzig *hot* zu bezeichnen. Der Titel wurde im Frühjahr 1936 auch von Heinz Wehner mit seinem Telefunken-Swing-Orchester auf Telefunken A 1938 veröffentlicht.[73]

Abb. 9.b **„Eiskristalle", die nur so dahin schmelzen**: Die wohl „heißeste" Aufnahme des Gerhard-Hoffmann-Tanz-Orchesters (Kristall 3586), aufgenommen ca. Februar 1936. Auf der B-Seite singt „Rudolf Erhard" den „Czardas-Fox".

♪
Komm' mit mir zu den Eskimos,
denn da ist es bestimmt famos,
wir sind am Nord-Pol beide dann endlich allein!
Dort bin ich mit Dir ungestört,
höchstens, dass es ein Eisbär hört,
wenn ich Dir sage: „Liebling, ich bitt' Dich sei mein!"
Eiskristalle leuchten wie Edelstein,
Eiskristalle leuchten ins Glück hinein!
♪ ♪
Komm' mit mir zu den Eskimos,
denn da ist es bestimmt famos,
trotz allem Eis,
lieb' ich Dich so glühend und heiß!

---

[72] Leider kein Eintrag in der DHD.
[73] Vgl. Lange II, 981.

Die Kapelle Gerhard Hoffmann wird von den Rundfunkhörern sehr geschätzt.

Der Berliner kennt das Tanz- und Unterhaltungsorchester ganz besonders. Es spielt auch auf Schallplatten.

Aufn. Kristall

Abb.10 **Ansonsten kultivierte Tanzmusik:** Das Orchester Gerhard Hoffmann (Erster von Links: Orchesterchef Gerhard Hoffmann). Abbildung nach: **Künstler im Rundfunk 4 (1936)**, 113.

Das Orchester von Gerhard Hoffmann zählte bis 1937 zu den Hausorchestern der Marke „Kristall". Ein großer Teil des Orchester-Repertoires bestand aus Tangos, die häufig von Rudi Schuricke gesungen wurden, der von 1935-1937 über 40 Schallplatten-Aufnahmen mit dem Orchester machte, darunter seine erste Solo-Aufnahme aus dem Herbst 1935 – der wunderbare Tango „Regentropfen". Gerhard Hoffmann wurde am 07. Juni 1898 in Bernsdorf (Kreis Hoyerswerda) in Sachsen geboren und verübte am 09.Januar 1955 in Berlin-Wilmersdorf Suizid („Freitod durch Veronalvergiftung" laut Sterbeurkunde).[74]

---

[74] „Kapellmeister" Hoffmann (Stendaler Str. 13) heiratet, am 21.09.1920 in Berlin, die Kontoristin Gertrud Margaret geb. Liankov-Niedankowski; Ehe geschieden 1947. Seit 1953 2te Ehe mit Gerda-Martha Hildegard geb. Kabiersch. Offenbar seit 1938 Gastwirt am Kaiserplatz 10 (nachmals Bundesplatz „Granada-Bar") in BLN-Wilmersdorf. Zeitgenössische Fotografien: – Künstler am Rundfunk, Berlin 1932, 240 (Foto mit Fliege und Violine, Angabe des Geburtsjahrs), Text: „[…] Die Lust am Musizieren liegt ihm im Blut; schon als 14jähriger trat er öffentlich auf. Doch ist ihm auch die Freude an der Natur gegeben. Er liebt es im Auto oder auf dem Motorrad dem Lärm der Großstadt zu entfliehen." – Kristall und Imperial Schallplatten (Hg.), Nachtrag April 1936 (Werbefaltblatt, Titelfoto). – Künstler im Rundfunk 4 (1936), 113 (vorgenanntes Foto im Medaillonausschnitt & sein Orchester = hier: Abb. 10). – Die Anzeige bei KR 2, 310 erwähnt (Sept. 1938), dass

Abb. 11.a **Die Spree-Revellers am 8. Juli 1936** vor der Kristall-Schallplatten-GmbH, Berlin–Reinickendorf. Erster von links: Pianist Werner Doege, daneben Rudi Schuricke. Zu dieser Zeit entstanden viele Aufnahmen mit dem Orchester von Gerhard Hoffmann.

Bemerkenswert in dieser frühen Karriere-Phase sind, wie schon erwähnt, etliche Tango-Einspielungen von Rudi Schuricke als Solo-Künstler. Mitte 1936 wird mit Juan Llossas (1900-1957) der Tango „Frauen sind so schön, wenn sie lieben" auf Kristall 3608 wieder einmal als „Rudolf Erhard" eingespielt. Dieser Titel wird im selben Jahr auch mit dem Orchester von Adalbert Lutter unter der anonymen Etikettenangabe „mit Tenor-Solo" für Telefunken aufgenommen. Ein besonders schöner Titel ist der 1937 aufgenommene Tango „Einmal ist keinmal" aus dem Tobis/Sascha-Film „Die ganz großen Torheiten", geschrieben von Ralph Benatzky (1884-1957), dem Komponisten der Operette „Im Weißen Rössl", aufgenommen erneut mit dem „deutschen" Tango-König Juan Llossas (Imperial 17123). Weitere 1937 für Schallplatten eingespielte Benatzky-Titel sind die melancholischen Slowfoxes „Tiefe Sehnsucht" und „Ich steh' im Regen" aus dem UFA-Spielfilm „Zu Neuen Ufern" mit Zarah Leander. Diese erscheinen in derselben Kopplung zweimal, einmal mit dem Orchester Billy Bartholomew auf Imperial 17143 und mit Willy Steiner auf Grammophon 10643.

---

das „Tonfilmorchester Gerhard Hoffmann" vorübergehend (?) als „autor.[isiert]" unter der Leitung des Paukers und Sängers Kurt Papenberg stand. Der Aufnahmevertrag mit Kristall scheint 1937 nicht verlängert worden zu sein. – Zw. 1931-37 musikal. Beteiligung an mind. 11 Tonfilmen – Diskografie (1928-1937): DDT, Bd. 1 (1993), 137-154. – Gelistet ist Hoffmann (seit 1928) im „Berliner Adressbuch" als „Kapellmeister", Quitzowstr. 127 I., Berlin NW 21; Ausg. 1935-1938, zuletzt: Würzburger Str. 17, Berlin W50 und ebenso als „Gastwirt", Kaiserplatz 10.

NACHTRAG OKTOBER 1936

RUDOLF ERHARD   GERHARD HOFFMANN

Abb. 11.b **Aus der PR-Abteilung:** Kristall-Schallplatten GmbH, Werbefaltblatt (Flyer), Deckblatt (Ausschnitt), [Neuerscheinungen / bzw. Katalog-] Nachtrag Oktober 1936. Rudi Schuricke heißt hier immer noch „Rudolf Erhard"[75]

Herausragend sind ebenso zwei 1938 veröffentlichte Robert-Stolz-Kompositionen aus dem Film „Musik für Dich": das gleichnamige Titellied gekoppelt mit „Wem gehört Ihr Herz nächsten Sonntag, Fräulein?" auf Imperial 17165 (mit dem Tanzorchester Hans Bund, zu diesem vgl. Abb. 20). Beide Titel wurden ebenso mit dem Orchester von Will Glahé aufgenommen (auf Electrola EG 6189). Der österreichische Operetten-Komponist Robert Stolz (1880-1975) emigrierte nach 1938 über Paris in die USA und wurde dort während des Krieges zweimal für einen „Oscar" nominiert: 1941 für den besten Song und 1945 für die beste Musik. [76]

Gegen Ende dieses Zeitabschnitts macht Rudi Schuricke am 3. November 1937 erstmals drei Soloaufnahmen mit dem Orchester von Erhard Bauschke für die „Deutsche Grammophon".[77] Erhard Bauschke

---

[75] So auch auf dem Werbefaltblatt Kristall Schallplatten GmbH (Hg.), Kristall und Imperial Schallplatten [Neuerscheinungen], Nachtrag Mai 1936.

[76] W.-D. Brümmel - F. van Booth, Robert Stolz – Melodie eines Lebens. Ein Komponist erobert die Welt, Gütersloh 1967. In der „Dritten Liste unerwünschter musikalischer Werke" (erstveröffentlicht 15.05.1941), werden schließlich sämtliche Werke von Robert Stolz für unerwünscht erklärt, vgl. Prieberg, 7359 (vgl. auch: ebenda, 2397 mit Nachweis aller vier Listen bis 1942). In der Diskografie sind die Titel: 0182, 0202, 0249, 0349, 0372, 0373, 0387, 0419, 0451 betroffen.

[77] Nachweis der Schallplatten-Aufnahmen bei: DDT Bd. 1 (1993), 1 ff. — Vgl. auch die Artikelserie: K. Krüger, Bunter Bauschke Bogen [Teil 1] - Bauschkes Flügelmann [Teil 2], Fox auf 78 Heft 4 (1987), 8 ff. — K. Wollfram - G. Boas, Bunter Bauschke Bogen Teil 3, Fox auf 78, Heft 9 (1990/1991), 20 ff. — DHD, 16 ff. — Lange, 83 ff., 114 f., 146, 229.

übernahm ab 1936 das Orchester von James Kok und spielte exklusiv für „Grammophon" seine Aufnahmen ein. Rudi Schuricke und „Terzett" nahmen bis September 1940 mit Erhard Bauschke zahlreiche beeindruckende Platten auf. Bauschke kam kurz nach Kriegsende im Oktober 1945 in Frankfurt am Main/Praunheim bei einem Autounfall ums Leben. Er war für die Leitung des Hessischen Rundfunkorchesters vorgesehen, die dann Willy Berking übertragen wurde. Herausragend unter den Aufnahmen von Bauschke mit Schuricke ist der frühe Solotitel „Tausend Beinchen tanzen" (Grammophon 10678), ein Foxtrott aus dem Film „Manege".

Abb. 12 **Swing in Deutschland:** Orchesterchef Erhard Bauschke (1912-1945) galt als einer der beliebtesten Tanzmusikinterpreten Deutschlands. Das Orchester war 1936-1939 häufig live im „Moka-Efti", Berlin-Stadtmitte[78] zu hören und zu sehen (signierte **„Grammophon" – Autogrammkarte**, Foto von 1936).

Für diese Zeit können die Berliner Wohnadressen von Rudi Schuricke durch Veröffentlichungen in Künstlerhandbüchern und Adressbüchern festgehalten werden. Rudi Schuricke wohnte wohl zunächst 1934-36 in Berlin W 30 (Goltzstr. 34)[79], 1937 in Berlin-Charlottenburg (Federicia-Str. 5., vgl. Abb. 15.b), dann 1938 in Neukölln (Schierkerstr. 17a) – damit zuletzt in der Nähe einer seiner Schallplattenfirmen, der Carl Lindström A.G. (Schlesische Str. 22-27) – und später in Berlin-Rahnsdorf (1938-1951).[80]

---

[78] Vgl. Wolffram, 75 ff. (Abb.) / — D. Schulz-Koehn, The Billboard (25. März 1939), 15 (wie unten).
[79] Briefkopf, Schreiben an Reichsfilmkammer (01.10.1936), BA.
[80] KR 1, 137 (Charlottenburg 1937). — Czada – Große, 81 (Abb. Anzeige mit Schuricke-Foto und Adressenangabe, Neukölln, wohl 1938, nach Archiv Dr.

Amerikanische Schlager in Deutschland

Rudi Schuricke nahm schon mit den Kardosch-Sängern den einen oder anderen amerikanischen Titel auf. Mit dem Beginn seiner Solo-Karriere, aber auch mit den Spree-Revellers und dem Schuricke-Terzett, entstehen zahlreiche Einspielungen amerikanischer Schlager, die zumeist nicht in Englisch erfolgen, sondern mit einem deutschen Text versehen werden. Interessanterweise ist der amerikanische Schlager nach 1933 ein kleiner, aber fester Bestandteil im Repertoire vieler Berliner Tanzorchester, etwa dem des Telefunken-Swing-Orchesters von Heinz Wehner, mit dem Rudi Schuricke und die Spree-Revellers im April 1936 einige Aufnahmen machen. Diese Tatsache erregt nun, wie wir noch sehen werden, den fortwährenden Unmut linientreuer Parteikader. Der Ursprung dieser Schuricke-Titel ist meist der amerikanische Revuefilm. Hier ist hauptsächlich die Filmreihe *„Broadway Melody"* zu nennen, die schon 1929 gestartet wurde und für die unter anderem der populäre amerikanische Filmkomponist Ignacio „Nacio" Herb Brown (1896-1964) diverse Titel schrieb, so etwa für „Broadway Melodie [1936]" bzw. – „1938".[81] Der „Hauptschlager", „Du sollst mein Glücksstern sein (*You Are My Lucky Star*)" [1936] wurde von Schuricke mit den Orchestern Gerhard Hoffmann und Oskar Joost eingespielt. Eine weitere Version liegt vom bekannten und äußerst produktiven Rundfunk- und Schallplattentenor Herbert Ernst Groh (1906-1982) auf Odeon (O-25736b, 02.04.1936) vor, der bereits Ende März 1935 mit den Kardosch-Sängern auf Tournee im Rheinland unterwegs gewesen war.[82]

Aus dem Film „Broadway Melody of 1936" (Abbildung 16) spielte Schuricke etliche Titel in Deutsch ein, nämlich das oben erwähnte „Du sollst mein Glücksstern sein (*You Are My Lucky Star*)", „Sing' schon am Morgen (*Sing Before Breakfast*)" und „Broadway Rhythmus (*Broadway Rhythm*)", auch unter seinem Pseudonym „Rudolf Erhard" und mit den Spree-Revellers im Frühjahr 1936 für „Kristall" und „Grammophon". Die

---

Czada, siehe unten Schröer, Chronik.— Schröer – Buchholz, 29 (Berlin – Rahnsdorf: Foto von Schurickes Haus).

[81] Vgl. zu weiteren Kompositionen und Informationen dazu WIKIPEDIA, s.v. „Nacio Herb Brown"; „Broadway Melody".

[82] Vgl. Wunsch, 115-116. – Künstler am Rundfunk, Berlin 1932, 95 (mit Foto), *„Herbert Ernst Groh ist bei allen Hörern der Norag* [= „Nordische Rundfunk AG", nachmals „Reichssender Hamburg"] *als Rundfunktenor geschätzt und beliebt. In seinen Mußestunden huldigt er dem Angelsport."*

wichtigsten neuen Titel für „Broadway Melody of 1938" waren „Everybody Sing", „Yours And Mine" und „I'm Feeling Like A Million", wiederum
alle auch von Brown. Die englischen Titel wurden von Franz Baumann
(1890-1965) mit deutschen Texten versehen und von Schuricke mit dem
Orchester Hans Bund aufgenommen: Der Swingtitel „Überall Musik
(*Everybody Sing!*)" gekoppelt mit „Mein und Dein" (*"Yours And Mine"*) auf
Imperial 17177, sowie „Ich träume von Millionen" (*"I'm Feeling Like a Million"*). Diese Aufnahme erschien auf Imperial 17179 im Juni 1938, wurde
allerdings am 01.09.1938 für "unerwünscht" erklärt und folglich aus dem
Verkaufskatalog entfernt (vgl. dazu Diskografie). Die exakten Gründe dafür sind bisher unklar.

Abb. 13 US-**Film-Musicals in Deutschland:** Das M-G-M Filmmusical „Broadway Melody
[of 1936]" kam auch bei uns in die Kinos. Aus: **Illustrierter Filmkurier Nr. 2452 (1936).**

HEINZ
WEHNER
mit seinem
Telefunken-
Swing-Orchester
nur auf
Telefunkenplatten

Abb. 14 **Swing in Deutschland II:** Heinz Wehner hatte mit seinem Telefunken-Swing-Orchester zahlreiche amerikanische Titel in seinem Repertoire, die teilweise mit deutschem
Text, aber auch von Heinz Wehner persönlich in Englisch eingesungen werden. Die zweite
Person leicht verdeckt hinter Wehner ist der Posaunist Willy Berking (1910-1979) mit
dem Rudi Schuricke viele gemeinsame Aufnahmen macht, als dieser ab 1939 mit seinem
eigenen Orchester zahlreiche Titel für „Imperial" einspielt (vgl. Kap. 4,5). Nach dem Krieg
leitet Berking das Orchester des Hessischen Rundfunks. (**„Telefunken"-Werbepostkarte**
von 1936.)

HERBERT ERNST GROH
nur auf
ODEON-MUSIKPLATTEN

Abb. 15 **Tragische Rolle als „Ersatz-Tauber":** Der junge, begabte Schallplattentenor **Herbert Ernst Groh** („Odeon" - Autogrammkarte, ca. 1935-40**),** wurde von der Carl Lindström A.G. als **„Nachfolger"** ihres verfemten jüdischen Startenors **Richard Tauber** (1891-1948) aufgebaut und bereits im **März 1935** mit den **Kardosch-Sängern** und Rudi Schuricke, seinen Label-Kollegen, auf Gesangstournee nach Westdeutschland geschickt.

RUDI SCHURICKE

Berlin-Charlottenburg 9
Fredericiastraße 5
Telefon 93 76 65 oder 49 20 41

SÄNGER

Tenor

Schlager und Tonfilmlieder
Synchronisieren von Ufa- und Tobis-Filmen
Schallplatten: Dtsch. Grammophon, Imperial,
Kristall und Telefunken

Abb. 15.b Eigenreklame **1937** für **„Künstler des Reichs-Rundfunks 1937-38"**

Abb. 16 **Broadway-Melody [of 1936] in Deutschland,** Aus: **Illustrierter Filmkurier** Nr. 2452 (1936).

Abb. 17 **Schlager-Vorbild aus den USA:** Der große Bing Crosby (1903-1977) mit seinen Tageshits, von denen einige in deutscher Version auch von Rudi Schuricke aufgenommen wurden.

Aber auch der Musik-Western beeinflusste die Titelauswahl von Rudi Schuricke. Besondere Erwähnung verdient hier der Bing-Crosby-Film *„Rhythm on the Range"* mit den zwei Titeln *„Empty Saddles"* (Decca 870 A) und dem Crosby-Riesenhit *„I'm an Old Cowhand (from the Rio-Grande)"*, (Decca 871 A), die Rudi Schuricke als „Durch die Steppe klingt ein Liebeslied"[83] und „Wenn ich ein Cowboy wär'"[84] aufnahm.

Beide Titel wurden in den USA häufig eingespielt – so entstanden am 1. Juli 1936 Versionen von *„Empty Saddles"* (Bluebird 6448 B) und eine besonders „heiße" von *„I'm an Old Cowhand"* (Bluebird 6448 A) mit Charlie Barnet and his Orchestra[85]. Im selben Jahr werden beide Titel von der amerikanischen Western-Gesangsgruppe „The Sons of the Pioneers" und deren Mitglied, dem „König der singenden Cowboys", Roy Rogers (1911-1998) auf Decca 5247 (07/1936) veröffentlicht.

---

[83] Eine weitere deutschsprachige Einspielung von Peter Kreuder mit Eric Helgar (Gesang) auf Telefunken A 2154.
[84] Eine weitere brillante deutsche Einspielung existiert von Peter Igelhoff auf Electrola EG 3960 (vom Mai 1937).
[85] Bolig, 166.

Abb. 18 **The Sons of the Pioneers – Populärste Western-Gesangsgruppe der USA:** „Die Söhne der Pioniere" auf einer PR-Aufnahme für Republic Pictures (1940er Jahre, zweiter von rechts: Roy Rogers).

Ein ruhiger Titel von Billy Hill ist der Schlager *„Lights Out"* der als „Das Licht geht aus" mit den Orchestern von Heinz Wehner und Oskar Joost gleich in zwei Versionen mit Schuricke-Beteiligung vorliegt.[86]

Als weiterer Musik-Western ist der Gene-Autry-Streifen *„Boots and Saddles"* (1937) anzuführen, in dem das schon 1935 von Bing Crosby und dem Orchester von Victor Young aufgenommene *„Take Me Back to My Boots and Saddle"* (Decca 616 B) verwendet wurde – es kam bei uns als „Nimm' mich mit zu den blauen Bergen" mit Heinz Wehner und seinem Telefunken-Swing-Orchester mit dem Hinweis: „mit Gesangstrio", heraus (Telefunken A 2006).[87]

Nochmals in den „Wilden Westen" führt der amerikanische Standard *„Indian Love Call",* aus der Operette *„Rose Marie"* von Rudolf Friml aus

---

[86] Vgl. Diskografie Nr. 0155 und 0277.
[87] Das Orchester war in Berlin regelmäßig *live* im Tanzpalast „Delphi" zu erleben. Vgl. Wollfram, 127 ff., 165, 234. Heinz Wehner (geb. 1908) ist aus dem Krieg nicht mehr zurückgekehrt und seit 1945 verschollen.

dem Jahre 1924, jetzt als „Über die Prärie" aufgenommen von den Spree-Revellers.

Abb. 19 **amerikanische Musik mit deutschem Text:** Hier der Titel „Indian Love Call" als „Über die Prärie" aus der amerikanischen Musical-Operette „Rose Marie" (1924) von Rudolf Friml (1879-1972)[88] mit deutschem Text von Arthur Rebner. Diese Aufnahme mit den „Spree-Revellers" ist ungefähr im September 1936 entstanden. Das Kristall-Etikett erhält nach der Übernahme durch den Lindström-Konzern (nach dem 01. August 1937), wohl ab dem dritten Viertel des Jahres 1937, ein neues Design. Auch etliche Altaufnahmen erscheinen damit in neuer Auflage.

1957 wird Rudi Schuricke mit „*True Love*" einen weiteren legendären Titel von Bing Crosby aufnehmen. Hervorzuheben sind auch Schuricke-Einspielungen heutiger „*Evergreens*" wie „*Red Sails in the Sunset*" (kreiert von Jimmy Kennedy und Hugh Williams, in den USA veröffentlicht u.a. von Bing Crosby auf Decca 616 A) – als „Ein Schiff fährt nach Schanghai" (~Juli 1936)[89], der berühmte „*Organ Grinder's Swing*" von Will Hudson (Instrumental-Version von Benny Goodman auf Victor 25442, Oktober 1936) – als „Hofkonzert im Hinterhaus"[90] sowie das

---

[88] Friml, Rudolf. <u>Encyclopædia Britannica</u>. 2005. Encyclopædia Britannica Premium Service, 24. Apr. 2005.
http://www.britannica.com/eb/article?tocId=9035447. Sämtliche Werke von Friml (wohl wegen jüdischer oder US-amerik. Herkunft) werden 1942 auf die „Vierte Liste unerwünschter musikalischer Werke (15.07.1942)" gesetzt, vgl. Prieberg, 2397 (hier auch: Nachweis aller vier Verbotslisten 1939-1942).
[89] Schuricke-Versionen mit den Orchestern Ilja Livschakoff (als „Fred Marley" mit den „Spree-Revellers" – Grammophon 2279, 28.02.1936) und von Gerhard Hoffmann (als „Rudolf Erhard" – Kristall 3609, ca. Juli 1936), vgl. Diskografie.
[90] Spree-Revellers mit dem Orchester von Hans Bund (Imperial 17112) aufgenommen am 01. März 1937.

durch das Swingorchester von Charlie Barnet (1913-1991)[91] popularisierte und heiß daher swingende *„But Definitely"* (Bluebird 6433 A, Juni 1936 aus dem Film *„Poor Little Rich Girl"*) – als „Merci, mon ami (es war wunderschön)" mit dem Orchester von Hans Bund auf Imperial 17112 (1. März 1937)[92].

Neben Jazz-Veröffentlichungen wurden aber auch typische amerikanische *Country & Western* - Aufnahmen etwa der Formation „Hoosier Hot Shots" (die auf dem Imperial-Etikett als *„America's Hill Billy Aces"* angepriesen werden), von Imperial in Deutschland in Lizenz gepresst und auf den Markt gebracht, so zum Beispiel *„ Them Hill-Billies are Mountain Williams Now* (dt. Untertitel: „Billi hat's geschafft") / *„San"* (dt. Untertitel „Das ist Amerika") (Imperial 17030; erstaunlicher englischer Untertitel auf dem Etikett: „Imperial *–The King of Records"*).

Ein deutsches Textzitat des amerikanischen Nr. 1-Titels von 1936 *„The Music Goes 'Round and Around"* (von Eddie Farley und Mike Riley mit ihrem Orchester auf Decca aufgenommen) – als „Musik erklingt … herum um die ganze Welt" (deutscher Text von Kaps und Berthold), eingespielt von den Spree-Revellers mit den Orchestern Oskar Joost und Heinz Wehner, rundet diese Betrachtung und die Einstellung zur Internationalität im Deutschland dieser Zeit überzeugend ab:

> *„Weltbekannter Schlager ist da! [...] Musik erklingt …! Geheimnisvoll macht eine Weise die Reise herum um die ganze Welt. Man hört die Melodie – berauschend und jubelnd erklingt sie – und so dringt sie herum um die ganze Welt! Die Sender sämtlicher Länder verkünden es fern' und auch nah'! Halloh – Halloh – Halloh. Halloh! Jetzt hört mal zu! Denn der neue Schlager ist da [...]"*

---

[91] Zu diesem: D. Mather, Charlie Barnet. *An illustrated Biography and Discography*, Jefferson (North-Carolina) 2002.

[92] Aus dem ersten deutschen Zarah-Leander-Film „Premiere" (1937). Die lediglich auf dem Imperial-Etikett der Platte angegebenen deutschen Komponisten „[Peter von] Fényes [Musik] – [Hanns] Schachner [Text]" haben hier offenbar ein *„Soundalike"* ohne Quellenangabe kreiert. Der Musikverlag Sikorski (Berlin) gibt auf seinen Notenblättern Johannes Brandt (1884-1955) als Texter an. Das Lied und dessen Grundmelodie stammen eigentlich aus der Feder von Mack Gordon und Harry Revel, vgl. Bolig, 164. Die Hans-Bund-Biografie bei: K. Wolffram, Hans Bund. Mein Kaktus tanzt, Begleitheft der gleichnamigen Doppel-CD (1998). Das genaue Aufnahmedatum ist der 1. März 1937: Vgl. — Dömpke, 16. — Schröer, Spree-Revellers, 47. — Zur eher problematischen Zusammenarbeit mit einem pedantischen Hans Bund im Aufnahmestudio vgl. — Danzi, 84 f.

Die Kapelle Hans Bund

begeistert durch ihr flottes Spiel sehr oft die Rundfunkhörer.
Das Orchester spielt auch sehr viel auf Schallplatten.

Aufn. Telefunken

Abb. 20 **Swing in Deutschland III:** Auch nach dem Wechsel von „Telefunken" zur neuen Marke „Imperial" des Lindström-Konzerns nahm das Orchester von Hans Bund (1898-1982) ab 1937 etliche amerikanische Swing-Titel auf. Das reine Studio-Orchester zeichnet sich durch einige sehr rhythmische Einspielungen mit Hans Bund am Piano aus, zu denen der melodiöse Gesang von Rudi Schuricke hervorragend passte.[93] Das Orchester zählte zu den führenden Swing-Orchestern Deutschlands. Das Foto entstand um 1935, vor der Berliner „Singakademie" (heute: „Maxim-Gorki-Theater"), in der die Firma „Telefunken" auch Schallplattenaufnahmen durchführte (Hans Bund ganz rechts. Links daneben Kurt Engel, bekannter Xylophonist). Abbildung nach: **Künstler im Rundfunk 4 (1936),** 98. (Vgl. zu Hans Bund auch: Paysan, Sounds of an Era, 174-175, mit Foto.)

---

[93] DHD, 36 ff. sowie Lange II, 174 f. sind hier leider nicht vollständig. Neben den hier genannten Titeln ist besonders die heiße Schuricke-Version des Titels „Du hast mein Herz K.O. geschlagen [Oh, Baby!]" (Imperial 17166a) hervorzuheben, welche zwei kurze Piano *„breaks"* von Hans Bund und ein sehr charmantes Scat-Gesang *„Outro"* von Rudi Schuricke aufweist. Eine weitere Version existiert mit dem Orchester von Oskar Joost (Polydor 10758 B, Februar 1938).

Der Nationalsozialismus und die Beeinflussung des Repertoires

Im Gegensatz zu vielen anderen Künstlern dieser Epoche[94] sind bisher keine Unterlagen bekannt geworden, die eine offene, direkte politische Parteinahme, NSDAP-Mitgliedschaft oder gar politische Aussagen von Rudi Schuricke nahelegen oder dokumentieren.[95] Rudi Schuricke galt auch in der sowjetischen Zone und in der DDR nicht nur direkt nach dem Kriege als politisch völlig unbelastet und durfte zumindest bis 1957 dort auftreten. Auch können unter seinem offiziellen Namen „belastende" Aufnahmen nicht nachgewiesen werden. Unter der Etikettenbezeichnung „Quartettgesang" war Rudi Schuricke jedoch – wieder einmal anonym – aber dennoch *de facto* an der Einspielung etlicher nationalsozialistischer „Kriegsliederklassiker" und Soldatenlieder wie „Bombenflieger Legion Condor", „Flieger sind Sieger", „Antje, mein blondes Kind", „Es ist so schön Soldat zu sein (Rosmarie)", „Wir fahren gegen Engelland" (die letzten drei Titel von Reichsmusikzugführer Herms Niel[96]), „Unsere Minensucher" und „Deutscher Fliegergeist" beteiligt.[97] Diese wenigen aber doch in gewisser Regelmäßigkeit entstandenen Aufnahmen

---

[94]So hatte der Schauspieler und Sänger Kurt Seifert (1903-1950) für die Schallplattenaufnahme eines Couplets aus dem Ludwig Schmidseder-Günther Schwenn Musical „Frauen im Metropol" für das Metropol-Theater in Berlin auf Odeon O-26421 „Da steh'ste nackt und blos" eine offenbar angefügte Propagandastrophe, die sich – unter Verdrehung politischer und historischer Tatsachen des Kriegsbeginns – gegen Winston Churchill richtete, einzusingen (1940). Es ist ein offenes Rätsel, wie und warum es hier zu der Hinzufügung des Textes kam, der so im Klaviernotenheft und im Libretto nie veröffentlicht wurde. Dazu kein (!) Eintrag bei: — Prieberg.

[95] — Antrag auf Mitgleidschaft in der Reichsfachschaft Film (29.04.1936), BA, hier: keine NSDAP-Mitgliedschaft angegeben. Kein Nachweis bei der NSDAP-Mitgliedsliste deutscher Musiker (2172 Einträge), zusammengestellt bei: — Prieberg, 9416-9462. Da Rudi Schuricke es zunächst versäumt seine RFF-Mitgleidschaft nach Jahresfrist zu verlängern, entstehen ihm Probleme beim Erlangen und Wahrnehmen von Synchron- und Filmangeboten. Diese werden zwischenzeitlich mit „Sondergenehmigungen" überbrückt. vgl. Unterlagen im BA.

[96] Vgl. zu diesem NS-belasteten Musiker (1888-1954), besonders Prieberg, 8788-8793. Das „Engelland"-Lied geht mit seinem Text auf das alte „Matrosenlied" von „Heidedichter" Hermann Löns (1866-1914) zurück, welches schon im 1. Weltkrieg propagandistisch genutzt wurde.

[97] Zu diesen Schuricke-Einspielungen zahlreiche Einträge (11 Rundfunktitel), bei: — Prieberg, etwa 3160 („Deutscher Fliegergeist" von Horst Hoffmann). Vgl. zu diesem nationalsozialistischen Trend, der sich auch auf dem Musikmarkt auswirkte: — Greve, 41 ff. (Abb.), 54 f. — Fetthauer, 91 ff. — sowie allgemein das „musikalische NS-Weißbuch" von Prieberg.

sind nach bisherigem Kenntnisstand hauptsächlich für die Kristall GmbH entstanden und auf „Kristall" wie auch „Imperial" bis in den Krieg hinein veröffentlicht worden.[98] Zahlreiche dieser und ähnlicher Titel sind in zusätzlichen Versionen auch als Rundfunkaufnahmen überliefert, so etwa „Ich soll Dich grüßen, mein junger Kanonier."[99] Im weiteren Verlauf des Krieges wurde Schuricke – wohl gerade, weil er sich in dieser Funktion besonders eignete – zur Truppenbetreuung verpflichtet. Bereits 1939 entsteht in Abwandlung des Schlagers „Das kann doch einen Seemann nicht erschüttern" (etwa: Schuricke-Terzett mit Hans Carste, Electrola EG 6963, daneben existieren noch drei weitere Schuricke-Veröffentlichungen) der Titel „Das muss den ersten Seelord doch erschüttern" und damit eine heute nachweisbare Propaganda-Aufnahme mit dem Schuricke-Terzett (gepresst allerdings nur für Rundfunksendungen auf Lyra XVII).[100]

Dass die Kulturpolitik dieser Zeit absolut von Joseph Goebbels und der Nationalsozialistischen Deutschen Arbeiterpartei (NSDAP) bestimmt wurde und jegliche, auch völlig unpolitische, Kunst der damaligen Zeit von der Partei zu ihren Zwecken instrumentalisiert werden konnte und auch wurde, sollte jedoch nicht dazu führen, diese Kunst als eine tumbe und sinnleere „Nazi"- oder „Propaganda-Kunst" abzutun, welches auch die Musik dieser Zeit zumeist nicht war.[101] Die Musikindustrie wurde – im

---

[98] Vgl. die private CD-Zusammenstellung RSA (Berlin): Musikkorps der Luftnachrichtenabteilung des Oberbefehlshabers der Luftwaffe unter der Leitung von Musikmeister E. Kiesant mit Quartettgesang / Reichsmusikzug des Reichsarbeitsdienstes, Dirigent: Obermusikführer Herms Niel [mit Quartettgesang], Wir beginnen das Wunschkonzert (2004). Vgl. hierzu besonders: Imperial-Kristall Katalog 1939, 85 f., 153 f. s. v. „Marschlieder", bzw. „Soldatenlieder". In Abgleich dazu allgemein: — Prieberg. Vgl. zum Aspekt der Militärmusik in Deutschland die Artikelserie von B. Meyer-Rähnitz in „Fox auf 78" http://www.fox-auf-78.de/verzeichnis.html.
[99] Prieberg, 3485 f. (Rundfunkaufnahme vom Februar 1940 mit dem Orchester von Oscar Joost). Auf Platte erschien der Titel mit dem Orchester von Will Glahé (Electrola EG 7036, aufgen. bereits im Herbst 1939), vgl. Diskografie.
[100] Vgl. Prieberg, 979-980 (Aufnahme von 1939 im DRA).
[101] Vgl. dazu die Kommentare im Beitrag von Kevin Clark, „Kleiner Foxtrott mit Mary. Wenn das Leichte über dem Abgrund tänzelt – die Operette als schmerzstillendes Mittel unterm Hakenkreuz" in: Die Zeit, Nr. 14 (25.03.2004), Feuilleton. — Vgl. zur Beurteilung der Qualität der Musik und Filmkunst jener Tage auch: Buchholz II, 2 ff. Von einer *„Verödung und Verflachung der deutschen Unterhaltungsmusik"* jener Jahre [Zitat nach: Czada – Große, 78] kann m. E. ebenso wenig die Rede sein. Dazu Zeitzeuge Danzi — *„ […] I believe that German dance bands improved right up to the time I left Berlin in late 1939. Remember that foreign musicians had dominated the dance world of Berlin in the mid- and late-twenties,*

Gegensatz zum Rundfunk[102] –, wie die Filmindustrie zunächst nicht verstaatlicht.[103]

Nach Kriegsende wurden somit auch von der alliierten Zensur der Militärregierung eine große Zahl deutscher Spielfilme und auch Schallplattenaufnahmen, die während der Herrschaft der Nationalsozialisten entstanden waren, wieder zur Veröffentlichung freigegeben.

Gerade die Musikindustrie entwickelte sich zu einem Tummelplatz innovativer und nicht konformistischer Künstler, die alles taten, um sich insgeheim über die Vorschriften und Verbote der Reichskulturkammer hinwegzusetzen[104], oder diese bestenfalls sogar völlig ignorierten[105]. Im Zuge der Verschärfung der Lage u.a. durch die Erklärung eines „Jazzverbots im Rundfunk" in der Rede vom 12. Oktober 1935 des Reichssendeleiters Eugen Hadamovsky[106] und das „Schallplattenverbot" vom 17. Dezember 1937 (s. u.), das sich nicht nur gegen jüdische Künstler, Komponisten, Textdichter und Musikverlage richtete, sondern gegen unerwünschte Titel allgemein, wurde 1938 etlichen Kompositionen der oben erwähnten erfolgreichen britischen und amerikanischen Komponisten und Textdichter Jimmy Kennedy und Michael Carr sowie von Nacio Herb Brown und Arthur Freed, die auch Rudi Schuricke, die „Spree-Revellers" und das „Schuricke-Terzett" aufgenommen hatten, als „unerwünschte Musik" die öffentliche Aufführung versagt.[107] Käuflich zu erwer-

---

so the locals had been exposed to a high standard." Danzi, 90. *"[…] Some Germans had seen that the Nazi party had influence in many areas of German life, and to advance themselves they joined the party. Most of the orchestra leaders were not party members; there was a bond and certain affinity between us, for none of us liked the political situation."* Danzi, 92.

[102] Übersicht der einzelnen deutschen Rundfunk-Aktiengesellschaften zur Zeit der Weimarer Republik bei: Thiele, 24 (Karte).

[103] Greve, 37 ff., 42 f. — Fetthauer, 26 ff. — KR 2, 19, gibt eine Adressen-Auflistung der privaten Filmfirmen in Berlin.

[104] So soll der Berliner *Swing-Bandleader* Kurt „Kutte" Widmann, nachdem man ihn im Kriege wieder „reaktiviert" hatte auf offener Straße im Jahre 1943 kolportiert haben, nun habe die entartete Kunst gesiegt. — Lange, 143 f.

[105] Vgl. etwa 1943 den „Fall Brocksieper" bei: — Prieberg, 3400. Fritz „Freddie" Brocksieper" (1912-1990) war zuvor Schlagzeuger bei der Swing-Band „Die Goldene Sieben" (Aufn. für Electrola) und nahm u.a. als „Brocksi-Quartett" und „Quintett" im Krieg (1942-43) für die deutsche Brunswick Jazz und Swing auf. Vgl. u diesem bes. Lange, 134-136; 229.

[106] Vgl. dazu bes. Prieberg, 3648-3650.

[107] Vgl. Wollfram, 192: Faksimile, Amtliche Mitteilungen der Reichsmusikkammer Jg. 5 / Nr. 17 (01. September 1938). — Vgl. ebenso: Reichsmusikprüfstelle (Hg.),

ben waren „unerwünschte" Plattentitel auch von deutschen Künstlern allerdings weiterhin, wie zum Beispiel der Titel „Wenn ich ein Schlangenbeschwörer wär'" (1939), den neben Peter Igelhoff auch Rudi Schuricke einspielte.[108] Gefolgt vom Anfang 1941 aufgenommenen und auf Grammophon 11554 B veröffentlichten unerwünschten Schuricke-Terzett-Titel „Jaaaa - nun ist er wieder da!" (Ralph Maria Siegel).[109] So war es zudem bis Dezember 1941 (der Kriegserklärung des Deutschen Reichs an die USA nach dem japanischen Angriff auf *Pearl Harbour*) möglich, in Plattengeschäften des Deutschen Reichs amerikanische Jazz- und Swing-Aufnahmen – nichtjüdischen Ursprungs – neuerer Produktion als deutsche Lizenzpressungen käuflich zu erwerben. Auch eine deutsche Schallplatten-Pressung des Swingkönigs Benny Goodman war – obwohl dieser Jude war –, offenbar durch die Zensur gefallen und erstaunlicherweise bis 1939 noch offiziell im Handel erhältlich, oder zumindest als „erhältlich" im Kristall-Imperial-Katalog abgedruckt.[110] Dennoch wurden

Erste Liste unerwünschter musikalischer Werke, Berlin 1939, „Aufgrund der Anordnung zum Schutze musikalischen Kulturgutes (29.03.1939)"; eben diese abgedruckt in: Deutscher Reichsanzeiger 77 (31.03.1939) / Völkischer Beobachter 94 (04.04.1939). Zeitgenössische Reaktionen darauf bei — Prieberg, 3395 ff.

[108] *„Oftmals schlug die Reichsmusikkammer zu, wie bei dem Titel ,Wenn ich ein Schlangenbeschwörer wär'', der laut ,Handelsbestimmungen des Deutschen Groß-, Ein- und Ausfuhrhandels vom 07.10.1939' nicht dem ,Empfinden des deutschen Volkes' entsprach. Solche Platten wurden als ,unerwünscht' abgestempelt und somit nicht mehr im Rundfunk gespielt. Trotzdem konnte man sie im Schallplattenhandel erwerben."* H. H. Lange, Begleittext der DoLP: Peter Igelhoff – Wenn ich vergnügt bin, muß ich singen; Hörzu Doppel-LPs in 2 Folgen, EMI - Electrola [o. J., Mitte 1970er Jahre].

[109] Prieberg, 7359 (vgl. auch: ebenda, 2397 mit Nachweis aller vier Listen bis 1939-1942) „Dritte Liste unerwünschter musikalischer Werke" der Reichsmusikkammer (veröffentlicht in: „Die Unterhaltungsmusik Nr.2893" vom 29.05.1941, S.549).

[110] Imperial-Kristall-Katalog 1939, 146. Veröffentlicht innerhalb der „Imperial-Swing-Serie" als „Benny Goodman and His Modernists" / B-Seite von den „Harlem Hot Shots" auf Imperial 17041 *„Solitude"* [Victor-Aufnahme von 1934] / *„March Winds and April Showers".* — Vgl. dazu auch weitere bis 1937 in Deutschland erhältliche Goodman-Aufnahmen zusammengestellt von: St. Wuthe, Deutsche Swing-Serien 1936-1944, bei: http://www.swingtime.de/swings/swings_dt.html. Vgl. ebenso: St. Wuthe, Deutsche Swing-Serien: Imperial Swing-Serie 1936-1939, Fox auf 78, Heft 23 (2005), 18-21. Der Carl-Lindström-Schallplattenkonzern (mit den Marken „Electrola", „Odeon" sowie „Parlophon" als „Odeon"-Exportmarke) hatte am 01. August 1937 die „Deutsche Crystalate GmbH" - ansässig in Berlin-Reinickendorf - mit ihren Marken „Kristall" und „Imperial" übernommen und produzierte dann in der Schlesischen Str. im Südosten von Berlin. — Vgl. auch: Lange II, 28 ff. Auch andere Schallplattenfirmen, wie die „Deutsche Grammophon Gesellschaft, Berlin", behielten lange Material jüdischer Künstler im Programm – hauptsächlich für den Export. — Vgl. Greve, 42. — Prieberg, 6183 f.

durch Anordnung von Joseph Goebbels am 17. Dezember 1937 (mit Wirkung zum 1. April 1938) die Neuaufnahme und Neuproduktion, sowie Vertrieb und Verkauf von Schallplatten, die unter der Beteiligung von jüdischen Künstlern entstanden waren, strikt verboten. Die Firmen reagierten darauf mit der dementsprechenden „Reinigung" ihrer Angebotskataloge nicht immer sofort, da die Verbote erst meist lange nach der Veröffentlichung bekannt gemacht wurden.[111] Die Nachfolgegruppe der Comedian Harmonists, das „Meister-Sextett", hatte deswegen aber größere Probleme bei der Repertoiregestaltung, da ihre einstigen Erfolgstitel nun auf dem Index standen.[112] Gerade die Tatsache, dass man amerikanische Aufnahmen und Titel – die auch als Coverversionen von deutschen Orchestern fortwährend eingespielt wurden – legal in Deutschland und im später besetzten Ausland erwerben konnte – erregte den ständigen Unmut bei ohnmächtigen Parteikadern, die offen ihrem Unverständnis und Ärger in Publikationsorganen von Parteiorganisationen, wie dem SS-Blatt „Das Schwarze Korps", Luft machten. Im Herbst 1937 richtete man sich hier vehement gegen den amerikanischen Schlager *„Boo Hoo",* komponiert vom amerikanischen *Bandleader* Guy Lombardo (1902-1977) mit einem Text von Charles Amberg eingedeutscht als „Buh-Huh! – Ich möchte weinen … ". Der Titel wurde von diversen deutschen Tanzorchestern eingespielt und kann deshalb nach heutigen Maßstäben geradezu als „Hit" auf dem deutschen Markt bezeichnet werden. Das Stück wurde am 13. Juli 1937 von Rudi Schuricke samt Terzett mit dem Tanz-Orchester unter der Leitung von Hans Bund aufgenommen und auf Imperial 17132 B im August 1937 veröffentlicht.

Die A-Seite der Platte war der Swingtitel *„There's A New World"* aus dem britischen Revuefilm *„O-Kay for Sound",* vorgetragen von Rudi Schuricke solo als „Rhythmus der Freude" – am selben Tag wurden (übrigens in derselben Aufnahmesitzung) drei weitere swingende deutsche Titel aus dem Film „Sieben Ohrfeigen" mit Lilian Harvey und Willy Fritsch eingespielt, nämlich „Chinamann", „Ich tanze mir Dir in den Himmel hinein" sowie der Ohrwurm „Liebst Du mich? (Fragt mein Herz)".

(s. v. des 1939er Artikels von A. Schmidt, „Warum immer noch jüdische Komponisten?"). Interessanterweise kommt Prieberg hier zu dem bemerkenswerten Schluss, dass die Plattenfirmen womöglich absichtlich ihre Angebote (als eine Form des Protests gegen „braunen Rassismus") nicht komplett „judenfrei" gestalteten (!).

[111] Vgl. Fetthauer, 35, 114 ff.
[112] Vgl. Czada – Große, 78 f.

Abb.21 **Swing in Deutschland IV:** Die britischen und amerikanischen Titel „There's A New World" als „Rhythmus der Freude", und „Boo-Hoo!" als „Buh-Huh! (Ich möchte weinen)" waren im August 1937 mit Rudi Schuricke / Schuricke-Terzett und dem Orchester Hans Bund auf dem deutschen Markt auf Imperial 17132 für 2 Reichsmark erhältlich. Imperial und Kristall - Schallplatten - Neuerscheinungen, August 1937, [Werbefaltblatt], S. 1 f.

Zu den diversen „Buh-Huh"-Aufnahmen, die auf den Markt gebracht wurden, notiert „Das Schwarze Korps" am 25.11.1937 völlig pikiert:

> „[...] Diese Schallplatten kommen nicht etwa über die Grenze aus dem umliegenden Auslande, geschmuggelt von ängstlichen Kulturmenschen, die eine Freiheitsstrafe riskieren, nur um wieder ganz große Kunst zu hören. Man kauft sie überall in Berlin und im Reich und nicht einmal geheimnisvoll unterm Ladentisch. In jedem Prospekt werden sie uns angeboten, gleich, ob Elektrola [! = Electrola], Columbia[113], Brunswick[114], Kristall oder Gloria[115]. Und wie eifrig fördert man diesen jüdischen Schmus! ‚Buhu es ist zum Weinen.' – ‚Buhu' bekommt man auf Imperial und Kristall von Fritz Dominar [Domina], und wer mehr für englische Musik ist, kauft sich den gleichen Schmarren bei den gleichen Firmen unter: ‚Boo-Hoo',

---

[113] Untermarke der „Electrola GmbH".
[114] Die amerikanische Marke „Brunswick" wurde in Deutschland von der „Deutschen Grammophon Gesellschaft" vertrieben. Es wurden vor allem amerikanische Einspielungen veröffentlicht, die erst nach 1942 durch deutsche Swing-Aufnahmen ersetzt wurden (u. a. durch Aufnahmen des Brocksi-Quartetts des Schlagzeugers Fritz Brocksieper, vormals bei der „Goldenen Sieben" / Electrola). Vgl. Fetthauer, 127 f.
[115] Eine weitere Marke der Carl Lindström AG.

diesmal gespielt vom Casani-Club-Orchester [Imperial 17130[116]]. Brunswick führt ‚Buhu' mit Musik vom Ruß [Russ] -Morgan-Orchester, und bei Telefunken besorgt dies Teddy Stauffer[117] und auf einer anderen Platte wieder Adalbert Lutter. Elektrola bringt ‚Buhu' in zwei Ausgaben, ebenso Gloria, Odeon und Grammophon, und dies freut nicht wenig die jüdischen Komponisten Heymann – Lombardo – Loeb, nachdem für das Spielen dieses Schlagers Tantiemen durch die STAGMA [Staatlich genehmigte Gesellschaft zur Verwertung musikalischer Aufführungs- und Urheberrechte; existent bis 1947 – dann als GEMA neugegründet] ins Ausland geschickt werden müssen. Buhu es ist zum Weinen. Und wenn eine deutsche Kapelle in Verlegenheit kommt, weil das Publikum verlangt, diese jüdischen Schlager zu spielen, so kann sie sich in erster Linie bei den Schallplattenfirmen bedanken, die diese jüdische Produktion so eifrig propagierten und damit den Forderungen unserer Weltanschauung höhnisch ein Schnippchen schlagen [...]"[118].

Wie zum Trotz platziert der unangepasste deutsche Jazz-Kritiker, - Liebhaber und Pionier-Disk-Jockey Dietrich Schulz-Köhn (1912-1999) im März 1939 einen Fachartikel zur aktuellen Situation der Jazz- und Swing-Musik in der deutschen Hauptstadt im berühmten amerikanischen Musikmagazin „The Billboard".[119] Er hebt dabei am Schluss seiner Berichterstattung (mit dem Untertitel **„Native Hotskis"** [!]) vor allem die Live-

---

[116] Imperial und Kristall-Schallplatten-Neuerscheinungen, August 1937 [Werbefaltblatt], S. 3.

[117] Dazu äußert sich Teddy Stauffer in seiner Autobiographie, 131: *„Unser Trick – sowohl bei den Berliner Programmen als auch bei den deutschen Schallplattenaufnahmen – war, der Reichsmusikkammer immer ein Jahr voraus zu sein. Als sie etwa herausfanden, dass der [die] Komponist [en] von ‚Boo-Hoo' einen für ihre Begriffe unerlaubten Stammbaum hatte [n], spielten wir längst ‚The Lady is a tramp'. Und bis sie die Juden entdeckten, hatten wir bereits einen neuen gefunden, der den Rassenfanatikern unbekannt war."* Paysan, Sounds of an Era, 202-203, CD3 (Titel 04), publiziert eine unveröffentlichte zeitgenössische Berliner Telefunken-Demoaufnahme von Stauffer - den jüdischen *Evergreen* "Bei mir bist Du Schoen" (Telefunken-Testaufnahme vom April 1938!). Ggf. dachte man dabei an eine spätere Veröffentlichung auf dem internationalen Musikmarkt in Lateinamerika oder den USA.

[118] Zitat nach: Fetthauer, 111 (Abb. 9). Faksimile-Abdruck des Artikels mit dem Titel „Fort mit Schaden". Abgebildet sind hier Etiketten von „Odeon" Schallplatten mit Fotos einiger „Nicht-Arier" u. a. Richard Tauber und Joseph Schmidt. Zitat ebenso bei: Prieberg, 3393.

[119] D. Schulz-Koehn, Foreign Bands Big in Berlin, The Billboard (25. März 1939), 15 [Rubrik: „The Reviewing Stand"]. Dietrich Schulz-Koehn war offensichtlich (aber ohne größere Folgen) schon länger auf dem Radar der sog. „Kulturschützer" und wurde bereits 1936 wegen seiner Swing-Schallplatten-Veranstaltungen der „Deutschen Brunswick" im Berliner „Delphi" über das SS-Organ „Das

Qualität des Erhard-Bauschke-Orchesters hervor und die Tatsache, dass hauptsächlich amerikanische Titel zum Besten gegeben worden seien:

> *„I CANNOT CONCLUDE without mentioning THE hot orchestra of Berlin, that of Erhard Bauschke, who plays year in and year out with undiminishing enthusiasm and drive at the 'Moka Efti' in the city (the other being beside the Zoo). This swell combination has been the cradle of many stars: Fritz Schulze: the German Teddy Wilson; Kurt Wege and Gu[e]nther Hertzog, who now leads his own orchestra at 'The Delphi'. Bauschke playing clarinet and leading a 12-piece combination, also makes specialty in presenting tunes as recorded by famous [U.S. American] orchestras, e.g. 'Who' (Tommy Dorsey); 'House Hop' (Benny Goodman); 'Blue Lou' (Benny Carter); 'Jive Stomp' (Duke Ellington); 'I'll Take The South' (Jimmie Lunceford). He plays almost exclusively American tunes, evergreens such as 'Dinah', 'Limehouse Blues' or 'The Flat Foot Floogee' and 'A-Tisket, A-Tasket' [Ella Fitzgerald]."*

Einkaufsstätten für Schallplatten gab es in Berlin in Hülle und Fülle, zum Beispiel viele Kaufhäuser, wie das im „Wolkenkratzerstil" neu errichtete Karstadt-Kaufhaus am Hermannplatz mit seiner Plattenabteilung im 3. Stock und mit eigenem U-Bahn Anschluss (eröffnet im Juni 1929 – bei Kriegsende 1945 durch SS-Sprengung fast komplett zerstört. 2019 Idee und 2021 Projekt zur Wiederherstellung, Plan: Architekt David Chipperfield), oder Vertragsfilialen der einzelnen Plattenfirmen, sogenannte „Spezialhäuser".[120]

Schwarze Korps" (Ausg. 16. Juli 1936) polemisch angegriffen. Vgl. dazu: — Lange, 90 f., 281 (unten: Abb. der Schulz'schen „Brunswick-Playlist" vom Jazz-Abend des 20.01.1936 der „Deutschen Grammophon Gesellschaft Gmbh") — Prieberg, 3390 ff.
[120] Vgl. für die Deutsche Grammophon: Fetthauer, 200 ff. — Hein, 25 (Abb.) — Greve, 244 (historische Adressen).

Abb. 22 **Karstadt-Kaufhaus**, Hermannplatz, Berlin (errichtet 1929 – zerstört 1945). Post-kartenmotiv der 1930er Jahre. Auf der Dachterrasse (bzw. dem sog. „Dachgarten") spiel-ten etliche führende Berliner Tanz-Orchester (u.a. Dajos Béla, Efim Schachmeister und Marek Weber) zum Tanz auf. (Vgl. dazu auch: die Bilddokumentation bei: Paysan, Sounds of an Era, 142-145).

Die täglichen Livedarbietungen und die Verfügbarkeit der Platten er-möglichten die Auseinandersetzung der Künstler und des Publikums mit amerikanischen Vorbildern oder innovativen amerikanischen Einflüssen. Auch nahm Rudi Schuricke bis 1937 Material jüdischer Komponisten bzw. Textdichter auf, wie zum Beispiel zwei Werke des Franz-Lehár-Textdichters Dr. Fritz Löhner-Beda (1883-1942), der im Konzentrations-lager Auschwitz ums Leben kam. Ein „Swing"- oder „Jazzverbot" im ei-gentlichen Sinne hat es nie gegeben.[121] Erst das „Verbot feindländischer Schallplattenmusik" vom 4. Februar 1942 machte es schließlich unmög-lich, amerikanische Swingaufnahmen käuflich zu erwerben.[122] Laut Aus-sage des Musikers Mike Danzi bestand das Repertoire deutscher Tanz-orchester der damaligen Zeit zu drei Vierteln aus swing-orientierter Tanz-musik,[123] wobei es der sogenannten „Reichsmusikprüfstelle" offen stand, beliebige Musiktitel als „entartete Musik" zu verbieten. So ereilte am 7.

---

[121] Lange, 90.
[122] Vgl. — Fetthauer, 133 ff. — Prieberg, 3397 f.
[123] Danzi, 90.

Juli 1939 den seit 1938 in elf Versionen in Deutschland erhältlichen, auch von deutschen Combos (Bar-Trio, Grammophon / Polydor[124]) eingespielten Titel *„The Flat Foot Floogee"* durch Verbot sein „öffentliches Aus".[125] Das Original stammte vom amerikanischen Duo Slim (Gaillard) & Slam (Stewart) und wurde im Mai 1938 auch vom „König des Swing" Benny Goodman für Victor 25871 B eingespielt. Swingorientierte Tanzmusik war von deutschen Orchestern bis Kriegsende nach wie vor käuflich erhältlich – so etwa besonders heiße Aufnahmen des Orchesters Willi Stanke, die auf „Columbia" in den Jahren 1942-1943 herauskamen, wobei sich der eingespielte Titel „Schwarzer Panther" als eine (durch Angabe eines italienischen Arrangeurs getarnte) Kopie des verbotenen Jazz-Klassikers *Tiger Rag"* entpuppte.[126] Die bekannten und in zahlreichen Abbildungen weit verbreiteten Emaille-Schilder mit der Aufschrift: „Swing tanzen verboten. Reichskulturkammer" entpuppen sich als Werbegag einer Hamburger Plattenfirma und Fälschung der 1970er Jahre.[127] Dagegen zu halten ist ferner einfach nur Rudi Schurickes charmante Feststellung „Ich tanz' mit Fräulein Dolly Swing" (Kristall 3722 A) – aufgenommen mit dem Orchester Corny Ostermann ungefähr im Mai 1938. Der Titel stammt aus der UFA-Filmkomödie „5 Millionen suchen einen Erben". Den eigentlich von Heinz Rühmann gesungenen Hauptschlager des Streifens wird Rudi Schuricke mit dem Tanz-Orchester von Hans Bund auch für die Lindström A.G. einspielen.

---

[124] Wenn auch das „Bar-Trio" nicht als wirkliche „Hot"-Combo anzusehen war, nahm es doch eine lange Liste amerikanischer „Swingtitel" in ihrer Kleinstbesetzung auf. Diese Aufnahmen erfreuten sich großer Popularität. Vgl. Lange, 113 f.

[125] W. Muth, *Hot Jazz* auf treudeutsch. Der *„Flat Foot Floogee"* in Deutschland, Fox auf 78, Heft 17 (1998), 47 ff.

[126] Vgl. — Lange, 129 f. — DHD, 196. — DDT 4 (1995), 1041 ff. — J.-U. Völmecke, Willi Stanke [1907-1982] und sein Orchester, Begleitheft und gleichnamige CD (1999).

[127] Vgl. Wolffram, 193 ff. — Teddy Stauffer, 119 f. erwähnt, dass es angeblich im Delphi-Palast (ab September 1937) Verbotsplakate gegeben haben soll. Wenige regionale „Jazz- und Swing-Verbote" (ab 1939 angeblich in Pommern und Magdeburg-Anhalt und ab 1943 in Sachsen) belegt durch: — Prieberg, 3395, 3400. Zu den „Regionalverboten", vgl. auch: — Wolffram, 196 (mit Anm. 7, 193 auf S. 244).

1938-1940
Von Bühne und Film

Abb. 23.a/b **Rudi Schuricke, ca. 1940:** Diese Portrait-Aufnahme wurde im größeren Ausschnitt auch für die frühe Bildhülle der Deutschen Grammophon Gesellschaft Anfang
der 1940er Jahre verwendet.

Diese Jahre kennzeichnen in Rudi Schurickes Karriere einen Abschnitt in dem er – solo oder mit seinen Gesangsgruppen – zu einem
bedeutenden Teil Hits der damaligen großen Revue- und Tonfilme sowie
der sehr erfolgreichen Berliner Metropol-Theater-Operetten aufnahm, so
aus „Maske in Blau" (1937) von Fred Raymond (1900-1954) und dem
Texter Günther Schwenn (1903-1991) oder „Melodie der Nacht" (1938),
„Die - Oder Keine!" (1939) und „Frauen im Metropol" (1940) von Ludwig
Schmidseder (1904-1971)[128] und Günther Schwenn. Dazu kamen Ope-
rettenmelodien weiterer namhafter Komponisten wie „Und die Musik
spielt dazu" aus Fred Raymonds „Saison in Salzburg (Salzburger No-
ckerln)". Das Metropol-Theater in der Behrenstraße 55-57 in Berlin-Mitte
zählte mit den oben genannten Stücken, die jährlich in Erstaufführung
präsentiert wurden, zu den dynamischsten und innovativsten Orten musikalischer Darbietungen in Berlin, und die Aufführungen waren weltstäd-
tisch frivol inszeniert. Erbaut wurde das Haus im neobarocken Baustil
von dem berühmten Wiener k. u. k. Theaterarchitektur-Büro Fellner&Hel-
mer – der „Theaterschmiede Europas" zu Beginn der 1890er Jahre.[129]

Im Kriege bis auf den komplett erhaltenen prachtvollen neo-barocken
Zuschauerraum zerstört, beherbergt das Metropol-Theater heute die
„Komische Oper".

Nach den Uraufführungen wurden die neuen Musikstücke von der
Plattenindustrie sofort aufgegriffen und in den unterschiedlichsten Versionen veröffentlicht, woran Rudi Schuricke und das Schuricke-Terzett nun
einen wesentlichen Anteil hatten, obwohl Schuricke in keinem dieser Stücke jemals auf der Bühne stand.[130]

In diesem Zeitraum von zwei Jahren hat Rudi Schuricke mit seinem
Terzett mit weit über 400 Aufnahmen so viele Titel eingespielt wie nie
zuvor und nie danach. Jeden Monat wurden mehrere Aufnahmesitzun-
gen in den Berliner Aufnahmestudios durchgeführt. Interessanterweise
trat Rudi Schuricke, im Widerspruch zum in dieser Zeit eingesungenen
Filmlieder-Repertoire, nur in den allerwenigsten Fällen singend vor die
Kamera. Auf der Bühne war er ab 1942 regelmäßig im Berliner Varieté-
Theater „Plaza" in Revuen zu sehen. Meistens agierte er im Film am
Rande und sorgte für die musikalische Untermalung einiger Filme, ohne

---

[128] Vgl. Völmecke, Schmidseder. — Krüger.
[129] H.- Ch. Hofmann, Die Theaterbauten von Fellner und Helmer, München 1966.
[130] Vgl. hierzu ebenso die Artikelserie von Klaus Krüger „Auf in's Metropol!" zu
den Metropol-Stücken 1934-1942 mit diskografischen Informationen in der Fach-
zeitschrift „Fox auf 78" Hefte 2-9 (1986-1991).

je einen wirklich großen Film-Auftritt zu haben. Das wird an den zahlreichen Schuricke-Einspielungen aus dem deutschen Revuefilm „Es leuchten die Sterne" von Anfang 1938 besonders deutlich.

Abb. 24 **Das Metropol-Theater** (heute: „Komische Oper") in der Behrenstr. 55-57, Berlin-Mitte, kurz vor der Zerstörung seiner Fassade im Jahre 1943. Dahinter ist der Metropol-Tanzpalast, das *„Palais de Danse"*, erkenntlich.[131] Von 1934-1940 war das Metropol-Theater Uraufführungsort schwungvoller *Musicals* von Fred Raymond und Ludwig Schmidseder.

Ein herausragender Titel ist der etwa zur selben Zeit in zwei Schuricke-Versionen aufgenommene heiter quirlige Swing-Titel „Du hast mein Herz K.O. geschlagen [... Oh, Baby!]" (auf Imperial 17166 mit Imperial-TO Hans Bund) aus dem Majestic/Terra-Film „Schüsse in Kabine 7" (wieder ohne filmische Beteiligung von Schuricke). Dokumentiert wird dies

---

[131] Vgl. dazu besonders: Wolffram, 88 ff. (mit zahlreichen Abbildungen).

weiterhin durch die Einspielung des Potpourris aus dem Film „Gasparone" mit Marika Rökk (1913-2004)[132] für die Electrola. Zwar war Marika Rökk der Star des Films, aber ihr Gesangspartner auf Platte – Rudi Schuricke – war eben nur für die Schallplatteneinspielung ihr Partner.

Marika Rökk in dem Film „Eine Nacht im Mai"

Abb. 25 Wurden **nie Filmpartner!** UFA - Star Marika Rökk (im UFA-Film „Eine Nacht im Mai", 1938) sang zwar mit Rudi Schuricke im Aufnahmestudio die Lieder aus ihren Filmen für Schallplatte und die Film-*Soundtracks* ein – für einen gemeinsamen Film reichte es weder 1938 noch 1944. Auch das Titellied des Films „In einer Nacht im Mai" spielte Rudi Schuricke 1938 auf Imperial 17204 mit dem Orchester von Hans Bund ein, dazu kamen zahlreiche weitere Titel aus anderen Rökk-Streifen.

Ein weiteres interessantes Schuricke-Duett namens „Im Mai ..." entsteht Ende 1937 mit der Schauspielerin Fita Benkhoff (1901-1967) und dem Orchester von Will Glahé (Electrola EG 6187). Abermals sehen wir hier nur Benkhoff im Film. Eine Schuricke-Solo-Version des Titels erscheint als A-Seite von bereits erwähnter Platte Imperial 17166. Der Titel ist exotisch lateinamerikanisch arrangiert und im Carioca-Rythmus eingespielt und stammt abermals aus besagter Kriminalkomödie „Schüsse in Kabine 7" (alternative Titel: „Diamanten-Komödie", „Frau über Bord").

---

[132] Vgl. das biographische Essay von M. Paysan, Das Ufa-Baby Marika Rökk: Gulasch und Berliner Weiße, in: Ufa – Buch, 402-407.

Zu beklagen ist hierbei zudem, dass etliche brillante Titel nicht einmal eine Veröffentlichung auf Schallplatten erlebten, sondern nur als Fragment (möglicherweise von einer Filmmuster-Platte eingespielt) für den Filmsoundtrack verwendet wurden – so das herausragende Vokalstück des Schuricke-Terzetts „Hier liegt die Liebe in der Luft", das nur als Kurz-Auftritt im Tobis-Film „Verliebtes Abenteuer" (1938) zu sehen ist.[133] Aus dem Film erscheint jedoch im März 1939 „Halt, haben Sie mein Herz geseh'n?" (Leux / Balz) mit Hans Bund auf Imperial 17234 und Grammophon 11040 B. 1939 singt ein „unsichtbarer" Schuricke die Vorspannmelodie „Ich mach' mir keine Sorgen"[134] für den Bavaria-Film „Ein hoffnungsloser Fall" mit Jenny Jugo. Ausnahmen von der Regel sind zum Beispiel Auftritte von Rudi Schuricke im Bavaria-Film „Eine Frau wie Du" (1939), in dem er nur als Pianist zu sehen ist[135] und im Kriminalfilm der Terra „Zentrale Rio" (1939), wo Schuricke als Sänger die südamerikanische Carioca „Señorita" vorträgt, die auch mit dem Orchester Oskar Joost für Grammophon-Schallplatten mitreißend eingespielt wurde.[136]

Rudi Schuricke hat den Schritt zum Filmschauspieler nicht vollzogen. Dass dies an seiner immensen Aufnahme-Produktivität lag, die es ihm schwer ermöglicht hätte, auch noch größere Filmrollen zu übernehmen, mag nahe liegen. Die Möglichkeit, Rudi Schuricke als singenden Filmstar ähnlich wie Joseph Schmidt oder Richard Tauber aufzubauen, nutzte die Filmindustrie nicht. Dazu äußert sich Schuricke selbst:

---

[133] Vgl. Schreiben (17.10.1938) im BA: Betreffs Auftrittes als sog. „Riviera-Sänger", i. d. Film „Verliebtes Abenteuer" der Tobis-Flimkunst GmbH, Filmgage 1400.-RM. Ferner, im BA: Angebotsschreiben mit Vertragsentwurf (12.10.1938), S.2, gleich geltend auch für das übrige Schuricke-Terzett („Rosenberg, Golgowski") sowie von dessen Pianisten Albert Schmitz: *„Das Schuricke-Terzett verpflichtet sich alles genauestens einzustudieren"* und bei den vorgesehenen Darbietung(en) dem Musikimpressario des Films, Herrn Leo Leux, persönlich und direkt weisungsgebunden zu sein. Die Tonspur der entsprechenden Filmsequenz mit dem Anfangsfragment des Foxtrotts (00:38) wurde durch Hans Buchholz (Hg.) erstmals veröffentlicht, auf: Tonfilm-Chansons 1932-1952, Koch International, CD 324 749 (2002), Titel 5.1; vgl. auch Booklet, 28-29 mit Bildschirmfoto der Filmszene.
[134] 1939 gleich drei Schallplatteneinspielungen für die Orchester Erhard Bauschke (Gr 11073), Corny Ostermann (Kristall 3766) und Robert Gaden (Electrola EG 6818).
[135] Gage 1200.- RM, Reichsfachschaft Film: Beschäftigungs-Nachweis, BA.
[136] Gage 1000.- RM, Reichsfachschaft Film: Beschäftigungs-Nachweis, BA. Völmecke, 23. — Buchholz II, 28 f.

„Offen gesagt: Ich bin nie ein großer Filmstar geworden. Mit der Filmerei hatte ich immer irgendwie Pech. Als mein erster großer Film starten sollte, Titel ‚Troubadour der Liebe‘ [1948], ging die Filmfirma sang- und klanglos Pleite. Übrigens ist dieser Filmtitel bis heute an mir hängen geblieben. Ob zu Recht müssen Sie selbst entscheiden."[137]

So liegen in den allermeisten Fällen neben den Schuricke-Einspielungen die Filmlieder auch in Versionen der tatsächlich in den Filmen auftretenden singenden Schauspieler und Schauspielerinnen vor, etwa die Aufnahmen der Chilenin Rosita Serrano (1914-1997) auf Telefunkenplatten für den Tobis-Revuefilm „Es leuchten die Sterne" (1938)[138] an denen sich Rudi Schuricke plus Terzett ebenso versuchten, allerdings – wie meistens – mit dem eigentlichen Film nichts zu tun hatten. Dazu zählt auch die sehr swingende Schuricke-Soloeinspielung „Ich brech' die Herzen der stolzesten Frau'n" aus dem Heinz-Rühmann-Film „5 Millionen suchen einen Erben" mit dem Tanz-Orchester Hans Bund. Der Titel von Bruno Balz (1902-1988, Text) und Lothar Brühne (1900-1958, Musik) wird heute leider nur noch mit dem unvergessenen Heinz Rühmann (1902-1994) und seinem selbst-ironisierenden Vortrag assoziiert (Odeon O-26126a). Im Gegensatz dazu nimmt man dem äußerst smarten *Bonvivant* Schuricke seine Darbietung ohne jegliches „Augenzwinkern" ab. Das Bund-Orchester swingt zudem recht flott vor sich hin und scheint sich nicht recht an die Notenblattvorgabe *„sehr ruhiges Slowfoxtempo"* zu halten.[139] *„Eine Art ‚Vorkaufsrecht‘ für jeden neuen Schlager"*[140] hat Rudi Schuricke wohl kaum besessen. Er war häufig nur einer von vielen Interpreten. Allerdings wurden gewisse Titel wirklich zu Schuricke-Nummern, da eine „inflationäre" Anzahl von Schuricke-Einspielungen eines Titels eine gewisse Marktführerschaft von Schurickes Aufnahmen sicherstellten (vgl. unten die „Schuricke-Haus-Hitparade 1938-

---

[137] Schuricke, 46. Eine allerdings nicht komplette Übersicht des Filmschaffens von Schuricke bietet die Liste „Beschäftigungs-Nachweis" der Reichsfachschaft Film (1934-1944), überliefert im: BA. Martina Wunsch hat eine vorläufige Filmografie (*work in progess*) erarbeitet und kommt von 1936-1954 immerhin auf weit über 20 Filmbeteiligungen Schurickes, wenn es auch auf der Leinwand leider nie für eine tragende Filmrolle reichte. Vgl. Wunsch, 359-368.
[138] Telefunken A 2480 „Es leuchten die Sterne" / „Haben Sie den neuen Hut von Fräulein Molly schon gesehen?" [Begleitorchester Michael Jary]. Beide Titel aus dem Tonfilm „Es leuchten die Sterne".
[139] Notenblattausgabe für Salonorchester (1938), Arrangement: Horst Kurditzki, Reprint: Universal / MCA Publishing, Berlin 2007.
[140] Völmecke, 24.

1941"). Besonders diese Titel ließen sich deshalb als „exklusive" Schuricke-Titel begreifen. Gemessen an der gesamten Schallplattenproduktion war Rudi Schuricke jedoch nur einer von vielen Interpreten der einzelnen Titel, eine Tatsache, die vor allem bei den Filmliedern in den allerwenigsten Fällen dazu führte, dass Rudi Schuricke mit den Stücken als ursprünglicher Vortragskünstler in Verbindung gebracht wurde.

Seit dem Beginn seiner Solo-Karriere 1935 war Schuricke fast täglich in den Aufnahmestudios der Berliner Schallplattenfirmen anzutreffen gewesen. Beim Anhören der durch die bekannten Filmschauspieler popularisierten großen Filmhits mag es ein subjektiver Eindruck sein, dass einige Schuricke-Versionen, was vielleicht angesichts der „Massenproduktion" verständlich sein mag, nur wenig Originalität aufweisen, etwa das relativ bescheiden eingesungene „Good-Bye Jonny" (im Original von Hans Albers aus dem Abenteuer-Film „Wasser für Canitoga", 1939) oder das gleichsam ein wenig uninspiriert vorgetragene „Bel Ami" (Version mit dem Tanzorchester von Wilfried Krüger, eigentlich popularisiert vom großen Sänger-Schauspieler-Regisseur Willi Forst im gleichnamigen Spielfilm von 1938). Ähnlich verhält es sich beim vom Schuricke-Terzett relativ einfach vorgetragenen „Wir brauchen keinen Millionen" mit dem Orchester von Will Glahé aus dem Marika-Rökk-Film „Hallo Janine". Gelegentlich steht es „1:1 - unentschieden": Der Sommer-Schlager „In meiner Burg am Strande" (Tanz-Orchester Oskar Joost, Grammophon 10678 A), liegt in einer weitaus ansprechenderen Solo-Version von Eric Helgar (Telefunken Musikus 6439 B) vor, wohingegen der Sommer-Titel „Hinter einer Düne" (Grammophon 10768 B) von Schuricke wiederum besser als von Eric Helgar (Telefunken Musikus 6439 A) gemeistert wird.

Abb. 26 **Rudi Schuricke** *versus* **Eric Helgar**: Nicht immer war die Schuricke-Version eines Titels auch die musikalisch gelungenste. Eric Helgar (1910-1992) war der eigentliche Stammsänger des Orchesters von Adalbert Lutter, dessen Aufnahmen zu dieser Zeit exklusiv auf „Telefunken" erschienen. Der sympathische Tenor begann seine Karriere schon Ende der 1920er Jahre, nahm ebenso für diverse Firmen auf, und stand Rudi Schuricke an Produktivität in nichts nach. Zahlreiche Aufnahmen, die Rudi Schuricke einspielte, liegen auch in einer Eric-Helgar-Version vor. **Telefunken-Werbefaltblatt (Februar 1938).**

Hier kann im Repertoire von Rudi Schuricke ein Punkt berührt werden, an dem man (was sonst kaum und später nur in den 1950er Jahren geschieht), eine gewisse routinehafte Kommerzialisierung erhören kann. Bei den allermeisten Schuricke-Titeln dieser Epoche wird man aber dennoch durch einen überzeugenden innovativen Gesamtvortrag gefangen gehalten. Dazu zählt eine Latino-Nummer, die dieses Mal nicht aus einem Film stammt: Das großartige „Ti-Pi-Tin" – ein spanisches Lied der Hispano-Amerikanerin Maria Grever und ein Welthit (eingespielt im Februar und März 1938 in den USA u. a. von Benny Goodman rein instrumental auf Victor 25814 sowie den Andrews-Sisters auf Decca 1703), der gleich in drei Schuricke-Versionen vorliegt. Die herausragendste Einspielung ist sicherlich die Aufnahme mit dem Musette-Orchester von Erich Schneidewind[141] (Kristall 3765) und einem nicht weiter benannten

---

[141] KR 1, 347 (Foto).

„Gesangsquartett" mit Rudi Schuricke. Die oben angesprochene Aufnahme ist sehr schnell eingespielt und besticht durch Xylophon- und Gitarrenarbeit von Kurt Engel und Mike Danzi (g) im Stile eines Red Norvo (xyl), Eddie Lang oder Django Reinhart (g)[142]. Weitere Versionen liegen solo mit dem „Imperial-Tanz-Orchester" (ein Pseudonym für das Orchester Hans Bund) und dem Orchester von Franz Thon (Imperial 14008) und dem Schuricke-Terzett auf Imperial vor, von denen letztere recht symphonisch arrangiert ist. Darauf weist die Etikettenangabe „Konzert-Fantasie" anstelle der ursprünglichen Angabe „Foxtrott" hin. Alle oben genannten Aufnahmen entstanden im Frühjahr 1939.[143] Zu dieser Zeit ist auf den Kristall-Etiketten mit „Den Vier Lustigen Jungens" auch ein weiteres „Schuricke-Terzett"-Alias der „Kristall-GmbH" belegt, das von Ende 1937 bis 1940 existierte und hauptsächlich für volkstümliche Einspielungen sowie für die Potpourri-Massenproduktionen der Etikette „Kristall" und „Imperial" als Pseudonym verwendet wurde.

Das Schuricke-Terzett schließt wohl 1938 einen „Exklusiv-Vertrag" mit der „Deutschen Grammophon Gesellschaft" ab. Dazu Schuricke:

> *„Wir hatten Glück. Alle Schallplattenfirmen waren an uns interessiert. Das war doch mal ein ganz neuer Klang. Nach mehreren Aufnahmen gingen wir exklusiv zur ‚Deutschen Grammophon‘. Das ‚Schuricke-Terzett‘ war geboren."[144]*

---

[142] Vgl. die Einspielung von Kurt Engel (1909-1967) mit seinen Tanz-Rhythmikern „Wo die weißen Lotusblüten blühen" (RSch, voc) / „Bauklötzer" (instr.) mit eben dieser Besetzung und Rudi Schuricke (Solo) auf Kristall 3636. — Vgl. Paysan, 28, 35; nun wiederveröffentlicht auf CD 4 der Box. — G. Conrad, Xylophonismus. Kurt Engel – ein fragmentarischer biographischer Abriß, Fox auf 78, Heft 23 (2005), 4-11 (Lit.) — KR 1, 290 (Foto). — Künstler im Rundfunk 4 (1936), 19. (Foto). — Mike Danzi bestätigt die Zusammenarbeit mit Kurt Engel ausdrücklich: *„Kurt Engel contacted me to join him on a session at Electrola [= Kristall?] to make some discs in the style of Red Norvo [1908-1999] and Eddie Lang [1902-1933]: Xylophone and Guitar duets. […] two solos were ready for recording. I can remember one called 'Bauklötzer', but I cannot remember the other at all!* Danzi, 85 f. — Eine weitere Version des Titels „Bauklötzer" / „Immer lächeln" mit Kurt Engels Tanzrhythmikern liegt auf Grammophon (Gr 2398) vor. — Ebenso war Danzi (bis 1939) regelmäßiger Teilnehmer von Aufnahmesitzungen der Firma „Kristall". Vgl. Danzi, 219.
[143] Die Imperial-Version von Franz Thon mit dem Schuricke-Terzett ist nachzuhören bei: Paysan, CD 4 „Reisefieber" (Titel Nr. 15).
[144] Schuricke, 43.

Ein wirklich „exklusiver" Vertrag scheint allerdings nur eingeschränkt vorgelegen zu haben, da auch die „Kristall-GmbH" den Namen „Schuricke-Terzett" auf ihren Imperial-Etiketten schon ab 1937, vor allem aber auch 1938-1940, offiziell verwendete und den Namen auch immer wieder auf ihren Etiketten und in ihren Katalogen abdruckte, ohne ihn zu anonymisieren. Ebenso begegnet der Name ab dieser Zeit auch auf den Etiketten von „Telefunken", allerdings stets nur als Begleitgruppe diverser Tanzorchester. Exklusive Einzelnennung erfährt das Terzett nur auf den Etiketten der „Deutschen Grammophon" (gelegentlich nur „mit Klavierbegleitung" angegeben). Bei Aufnahmen für die „Electrola-GmbH" und für „Kristall" waren die Aufnahmen des Terzetts aber zumeist mit der Etikettenbezeichnung „mit Gesang" bzw. „mit Refraingesang" anonymisiert, bzw. kamen bei Kristall (ab Herbst 1935) zum Teil als „Rudolf Erhard" heraus, wenn Rudi Schuricke solo zu hören war. Dieses Pseudonym ist das letzte Mal für das Jahr 1938 belegt. Bei den Aufnahmen für die „Deutsche Grammophon" stand das Terzett solistisch und auf den Etiketten der Schallplatten, wie schon erwähnt, tatsächlich exklusiv im Vordergrund (ab 1938) und fand hier hauptsächlich mit Klavierbegleitung musikalische Untermalung.

Ab 1940 wurden auch zwei exklusive Bildhüllen für die Grammophon-Schallplatten von Rudi Schuricke (solo) sowie des Schuricke-Terzetts für die „Deutsche Grammophon" hergestellt. Bis zum letzten 1943er Kriegskatalog wird in den Schallplattenkatalogen der „Deutschen Grammophon Gesellschaft" nun der Name Schuricke-Terzett als Künstler-Schlagwort geführt und es werden alle exklusiv erhältlichen Platten hier verzeichnet.[145] In der Regel waren die Platten auf dem Rot-Etikett für 2.- RM erhältlich und gehörten damit zum „gehobeneren" Repertoire.[146] Die Aufnahmen für die „Grammophon" fanden bis 1938 in der Berliner Lützow-Straße 111 statt, ab Herbst 1938 wurde dann jedoch im alten „Central-

---

[145] Deutsche Grammophon Gesellschaft – Katalog 1940, 329. — Katalog 1943 (Kriegskatalog), 21.
[146] Vgl. Fetthauer, 85, Abb. 4, Grammophon-Preistabelle. Die Farben der Grammophon-Etiketten galten als Schlüssel zum Verkaufspreis der jeweiligen Platten, wobei das Braun-Etikett zu 1,50 RM die billigsten Platten darstellte.

Theater" in der Alten Jakobstraße 30-32 ein neues Aufnahmestudio eingerichtet, das somit den modernsten Stand der Technik repräsentierte.[147]

Die Schuricke-Terzett Aufnahmen werden in den folgenden Jahren in einem Werbefaltblatt der Deutschen Grammophon Gesellschaft wie folgt beworben:

„Das Schuricke Terzett
Jede Platte des Schuricke Terzetts rechtfertigt den Beinamen, den man den vielseitigen charmanten Künstlern gegeben hat: ‚In Musik gesetzte frohe Laune'. Diese beliebten Sänger haben sich durch ihre liebenswürdige Kunst einen großen Freundeskreis geschaffen. Ob sie nun eine kleine Melodie des Tages oder ein altes Volkslied oder einen modernen Tanz oder ein flottes Marschlied singen, immer bezaubert der harmonische Dreiklang dieser gepflegten Männerstimmen, erfreuen die interessanten Arrangements, gefällt der ausgefeilte wohlgekonnte Vortrag. Rudi Schuricke der ‚Kapitän' des Terzetts, machte schon mit 14 Jahren den ersten Versuch, die Öffentlichkeit auf sein gesangliches Können aufmerksam zu machen. Er stellte sich im Königsberger Opernhaus mit seinem Repertoire, das aus dem ‚Deutschlandlied' bestand vor. ‚Komm' in 5 Jahren wieder' – damit schickte man ihn wieder auf die Schulbank, die er allerdings nicht mehr lange drückte. Er wollte es den berühmten ‚Revellers' gleichtun; eine Truppe nach der anderen gründete er und tingelte für 3 Mark Tagesgage und warm Abendbrot durch alle möglichen und unmöglichen Varietés. In seiner freien Zeit trieb er Gesangsstudien. Ein erstes Engagement nach Berlin beendete die magere, aber doch so schöne Schmierenzeit.
Schuricke tournierte dann mit einer größeren Gruppe durch die ganze Welt. Er hatte inzwischen so viel gelernt, dass er den bedeutsamen Schritt wagen konnte sich selbstständig zu machen und solistisch aufzutreten. So kannten ihn seine Freunde schon von vielen Schallplatten und vom Rundfunk her, bevor er sein inzwischen überall bekannt und beliebt gewordenes Terzett gründete. Ein begeisterter Anhänger des Schuricke Terzetts schrieb einmal: ‚. . . Und das ist das Schönste bei Ihnen, man kann Sie immer wieder hören, ohne dass der Genuss durch irgendetwas ge-

---

[147] Hein, 25. — Fetthauer, 129. — vgl. auch Internet: Andreas Praefcke, Theaters on Postcards, s.v. Germany > Berlin > Central – Theater, bei: http://www.andreas-praefcke.de/carthalia/.

*schmälert wird. Wie sie Ihre Lieder bringen, ist ganz fabel-
haft . . .' Diesen den Nagel auf den Kopf treffenden Worten ist nichts
mehr hinzuzusetzen."*[148]

Für die „Grammophon" werden vom „Schuricke-Terzett" wieder viele
Filmhits mit Begleitung bekannter Orchester eingesungen, hier mit dem
exklusiv für den Luis-Trenker-Film „Liebesbriefe aus dem Engadin" (1938) verpflichteten Orchester von Oskar Joost (1898-1941).[149]
Hier sind es die Titel „Schi-Heil" und „Holla Lady", die aus der Feder des
bekannten italienisch-deutschen Filmkomponisten Giuseppe Becce
(1877-1973) stammten, der auch für manch' anderen Luis-Trenker-Film
die Musik kreierte.[150]

Ein besonderer Höhepunkt in diesem Jahr ist die brillante humoristi-
sche „kabarettistische" Aufnahme „Reisefieber" (Grammophon 10767 B
bzw. nochmals auf Grammophon 10939 B, wohl als Sommerhit konzipiert und deshalb in anderer Kopplung im fortgeschrittenen Sommer
1938 abermals veröffentlicht, Text und Musik von Ludwig
„Lulu" Kletsch).[151] Das Terzett folgt hier auch im Scat-Vokalstil etwa der
amerikanischen Gesangsgruppe „The Mills Brothers", die sich darauf
spezialisiert hatte, mit ihrem Acapella-Harmoniegesang vokalistisch einige „begleitende" Musikinstrumente nachzuahmen.[152]

---

[148] Werbefaltblatt der Deutschen Grammophon GmbH (RSA), abgedruckt bei:
Schröer – Wuthe, 5 (Veröffentlicht 08/[19]43). — Völmecke, 23.
[149] Biographischer Abriss bei: J.-U. Völmecke, Begleitheft zur CD „Oskar Joost
und sein Orchester. Folge 2: Aus den „Grammophon" Aufnahmen 1934 bis 1939".
— DHD, 115 ff. — KR 2, 278 (Foto).
[150] Anekdoten zum Film „Liebesbriefe aus dem Engadin" vom Regisseur und dem
Großmeister des Bergfilms (1892-1990) persönlich: L. Trenker, Alles gut gegangen. Geschichten aus meinem Leben, München, 1979, 361 ff.
[151] In der DHD, 234 nur Eintrag der Erstveröffentlichung: — Deutsche Grammophon G.m.b.H. (Hg.), Die Stimme seines Herrn. Hausmitteilungen, Mai 1938, S. 8
(Schuricke-Terzett – „Der Wind hat mir ein Lied erzählt" a.d. Tonfilm „La
Habanera" (Brühne - Balz) / „Reisefieber" (von L. Kletsch) 10767 E. — die zweite
Veröffentlichung (wohl Sommer 1938): Schuricke-Terzett „Die Juliska aus Budapest" a.d. Operette „Die Maske in Blau" (Raymond - Schwenn) / „Reisefieber" (Kletsch) 10939 E. Zur Instrumentalversion von Will Glahé auf Electrola, vgl.
Paysan, 27-28, CD 4 „Reisefieber" (Titel Nr. 1).
[152] Dieses Stilmittel wurde schon bei den Comedian-Harmonists und den Kardosch-Sängern gepflegt. Gerade dieses musikalische Ausdrucksmittel wurde ab
1942 als „undeutsch" verboten, vgl. Prieberg, 3397.

27.a **Autogrammkarte Schuri-cke-Terzett** (1940), von oben nach unten: Horst Rosenberg (Bariton), Rudi Schuricke (1. Tenor), Karl Golgowsky (2. Tenor). (Foto: RSA)

Ebenso herausragend sind die Terzett-Folgetitel „Marietta" (Grammophon 10940 A) und „Liebe läßt sich nicht erzwingen" (Grammophon 10987 B), aus dem Tobis-Film „Menschen, Tiere, Sensationen", die im Sommer und Herbst 1938 nur mit Klavierbegleitung aufgenommen wurden. „Marietta" kam in zwei zusätzlichen Terzett-Versionen zuvor bereits mit den Tanzorchestern von Will Glahé (Electrola EG 6373, Aufnahme 05/1938) und Hans Bund auf Imperial 17234 B (Neuerscheinung 07/1939) heraus.

Exotisch präsentierte sich das Schuricke-Terzett mit der Conga „Nachts am Kongo", das Anfang 1939 mit dem Tanzorchester von Juan Llossas eingespielt wurde (Imperial 17233 B).

Abb. 27.b **Bildhülle, Neuerscheinung (Dez. 1940)**, „Das Schuricke Terzett singt seine Lieder auf >Grammophon< Die Stimme seines Herrn." (Foto: Archiv Zäh)

JUAN LLOSSAS

BEKANNTER TANGO-KOMPONIST UND
ORCHESTER-LEITER (Orchester v. 15 Herren)

Schallplatten:
Imperial
Kriszell Dtsch.
Grammophon
Elektrola

STÄNDIGE ADRESSE: BERLIN-WILMERSDORF, SCHOELERPARK 1 II / TELEFON 86 15 71

Abb. 28 **Juan Llossas (1900-1957)** Deutschlands „Tango-König", sorgte mit dem Schuricke-Terzett und dem atmosphärischen Titel „Nachts am Kongo" (einer rhythmischen Conga) vielleicht für die exotischste Einspielung im Schuricke-Œuvre (Imperial 17233). Künstler-Anzeige (1938) aus: KR 2, 292. Bemerkenswert sind die Druckfehler der Schallplattenmarken „Kristall" als „Kriszell" und „Electrola" als „Elektrola".

Wieder stark swingend hört man das „Terzett" (anonymisiert als „mit Refraingesang") im Sommer 1939 bei der Aufnahme „Warum kam ich nicht reich zu Welt?" (Electrola EG 6782). Dies sollte, neben den Titeln „Ein kleines weißes Haus" (B-Seite) und dem ein wenig früher aufgenommen „Oh, Aha" (EG 6712, B-Seite Instrumental, Frühjahr 1939), die einzig veröffentlichte Platte des Terzetts mit der führenden Studio- und Radio-Swingband Deutschlands, „Die Goldene Sieben", bleiben. Mit deren Mitglied Adalbert Luczkowski wird Rudi Schuricke in den beginnenden 1950er Jahren für Polydor allerdings ein paar Soloaufnahmen einspielen.

Eine weitere anspruchsvolle, swingende Platte des Terzetts von 1939 „Großstadtmelodie" / „Wir bitten zum Tanz!" (Imperial 17269) mit dem Komponisten und Orchesterleiter Edmund Kötscher (1909-1990)[153], ist einmal nicht mit einem „filmischen" Bezug entstanden. Beide anderen Mitglieder des „Schuricke-Terzetts" treten zu dieser Zeit bereits ebenfalls als Solo-Künstler auf zahlreichen zeitgenössischen Plattenaufnahmen in Erscheinung, so ist „Horst Rosenberg – Bariton" mit klassischem romantischem Liedgut („Leise flehen meine Lieder" / „Der Wanderer an den Mond", beide Titel von Schubert, auf Imperial 19018) und populärem Material („Penny Serenade" / „Ti-Pi-Tin" auf Imperial 19133) zu hören,[154] ebenso wie Karl Golgowsky z. B. auf Platten der Firmen „Kristall" und „Tempo". Karl Golgowsky gründete nach dem Krieg das „Karl-Golgowsky-Quartett" und begleitete etliche Orchesterchefs der 1950er Jahre

---

[153] Kurz-Biografie von Edmund Kötscher, bei: — Paysan, 9 f. Plattenaufnahmen: — DHD, 125. — KR 1, 490 (Anzeige mit Foto) — Kristall-Schallplatten-GmbH (Hg.) Neuerscheinungen Imperial-Kristall Schallplatten, September 1939 (Werbefaltblatt / Flyer, Titelbild als Werbung für diese Platte, m. zeitgenöss. Foto von Kötscher). S. 3 vermerkt hier zu weiteren Kötscher-Aufnahmen stolz: *„Nach der Großstadtmelodie bedeuten diese Aufnahmen eine noch weiter gesteigerte Auswertung neuartiger Instrumentationseffekte. Trotz der Vielfalt der zur Anwendung gebrachten Mittel wurden hier Aufnahmen von seltener Eindringlichkeit geschaffen. Edmund Kötscher ist es gelungen, eine deutsche Tanzplatte zu schaffen, die in ihrer bravourösen Anlage, ihrem stilistischen Schliff, und ihrer synfonischen Klangpracht nicht nur die besten amerikanischen Tanzplatten erreicht, sondern sie wohlmöglich noch übertrifft. Somit darf Edmund Kötscher als Schrittmacher für eine großangelegte neue Deutsche Tanzmusik gelten."* Sicherlich war gerade diese Eigenbewerbung „deutsch-nationaler" Tanzmusik durch die dauernden Vorhaltungen der Reichsmusikkammer beinflusst, ob denn die ewige Konkurrenz zum großen Vorbild des amerikanischen Swing (den es hier natürlich zu übertreffen galt) auch hier nicht unerwähnt bleibt.
[154] Der Imperial-Kristall Katalog 1939, 31-32, verzeichnet 13 erhältliche Rosenberg-Platten.

(u.a. Will Glahé, Aufnahmen für Decca).[155] Horst Rosenberg und Karl Golgowsky verstarben in den 1980er und 1990er Jahren.[156]

Solo brilliert Schuricke auch im Jahre 1939 wieder mit einem weiteren Mitglied der „Goldenen Sieben", und zwar mit Franz Thon (1910-2009), der sowohl für Live-Gastspiele als auch für Plattenaufnahmen eine eigene Band unterhält, mit dem Titel „So wie Du!" (Imperial 17285). Franz Thon wird nach dem Krieg bis 1980 das Unterhaltungsorchester des Nordwestdeutschen Rundfunks (NWDR) – später der Norddeutsche Rundfunk (NDR) – in Hamburg leiten.[157] Sehr eingängig ist 1939 die Aufnahme von „Man kann sein Herz nur einmal verschenken" von Franz Grothe und Willi Dehmel aus dem UFA-Film „Der Vorhang fällt (Ein Schuss im Dunkeln)" mit dem neu zusammengestellten Tanzorchester von Willy Berking.[158] Eine weitere Version entsteht mit dem Schuricke-Terzett und dem Orchester von Erhard Bauschke. Franz Grothe veröffentlicht den Titel „mit seinem Tanz-Orchester" und sich selbst am Klavier als Instrumental-Version (Odeon 31522a). Franz Grothe (1908-1982) zählt zu den erfolgreichsten deutschen Filmkomponisten überhaupt.[159] Rudi Schuricke hatte, neben den singenden Schauspielern von der Leinwand, als Solo-Sänger während dieser Zeit keine allzu große Konkurrenz. Die wichtigsten stimmqualitativ vergleichbaren Sänger – *friendly rivals* – freundliche Rivalen Schurickes, die etwa zur selben Zeit Schall-

---

[155] Es liegen etliche Nachkriegs-Aufnahmen aus den 1950er Jahre des „Golgowsky-Quartetts" auf Telefunken vor, ferner ist die Begleitung der Orchester von Heinz Munsonius (Odeon, 1949) und Will Glahé (Decca) belegt. Ebenso nahm man auch als „Golgowsky-Trio" auf. Vgl. DHD, CD, Datei 3, 20 f. Des Weiteren liegen einige Vinyl LPs (aus den 1960er Jahren) vor.

[156] Todesanzeige von Horst Rosenberg (1908-1987) im RSA, Berlin. Mündliche Mitteilung von Herrn Schröer. Karl Golgowsky (1910-1994) stammte aus Hülsten in Westfalen.

[157] J.-U. Völmecke, Der T(h)on macht die Musik, Fox auf 78, Heft 23 (2005), 24-27. — DHD, 208 f. — KR 1, 281 (Foto). — Wolffram, 216 (Foto). — Lange, 159 f. — „XYZ – Musikalisches Durcheinander", Hörzu 41 (1949), 4 (Foto). — Paysan, 29. — Fox auf 78, Heft 17 (1998), 79 (seltenes Foto von 1933). Zur Geschichte vom Anfang des Sendebetriebs und der Aufnahmeräume der Westdeutschen Sender nach dem 2. Weltkrieg, vgl. Paulussen, Inhaltsverzeichnis.

[158] Die klassischen Imperial-Swing-Aufnahmen von Willy Berking verzeichnet, bei: — DHD, 20 ff.

[159] Grothe begann seine Karriere als Pianist im Orchester von Dajos Béla. Frühes Foto von 1927 bei einem Béla-Konzertprogramm-heft, bei: — Danzi, Abbildungsteil. — Prieberg, 2231-2233 (biogr. Abriß; u.a. NSDAP-Mitglied seit 1933).

platten in etwa ebenso großen Stückzahlen und mit großem Erfolg besangen, waren Paul Dorn[160] (gebürtiger Sachse, an der Ostfront im Krieg gefallen), Ludwig „Luigi" Bernauer (ein 1899 in Wien geborener Sänger und Komponist der im letzten Kriegsjahr verstarb)[161] und vor allem Eric Helgar (1910-1992), der hauptsächlich von Anfang der 1930er Jahre bis 1941 „der" Sänger des Orchesters von Adalbert Lutter war und in den 1970er und 1980er Jahren als Fernsehmoderator lange Jahre die Sendung „Auf Ihren Wunsch" des Südwestdeutschen Rundfunks (SWR) moderierte.[162]

Die Schuricke „Haus-Hitparade" 1938-1941
mit Anzahl der Titeleinspielungen

An dieser Stelle liste ich die *„Top Three"* der am häufigsten von Schuricke oder dem Schuricke-Terzett aufgenommenen und veröffentlichten Titel auf, um das Phänomen der Mehrfachaufnahme diverser Titel, aber auch das der Massenproduktion der damaligen Zeit zu verdeutlichen. Hätte es um diesen Zeitpunkt schon Langspielplatten gegeben, wäre hiermit schon das geeignete Material einer ersten „Greatest Hits" - Zusammenstellung vorhanden gewesen. In den USA gab es zeitgenössisch bereits gebundene Schellackplattenalben einzelner populärer Gesangsinterpreten (z.B. Bing Crosby, Cowboy Songs, 6x78, US-Decca, 1939) und Jazzmusiker (z.B. Artie Shaw, Four Star Favorites, 4x78, RCA Victor, 1941) mit zumeist 4-6 Platten, was in Deutschland damals nur klassischen Musikern vorbehalten war.

---

[160] KR 1, 122 (Foto)
[161] Vgl. S. Lang (Hg.), Lexikon österreichischer U-Musikkomponisten im 20. Jahrhundert, Wien 1986, 17. — Danzi, Index.
[162] I. Helgar-Nicolai – Fr. und M. Wöhler, Ein Mann mit 5 Karrieren. „Wir wollen Freunde sein für's ganze Leben" – Die Eric Helgar Biografie, Fox auf 78, Heft 17 (1998), 66-68.

Anzahl der Einspielungen; Titel; Komponist(en) / Textdichter[163]

1. Platz: 6 Einspielungen
— Rosamunde (Böhm. Polka / „*Škoda Lásky*")
Jaromír Vejvoda / Klaus S. Richter
— Komm' zurück! („*Tornerai!*")
Dino Oliveri / Ralph Maria Siegel

2. Platz: 5 Einspielungen
— Am Abend auf der Heide („*Reginella Campagnola*")
Eldo di Lazzaro / Klaus S. Richter
— (Du hast Glück bei den Frau'n) Bel Ami!
Theo Mackeben / Hans-Fritz Beckmann
— Das kann doch einen Seemann nicht erschüttern
Michael Jary / Bruno Balz
—Für eine Nacht voller Seligkeit
Peter Kreuder / Günther Schwenn
— Penny-Serenade (Das Pfennig-Lied)
Arthur William Hallifax und Melle Weersma / Günther Schwenn
— Reite, kleiner Reiter
Ralph Maria Siegel
— Rosmarie, vergiß' mich nie!
Peter Kreuder / Klaus S. Richter

3. Platz: 4 Einspielungen
— Das blonde Käthchen („*La Piccinina*")
Eldo di Lazzaro / Klaus S. Richter
— Dideldideldum
Hans Busch / Ralph Maria Siegel
— Halt, haben Sie mein Herz gesehen?
Leo Leux / Bruno Balz
— Einmal wirst Du wieder bei mir sein
Willi Kollo
— Schenk' mir Dein Lächeln, Maria
Erik Deneke / Günther Schwenn, Peter Schaeffers
— Woran liegt's, daß ich Dir nicht gefalle?
Willy Berking / Arthur Böttcher

---

[163] Zu den (auch hier) führenden vier deutschen Textdichtern Hans-Fritz Beckmann, Bruno Balz, Günther Schwenn und Ralph Maria Siegel, vgl. W.-H. Schauer, Männer im Schatten, Melodie 3 (März 1947), 9-10. Textdichter der Schellackplatten-Ära fristen in unserer Musikgeschichtsschreibung nach wie vor ein Schattendasein: Etliche Biografien sind bis heute unerschlossen.

1940-1941
Deutscher Swing der Spitzenklasse

Abb. 29 **Swing in Deutschland V:** Das Kammer-Tanz-Orchester von Michael Jary im Odeon-Aufnahmestudio, Besetzung Dez. 1939 – April 1940.[164] Unter anderen: Willy Berking (1. Posaune von links), Heinz Munsonius (Akkordeon), Hans Korseck (1911-1942, sitzend mit Gitarre),[165] Michael Jary (stehend am Pult), Rudi Schuricke (am Mikrophon).

Besonders bemerkenswert ist in diesem Zeitabschnitt der große Anteil schneller und recht „undeutsch" daher swingender Foxtrotts am aufgenommenen Schuricke-Repertoire, während zu Beginn seiner Karriere durchaus der Tango und das Lied dominierend gewesen waren. Hierbei ist nun besonders auffällig, dass es sich um zum Teil neu gegründete Swingorchester[166] handelt, wie das Orchester des Posaunisten Willy Berking (Aufnahmen ab 1939 für „Imperial"), der davor beim Orchester von Heinz Wehner (Platten auf „Telefunken") mitwirkte, das Organum-

---

[164] Lange II, 523.

[165] Vgl. zu dem legendären deutschen Jazz-Gitarrenpionier den Eintrag bei der deutschen Wikipedia. Telefunkenplatte GmbH (Hg.), Neuheiten Mai 1939 (Werbeheftchen), Foto m. Gitarre (Schallplattenaufn. m. Peter Kreuder: Piano-Medley a. d. Film „Wasser für Canitoga", I. und II. Teil, Telefunken A 2854).

[166] Eine gute Übersicht bietet das kleine Musikerlexikon im Anhang bei: Wolffram, 223 ff. Vgl. aber generell auch: — Lange; sowie — Lange II.

Tanz-Orchester von Adolf Steimel[167] oder das Kammer-Tanz-Orchester von Michael Jary (Aufnahmen ab 1939 für „Odeon"). Michael Jary (1906-1988) spielte in dieser Phase auch mit Evelyn Künneke (1921-2001), der Tochter des berühmten Operettenkomponisten Eduard Künneke, schöne Swing-Titel für „Odeon" ein („Haben Sie schon einmal im Dunkeln geküsst?"; „Das Karussell" u. v. a.).[168]

Besonders interessante Swingaufnahmen entstehen auch mit dem Orchester von Corny Ostermann (1911-1945)[169] auf „Kristall" und mit dem von Kurt „Kutte" Widmann (1906-1954)[170], der großen Berliner Swing-Legende, für die Marken „Tempo" und „Kristall". Für die parallelen „Tempo"-Veröffentlichungen Widmanns wird für Schuricke das Pseudonym „Michael Hofer" verwendet. Hierbei sind von Rudi Schuricke brillante, solo eingesungene Titel hervorzuheben: „Hopp – Hopp – Hopp"; „Wunderbar, wunderbar …"; „Lilli und Luise"; „Ja und Nein! (– das kann das gleiche sein)" aus dem Film „Der singende Tor"; „Wenn ich wüßt', wen ich geküsst? (– um Mitternacht am Lido)" (Kammer-Tanz-Orchester Michael Jary); „Meine Lieblingsmelodie"; „So ist es in Lissabon"; „Florentine" (von Corny Ostermann); „Du bist zu schön, um treu zu sein" (aus dem Film „Opernball"); „Die Männer sind schon die Liebe wert"; „Die Musi – Musi – Musi"; „Denn ich bin zum Tanzen gebor'n!" und „Ich hör' so gern' Musik" (alle von Willy Berking).

Besonders mitreißend ist das ultraheiß swingende „Wenn Du einmal ein Mädel magst" (aus dem Tonfilm „Sensationsprozeß Casilla") mit Ilse Werner (1921-2005).[171] Ursprünglich wurde der Titel von Ilse Werner 1939 für den Film eingesungen, jedoch erst am 2. November 1940 mit

---

[167] Kurz-Biografie von Adolf Steimel (1907-1962) bei: Paysan, 13. — Wolffram, wie oben.
[168] Vgl. Schneidereit 2, 743 ff. (Kurzbio & Diskografie) — DHD, 112 f. — Kurz-Anekdoten zur Familie Künneke bei: Danzi, vgl. Index.
[169] Vgl. den bisher ausführlichsten biographischen Abriss bei: J.-U. Völmecke, Die Goldene Ära der Deutschen Tanzorchester – Corny Ostermann (1938-1943), Begleitheft der gleichnamigen CD (2000). Corny Ostermann kam nach dem 9. Mai 1945 auf der Flucht vor tschechischen Partisanen aus dem Rundfunkgebäude in Prag ums Leben. Vgl. auch: — DHD, 158 ff. — Paysan, 11 f. (Foto).
[170] Das Orchester von Kurt Widmann war in Berlin regelmäßig im Tanzcafé „Imperator" zu bewundern. Vgl. Wolffram, 95 ff., 235. — DHD, 221 ff. — K. Wolffram, CD-Begleitheft der gleichnamigen Kurt-Widmann-CDs „Heiße Tage!" (1999) — That's my Rhythm (2004). — Lange, s. v. „Widmann, Kurt". — Lange II, 1005 ff.
[171] Vgl. K. Krüger, Mädchen mit Pfiff. Zum Tod von Ilse Werner, Fox auf 78, Heft 23 (2005), 82-85. Ilse Werner, So wird's nicht wieder sein. Ein Leben mit Pfiff [Autobiographie], Berlin 1981; (7. Aufl.) 1996. Ilse Werner, Ich über mich, Berlin 1943.

dem Orchester des Komponisten Werner Bochmann mit zusätzlichen Strophen auf Schallplatte aufgenommen und auf „Odeon 26435b" veröffentlicht.[172] Die Aufnahme von Rudi Schuricke wurde Ende 1940 auf „Kristall 3815" mit dem Orchester von Kurt Widmann heraus gebracht. Abschließend sind noch die charmanten Titel „Warum, weshalb und wieso?"; „Auf der grünen Wiese"; „Wenn es draussen dunkel ist"; „Ich bin glücklich – aber traurig" und „Musst nicht traurig sein (wenn ich singe)"[173] besonders hervorzuheben (alle mit dem Orchester von Kurt Widmann).

Abb. 30 **„Ich über mich"**: Ilse Werners (1921-2005) offenherziges Bekenntnis zum *Jazz* mitten im Krieg in ihrer ersten Autobiographie (1943, 42): *„Meine Spezialität aber, gewissermaßen meine Lieblingsmusik, ist symphonischer Jazz, wie er von Georg Haentzschel, meinem treuen Mitarbeiter Adolf Steimel, Peter Kreuder und Willi Stech gepflegt wird. Unter diesem Jazz verstehe ich nicht die übliche Tanzmusik, sondern eine gehobene, sehr künstlerisch geformte Art der Unterhaltungsmusik [...]"*

Auch Rudi Schuricke spielt den Werner-Titel „Wenn Du einmal ein Mädel magst" mit dem Orchester Kurt Widmann in einer atemberaubend schnellen Version im

---

[172] A – Seite „Die kleine Stadt will schlafen geh'n". — Matrizennr.: Be 12747, 12748. — Zum Aufnahmedatum: Lange II, 524; bei DHD, 199, Orchesterangabe „Adolf Steimel" [?] — Foto von Bochmann: Schröer – Buchholz, 28.
[173] Eine weitere Version existiert auf Grammophon / Polydor mit dem Orchester von Erhard Bauschke und dem dänischen Sänger Fin Olsen (1914-2003), dessen Biografie erst kürzlich von Knud Wolffram, Berlin rekonstruiert wurde. Vgl. Ders., Der Sänger mit der sanften Stimme. Die Fin-Olsen-Story, Fox auf 78, Heft 23 (2005), 68-75.

Herbst 1940 auf „Kristall" ein, allerdings mit gekürztem Text. Die Werner-Version wurde auf **„Odeon"** mit mehr Text eingesungen. Mit Rudi Schuricke tritt Ilse Werner 1966 in einer Fernsehshow zu Ehren des genialen Chanson-Komponisten Peter Igelhoff auf.

Durchaus swingende Aufnahmen entstehen auch mit dem Schuricke-Terzett für das Orchester von Adalbert Lutter („Ich hör' so gern' Musik"; „Es sind viele Jahre vergangen"; „So wie Du!"; „Ein bisschen Romantik gehört zu jeder Frau") und wiederum mit dem Kammer-Tanz-Orchester Michael Jary „Junger Mann im Frühling" / „Kleine Puppenfee (*Sulla Carozzella*)", letzterer ein von Klaus S. Richter eingedeutschter Titel des italienischen Komponisten und Orchesterchefs Gino Filippini (1900-1962).

Abb. 31 **Schwungvolle Aufnahmen mit Harmoniegesang:** Der Doppelseiter „Junger Mann im Frühling" / „Kleine Puppenfee (*Sulla Carrozzella*)" Odeon O-31631 mit dem Schuricke-Terzett und dem Kammer-Tanz-Orchester Michael Jary (Aufnahmen vom 13.09.1940).[174]

---

[174] Lange II, 524.

Ein weiterer swingender Höhepunkt sind die schnellen Foxtrotts aus dem Metropol-Theater-Musical „Frauen im Metropol" (1940) von Ludwig Schmidseder und Günther Schwenn, wie zum Beispiel „Wir tanzen durch's Leben!" und „Heute Abend bin ich frei!" bei denen Orchesterchef Erhard Bauschke[175] (auf „Grammophon") mit heißen Klarinetten-Soli „à la Benny Goodman" glänzt – ebenso erwähnenswert bei diesen Aufnahmen die schnelle Schlagzeug- und Piano-Untermalung. Als weitere Einspielung hervorzuheben ist das swingende Potpourri aus „Frauen im Metropol", veröffentlicht auf einer 30cm Schellackplatte mit dem Organum-Tanzorchester von Adolf Steimel. Auffällig ist hier, dass das erste Stück auf Seite 2 „Was macht ein Mann nicht alles?" über eine nicht im Notenheft und Libretto abgedruckte, möglicherweise von Schuricke getextete Zusatzstrophenzeile verfügt.

Abb. 32 **Swing im Krieg**: Berliner Zeitungsanzeige des Metropol-Theaters (heute: „Komische Oper") in der Behrenstr. 55-57. Hier wird das Erfolgsmusical als „Große Ausstattungs-Operette" von Ludwig Schmidseder (Musik), Günther Schwenn (Libretto) und Heinz Hentschke (Inszenierung) beworben (Uraufführung 27. September 1940). Allabendlich leitete der auch nach dem Krieg führende deutsche Operetten-Dirigent Werner Schmidt-Boelcke das Metropol-Theater-Orchester.[176] Rudi Schuricke stand hier nicht auf der Bühne, sondern nahm nur Schallplatten aus dem Stück auf – die meisten davon „swingten" gehörig.

---

[175] Vgl. die kleine Artikelserie über den im Herbst 1945 in Frankfurt am Main/Praunheim bei einem Verkehrsunfall tödlich verunglückten Orchesterleiter und dessen Orchester, wie oben, in Kapitel 1935-1937.
[176] Vgl. H. Bockstiegel, „Schmidt-Boelcke dirigiert". Ein Musiker-Leben zwischen Kunst- und Medienlandschaft, Wolfratshausen 1994.

Abb. 33.a **Ludwig Schmidseder** (1904-1971) in jungen Jahren, um 1940: Komponist von drei großen Metropol-Theater-Musicals, die im NS-Deutschland „Große Ausstattungs-Operetten" hießen.[177]

Neben dem Titel „Wenn ich mit Dir tanzen geh'", bei dem Schuricke, neben [Fritz?] Reuter als Texter oder Komponist auf dem Etikett angegeben ist (TO Hans Bund, Imperial 17190, 09.06.1938), sind dann erst ab Mitte der 1940er Jahre von Rudi Schuricke selbst bearbeitete, komponierte oder getextete Titel verbindlich belegt. Ein weiterer erfolgreicher Titel war „Einmal wirst Du wieder bei mir sein", neben dem nicht minder bekannten „Heute Nacht!", beide Titel von Willi Kollo (1904-1988), dem Sohn des ebenso berühmten Operettenkomponisten Walter Kollo (1878-1940) und Vater des Tenors René Kollo.[178] Willi Kollo hatte bereits den schönen Tango „Nachts ging das Telefon" verfasst, den Schuricke schon 1936 gleich zweimal aufgenommen hatte. An langsameren Stücken ist der große italienische Welterfolg *„Tornerai – Komm' zurück!"* (französ.: *J'attendrai*) hervorzuheben.[179] Die Version mit Heinz Munsonius, der seines Zeichens zusammen mit Will Glahé und Albert Vossen zum *„Triumvirat der fast klassisch zu nennenden deutschen Akkordeon-Spieler gehört",*[180] verfügt über den längsten Text der sonst eingesungenen Schuricke-Versionen. Die Aufnahmen von Liedern aus populären großen Tonfilmen geraten nun eher in den Hintergrund. Der größte und beeindruckendste originäre von Rudi Schuricke solo vorgetragene „Filmhit" dürfte sicher die

---

[177] Ausführlicher biographischer Abriß bei: Völmecke, Schmidseder. Foto nach: Festschrift 50 Jahre Metropol-Theater, Berlin 1942. Vgl. auch: — Krüger. — Prieberg, 6181-6183 (biogr. Abriß, u.a. NSDAP-Mitglied seit 1933).
[178] Vgl. Zöchling, 114 ff.
[179] Eine makabre Randnote ist, dass – laut Berichten Überlebender – dieser Titel eine der letzten Platten gewesen sein soll, die über die Bordlautsprecher bei der Vernichtung des sinkenden deutschen Schlachtschiffs „Bismarck" für die kämpfende und sterbende Besatzung abgespielt wurde (27. Mai 1941). ZDF-Fernseh-Zeitzeugen-Interview, History Reihe, herausgebracht von Professor Guido Knopp.
[180] L. P. Schloßer, Begleittext der Odeon-Doppel LP „Will Glahé Bigband 1938-1942" (1987).

„brasilianische" Tangoserenade „Stern von Rio" aus dem gleichnamigen Tobis-Kriminalfilm sein, ebenfalls mit dem Orchester von Heinz Munsonius, die südamerikanisch-rasant arrangiert ist (Imperial 17307, 1940). Dieses schnelle Arrangement bei Munsonius weicht allerdings eindeutig von der Notenblattvorlage mit dem Hinweis „ausdrucksvolles nicht [!] schnelles Tangotempo" ab. In der Hauptrolle war die bekannte Tänzerin und Schauspielerin *La Jana* (eigentlich Henny Hiebel, 1905-1940) in ihrer letzten Filmrolle zu sehen, die tragischerweise noch kurz vor der Uraufführung des Films im März 1940 an einer Lungenentzündung in Berlin verstarb.[181] „Für eine Nacht voller Seligkeit" aus dem Marika Rökk-Film „Kora Terry" mag man eher mit dieser Künstlerin in Zusammenhang bringen. Südamerikanisch geht es wieder bei „Señor und Señorita", einer Carioca aus dem Film „Traummusik", zu.

Ebenso erwähnenswert ist der große internationale Erfolgstitel des berühmten französischen Chansoniers Charles Trenet (1913-2001),[182] *„Boum!"*, der von Schuricke und seinem Terzett gleich dreimal eingespielt wird. Zahlreiche Titel werden von Schuricke teilweise solo, teilweise mit Terzett, in diesem Zeitabschnitt mit diversen Orchestern eingespielt. Zum Jahresausklang 1940 (Grammophon „Neuerscheinungen Dezember") verzaubert uns das Schuricke-Terzett „mit [unbenannter] Instrumentalbegleitung", exklusiv auf Grammophon 11525 B mit dem stimmungsvollen Titel „Mondschein (kann so romantisch sein)". Die eigentliche A-Seite „Das blonde Käthchen", ein vom bekannten Texter Klaus S. Richter als „Volkslied" aufpoliertes, klassisch-italienisches Lied von 1939 *(„La Piccinina")* tritt dagegen eher in den Hintergrund. Der Komponist Eldo di Lazzaro (1902-1968) trat bereits 1939 mit dem Titel *„Reginella Campagnola"* hervor – *ebenso* von Richter verdeutscht zu „Am Abend auf der Heide", anglisiert als *„The Woodpecker Song",* popularisiert u.a. durch Glenn Miller & His Orchestra (vcl. Marion Hutton) auf RCA-Bluebird B-10598 (Feb.1940).[183] Trotzdem sollten beide di Lazzaro-Titel in Deutschland eine ungeahnte Popularität erreichen (vgl. oben „Schuricke-Haushitparade") und avancierten zu den deutschen „Tophits" dieser Jahre.

---

[181] Beste Informationen zu dieser Künstlerin im Internet unter http://de.wikipedia.org/wiki/La_Jana.
[182] Vgl. http://www.charles-trenet.net/.
[183] Bolig, 468.

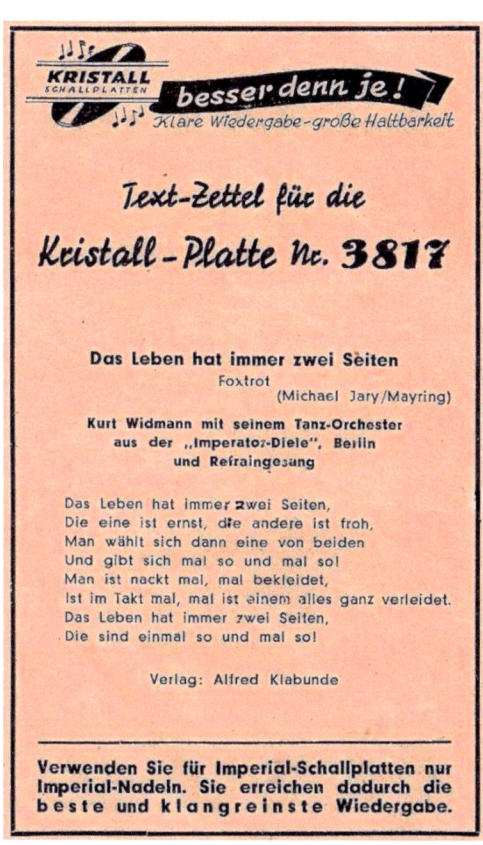

Abb 33.b **Zunehmende Melancholie** in den Schlagertexten nach Kriegsausbruch. **Kristall-Schallplatten-Textzettel**; Musik von Michael Jary, Text von Philipp Lothar Mayring (1879-1948). Kristall-Aufnahme KC 28508 (Nov. 1940) von Kurt Widmann mit seinem Tanz-Orchester aus der „Imperator-Diele", mit Refraingesang (= Rudi Schuricke) auf Kristall 3817, Seite A. Auf der B-Seite der Platte mit dem Widmann-Orchester singt Schuricke ebenso anonymisiert „Für eine Nacht voller Seligkeit" aus dem Marika-Rökk-Film „Kora Terry". Nach dem Krieg wird die Platte auf „Imperial 17461" wiederveröffentlicht.

1941-1945
„Reichswehmutsänger"

Die letzten offiziellen Schallplattenaufnahmen mit dem Schuricke-Terzett scheinen im Frühjahr 1941 stattgefunden zu haben.[184] Repertoirebezogen hatte es sich mit dem Ende des Terzetts auch für Rudi Schuricke buchstäblich „ausgeswingt". Ein nur wenige Monate andauernder Wehrdienst mit Grundausbildung im Sommer 1941 führte (scheinbar im Anschluss an einige Schallplatten-Solo-Aufnahmen) zu einer weiteren Verwendung von Schuricke in der Truppenbetreuung, beim Varieté (Theater „Scala" und „Plaza") und auch beim „Soldatensender Radio Belgrad"[185]. Diesbezügliche Reisen führen ihn angeblich bis nach Athen, Thessaloniki und Kreta.[186] Dazu bemerkt Schuricke selbst:

> *„Meine Kaserne lag in Berlin-Reinickendorf. Später kam ich nach Stettin zum Flakregiment 51 in der Kreckower Landstr. Meine Militärzeit war kein Honiglecken. Mein Name machte mir mehr zu schaffen, als mir lieb war. So manch' ein Ausbilder versuchte sein Mütchen an mir zu kühlen [...] Bald darauf wurde ich uk [unabkömmlich] gestellt. Ich kam zur Wehrbetreuung und versuchte mich auch wieder beim Film."[187]*

Durch die Aufnahme in eine Unterliste der sogenannten "Gottbegnadetenliste" für Künstler (ab August 1944) wird Rudi Schuricke "als kriegswichtigem Künstler" des NS-Regimes ein gewisser Exklusiv-Schutz vor direkter Frontverwendung gewährt: *De Facto* ist dies auch nur eine recht zweifelhafte "Ehre", wenn man damit mittlerweile auch in der aller besten Kulturgesellschaft des "Dritten Reiches" offiziell angekommen zu sein scheint.[188]

Auch für den Broterwerb ist man weiter tätig, so wird für eine Zigarettenreklame der Firma Muratti ein Zeichentrick-Kurzfilm namens „Fünf Pfennig Serenade" für das Kino produziert, für die Schuricke am

---

[184] Die DHD, 89 verzeichnet noch eine Rundfunkaufnahme des Schuricke-Terzetts mit dem Titel „Oh! Aha!" vom 09. Februar 1942.
[185] Schröer – Buchholz, 26.
[186] Völmecke, 24.
[187] Schuricke, 43, 46.
[188] BArch R 55/20252a, Bd. 9, Abschnitt IV „Liste der im Rüstungseinsatz tätigen, aber für Stunden im Rundfunk und Konzert gelegentlich beschäftigten Künstler", 6 (Sänger), Nr. 26.

12.09.1941 „Nur für Dich lebe und entflamme ich" [Umtextung der „Pfennig-Serenade" („Penny-Serenade") = 2:10 min] einsingt.[189]

Ab 1942 trat Rudi Schuricke regelmäßig in Revuen des Plaza-Theaters am Küstriner-Platz 11 in Berlin auf – bis zur kriegsbedingten Schließung des Theaterwesens im September 1944, u. a. in der Revue „Illusion" mit einer 15-jährigen Sonja Ziemann und in der „Regenbogenrevue" (1942).[190]

Abb. 34 **Plaza-Theater, Berlin: „Blick von der Loge"** (Postkarte, Zustand des Innenraums ca. 1929-1945). Ort der Schuricke-Live-Darbietung von „Heimat, Deine Sterne" im Krieg (ab 1942). Text auf der Rückseite: „Plaza - Berlin - Das Varieté am Küstriner Platz - Telefon E4 Alexander 8067/8, Über 3000 Sitzplätze - Täglich 2 Vorstellungen: 5 und 8.15 Uhr. Sonn- und Feiertage 3 Vorstellungen: 2, 5 und 8.15 Uhr." Verlag: Kunstanstalt Voremberg, Berlin.Alexander 8067/8.

„Von allen Varieté-Theatern an der Spree gefiel mir die ‚Plaza' am besten. Viele Menschen erinnern sich bestimmt noch daran, was für wunderbare Vorstellungen wir dort von 1942 bis zum bitteren Ende gegeben haben [...] Während einer Probe hatte der Direktor einen Einfall, der mich betraf. – ‚Rudi', sagte er, - ‚Ich habe

---

[189] Erstmals im TV ausgestrahlt als Sequenz im ZDF am 26.05.2009 in der Sendung: „ZDF History (Guido Knopp) - Das Quiz". Info: Schröer via ZDF, RSA. Der Werbekurzfilm ist auf auf dem YouTube - Kanal „NWDR" zu sehen: https://www.youtube.com/watch?v=c97dfBZWsyo [abgerufen am 14.05.2024].
[190] Schuricke, 43 (Abbildung mit der jungen Sonja Ziemann Anfang der 1940er Jahre). — Programmheft „Regenbogenrevue" (RSA).

da gestern eine neue Platte von Ihnen gehört, die mir ganz großartig gefallen hat. Dieses Lied soll der Auftakt nach der Pause sein.' Das Lied hieß ,Heimat, Deine Sterne'. Der Einfall lief in der Praxis so ab: Im Saal ging langsam das Licht aus. Eine feenhafte Beleuchtung strahlte auf den großen Bühnenvorhang und ins Orchester. Unser Direktor erschien im weißen Smoking, und alle ahnten, dass jetzt etwas Besonderes passieren musste: — Applaus. Die musikalische Einleitung gewaltig arrangiert, erklang, und dann strahlten alle Scheinwerfer schlagartig mich oben in der Seitenloge an. Und ich sang ,Heimat, Deine Sterne'. Dreitausend Gesichter strahlten von unten zu mir herauf. Es war jedes Mal eine Stimmung wie das Wolgalied zu Weihnachten. Aber als in der Heimat die Lichter ausgingen erlosch auch mein Stern für einige Zeit. Er sollte jedoch umso strahlender wieder aufgehen." [191]

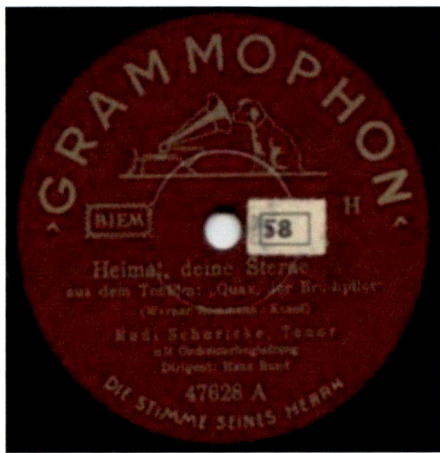

Abb. 35 „Heimat, Deine Sterne ..."" aus dem Heinz-Rühmann-Film „Quax, der Bruchpilot", Originalpressung von 1942, eine der letzten Platten mit dem „Grammophon"-Etikett.

Das Lied war wieder eine Komposition von Werner Bochmann, wurde im Frühjahr 1942 eingespielt, und stammte aus dem Heinz-Rühmann-Film der Terra GmbH „Quax, der Bruchpilot" (1941). Im Film wird es mit dezenter Zitherbegleitung vorgetragen und hat deshalb im ursprünglichen Höreindruck keine aufwändige orchestrale Begleitung – dies steht im Gegensatz zur Schuricke-Version des Titels, die mit Orchester unter der Leitung von Hans Bund eingespielt und auf Grammophon 47628 A veröffentlicht wurde.

---

[191] Schuricke, 41, 46. — Ein Foto, das Rudi Schuricke beim Dirigieren in der „Plaza" 1943 zeigt, wurde für das Plattencover einer LP der 1970er Jahre verwendet. Reihe: Lieblinge einer Nation, Rudi Schuricke und das Schuricke-Terzett, [Folge] 2, LP Top-Classic BB 45.029 (ohne Jahr).

Der Titel wurde nach Kriegsende auf „Polydor" wiederveröffentlicht (Polydor 47969, 1947).

Den Text des Liedes ersann Erich Knauf, der ehemalige Leiter der Büchergilde Gutenberg in Berlin. Knauf, ein engagierter sozialdemokratischer Journalist und Schriftsteller, war 1934 einige Wochen in verschiedenen Konzentrationslagern inhaftiert gewesen und schrieb seit Anfang der 1940er Jahre Texte zu Schlagern von Werner Bochmann. Anfang 1944 wurde er zusammen mit seinem Freund Erich Ohser (E. O. Plauen) wegen „defätistischer Äußerungen im Luftschutzkeller" denunziert und zum Tode verurteilt.[192]

Abb. 36 **Plaza-Theater**: Das Bauwerk wurde ursprünglich von den Architekten Adolf Lohse und Hermann Cuno als „Küstriner Bahnhof" bzw. „Ostbahnhof" (in Benutzung 1867-1882) konzipiert und errichtet. Der Umbau zu einem Theater erfolgte 1928. Das Plaza-Theater existierte unter diesem Namen von 1929 bis zu seiner Schließung und Zerstörung 1944/45. 1952 wurde die Ruine gänzlich abgerissen (Postkartenmotiv, Anfang der 1930er Jahre).

---

[192] Nach der KZ-Haft schlug sich Knauf mit Werbetexten durch, bis er eine Stellung als Pressechef der Terra-Film bekam. Am 2. Mai 1944 wurde er in Brandenburg-Görden hingerichtet. Sein Freund, der Graphiker E.O. Plauen, der durch seine „Vater und Sohn" Zeichnungen berühmt geworden war, beging in der Haft Selbstmord. Zu Knauf: https://www.nd-aktuell.de/artikel/534405.hingerichtet-fuer-ein-paar-witze.html [abgerufen am 11.05.2024].

In dieser Zeit wird ein inhaltlicher Wechsel im Œuvre Schurickes hin zu orchestral beladenen Balladen deutlich, die von nun an das Repertoire des Künstlers dominieren werden. Auch nimmt er ab jetzt nur noch fast ausschließlich für die Deutsche Grammophon Gesellschaft auf, die im Jahre 1941 vom Siemens-Konzern übernommen wird und ab dem Jahre 1943 ihre Aufnahmen unter einem neuen Etikett (Aufdruck: „Sonderklasse der Deutschen Grammophon G.m.b.H.") auf den Markt bringt. Das Etikett für Klassische Musik ist nun blau-weiß (Etikettenbezeichnung „Siemens-Spezial"), das für Tanz- und gehobene Unterhaltungsmusik sowie kürzere Klassikaufnahmen (etwa Ouvertüren) rot-weiß (Etikettenbezeichnung „Siemens-Polydor").[193] Daneben besteht offenbar für die Fertigungsstätte Hannover eine „Sonderklasse"-Etikettenvariante in weinrot/gold ebenso mit dem Aufdruck „Siemens-Polydor", die kurzeitig nach dem Krieg bis 1946 mit Aufdruck „Hannover" und „Hergestellt unter der Nachrichtenkontrolle der Militärregierung" weiterverwendet worden zu sein scheint.

Eine weitere Anekdote rankt sich um die Entstehungsgeschichte des Liedes „Ein Leben lang an Deiner Seite" (aufgenommen im Frühjahr 1943, vö. auf: Siemens-Polydor 47766 B)[194], die der Produzent Hans Buchholz Ende der 1990er im Rahmen der Wiederveröffentlichung auf CD mitteilte:

> *„Übrigens wurde hierdurch nach 50 Jahren der Komponist Eberhard Puttin aus Gotha wieder mit seiner ehemaligen Textdichterin Christa Schwalbe aus München zusammengeführt. Herr Puttin schrieb mir: ,In Eberswalde verlebte ich meine Jugendjahre, und neben anderen musikalischen Betätigungen war ich Mitglied einer Kleinkunstgruppe, welche sich um die Betreuung der Patienten im Lazarett Eberswalde während des Krieges kümmerte. In dieser Gruppe gab es auch ein junges Mädchen, das über eine gute Sopranstimme verfügte. Eines Abends saßen wir zusammen, um eine Repertoireerweiterung bei ihr vorzunehmen. Ich präludierte auf meinem Klavier, wobei mir eine Melodie einfiel. Christa wollte sie noch einmal hören. Danach war sie der Meinung, dass man daraus einen Schlager entwickeln könnte, etwa mit dem Text ,Ein Leben lang an Deiner Seite ...' – Wir verhalfen dem Schlager zur Geburt,*

---

[193] Fetthauer, 84 ff. — Hein, 28. — Greve, 52 ff.
[194] Die A-Seite „Nacht für Nacht" (ital. Originaltitel bisher ungeklärt) von SP 47766 ist neben „Tornerai!" (Komm' zurück) eine weitere Komposition von Dino Oliveri mit deutschem Text von Ralph Maria Siegel.

und etwa nach 2 Stunden stand die Melodie mit dem Gesangstext fest. Ich wünschte mir Herbert Ernst Groh oder Wilhelm Strienz als Interpreten, aber Christa meinte, dass dies eine gute Nummer für Rudi Schuricke wäre ...!' — *So wurden vor 50 Jahren Schlager geboren!"*[195]

1943 entsteht am 7. Juli eine erste Schuricke-Version[196] der berühmten „Capri-Fischer" für den Rundfunk mit dem Orchester unter der Leitung von Kurt Drabek (1912-1995)[197], der schon zuvor den erfolgreichen Schuricke-Titel „Ich hör' so gern' Musik" kreiert hatte. Die „Capri-Fischer" wurden, entgegen Schurickes Sicht der Dinge, nicht mit ihm und für ihn[198], sondern von Gerhard Winkler (1906-1977) ursprünglich für die Sängerin Magda Hain (1920-1998) komponiert, die zunächst eine Angestellte bei der Firma Siemens war, aber bei Betriebsfeierlichkeiten ab und zu sang, und die Winkler im Jahr 1942 entdeckt hatte.[199]

Der Text stammte vom erfolgreichen Komponisten und Texter Ralph Maria Siegel (1911-1972, vgl. auch Abb. 51), dem Vater des im selben Beruf tätigen *Grand-Prix-d'Eurovison-de-la-chanson*-erfahrenen Ralph Siegel Junior (geb. 1945), der damals als Refrain-Sänger auch selbst Plattenaufnahmen machte (etwa mit dem Tanz-Orchester Eugen „José" Wolff[200] auf „Odeon" z. B. „Es leuchten die Sterne", 1938) und viele Lieder dieser Epoche komponiert bzw. getextet hatte. Die Magda-Hain-Version der „Capri-Fischer" (Matrizen-Nr. Be 13281) wurde schon ca. im März 1943 mit der B-Seite „Möwe, Du fliegst in die Heimat" (Matrizen-Nr. Be 13288) auf Odeon 26583 mit Orchester unter der Leitung von Gerhard Winkler veröffentlicht. Rudi Schuricke sollte mit Magda Hain in der Nachkriegszeit einige Duette aufnehmen und war mit Gerhard Winkler gut bekannt. Um eine Freundschaft im eigentlichen Sinne soll es sich, laut Aussage seines Sohnes Hans Winkler, nicht gehandelt haben, eher um eine bessere Bekanntschaft, obwohl recht vertrauliche Bilddokumente von Rudi Schuricke und Gerhard Winkler und eine musikalische

---

[195] Buchholz II, 2.
[196] Eine angeblich noch früher überlieferte Demo-Version, vgl. Diskografie Nr. *1215-1216*, mit dem Orchester von Hans Bund (aus einer Grammophon - Aufnahmesitzung von März-April 1942) ist bisher in ihrer Existenz unbestätigt.
[197] DDT, Bd. 6 (1996), 1556. — KR 1, 289 (Foto). — Schröer – Buchholz, 10 f. — Pfau, 20. — Lange II, 291. — Besetzungsangabe Instrumentalsolisten im Oktober 1947 bei Schröer, Rudi-Schuricke-Chronik, siehe unten.
[198] Schuricke II, Sp. 1-2. — Schuricke, 46.
[199] Vgl. die Gerhard-Winkler-Biografie der Jahre 1943-1944 „Die Kriegsjahre" bei: http://www.capri-fischer.de/.
[200] KR 1, 408 (Foto). — Lange, 295 (Foto).

Zusammenarbeit bis weit in die 1950er Jahre hinein überliefert sind.[201] Die klassische Aufnahme des Titels „Capri-Fischer" für die Deutsche Grammophon Gesellschaft entsteht vermutlich Mitte November 1943 in Berlin, und die Platte wurde auf dem neuen Siemens-Polydor Etikett (Nr. 47867, zu den einzelnen Auflagen der kommenden Jahre, siehe: Teil 2, „Kleine Etikettenkunde", Polydor) gepresst und auch veröffentlicht.[202] Ein von Rudi Schuricke berichtetes Verbot der Platte aus politischen Gründen unter dem Einfluss der Kriegserklärung Italiens an das Deutsche Reich im Juli 1943 scheint sich jedoch nur auf die öffentlichen Aufführungen bezogen zu haben.[203] Die Platte konnte man wohl Ende 1943 bzw. 1944 auf dem Siemens-Polydor Etikett käuflich erwerben. Allerdings merkt Hans Winkler an, dass etwa der Text einer Komposition seines Vaters, nämlich das „Chianti-Lied" mit dem Refrain „Chianti-Wein" in dieser Zeit aus eben diesen Gründen, zu „Tiroler-Wein" umgedichtet wurde.[204] Kurz zuvor, am 27. Oktober 1943, hatte auch Adalbert Lutter mit seinem Orchester eine Instrumentalversion der „Capri-Fischer" eingespielt – die letzte reguläre Aufnahme, die für das Orchester von Lutter im Krieg belegt ist (Telefunken A 10691).[205] Aus anderen Quellen erfahren wir, dass angeblich Rüstungsminister Albert Speer auf einer Sitzung am 1. Oktober 1943 den kriegsbedingten Produktionsstopp von Schallplatten anordnete. Dennoch wurde im Rahmen einer Ausnahmeregelung der Weiterbestand der Deutschen Grammophon Gesellschaft (mit der Telefunken GmbH in Fusion) in Hannover und der Carl Lindström A.G. in Berlin und die Beibehaltung der Produktion diskutiert und offenbar auch durchgesetzt.[206] Fest steht jedenfalls, dass diese Anordnung so nicht in die Tat umgesetzt wurde (auch wegen Aspekten der Exportproduktion und der „Musikversorgung" der Wehrmacht), und es kann davon

---

[201] Briefwechsel mit Hans Winkler (Potsdam).
[202] Auffällig auf dem „Siemens" Etikett ist der Druckfehler „Platza" anstatt „Plaza". Bei der unmittelbaren Nachkriegspressung des Werks Berlin fehlen die Etiketten-Angaben zur „Plaza", Orchester und „Waldo Favre Chor", um dann erst schließlich bei der 5ten Auflage, ab 1949, wieder aufgenommen zu werden. Im Werk Hannover bleibt dieser Druckfehler auf Siemens-Etiketten bis 1946 bestehen. Die Blätter der Aufnahmeunterlagen für die entsprechenden Matrixnummern fehlen im Archiv der Deutschen Grammophon Gesellschaft. Ein Vergleich mit datierten Matrizen macht ein Datum „Mitte November 1943", vermutlich den 17. November 1943 wahrscheinlich. Briefwechsel mit Hans-Joachim Schröer, Berlin.
[203] Schuricke II, Sp. 2. — Briefwechsel mit Hans Winkler.
[204] Briefwechsel mit Hans Winkler.
[205] Nachkriegsveröffentlichung, B-Seite „Glutrote Rosen", zum Datum vgl. Pfau, 49.
[206] Fetthauer, 162 f.

ausgegangen werden, dass in der Folgezeit etliche Platten, nun freilich in geringeren Stückzahlen, auch in den Handel gekommen sind. Die Deutsche Grammophon Gesellschaft konnte somit ihren Fortbestand sicherstellen, allerdings wurde das Werk in Hannover im September 1943 durch einen Luftangriff in Mitleidenschaft gezogen.[207] Die Lindström A.G. in der Schlesischen Straße in Berlin wurde offenbar nicht getroffen, da man auch nach dem Krieg in diesem Hause ansässig blieb. Darüber hinaus wurden Platten in Hannover und Berlin bis Kriegsende weiterhin produziert, um auch Propaganda- und Rundfunksendungen aufrechterhalten zu können.

Abb. 37 **Gerhard Winkler (1906-1977)**, Komponist des bekanntesten Schuricke-Titels „Capri-Fischer" (1943). Das Lied wurde ursprünglich nicht für Schuricke, sondern für Magda Hain (1921-1998) geschrieben. Der Titel entwickelte sich für Schuricke zum *„Longseller"* und war von 1943-1958 auf Schellackplatten zu haben und damit ununterbrochen im Angebot der Firma DG / Polydor. Titelfoto mit Autogramm **Melodie 6** (1. Jahrgang, **November 1946**).

Ab 1943 arbeitet Schuricke wieder für den Film. Er singt für den Wolfgang Staudte-Film „Ich hab' von Dir geträumt" den gleichnamigen Titel ein (Gage 800.- RM).[208] Als Platten-Veröffentlichung ist dieser rare Titel

---

[207] Fetthauer, 170 ff. — Hein, 28 f., 33 (Abbildungen). — Greve, 52 ff.
[208] Vgl. Reichsfachschaft Film, PA Schuricke, Beschäftigungsnachweis, BA.

auf [Siemens -] Polydor 57302 A [Filmserie 1942-1944] (30cm Schellack) erschienen.[209]

Abb. 38 **1944:** Marika Rökk im UFA-Farbfilm „Die Frau meiner Träume", Sequenz **„Ich warte auf Dich"** – bildlich **ohne** – gesanglich aber **mit Rudi Schuricke** (Szenenfoto).

1944 synchronisiert Rudi Schuricke für die UFA-Produktion „Die Frau meiner Träume"[210], einen der letzten Farbfilme, die während des Krieges

---

[209] Nicht auf „Grammophon", wie angegeben bei: Schneidereit 3, 1297. Die Platte erschien 1944 in einer limitierten Siemens-Polydor Sonderreihe (innerhalb der 57.000 Serie), die originale Filmmusiken (wohl Umschnitte von Soundtracks) beinhaltete und nur für den exklusiven Wehrmachts- und Radiogebrauch bestimmt war. Für Konfusion und hitzige „Internetdiskussionen" sorgt bei dieser Serie die „anachronistische" Pressung mit zum Teil braunen Polydor-Export-Altetiketten (mit „Männchen-Logo"), was offenbar dem (Etiketten-) Papier-Kriegsmangel geschuldet war. Diese Tatsache ist aber kein Einzelfall, da dies in den letzten Kriegsjahren auch mit Klassikaufnahmen von Grammophon und Siemens-Polydor so üblich war (Beispiele in Smlg. d. Verf. auf altem Grammophon-Rot-Etikett). Diese ungemein seltene Aufnahme erschien erstmals auf der Antikbüro CD CH3000 „Filmmusik im Original. Polydor 57.000 Serie" (2004).
[210] Vgl. Ufa-Buch, 406 f., 450.

98

fertiggestellt wurden, die Gesangspassagen von Marika Rökks Tanzpartner, dem russischen Ballett-Tänzer Valentin Froman (Gage hierfür waren immerhin 800.- RM).[211] Im Film singt Schuricke zwar den Titel „Ich warte auf Dich" als synchronisierte Gesangsstimme von Rökks Tanzpartner – leider bekommt der Zuschauer den wirklichen Sänger nicht zu sehen. Interessanterweise wurde dieser Titel von Schuricke für Schallplatten nicht eingespielt. Es existiert lediglich eine einzig bisher bekannte Vokalversion auf Schallplatte mit Evi Marlen und dem Orchester von Teddy Kleindin auf Tempo 5162 (1944). Die Kompositionen des Films stammen von Franz Grothe und der Text von Willi Dehmel.

Für den vor Kriegsende nicht mehr erschienenen Streifen „Das Dementi" (letzter Film der Tobis Filmkunst GmbH, 1944 / sog. „Überläuferfilm" mit DDR-Uraufführung im Jahre 1950) synchronisiert Rudi Schuricke den Schauspieler Axel von Ambesser für den Duett-Titel „Ich möchte so gerne verreisen"[212] mit der Bühnen- und Filmschauspielerin Gretl Schörg (1914-2006)[213], (keine Plattenveröffentlichung nachgewiesen). Nach diesem „filmischen" Exkurs sei nun zu den „Capri-Fischern" zurückgekehrt: Diese werden erst in der Nachkriegszeit zum größten Erfolg von Rudi Schuricke und avancieren nun zu einem *Longseller*[214], nachdem im Juli 1945 die Schallplatten-Produktion, mit vorläufiger Genehmigung wieder angefahren[215], eine offizielle Lizenz mit Genehmigung der amerikanischen Militärregierung jedoch erst 1947 erteilt wird.[216] Einige Platten sind auch direkt nach Kriegsende noch in den Handel gekommen, hierbei erhielten diese (wohl etwas später ab 1946) das rot-weiße Siemens-Polydor-Etikett mit dem Aufdruck „Hergestellt unt.[er] d.[er] Nr. C. 30212 E.[rlaß] d.[er] Nachr.[ichten]-Kontr.[olle] d.[er] Mil.[itär]-Reg.[ierung]".

---

[211] Vgl. Reichsfachschaft Film, PA Schuricke, Beschäftigungsnachweis, BA.
[212] Gage dafür abermals 800.- RM. Vgl. Reichsfachschaft Film, PA Schuricke, Beschäftigungsnachweis, BA. Als Alternativtitel der Erstaufführung sind „Verlobte Leute" oder „Vielweiberei" belegt. Zum Film vgl. auch: R. Schenk, Altfilme zum Neuanfang. Die Überläufer der UFA zur DEFA 1945-1954, in: Ph. Stiasny – J. Kasten – F. Lang (Hgg.), UFA international. Ein deutscher Filmkonzern mit globalen Ambitionen, München 2021, 369-384, 379.
[213] Gretl Schörg war bereits 1940 im Berliner-Schmidseder-Musical „Frauen im Metropol" zu sehen. Ihre Schallplatten-Aufnahmen bei Schneidereit 3, 1279 f.
[214] Vgl. dazu die Angaben zur Hit-Statistik der Gerhard-Winkler-Biografie der Jahre 1946-1955 „Neuanfang" bei: http://www.capri-fischer.de/.
[215] Fetthauer, 180 ff.
[216] Fetthauer, 194.

Dieser Erlass ist auf dem parallel in Hannover herausgegebenen Siemens-Polydor-Etikett (nun in weinrot-gold) auf den 17. Juni 1946 datiert, das heißt: Diese Siemens-Polydor Etiketten sind damit datiert und erschienen mindestens bis Jahresende 1946, da diese Etiketten auch mit ausschließlichen Nachkriegsinterpreten wie den „Cherokees", belegt sind.[217] Eine weitere Verwendung des Namens „Siemens" auf Etiketten wurde von der Betriebsleitung der Deutschen Grammophon in der unmittelbaren Nachkriegszeit deshalb wohl erst nach 1946, also im Jahre 1947, zugunsten des alleinigen Namens „Polydor" untersagt und verworfen, da man den Namen „Siemens", aufgrund der Produktion von Waffentechnik im Kriege für belastet und für völlig ungeeignet hielt.[218] Weitere Schuricke-Neuaufnahmen des Titels erfolgten 1957 und 1972/73. Der genaue Polydor-Back-Katalog der lieferbaren Platten in der unmittelbaren Nachkriegszeit ist allerdings bisher unbekannt. Die Polydor-Etiketten sind nun, genau wie die der Konkurrenzmarken „Imperial" und „Odeon", auf minderwertigem Papier gedruckt und erscheinen in papierweiß oder beige mit schwarzem Aufdruck (Berlin) sowie in karminrot mit schwarzem Aufdruck (Hannover, alle Varianten wohl bis 1947/48).[219]

---

[217] Vgl. DDT 4 (1995), 847.
[218] Fetthauer, 170, 183 f.
[219] Vgl. Greve, 60 ff. — Das Etikett „Ein Troubadour der Liebe" Polydor 47990 ist in weiß und karminrot belegt [Bildarchiv des Autors].

1945-1949
Ein Troubadour der Liebe – zarte Töne in rauhen Zeiten

Abb 38.b **Das Schlimmste ist überstanden! Die 1. Nachkriegsweihnacht 1945** (Foto: RSA).

Das Kriegsende Ende April/Anfang Mai 1945 erlebte Rudi Schuricke in Berlin. Laut einer von ihm selbst berichteten Anekdote kam er durch diese Begebenheit auch zum Titel seiner nie veröffentlichten Autobiographie „Halt' die Schnauze und sing'!":

„*Es war 1945. Ich befand mich in der Villa eines Freundes in Rahnsdorf bei Berlin*", berichtete Schuricke. „*Vier Russen kamen und wollten uns erschießen. Ich beteuerte immer wieder, dass ich Sänger sei. Zuerst glaubten sie es nicht. Dann fragte einer der Offiziere, der Deutsch verstand, was ich denn singe. Ich sang ein paar Töne, einige kurze Refrains. Da glänzten seine Augen. Er rief: ,Du gesingen in Wintergarten, in Skala, in Wunschkonzert! Halt' die Schnauze und singe!' Da sang ich ,Hörst Du mein heimliches Rufen?' Die Soldaten ließen gerührt die Maschinenpistolen sinken. Wir waren gerettet. 48 Stunden später wurde ich von der Kommandantur für russische Truppen- und Lazarettbetreuung abgeholt!*"[220]

Der treffende Titel der wohl bahnbrechendsten Rudi Schuricke CD-Veröffentlichung überhaupt, „Zarte Töne in rauhen Zeiten", mag genauso für diesen Zeitabschnitt stehen. Die hier im Jahre 2003 (Koch International) erstmals käuflich zugänglich gemachten Aufnahmen entstanden ab Herbst 1945: Schuricke selbst nahm allerdings mindestens seit August wieder für den Berliner Rundfunk auf (vgl. Diskografie, Nr. *1238* „Abendlied"). Die frühesten bis jetzt veröffentlichten Aufnahmen sind „Für Dich, Du schöne Frau" und „Alle Tage ist kein Sonntag" und entstanden unter der Leitung von Helmut Koch für "Radiophon" (vgl. Diskografie Nr. *1240-1241*). Des Weiteren folgt die durch diese CD-Vorlage zugängliche Aufnahme „Eine Geige spielt leise von Liebe", welche am 8. November 1945 entstand (mit Magda Hain und dem Berliner Rundfunkorchester unter der Leitung von Helmut Koch) und für den Berliner Sender (Radiophon GmbH, Platten-Nr. B1 [R] 455/45 [b]) und den Rundfunk der Ostzone produziert wurde.[221] Solche Aufnahmen wurden 1945-1947 exklusiv nur für den Rundfunkstationsgebrauch in geringer Auflage (wohl maximal ca. 25-50 Stück) ab 1946 auf eigenem „Radiophon"-Etikett herausgebracht.[222]

---

[220] Aus: Heim und Welt (1974) „Exklusive Serie – Das waren die 50er Jahre" (RSA).

[221] — Fehlerhafte Angabe bei: Schröer – Buchholz, 31. Auf Radiophon 738 b /47 ist der Solo-Titel „Wenn die Geige singt ..." (Aufn. ca. 12.1946). Darüber hinaus die ersten genau datierten Schuricke-Nachkriegs-Aufnahmen am 23.08.1945 für den Berliner Rundfunk mit gr. Orchester, Leitung Franz Friedl „Abendlied" (Franz R. Friedl) Radiophon R 279/45 sowie noch vom 22.10.1945 mit Adolf Steimel u. Instrumentalsolisten „Für Dich, Du schöne Frau" (Helmut Gardens), Radiophon R 282/45. Diese seltenen Aufnahmen sind bis heute unpubliziert (ggf. in privater Hand) und gelten als verschollen (im DRA nicht vorhanden).

[222] Die Platten wurden aber auch zu Zwecken der kommunistischen Politagitation und Propaganda produziert. Vgl. C. Schramm, Amiga / Eterna: Wessen Platte ist die Platte? — Teil 1, auf den Internetseiten der Ernst-Busch-Gesellschaft e.v.

Abb. 39.a **Ultra-Rarität**: Eine Radiophon-Pressung (**R 740**a/b) von 1947 (Aufnahme: Dez. 1946), die nur für den Rundfunkgebrauch produziert wurde: „Märchen, süsses Märchen", m. d. Unterhaltungsorchester Wolfgang Friebe (1909-1989). Das Etikett zeigt – stilisiert – das noch heute bestehende „Haus des Rundfunks" in Berlin-Charlottenburg (Architekt: Hans Poelzig, 1929-1931) und den Berliner Funkturm. Erst im Jahre 2003 erleben die „Radiophon"-Aufnahmen ihre kommerzielle Erstveröffentlichung auf CD, ein großes Verdienst des Sammlers und Rudi-Schuricke-Experten Hans-Joachim Schröer (†) aus Berlin und des Produzenten Hans Buchholz. Auch die B-Seite wird von Rudi Schuricke gesungen: „Traum einer Nacht". (Foto: Booklet der CD "Zarte Töne in Rauhen Zeiten").

Die Produktion der Radiophon wurde wenig später von der Schallplattenfirma „Lied der Zeit GmbH" (später ein „VEB" der „Deutschen Demokratischen Republik"), bekannt durch ihr Tanzmusik-Label „Amiga", übernommen.[223] Diese Aufnahmen durften anfänglich aber auch, vertraglich geregelt, von der nun westdeutschen „Deutschen Grammophon Gesellschaft" verwendet werden, denn die „Radiophon GmbH" gehörte zunächst zur Hälfte dem Ostzonalen-Rundfunk, zur anderen Hälfte der „Deutschen Grammophon Gesellschaft m. b. H."[224]. Das Lied „Eine Geige spielt leise von Liebe" selbst wird 1949 abermals von Magda Hain und Rudi Schuricke nun zur kommerziellen Schallplatten-Veröffentlichung für die Deutsche Grammophon Gesellschaft eingespielt und auf Polydor veröffentlicht (48249 A).

Zum anderen existieren Aufnahmen, die Tonbandmitschnitte von Nummern waren, die Schuricke für den Ostdeutschen Rundfunk bis ca.

---

http://www.ernst-busch.org/amiga-eterna/#_ftn8 s. v. Ernst Busch > Amiga / Eterna > Wessen Platte ist die Platte? Teil 1-6 [abgerufen am 24.07.2022].
[223] Meyer-Rähnitz, 4 ff.
[224] Fetthauer, 200 ff. — Meyer-Rähnitz, wie oben.

1949 einspielte.[225] Die Aufnahmen der unmittelbaren Nachkriegszeit sind zum einen durch große Orchesterbegleitung z.b. durch das Radio-Berlin-Tanz-Orchester (= RBT-Orchester)[226] und das große Sinfonie- und Unterhaltungsorchester Leipzig[227], zum anderen durch eine kleine Besetzung als „Rudi Schuricke und seine Instrumentalsolisten" (Gitarre-Akkordeon-Klarinette-Saxophon, Klavier und Bass) gekennzeichnet[228], häufig auch mit Begleitung von Kurt Drabek (Saxophon, Akkordeon), der in der Saison 1945/1946 mit Rudi Schuricke allein in Berlin 25 Matineen gegeben haben soll.[229] Am Repertoire ist auffällig, dass die allgemeine Tendenz zur „Swing-Abstinenz" (die ja ab 1942 einsetzte) beibehalten wurde und nun hauptsächlich Lieder und Chansons anstatt beschwingter und tanzbarer Foxtrotts vorgetragen und eingespielt wurden. Swingende „Kristall" und „Imperial"-Altaufnahmen wurden nun aber wieder vor allem von der Carl Lindström A.G. (ab 1946/47) auf „Imperial" herausgebracht.

1947 findet eine Konzertreihe mit dem früh verstorbenen Pianisten Erwin Christoph (1900-1948, vgl. Abb. 41.b) u. a. in Hamburg statt. Im Programmheft werden 15 Titel angekündigt.[230] Die „Capri-Fischer" sind jedes Mal im Live-Programm integriert und werden, den Programmheften nach, zum Teil als Schlusstitel verwendet. Somit verhilft Schuricke „sei-

---

[225] Veröffentlicht auf CD = Schröer-Buchholz. Vgl. hierzu eine Werbeanzeige eines Musikverlags der „Edition Radioton" für diverse Rundfunkaufnahmen, die durch Rudi Schuricke offenbar in diesem Zeitabschnitt popularisiert wurden (um 1947). Völmecke, 24. Vgl. auch ein kleinformatiges Textheft (= Abb. 45) mit 30 Liedertexten: Rudi Schuricke singt Ihre Lieblingslieder! um 1948 [30 Titel; ohne Autor - ohne Jahr / Archiv des Verfassers]. Lediglich einer dieser Titel – „Bunte Lampions" – ist auf Schallplatte veröffentlicht worden. Ob für die anderen Aufnahmen für den Rundfunk Mitschnitte auf Schallplatten-Matrizen oder Tonband gemacht wurden, ist bisher ungewiss.
[226] Vgl. zur Besetzung: Melodie 3 (März 1947), 6. — Zu m. E. berechtigten Vorbehalten der Deutschen Grammophon Gesellschaft hinsichtlich der Übersetzung des Orchesters [48 Mitglieder! – vgl. Melodie, wie oben] für Schallplatten-aufnahmen, vgl. Meyer-Rähnitz, 7.
[227] Vgl. Schröer – Buchholz, 12. Zur Besetzung der Instrumentalsolisten, siehe: Teil 3, Chronik, 1948.
[228] Völmecke, 25.
[229] Zeitungsmitteilung „Kurt Drabek und seine Solisten" bei: Pfau, 20. — Die Imperial-Aufnahmen und die Besetzung des Kurt Drabek Sextetts 1946-1947 (ohne Schuricke) bei: Lange II, 291.
[230] „Den möcht' ich seh'n!" Rudi Schuricke, Hörzu 22 (1947). — Rudi Schuricke Programmheft „Ein Konzert mit dem von Rundfunk und Schallplatten bekannten lyrischen Tenor Rudi Schuricke – Am Flügel Erwin Christoph" (15 Titel), 1947. Das Konzert in Hamburg wurde dem Verfasser durch Zeitzeugenaussage bestätigt.

nem" *Evergreen* auch konzertant zu zusätzlicher Popularität im Nachkriegsdeutschland. Auch wird der Text des Liedes häufiger auf dem Rücken von Programmheftchen abgedruckt.[231] In der DEFA-Kino-Wochenschau „Der Augenzeuge, Nr. 43" (wohl 20.-26. Okt. 1947) wird eine kurze Sequenz der „Capri-Fischer" gesendet. Die Leitung von Rudis Instrumentalsolisten hatte damals Kurt Drabek inne. Diese sollen zu diesem Anlass weiße Sakkos getragen haben, die (aufgrund knapper Ressourcen) aus amerikanischen Zuckersäcken genäht werden mussten.[232]

Abb. 39.b **Radiophon R 605**: Die Capri-Fischer-Erstaufnahme (vom Juli 1943) wird nur zur exklusiven Sendung im Rundfunk 1946 von der Radiophon GmbH auf 30cm Platten gepresst. Die B-Seite ist ein Instrumental-Tango des Orchesters Victor Hohenfels (1957 Gründer des bis heute bestehenden Sinfonie-Orchesters-Berlin). (Foto: Stephan Wuthe, Berlin. Weiteres Exemplar im RSA.)

[231] — Rudi Schuricke Programmheft „Ein Konzert mit …" – Am Flügel Erwin Christoph" (15 Titel), 1947. — Vgl. auch das „Aeros-Programm" bei: Völmecke, 24.
[232] Erinnerungen von Kurt Drabek, Interview (03.11.1980) im RSA. Schröer – Buchholz, 10-11.

Das &Melodie Porträt

Rudi Schuricke

(Zu seinem Bild auf der Titelseite)

Rudi Schuricke ist heute der bekannteste und beliebteste deutsche Sänger. Er brachte nach dem Zusammenbruch die „Capri-Fischer" und viele andere Melodien von Gerhard Winkler zum Erfolg. Wir freuen uns aber auch besonders, daß er sich der Nachwuchskomponisten angenommen hat. So hat er u. a. den „Tiefblauen Abend" von Karl Reschke populär gemacht. Auf Schallplatten erschien der Name Schuricke zum erstenmal in Verbindung mit seinem Terzett, welches nicht mehr existiert. Heute tritt er allein auf. Mit seiner schönen Stimme trägt er dazu bei, den deutschen Nachkriegsmenschen, die heute manchmal der Verzweiflung nahe sind, neuen Mut zu geben und ihre Herzen zu erwärmen. Wir hoffen, daß wir noch recht viele schöne neue Lieder von ihm zu hören bekommen.

Abb. 40 aus: **Melodie 2** (Februar 1947), S. 10. Der hier erwähnte Titel „Tiefblauer Abend" (von Karl Reschke) wird zunächst nur auf Radiophon R 614 (von 1946) lediglich für den Rundfunk gepresst und erscheint erst im Jahre 2003 auf CD (Koch) und ist damit erstmals einem breiteren Publikum zugänglich! Eine weitere Version des Titels wird 1947 auf Polydor 47969 A veröffentlicht. Das hier erwähnte Titelbild, siehe: Abb. 65.

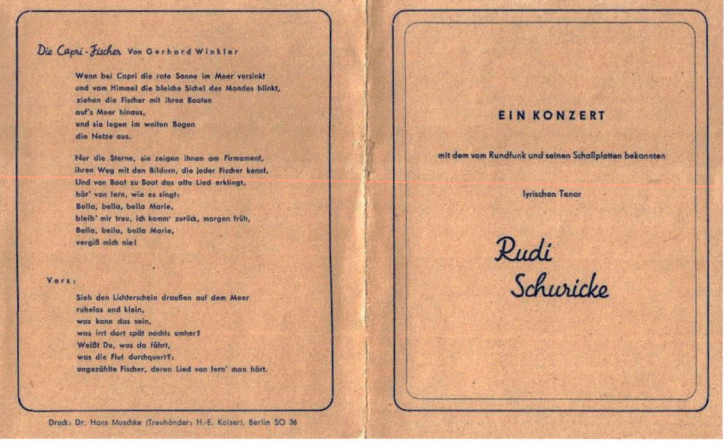

Abb. 41.a **Konzert-Programmheft von 1947**, Frontispiz und Text der Capri-Fischer auf dem Rücken.

106

Die Rundfunkzeitschrift „Hör' Zu!" bemerkt 1947:

„Über die Gestaltung dieser Konzerte hat er seine eigenen Ansichten. Er hat kein Interesse Opern zu singen oder schwere klassische Musik zu bringen. Er liebt die leichte Muse – eine schwierige Frau, wie er sie nennt. Sein Ziel sind Konzertprogramme der guten kultivierten Unterhaltung, oft mit eigenen Bearbeitungen, denn es kommt nicht nur auf das Was, sondern auch auf das Wie an! Sein neuester Einfall: Lieder zur Funkorgel: ‚Das klingt herrlich!' Es macht ihm gar nichts aus, einen hohen strahlenden Ton eine Minute und länger zu halten und dann weiterzusingen, als ob nichts geschehen wäre … ‚Wie machen Sie das?' – ‚Berufsgeheimnis mein Lieber!'"[233]

Abb. 41.b **Todesanzeige für Erwin Christoph** in der Berliner Zeitung, 30.6.1948

Gerhard Winkler hat in dieser Zeit einen bisher nur durch ein Konzertprogramm und somit nur *„live"* belegten Titel (vertextet von Gerd Matthias Prager) mit biographischem Bezug „Musik hat mich glücklich und reich gemacht" möglicherweise für Rudi Schuricke kreiert (Opus Nr. 310, 1946).[234] Auch für den Nachkriegsfilm „Zwischen Gestern und Morgen" (1947) mit Winnie Markus und Hildegard Knef wird wieder ein Rudi-Schuricke-Titel verwendet: „Sag' es heute und sag's morgen" (vom 03. Januar 1948 liegt eine Rundfunkaufnahme / Band-Umschnitt aus dem Film zur Radiosendung vor).[235]

Rudi Schuricke geht nun auch auf größere Tourneen. Die Konzertprogramme sind anspruchsvoll und bieten dem Besucher – durch eine Pause unterbrochen – bis zu 17 Musiktitel pro Abend. Zwei Titel sind in der Regel dem begleitenden Pianisten vorbehalten, dies sind zum einen

---

[233] „Den möcht' ich seh'n!": Rudi Schuricke, Hörzu 22 (1947).
[234] Vgl. das Gerhard-Winkler-Opus unter „Schlager A-Z" bei: http://www.capri-fischer.de/ — Rudi Schuricke Programmheft „Ein Konzert mit dem von Rundfunk und Schallplatten bekannten lyrischen Tenor Rudi Schuricke – Am Flügel Ernst Fischer" (17 Titel) 1947. — Vgl. auch Schröer – Buchholz, 20, hier Foto aus diesem Heft mit Autogramm vom 19.05.1947.
[235] — Koch CD 323 439 (1995).

Erwin Christoph und zum anderen Ernst Fischer. Rudi Schuricke wird in diesen Programmheften nun als der *„vom Rundfunk und seinen Schallplatten bekannte lyrische Tenor"* vorgestellt, was hiermit auch seine künstlerische Weiterentwicklung dem Publikum gegenüber plakativ unterstreicht. In das Repertoire finden hier brandaktuelle Titel wie „Reich' mir die goldene Schale" / „Bunte Lampions" (Polydor 57337, 30 cm Schellack) und ältere Titel wie „Immer wenn es am schönsten ist" (Siemens-Polydor 47812 A) als Schlusstitel,[236] aber auch teilweise nicht auf Platte veröffentlichte Titel wie *„Sweetheart (Will You Remember)"* aus dem amerikanischen Musical-Film „Maytime (Maienzeit)" (1937) und von Schuricke selbst bearbeitete Operettenquerschnitte, zu denen Melodien aus den Operetten „Glückliche Reise" von Eduard Künneke (Uraufführung: 1932 mit den Kardosch-Sängern, noch ohne Schuricke, in Berlin[237]), „Hochzeitsnacht im Paradies" (UA: 1942) und „Nächte in Schanghai" (UA: 1947)[238], die beiden letztgenannten von Friedrich Schröder und Günther Schwenn[239] – zählen. In „Hochzeitsnacht im Paradies" glänzte am Metropol-Theater noch während des Krieges der große Johannes Heesters.

---

[236] Programmheft (17 Titel) 1947, (wie oben).
[237] Vgl. Wunsch, 111-112.
[238] Vgl. Kurzbesprechung der Uraufführung des Metropol-Theaters, in: Melodie 2 (Februar 1947), 11. Das Metropol – Theater war in eine Notunterkunft umgezogen und nicht mehr im völlig fassadenzerstörten Bau in der Behrenstr. ansässig. Dieser Torso sollte nach seiner Instandsetzung mit völlig moderner Fassade zur „Komischen Oper" von Ost-Berlin werden. Unter diesem Namen existiert das Metropol-Theater (mit dem völlig erhaltenen neo-barocken Zuschauerraum des Ursprungsbaus) bis heute weiter.
[239] Vgl. Zöchling, 220 ff. Schröder komponierte in den 1950er Jahren auch etliche Filmmusiken, wie z.B. für den Heinz-Rühmann-Film „Briefträger Müller" (1953).

Abb. 42 **Aufnahme von 1947**, die u. a. für Programmhefte und Notenblätter (z.B. „Bunte Lampions") verwendet wurde, hier aus dem 17-Titel-Programm (signiert am 19.05.1947). Eine weitere, äußerst rare, eher „erstaunt blickende" Variante Schurickes aus dieser Fotositzung veröffentlichte Robert „Bob" Hertwig (Hamburg) auf dem Cover seiner Ultraphon CD U310, „Rudi Schuricke: Ich hör' so gern Musik 1936-41" aus der Serie „Das schönste von damals" (Bob's Music); vermutlich auch einem Programmheft entnommen.[240]

Erst im Jahre 1947 konnte Rudi Schuricke wieder reguläre Schallplattenaufnahmen für die Deutsche Grammophon Gesellschaft machen, nachdem die Militärregierung die Schallplattenproduktion nun auch mit neu erteilten Genehmigungen offiziell wieder zuließ. Auch werden die „Capri-Fischer" nun weiter aufgelegt, die annähernd 10 Jahre lang reißenden Absatz finden, was 1957 eine Neuaufnahme einfordert, die auch für den Export mit englischem Text aufgenommen worden sein soll.[241] Auf den Markt werden aber nun erneut auch weitere Schuricke-Altaufnahmen wie „Ganz leis' erklingt Musik" (Aufnahme von 1941) gebracht – ebenso „Heimat, Deine Sterne" (Aufnahme von 1942). Die gute Zusam-

---

[240] Herr Hertwig (*1944) hat sein seit langen Jahren geführtes musikhistorisches Label (Bob's Music) mittlerweile 2019 eingestellt. Vgl. http://www.posaunix.de/index.htm s.v. „Bob", hier findet sich eine kurze ergreifende Autobiographie des Hamburger Musikliebhabers (1969-1986 Teldec Mitarbeiter) mit einem paar witzigen Seitenhieben auf die Musikindustrie (zuletzt abgerufen im März 2024).

[241] „Bei Rudi brennt noch Licht", Hamburger Echo (21. November 1957). Eine englischsprachige Version ist seit 1948 unter dem Titel „Bella, bella Marie" belegt, die von zahlreichen Interpreten eingespielt wurde, u.a. von den Andrews Sisters auf US.-Decca 24499-A, welche bereits 1948 erschienen war und für den Film "Music Man" verwendet wurde. Eine zeitnahe Schuricke-Einspielung wurde dazu versäumt.

menarbeit mit Gerhard Winkler, der 1946 das große Unterhaltungsorchester des Berliner Rundfunks leitete,[242] setzte mit Radiophon-Aufnahmen schon ab 1945 für den Rundfunk ein, und der „Italienbezug" (nach dem Erfolgsrezept der „Capri-Fischer") setzt sich nun ebenfalls nahtlos mit neuen Stücken wie „Sterne über Florenz" (Polydor 47971 A) und „Schenk' mir Deine Liebe Signorina" (Polydor 47990 A) fort. „Sterne über Florenz" wird in einer Mammutsitzung vom 26.-28. Februar 1947 (offenbar im Hanomag-Saal in der Göttinger Str. 1, Hannover) mit sieben weiteren Titeln eingespielt, darunter die zweite Version von „Tiefblauer Abend" (Polydor 47969 A).[243] Das Orchester leitete der renommierte Dirigent Hellfried Schroll (*1894, gest. in Hannover 1962), der 1947-1949 als Korrepetitor des Theaterorchesters in Hannover angestellt war[244] und seit der späten Kaiserzeit, zeitweilig am Theater von Teplitz-Schönau (Tschechoslowakei, „ČSR", 1926-1933), eine illustre Musikerkarriere durchlaufen hatte.

---

[242] Etikettenangabe Radiophon R 675 a.
[243] Laut Information (online) via Deutsches Rundfunkarchiv (DRA), Sammlung Schellack-Platten, Inv.-Nr. 6273 (auch Bandumschnitt).
[244] Personalakte, Niedersächsisches Landesarchiv, Abt. Hannover (NLA HA), Bestand „Staatstheater Hannover", 460 Acc. 2004/096 Nr. 110 (verzeichnet auch: online). Später "1.Kapellmeister der Operette Hannover", Deutsches Bühnen-Jahrbuch 66 (1958), 253. Siehe auch: https://teplitz-theatre.net/schroll-hellfried/.

Abb. 43. a und b: **Konzert-Programmheft von 1947** (15-Titel-Programm), Provenienz: 1947er-Schuricke-Konzert in der Hamburger Musik-Halle (Archiv A. Zäh). Vgl. unten: Chronik, S. 384

Abb. 44 **Um 1947**: Gerhard Winkler und Rudi Schuricke im Strandkorb auf Rügen (Foto von Hans Winkler).

Die bereits erwähnte Aufnahme „Schenk' mir Deine Liebe Signorina" war mit dem Lied „Ein Troubadour der Liebe" gekoppelt (Polydor 47990 B, März 1948), welches das Titellied des ersten gleichnamigen Rudi-Schuricke-Musikfilms darstellen sollte, der aber nie realisiert wurde, da – laut Schuricke – angeblich die Filmfirma plötzlich in Konkurs ging.[245] Die wenigen Aufnahmen mit der kleinen Besetzung „Rudi Schuricke und seine Instrumentalsolisten" überraschen durch fast jazzartige Vortragsweise im „Bar- bzw. Clubsound". Höhepunkte sind hierunter sicher die Einspielungen für den Rundfunk der einst durch Richard Tauber popularisierten Lieder „Ich küsse Ihre Hand, Madame" und „Wenn der weiße Flieder wieder blüht" vom Februar und März 1948 – beide Stücke wurden erst im Jahre 2003 auf schon oben erwähnter CD veröffentlicht. Ähnlichen Sound und Instrumentierung mit Akkordeon benutzte um dieselbe Zeit in den USA die klassisch-amerikanische Western-Gesangsgruppe „The Sons of the Pioneers". Es folgen Auftritte mit Schuricke und seinen Instrumentalsolisten im Leipziger Zirkus Aeros anlässlich der Messe im März 1948.[246]

---

[245] Schuricke, 46 (wie oben).
[246] — Rudi Schuricke Programmheft „Rudi Schuricke im Circus Aeros in Leipzig. März 1948" abgedruckt bei: Völmecke, 24.

Abb. 45 **Rudi Schuricke sentimental**: **Aufnahme um 1948**, die möglicherweise für den nie realisierten Musikfilm „Ein Troubadour der Liebe" entstand, da Aufnahmen aus dieser Fotositzung auch für das gleichnamige Notenheft Verwendung fanden. Kleinformatiges Textheft (gedruckt auf schlechtem Papier) in Postkartengröße mit 30 Titeln, die Rudi Schuricke in diesem Zeitraum offenbar im Rundfunk vorgetragen hat. Nur ein Titel „Bunte Lampions" erschien tatsächlich auf Schallplatte.

Abb. 46 **Rudi Schuricke heiter**: Diese freundliche Variante der Aufnahme aus der gleichen Foto-Aufnahmesitzung wie Abb. 45 wurde für den Abdruck in Programmheften verwendet, u.a. für das Aeros-Programm (Frühjahr 1948, Leipzig)[247] und „Triumph der guten Laune" (ab Januar 1951).

Der Zirkus Aeros wurde vom zur damaligen Zeit berühmten Zirkus-Direktor Cliff Aeros (1889-1952) im November 1945 ins Leben gerufen und wurde nach seinem Tod zum Staatszirkus der DDR.[248] Damals tingelt Rudi Schuricke mit Pianisten, aber auch mit seinen Instrumental-Solisten durch die Provinz, und seine Gagen für das Aeros-Engagement

---

[247] Vgl. Völmecke, 24 (Abbildung).
[248] Vgl. http://www.cliffaeros.gmxhome.de/. Unter seinem Künstlernamen hat Aeros, der eigentlich Julius Jäger hieß und eine schillernde internationale Karriere erlebt hatte, auch eine Autobiographie veröffentlicht.

werden in dieser schweren Zeit auch mit Naturalien beglichen.[249] Im September 1948 entsteht eine erwähnenswerte Instrumentalsolisten-Aufnahme „Was hältst Du davon?" (Polydor 48135) komponiert vom altbekannten Heinz Munsonius. 1949 befindet sich im „Live" Repertoire der von Hans Lang (1947) kreierte Schlager „Mariandl" (Wiener Lied aus dem Film „Der Hofrat Geiger")[250] sowie ein von Schuricke bearbeitetes Potpourri aus der Operette „Im Weißen Rössl"[251] von Ralph Benatzky, von dem er einige Lieder auf Schallplatten bereits 1936-37 eingespielt hatte. Ende der 1940er Jahre entstehen im Berliner Funkhaus offenbar einige Bandaufnahmen mit dem Orchesterchef Adalbert Lutter.

Abb. 47 **Um 1949:** Bandaufnahmen für den Ost-Berliner Rundfunk, Rudi Schuricke mit Orchesterchef Adalbert Lutter.[252] Zuvor entstanden 1936-1941 zahlreiche gemeinsame Aufnahmen für die „Telefunken-Platte".

Interessanterweise spielt Schuricke im Mai 1949 dann auch mit seinen Instrumental-Solisten mit der Ludwig-Schmidseder-Komposition „Auf Wiedersehen, Jacky" einen Titel mit Cowboy-Thematik ein (Text: Aldo von Pinelli, Polydor 48192 A), nicht ohne mit „Abends in Napoli" auch wieder auf Italien zu singen zu kommen, ein Walzer, der in derselben Aufnahmesitzung aufgenommen wurde (Polydor 48193 B). Wohl bereits 1948 wird die Etikettenfarbe von „Polydor" wieder – wie die der „Grammophon" vor dem Krieg – in rot und weinrot mit goldenem Aufdruck verändert und Anfang 1949 ein völlig

---

[249] Völmecke, 25.
[250] Bisher keine Schuricke-Aufnahme nachgewiesen: Plattenaufnahme auf Polydor 48130 A von Franz Felix mit dem Orchester von Alfred Hause (1948).
[251] Zeitungsmeldung vom 4. Januar 1949 aus dem RSA, vgl. auch unten, Schröer – Die Rudi-Schuricke-Chronik.
[252] Lutter leitete bis zu seinem Ruhestand (bedingt durch den Mauerbau 1961) das Ost-Berliner Rundfunkorchester, lebte aber in West-Berlin. Vgl. Wolffram, 230.

neues Sternchendesign der Polydor-Etiketten eingeführt, was damit auch optisch ansprechend die erste Nachkriegszeit vergessen lässt. 1949 erfolgen vier Duett-Aufnahmen mit Magda Hain, der Sängerin der Original-Version der „Capri-Fischer", die mit Rudi Schuricke zusammen schon eine Rundfunkaufnahme vom November 1945 hinterlassen hat. Diese werden auf zwei Platten veröffentlicht (Polydor 48194 / Polydor 48249, vgl. Diskografie).

„Magda Hain und Rudi Schuricke waren zu Besuch in Gerhard Winklers Haus am Schliersee. Es war herrliches Sommerwetter, und die Gastgeberin Traudl Winkler lud die beiden berühmten Interpreten von Gerhard Winklers Liedern zu einer Kahnfahrt ein. Vom See aus hatten sie dann einen eindrucksvollen Blick auf den Landsitz des Komponisten inmitten der bayrischen Berge. Rudi Schuricke betrachtete sinnend die ‚Winkler-Alm' und sagte dann zu Magda Hain: ‚Das hat er doch eigentlich alles nur uns zu verdanken!'[253]

Abb. 48 Rudi Schuricke und **Magda Hain** 1949, die eigentliche Erstinterpretin der Capri-Fischer, die von Gerhard Winkler entdeckt wurde, Ende der 1940er Jahre.

[253] Anekdote überliefert von Hans Winkler, Sohn von Gerhard Winkler (vgl. auch www.capri-fischer.de).

Im Herbst 1949 tingelt Rudi Schuricke durch Franken und berichtet von seinen Provinzerlebnissen, mit leicht selbst-ironischem Unterton:

Rudi Schuricke:

Mein

aufregendstes

Erlebnis

Ich wollte nicht gerade den Parsifal singen — aber auch die Bayreuther sind nicht abgeneigt, zur Abwechslung einmal die ,Capri-Fischer' zu hören. So packte ich mir meinen Wagen voll: Manager, Musiker, Instrumente, und startete gen Bayreuth.

In Bischofsheim geschah es dann. Die Straße war sehr schmal. Kurz vor uns hatte sich über sie eine Kuhherde dahingewälzt und eine dicke Spur besonderer Art hinterlassen. Vor mir fuhr ein Lastwagen. Plötzlich bremste er scharf. Auch ich bremste. Auf der frischen Kuhspur aber geriet der Wagen ins Rutschen — und schon saßen wir mit unserem Kühler in der Hinterfront des Lastwagens. Bei näherem Zusehen zeigte sich, daß Instrumente, Musikerhände, Managerhirn und meine Stimme heil geblieben waren. Nur der Wagen war gar nicht mehr zu gebrauchen!

Der Manager raste davon auf die Suche nach einem anderen Wagen. Wir blieben zurück und waren sofort von gackernden Hühnern, grunzenden Schweinen, kichernden Dorfschönen umringt.

Eine halbe Stunde mochte vergangen sein, als wir aus der Ferne Klingeln vernahmen. Eine Stimme rief laut etwas aus. Dann klingelte es wieder. Sofort wälzten sich die Dorfschönen samt Hühnern und Schweinen in der Richtung des Klingelns davon.

Wieder das Klingeln, diesmal ganz nahe — dann ertönte die Stimme eines Ausrufers: »Einem Auto-Unfall verdanken wir das Glück, daß der berühmte Tenor Rudi Schuricke heute abend acht Uhr in der Turnhalle ein Konzert gibt!«

Wir wurden ausgeklingelt! Wir sollten ein Konzert geben! Wir wußten von gar nichts!

Da kam der Manager zurückgerannt. »Na, wie hab' ich das gemacht?« keuchte er aus stolzgeschwellter Brust. Er war beim Bürgermeister gewesen. »Gut«, hatte der gesagt, »ihr kriegt einen Wagen nach Bayreuth! Aber erst gebt ihr hier ein Konzert!«

Was blieb uns übrig! Das Dorf war in hellem Aufruhr. Die Dorfschönen schmückten die Turnhalle, die Buben malten Plakate, meine Musiker schrieben Programme.

Schon saßen die Honoratioren, Großbauern und Kaufmannstöchter, auf ihren Plätzen. Es sollte losgehen. Da merkte ich, daß etwas fehlte: ein Klavier! Große Aufregung — bis eine pfiffige Bauerntochter sich erinnerte: In einer ,guten Stube', ganz in der Nähe, stünde so etwas wie ein Klavier.

An der Spitze beherzter Knechte drang ich in jene ,gute Stube' ein und entführte das Pianoforte auf einem Leiterwagen. Vor der Turnhalle ließ ich es mir fachgemäß ,aufbuckeln' und hielt so unter brausendem Gelächter meinen Einzug in den einzigartigen Konzertsaal.

Es wurde ein triumphaler Abend. Und um Mitternacht waren wir dann in Bayreuth.

Abb. 49 aus: **Hörzu 9 (1949)**, 9, **Panne in der Provinz!**

116

Witzigerweise hatte diese „Provinz-Begebenheit", nach etwas weniger als einem Jahr [?!], noch ein kleines Nachspiel:

RUDI SCHURICKE fühlt sich beleidigt. Er hatte in seinem ‚aufregendsten Erlebnis' in HÖR ZU! von seiner Fahrt durch das Städtchen Bischofsheim erzählt. Dabei hatte er von ‚Dorfschönen' und ‚Dorfstraßen mit Kühen' gesprochen. Das nahm Bischofsheims Bürgermeister übel. Er veröffentlichte in mehreren Zeitungen einen offenen Brief an Herrn Schuricke. Leider schilderte er darin den Besuch des Tenors etwas einseitig. »Jetzt reicht's mir aber!« reagierte Rudi. Und er erhob wegen Ehrabschneidung, Beleidigung und Geschäftsschädigung eine 30 000 Mark-Klage.

Abb. 50 aus: **Hörzu 40 (1950) – Provinzungereimtheiten**

Im Dezember 1949 gastiert Rudi Schuricke offenbar mit dem berühmten Orchesterchef Will Glahé („Rosamunde") in München, mit dem er vor dem Krieg (1937-1940) – solo und mit Terzett – schon eine lange Reihe von teilweise extrem swingenden Electrola-Platten aufgenommen hatte. Ebenso tritt er hier mit Lilian Harvey, dem Komiker Karl Napp, Will Meyen, den Hiller-Girls und anderen in der sog. Philips-Licht-Revue „Sterne für Dich" auf.[254] Die Revue beginnt im Spätherbst offenbar in Hannover mit der von Rudi Schuricke seit seiner Jugend als Idol verehrten Lilian Harvey, was eine besondere Freude für Schuricke ist, der sich nun mit Lilian Harvey anfreundet und ihr nach eigener Aussage länger verbunden bleibt.[255] In München treffen Glahé und Schuricke Anfang des neuen Jahres 1950 im Hause von Ralph Maria Siegel noch mit dem „Schuricke-Erfolgskomponisten" und „Siegel-Kompagnon" Gerhard Winkler zusammen.[256]

---

[254] Von Rudi Schuricke, Hedi und Margot Höpfner, Will Glahé, Lilian Harvey u. a. mit persönlichen Widmungen signiertes Programmheft der Philips-Licht-Revue „Sterne für Dich" (Datum der Signaturen: u. a. 18.12.1949), 12 Seiten (RSA).
[255] Schuricke, 38, 41 (Foto).
[256] W. W. [Pseudonym], „Schau' mich bitte nicht so an ..." Gong-Radiowelt besucht Ralph Maria Siegel, Gong 2 (08. Januar 1950).

In Ralph Maria Siegels Wohnung ist immer Betrieb. Hier vereinen sich von links nach rechts: Ralph Maria Siegel, Rudi Schuricke, Will Glahé und Gerhard Winkler — Namen, die jeder Rundfunkhörer kennt

Fotos: Hans Grimm

Abb. 51 **Januar 1950, München**: Komponist Ralph Maria Siegel, Rudi Schuricke, Orchesterchef Will Glahé (1902-1989), Komponist Gerhard Winkler, aus: Gong 2 (8.-14. Januar 1950).

1950-1960
Italiana

Abb. 52 **Norditalienisches Seeufer** – Traumreiseziel im Nachkriegsdeutschland (Postkartenmotiv der 1950er Jahre).

Rudi Schuricke wirkt nun, erstmals seit Ende der 1930er Jahre, auch wieder bei einem Spielfilm mit, nämlich in „Maharadscha wider Willen" der CCC-Filmkunst, Berlin – übrigens einer der ersten Filme des bekannten bundesdeutschen Filmproduzenten Artur „Atze" Brauner (1918-2019), aus dem im Frühjahr 1950 der Titel „Überall wohnt das Glück" eingespielt und auf Platte veröffentlicht wurde (Polydor 48335 A).

RUDI SCHURICKE steht vor einer schweren Bewährungsprobe seines Könnens. In dem Film ‚Maharadscha wider Willen' erscheint er zum erstenmal vor der Kamera. (Dahinter stand er schon einmal als Gesangsstimme von Wolf Albach-Retty.) Wird er mit dem Schmelz seiner Stimme siegen — auch gegen die 250 glatzköpfigen Männer, die in diesem Film auftreten und die zweifellos alle Aufmerksamkeit des Publikums auf sich ziehen werden?

Abb. 53 aus: **Hörzu 10 (1950), nicht immer richtig:** Die Zeitungsmeldungen entsprechen nicht immer den Tatsachen. Schon Ende der 1930er Jahre trat Rudi Schuricke in Filmen auf – und stand damit auch vor der Kamera.

Im Anschluss daran erfolgen Ende Oktober wiederum Plattenaufnahmen, die unter anderem den romantischen Tango „Rote Orangen" hervorbringen. Ein wesentlicher Inhalt der Schlager ab der frühen 1950er Jahre war in Deutschland das Thema „mittelmeerischer Süden" und „Italien" mit durchaus anspruchsvollen Kompositionen und romantischen Texten. Dies ist immer mit der Sehnsucht der Deutschen nach „Erholung" und „Ablenkung" im Zeitalter des „Wirtschaftswunders" nach Krieg, Schrecken und Terror der Jahre 1933-45 und angesichts der riesigen Schuttberge der Nachkriegszeit in den allermeisten deutschen Städten erklärt worden. Entferntere Reisen waren erstmals wieder möglich und Italien galt als das deutsche Traumurlaubsziel schlechthin. Diese italienische „Schlagertradition" reicht jedoch bis in die Vorkriegs- und Kriegszeit zurück, denn dieser Trend wurde schon damals von den führenden Komponisten- und Textdichter-Köpfen Deutschlands ersonnen. Schon 1936/37 spielt Schuricke Tangos wie „Italienische Nacht" (im Übrigen eine der frühesten Gerhard-Winkler-Kompositionen im Schuricke-Repertoire)[257] und „Addio Venezia!" (Ludwig Schmidseder / Günther Schwenn) für „Kristall" ein. 1938 nahm das Schuricke-Terzett Winkler / Siegel Titel wie „Piccolino", „O Mia Bella Napoli (Straßensänger von Neapel)" auf. Aber auch wirkliche italienische Volkslieder und Lieder wie *„O Sole Mio"* (als „Oh, meine Sonne") oder *„Sulla Carrozzella"* (als „Kleine Puppenfee"); *„La Piccinina"* (als „Das blonde Käthchen"), *„Reginella Campagnola"* (als „Am Abend auf der Heide") und *„Tornerai"* (als „Komm' zurück" bzw. in einer Textvariante als „Nimm' mich mit!" mit Albert Vossen) wurden mit deutschem Text versehen und auf Schallplatte veröffentlicht. Auch hatte der Schuricke / Schuricke-Terzett Titel „Schenk' mir Dein Lächeln, Maria" mit dem Refrain „... abends in Santa Lucia" 1940 einen eindeutigen Italienbezug. Ebenso hatte Rudi Schuricke schon 1942 und 1943 mit *„La Foletta"* und *„Ideale"* anspruchsvolle Lieder komplett in italienischer Sprache aufgenommen. Genau betrachtet, war die „italienische Schlagerschiene" in der Geschichte der populären deutschen Musik also nichts Neues. Dennoch wurden nun nach Kräften und mit kühlem wirtschaftlichem Konzept der italienische Süden und diverse italienische Traumregionen besungen, und etliche dieser Titel können geradezu als „Klassiker der deutschen populären Musik der Wirtschaftswunderjahre" angesehen werden. Dazu zählen unter vielen anderen Titeln: „Florentinische Nächte" (von Nico Dostal), „Mandolino – Mandolino", „(Laß'

---

[257] Gerhard-Winkler-Opus Nr. 94 (Registrierungsdatum: 01.06.1936), unter „Schlager E-K" bei: http://www.capri-fischer.de/.

Uns Träumen am) Lago Maggiore", „Rote Orangen" / „Bella Signora",
„Am Lago di Garda" und „Grüß' mir die blaue Adria" (späterer Winkler-
Siegel-Tango von 1954). Rudi Schuricke reflektiert dazu:

> „Doch ,Laßt uns träumen am Lago Maggiore' [aufgenommen im
> September 1950] war nicht von einem bekannten Komponisten,
> sondern von einem Saxophonisten der bekannten Berliner-Scala:
> Benny de Weille.[258] Und ,Wenn abends in Napoli die Mandolinen
> klingen' ist von einem Strumpffabrikanten [= Carl Immich] kompo-
> niert worden. Mir gefiel die Nummer und ich nahm sie [im Mai 1949]
> auf." [259]

Unter den Titeln mit Italien-Bezug sind natürlich auch wieder etliche
Gerhard-Winkler-Kompositionen. Eine gemeinsame Foto-Aufnahme aus
dem Winkler-Archiv belegt einen Schuricke-Neujahrsgruß an Gerhard
Winkler für das Jahr 1952 und bestätigt die gemeinsame Zusammenar-
beit am Titel „Am Lago di Garda" (Polydor 48684 A), aufgenommen Ende
November 1951:

Abb. 54 „Pro-
sit Neujahr
1952"! Rudi
Schuricke und
Gerhard Winkler „am Ammersee", handsigniertes Foto Rudi Schurickes als
Neujahrsgruß 1952 an Gerhard Winkler. Rudi Schuricke betrieb seit Mai 1951
sein Hotel am Ammersee (Foto: Hans Winkler).

---

[258] Zu diesem: vgl. auch: Lange, 252, 290 (Foto).
[259] Schuricke, 46.

Der Text auf der Karte lautet: *„Dir, lieber Gerhard, ein herzliches ‚Prosit Neujahr' ‚1952'. Dein Rudi Schuricke – Gerhard Winkler und Rudi Schuricke besprechen am Ammersee den neuen Tango: ‚Am Lago di Garda'"*[260]

Rudi Schuricke hat es bedauert, dass er trotz seiner außerordentlichen Italien-Reklame von italienischer Seite nie etwas zu seinen „Italien-Bemühungen" vernommen hatte:

> *„Ich sah Capri erst, als das Lied von den Capri-Fischern mich längst weltberühmt gemacht hatte. Kein Wunder, denn ich besang die Insel, von der Millionen träumten, 1943 zum ersten Mal. Italien hat mir dafür nie gedankt."* [261]

An anderer Stelle berichtet Schuricke:

> *„1950 war ich zum ersten Mal unten. War das seltsam: ‚Wenn bei Capri die rote Sonne im Meer versinkt' – so fing das Lied an. Es war alles genau so – Siegels Text stimmte – Winklers Musik, und ich sang, der Stimmung entsprechend, wie die Fischer, die mitten in der Nacht auf dem Meer herumfuhren. — Neben mir standen deutsche Touristen. Plötzlich sagte einer zu seiner Frau: 'Du, is' det doll? Der Schuricke muß oft hier jewesen sein, det der des so jenau hat empfinden können!'"* [262]

Im Gegensatz dazu erfuhr der Komponist der „Capri-Fischer", Gerhard Winkler, im Jahre 1976 mit der Verleihung der Silbernen Medaille der Kulturabteilung des italienischen Außenministeriums eine Ehrung des Italienischen Staates, die Rudi Schuricke leider nicht mehr miterlebte.[263]

---

[260] Handschriftliche Widmung und Vermerk auf einer Rudi Schuricke – Privatfotografie an Gerhard Winkler [Gerhard-Winkler-Archiv, Berlin]. Freundliche Zusendung eines digitalen Abzugs durch Herrn Hans Winkler. Rudi Schuricke betrieb seit Mai 1951 sein Hotel am Ammersee.
[261] Schuricke, 40.
[262] Schuricke II, Sp. 2.
[263] Vgl. die Gerhard Winkler Biografie der Jahre 1956-1977 bei: http://www.caprifischer.de/.

Abb. 55.a **Ab 1949 leuchten „Sterne für die Stars":** fulminanter, optischer Neuauftritt des vormaligen Exportlabels als Populär-Label der „Deutschen Grammophon". Polydor-Schellackhülle I: **Ein letzter Tango von Ludwig Schmidseder**, „Erzähl' mir keine Märchen", Text von Hans-Fritz Beckmann (Polydor 48614 A, **1951**).

Die lange Reihe der Italien-bezogenen Aufnahmen von Schuricke wird nur selten unterbrochen und bringt Stücke von schon aus der Vorkriegszeit bekannten Komponisten und Orchesterchefs hervor, etwa den Tango „Bella Signora" von Juan Llossas (1950) sowie eine letzte Komposition von Ludwig Schmidseder, nämlich den Tango „Erzähl' mir keine Märchen" (1951) mit einem hervorragend sentimentalen Chanson-Text, der vom genialen Textdichter Hans-Fritz Beckmann (1909-1974) stammte und ausnahmsweise einmal inhaltlich nichts mit dem „sonnigen Süden" zu tun hatte.

Ludwig Schmidseder nahm, neben seiner Kompositionstätigkeit in den frühen 1950er Jahren, etliche Nebenrollen in Heimatfilmen und Filmschwänken an.[264] Nebenbei war er ein begeisterter Hobby-Koch, der

---

[264] Vgl. etwa den Auftritt als Koch im Film „Das Schloss in Tirol" mit Karlheinz Böhm, Gustav Knut und Maria Andergast (1957).

Ende der 1950er Jahre zu einem der ersten Fernseh-Köche Deutschlands avancierte und in Folge dieser Zeit auch einige Kochbücher veröffentlichte.

Abb. 55.b **Begeisterter Koch**: Der lebenslustige Komponist Ludwig Schmidseder (1904-1971) machte auch das Kochen zu seiner Passion. Er mimte die Rolle in den 1950er Jahren auch im Film, kochte im bayerischen Fernsehen und schrieb Kochbücher. Ende der 1930er Jahre trat er durch schwungvolle Musical-Kompositionen hervor, deren wichtigste Titel fast sämtlich auch von Rudi Schuricke oder dem Schuricke-Terzett aufgenommen worden sind (signierte Autogrammkarte ca. 1957).

Neben den zahlreichen Neuaufnahmen für Polydor beschäftigt sich Schuricke bereits ab 1948 auch wieder intensiv mit Gesangssynchronisationen von Spielfilmen. Zunächst erklingt seine Stimme in einer Gesangssequenz mit dem Titel „Wenn ich meine Augen schließe" in dem bereits 1944 abgedrehten M-G-M-Revue-Film *„Two Girls and a Sailor"* = „Mein Schatz ist ein Matrose", der 1948 in Österreich und 1949 in Deutschland in die Kinos kam. Daraufhin werden alle Gesangstitel des Fred-Astaire-Streifens *„Top Hat"* von 1935, der bisher in Deutschland keine Aufführung erfahren hatte, 1950 im Auftrag der Deutschen RKO (Berlin) von Schuricke nachsynchronisiert, darunter der Evergreen *„Cheek to Cheek"* von Irving Berlin. Dem weltbekannten Tänzer und Sänger Astaire somit allerdings eine seiner bekanntesten Gesangsnummern „weg-synchronisiert" zu haben, erscheint – nicht nur heute – fragwürdig, – so schön Schuricke auch singen mochte. Der Film kommt, mit gehöriger Verspätung, im März 1950 als gesanglich nun vermeintlich aufgepeppter

„Oldtimer" unter dem Titel „Ich tanz' mich in Dein Herz hinein" in die Bundesdeutschen Kinos (siehe die komplette Titelliste im Teil 3, Chronik, 1950). Darauf folgt ein weiterer US-Streifen der Warner Bros., das Filmmusical „Der Himmel voller Geigen" (= *The Time, the Place and the Girl*"). Auch hierbei handelt es sich um eine „Altkonserve" von 1946, die am 26. April 1951 ihre deutsche Erstaufführung erlebt. Die Synchron-Titel entstehen zusammen mit „Helga Wille & den Nicoletts" (damals bei Polydor unter Vertrag), dem Schauspieler Hans Richter (1919-2008, „Feuerzangenbowle"), dem vormaligen UFA-Star Kirsten Heiberg (1907-1976) und Ethel Reschke.[265] Ebenso wird mit einer zeitgenössischen französischen Filmproduktion „Unter dem Himmel von Paris" = *Sous le ciel de Paris*" verfahren. Dieser ist ein Episodenfilm mit Gesangsnummern, beteiligt ist hierbei, neben Schuricke, auch der bekannte Schlagersänger Gerhard Wendland (1916-1996). Die Uraufführung der deutschen Synchronfassung im Verleih der Allianz-Film findet am 15. Juni 1951 im Residenz-Theater in Düsseldorf statt. Berechtigterweise trifft dieser mittlerweile routinehafte Gesangssynchronisierungs-Habitus schon damals auf das Unverständnis der Filmkritik. Dazu merkt „Die Filmwoche" passenderweise an:

> „[...] Das Lob, das der internationalen Film-Union für diese Arbeit gebührt, muss vielleicht durch die Frage eingeschränkt werden, ob es richtig war, auch die Chansons (eingedeutscht auch durch [Georg] Rothkegel [Synchronregisseur], musikalisch bearbeitet durch Conny Schumann, gesungen von Rudi Schuricke und Gerhard Wendland) in die Neufassung einzubeziehen. Denn hier ging viel Atmosphäre verloren. Trotz aller Qualität der deutschen Fassung, sollten repräsentative Großstadt-Theater es nicht versäumen, in zusätzlichen Sondervorstellungen, auch die Originalfassung mit deutschen Untertiteln und Kommentar zu zeigen."[266]

---

[265] Vier Schuricke-Synchron-Titel sind nachgewiesen 1. „Alles ist nur Traum" [= „Through A Thousand Dreams"], RSCH mit: Helga Wille & Die Nicoletts, 2. „(Meine Sehnsucht gilt nur Dir altes) Santa Fé" [= „A Gal in Calico"], RSCH mit Hans Richter, Helga Wille & Die Nicoletts, 3. „Das Leben hat viele Seiten" [= „I Happened to Walk Down First Street"], RSCH, mit: Ethel Reschke, Kirsten Heiberg 4. „Was mir Dein Mund verspricht" [= „Oh, but I Do"], RSCH. Komposition der Lieder: Arthur Schwartz (USA). Musikalisches Synchron-Arrangement: Conny Schumann, deutsche Texte: Manfred R. Köhler. Vgl. dazu die CD-Veröffentlichung von: Hans Buchholz (Hg.), Tonfilm Premiere – Folge 2 (Filmaufnahmen 1937-1955), TMK 00004792. — Zu Heiberg und Reschke vgl. Schneidereit 2, 546 ff. ,1097 ff. — Zu Wille vgl., Schneidereit 3, 1597 ff.
[266] K.-O. Gebert, Im Spiegel der Kritik, Allianz – Unter dem Himmel von Paris (*Sous le ciel de Paris*) Deutsche Fassung, Die Filmwoche 25 (23. Juni 1951), 309.

Auch für die Polydor-Schallplattenproduktion setzt sich, neben der omnipräsenten „Italienisierung", eine allerdings weniger dominante „Amerikanisierung" im Repertoire fort, beginnend 1950 mit „Wenn Du in meinen Träumen bei mir bist ..." (= *"Somewhere Over The Rainbow"*). Weiterhin werden 1951 zwei amerikanische Cole Porter-Titel *"Begin the Beguine"* (als „Langsam beginnt der Beguine") und der Swingklassiker *„Night and Day"* (als „Tag und Nacht denk' ich an Dich") mit dem „Großen Streichorchester" von Helmut Zacharias (1920-2002) für Polydor einge-spielt, ebenso wie der große amerikanische Jahreserfolg *„My Heart Cries for You"* (als „Mein Herz ruft nach Dir"), das in den Vereinigten Staaten von Guy Mitchell auf Columbia veröffentlicht wurde (alle 1951). Auch fin-den in der ersten Hälfte der 1950er Jahre wieder Schuricke-Aufnahmen mit den Orchestern von Willy Berking (1950) und Michael Jary (1954) statt, die ihre Karrieren nach dem Krieg ebenfalls erfolgreich fortgesetzt hatten: Michael Jary unter anderem beim Film und Willy Berking als Lei-ter des Unterhaltungsorchesters des Hessischen Rundfunks in Frankfurt am Main.[267] Es entstehen 1950 vier Aufnahmen mit dessen „Sweet-Or-chester" und Schuricke für Polydor (vgl. Diskografie). Ab 1951 folgen weitere Berking-Schallplattenaufnahmen für die neue Marke Philips, al-lerdings ohne Schuricke-Beteiligung, und im Februar 1951 Rundfunkauf-nahmen wiederum mit Schuricke für den Hessischen-Rundfunk. Von die-sen Aufnahmen wurde 1998 der Winkler-Siegel-Tango „Maria (Das Land, wo die Zitronen blüh'n)" auf CD veröffentlicht.[268] Einen Titel aus dieser Phase, der im Herbst 1950 unter der Begleitung des Orchesters von Helmut Zacharias entstanden war, hebt Schuricke selbst besonders hervor:

> *„'Auf Wiedersehen' [Polydor 48374 A, B-Seite 'Somewhere Over The Rainbow' auf Deutsch, wie oben] von Eberhard Storch war einer meiner größten Erfolge [1950]. Das Lied wurde jahrelang bei fast allen Veranstaltungen zum 'Kehraus' gespielt".[269]*

Ob der 1951er Schuricke-Titel „Zauber von Paris" (Polydor 48595 A) irgendwie mit dem Film in Verbindung steht, konnte bisher nicht ermittelt werden.
[267] Vgl. die Kurznotiz in Melodie 2 (1947), 10. Damals noch genannt „Süddeut-scher Rundfunk – Radio Frankfurt". Vgl. dazu vor allem: Paulussen, 40 f.
[268] Willy Berking – With a Song in my Heart, Bear Family Records, BCD 16266 (1998), Titel 4.
[269] Schuricke, 46. — Zu Helmut Zacharias vgl. Greve, 90 f.

Der Titel wurde folglich in einer englischsprachigen Version als *„Auf Wiederseh'n Sweetheart"* von Vera Lynn (Großbritannien) aufgenommen und erreichte ab Juli 1952 in den USA die Nr.1 Position in zahlreichen Billboard-Pop-Charts, hier: *„Best sellers in stores"*, *„Most played by Jockey's"* und *„Most played by Juke Boxes"*. Später erfuhr der Song von Jim Reeves (USA) auf seinem 1963er Album *„The International Jim Reeves"* (RCA LSP 2704) weitere Popularisierung – und wurde damit zum Welthit. Auch Gesangstourneen setzten sich fort, wie „Triumph der guten Laune!" mit Lale Andersen (15.10.1951).[270] Rudi Schuricke erinnert sich hier auch an sein erstes Zusammentreffen mit Lale Andersen (1905-1972) – wohl Ende der 1930er Jahre:

> *„Das Fernsehen steckte damals in den Kinderschuhen und hatte seinen Hauptsitz in Berlin [Fernsehsender „Paul Nipkow"[271]]. Da wurde improvisiert und herumgefummelt. Bei einer Probe lernte ich die uns allen unvergessliche Lale Andersen kennen. Wir wussten und ahnten nicht, dass wir uns in vielen Jahren wiedersehen würden [1951]. Beide als Lieblinge einer Nation: Sie brachte ihr nicht mehr wegzudenkendes ‚Lili Marleen' [das Schuricke übrigens selbst schon zu Zeiten von Lale Andersens großem Erfolg am 12. Dezember 1941 für die „Deutsche Grammophon" aufgenommen hatte] und ich die ‚Capri-Fischer.'"[272]*

Ebenso steuerte Rudi Schuricke ein paar Titel für *Soundtracks* von frühen bundesrepublikanischen Unterhaltungsfilmen bei, zu denen „Pen-

---

[270] Signiertes Programmheft mit Fotos beider Künstler vom Oktober. Die Tournee hatte schon im Januar begonnen. Es existierten offenbar verschiedene Programmhefte. Vortragsfolge und Mitwirkende nach Programmheft Januar 1951: „1. Musikalischer Auftakt 2. Werner Veidt 3. Kurt Engel 4. Lale Andersen 5. Werner Veidt 6. Barnabas von Géczy 7. Maria von Schmedes singt kleine Lieder von gestern und heute begleitet von den Instrumentalsolisten 8. Die Instrumentalsolisten 9. Maria von Schmedes 10. Rudi Schuricke (4 Titel u. a. erster Titel „Abends in Napoli"; Schlußtitel „Auf Wiederseh'n!") 11. Das Finale vereinigt noch mal alle Mitwirkenden" [Signiert: 19. und 22. Januar 1951; Samstag- und Montagvorstellungen; ohne Ort]. Die Instrumentalsolisten bestanden aus je einem Klavier-, Bass-, Gitarre-Spieler und Kurt Engel am Xylophon.
[271] Der Fernsehsender war im Haus des Rundfunks in der Masurenallee untergebracht, vgl. die damalige Intendanz bei: KR 2, 7 f.
[272] Schuricke, 43.

sion Schöller" (1952), „Heimweh' nach Dir" (1952), „Schlager-Parade" (1953)[273], „Unter den Sternen von Capri"[274] und „Ich und Du" (1953)[275] mit Hardy Krüger und Liselotte Pulver zählten.

Anfang 1952 verweilt man musikalisch „Am Golf von Neapel" und ist mit „Der alte Gondoliere" wieder einmal in Venedig (Polydor 48715 A/B). Mit Sohn Michael entstehen 1952 u. a. für den Film „Heimweh' nach Dir" drei Aufnahmen.

Abb. 56 Autogrammkarte für den Musik-Film „Heimweh nach Dir" (Ende 1952)

---

[273] Uraufführung am 03. November 1953 in Hannover im Lichtspielhaus „Weltspiele" (1924-1992). Vgl. Film-Echo 46 (14. November 1953), 1138, 1149, 1153 „'Schlagerparade' für Auge, Ohr und Kasse. Herzogs zwölfter glanzvoll gestartet. Schlug ein wie ein Toto-Zwölfer". Glaubt man Besprechung und Kritik war der Film vom Start weg in der Bundesrepublik ein großer Erfolg. Werbeanzeigen wurden schon seit Oktober geschaltet, vgl. Film-Echo 43 (24. Oktober 1953), 1059. Film-Echo 44 (31. Oktober 1953), 1092 f. (Doppelseite). Rudi Schuricke war laut Premierenbuch bei der Uraufführung in Hannover nicht anwesend. Vgl. zur Entstehung und Uraufführung des Films die ausführlichen Internetseiten mit Bilddokumentation der Fachhochschule Hannover „Lernwerkstatt Geschichte. Film und Geschichte":
http://www.geschichte.unihannover.de/~kultarch/ndsfilm/kinogeschichte/hannover/weltspiele_premiere.htm.
[274] Uraufführung am 26. November 1953. 2001 Verlag (Hg.), Lexikon des internationalen Films, s. v. — Vgl. Titelblatt, Film-Echo 43 (24. Oktober 1953); Besprechung: Film-Echo 50 (12. Dezember 1953), 1277.
[275] Illustrierter Film Kurier Nr. 2164 (1954).

Auch in „Heimweh' nach Dir" und „Schlager-Parade", ist wiederum verwunderlich, dass man Schuricke nicht als handlungstragenden Star, sondern wieder nur als das, was er ohnehin war – nämlich als Sänger – zu sehen bekommt. Im Film „Unter den Sternen von Capri" „verleiht" Schuricke seine Stimme für das gleichnamige Titel- und im Film verwendete Lied nur (wie so oft) an einen Komparsen (vgl. Filmbesprechung, Abb. 58). Als Textdichter einer Gerhard-Winkler-Komposition tritt Schuricke einmal selbst mit dem im Oktober 1953 aufgenommenen Titel „Ich sende mein Herz auf die Reise" in Erscheinung – die A-Seite ist das gleichnamige Titellied des Films „Unter den Sternen von Capri".

RUDI SCHURICKE MIT SOHN MICHAEL

Abb. 57 **1952 „Ein Herz und eine Seele":** Duett aus obigem Film: In diesem Jahr machte Rudi Schuricke drei Plattenaufnahmen mit seinem Sohn Michael (**Polydor – Autogrammkarte**).

Folgende Seite: Abb. 58 Besprechung und Anzeige aus: **Film – Echo 50 (12. Dezember 1953)**, Seiten 1277, 1281. **1953 – Nur ein Star unter vielen**: Rudi Schuricke wird auch in den 1950er Jahren nicht zum Filmstar, sondern bleibt Gesangsstar, der Unterhaltungsfilme musikalisch anreichert. Im Herbst 1953 sind fast gleichzeitig zwei Filme mit Schuricke-Beteiligung in den deutschen Kinos angelaufen und passend dazu zwei neue Platten in den Läden erhältlich. Während Schuricke in **„Unter den Sternen von Capri"** (Polydor 49078 A) leider unsichtbar bleibt und nur diesen Titel singt, so hat er einen seltenen Film-Auftritt mit **„Sei' lieb zu mir"** (Polydor 49061 A) im erfolgreichen Musikfilm „Schlager-Parade". Dennoch ist Rudi Schuricke in aller Munde und zu diesem Zeitpunkt sicherlich auf dem glanzvollen Höhepunkt seiner Karriere.

Film-Spiegel

„Unter den Sternen von Capri"
(2269)

Produktion: Etsi-Film; Verleih: Rank; Länge: 2520 m; Spielzeit: 92 Minuten. Regie: Otto Linnekogel; Buch: Otto Linnekogel und Gregor von Rezzori; Kamera: Klaus Schumann; Bauten: Walter Haag; Musik: Lothar Brühne; Ton: Werner Schlagge; Schnitt: Karl Aulitzki; Aufnahmeleitung: Georg Siebert und Heinz Karchow; Produktionsleitung: Peter Wehrand.

Darsteller: Hanna Rucker, Helmut Schneider, Hans Leibelt, Wera Frydtberg, Karin Andersen, Eva Pflug, Margarete Slezak, Lotte Rausch, Herta Worell, Charlotte Agotz, Siegfried Breuer, Karl Hackenberg.

Unter den Sternen von Capri kreuzen vier bezaubernde junge Mädchen in einer Segeljacht unter dem Kommando des hagestolzen Kapitäns Hans Leibelt. Und damit die Sache so lustig wird, wie es der normale deutsche Filmbesucher für sein Geld verlangen kann, schmuggelt sich auch ein Mann in Rock und Perücke unter die weibliche Besatzung. Mit Rudi Schurickes schmachtendem Tenor und dem Titelschlager versucht ein Neapolitaner bei einer der Blondinen sein Glück. Mehr Glück hat Helmut Schneider mit der männlichen Tour (nach amerikanischem Rezept) bei der pikanten Hanna Rucker, dem Reeder- und Jachtbesitzerstöchterlein. Da er diverse Hotels an fashionablen Plätzen im Rücken hat, ist er ein idealer Schwiegersohn für den Reeder. Die bildhübschen Mädels präsentieren sich allerliebst im Badeanzug an Bord und am Strand der Capreser Piccola Marina. Für die Kamera gab es wirkungsvoll wahrgenommene Veduten aus Neapel, Pompeji, Capri und Ischia. Ein vergnüglich dahinplätschernder Film von durchschnittlichem Unterhaltungswert.   Talmon-Gros

130

Abb. 59 **1953:** Rudi Schuricke im Musikfilm **„Schlager-Parade"**, **Autogrammkarte** (mit persönlicher Widmung vom 21.11.1953). Schuricke ist damit als „Liberace"-hafte Glamourerscheinung sicherlich auf dem Gipfel seiner Popularität angelangt.

Der Tango nimmt jetzt mit Abstand die größte Prozentzahl (ca. 40%) der aufgenommenen Titel dieses Zeitabschnitts ein, hier sind es vor allem Einspielungen mit dem Radio-Tango-Orchester-Hamburg (NWDR) von Alfred Hause (1920-2005). Anfang 1954 entstehen vier Aufnahmen mit dem großen Tanz-/Streich-Orchester von Michael Jary, darunter der Winkler-Siegel-Tango „Grüß' mir die blaue Adria" (Polydor 49177 A), – zugegebenermaßen, trotz der mittlerweile eingetretenen thematisch-italienischen Dauerschleife, ein großartiges Klanggemälde mit einem gesanglich gewaltigen Tenorabschluss.

131

Abb. 60 Ab **1953: Neues** schreiend rotes **Polydor-Sterncherdesign** (Polydor-Schellack-hülle II). Das Schuricke-Repertoire wird vom Tango bestimmt. Mit romantischen Titeln wie **„Unter den Sternen von Capri"** (Foto, Polydor 49078), **„Grüß' mir die blaue Adria"** (Polydor 49177) und **„Italiana"** (Polydor 49320) versucht man – im Gegensatz zum neuen Erscheinungsbild der Schallplatten – an altbewährte Schlager-Rezepte anzuknüp-fen. Ein neuer Trend ist nicht in Sicht ...

Eine der wenigen damaligen Ausnahmen, die vom Tango abweichen, ist die Winkler-Balladen-Komposition „Mutterlied", die 1952 zunächst we-nig erfolgreich von Rudi Schuricke veröffentlicht wurde. Erst eine neue Version mit neuem Text von Fred Rauch und dem Titel „Glaube Mir" (Po-lydor 49176 A), welche Schuricke im Februar 1954 aufnimmt, verhilft der Melodie zum Erfolg (vgl. dazu in Teil 3, Chronik 1954) die entsprechend überlieferte Anekdote des Sängers Wolfgang Sauer zu seiner eigenen 1954er Hitversion).[276] Dies während in den USA *„Answer Me, My Love"* (Capitol F 2687), die im Dezember 1953 aufgenommene englische

---

[276] Veröffentlicht auf: Electrola EG 8055 (78er Schellack) / Electrola 7 MW 523 (45er Vinyl).

Version von Nat King Cole bereits im März 1954 bis auf Platz 6 der Bill-
board-Singles-Charts vorstößt.

Mitte – bis Ende – der 1950er Jahre hatte man wohl, bedingt durch
sinkende Absatzzahlen der „Schuricke-Tango-Massenproduktionen", bei
„Polydor" begriffen, dass das bisherige Erfolgskonzept nicht mehr bedin-
gungslos weitergeführt werden konnte, da der Markt gesättigt war und
die Nachfrage nach Tangos und „Italien-Liedern" offenbar restlos ge-
deckt erschien. Nun begann man noch in der ersten Jahreshälfte 1957
mit Neueinspielungen von Schurickes „größten Erfolgen". Das „Hamburger Echo" berichtet im November 1957[277] über die Veröffentlichung
zweier Polydor Vinyl-Singles mit 1957er Neuaufnahmen der Schuricke-
Oldies „Heimat, Deine Sterne" / „Möwe, Du fliegst in die Heimat" (Po
22386) und eben der „Capri-Fischer" / „O Mia Bella Napoli" (Po 22381),
die mit dem Orchester von Alfred Hause entstanden und der gegeben-
falls eine LP hätte folgen sollen. Trotzdem Hause einige weitere Titel mit
Schuricke eingespielt hatte, nahm man bei Polydor die Möglichkeit einer
LP-Veröffentlichung von Schurickes „Größten Erfolgen" noch nicht wahr.
Dass in diesem Zusammenhang auch erstmals, wie behauptet, eine englische Version der „Capri-Fischer" (bereits seit 1948 von anderen Interpreten aufgenommen, vgl. S.109, Fn. 241) für den internationalen Musikmarkt aufgenommen worden sein soll, ist zwar plausibel, lässt sich
momentan aber nicht nachweisen.

Am 30. März findet – und das ist erstaunlich genug – ein Schuricke-
Sondergastspiel in Leipzig und damit ein Auftritt in der „DDR" statt.[278]
Dies dokumentiert, dass Rudi Schuricke im geteilten Deutschland des
„kalten Krieges" zunächst als gesamtdeutscher Künstler anerkannt war

---

[277] „Bei Rudi brennt noch Licht", Hamburger Echo (21. November 1957).
[278] Ein Mitschnitt existiert auf dem Hörbuch von Peter Glowasz: „Erinnerungen an
den Capri-Sänger Rudi Schuricke", 3 CDs, 2013. Vgl. auch Teil 3, Chronik. Kom-
pletter Umschnitt (a.d. RSA auf CD auch im: Archiv A. Zäh) Die gesungenen Titel:
Troubadour der Liebe (1947), Ich sende mein Herz auf die Reise (Gerhard Winkler
/ Rudi Schuricke), Solang' Dein Herz nicht spricht (1956), Frauen und Wein, Moulin Rouge, Mutterlied ("Mütterlein", 1952) (= **erste [!] Version** von "Glaube Mir" /
"Answer Me", 1954), Möwe, flieg' in die Heimat, Danse Avec Moi (frz. gesungen),
La Foletta (ital. gesungen), Ich küsse Ihre Hand, Madame (Parodie), Wer weiß,
wann wir uns wiederseh'n?, Dreh' Dich noch einmal um (a.d. Magna-Film "Pen-
sion Schöller", 1952), Auf Wiederseh'n (= "Auf Wiederseh'n Sweetheart"), Zugabe
1: Florentinische Nächte, Zugabe 2: Capri – Fischer.

(ab ca. 1961 wurden Schuricke-Rundfunkaufnahmen des Senders Leipzig für Übertragungen gesperrt, vgl. Diskografie, Nr. 1260). In der ersten November-Hälfte 1957 erfolgten PR-Auftritte im Café Hirte in Hamburg, bei der Rudi Schuricke die deutsche Cover-Version des Bing Crosby Tageshits *„True Love"* von Cole Porter aus dem Film „Die oberen Zehntausend" (*„High Society"*) mit Grace Kelly und dem legendären Louis Armstrong als „Deine Liebe" vorstellt, ein Lied, das einige Zeit zuvor (am 23. Februar 1957) sogar von Elvis Presley eingespielt und auf dem *„Loving You" - Soundtrack* (RCA LPM 1515) veröffentlicht wurde.[279]

Im Rahmen dieser PR-Aktionen gibt Schuricke ein Radiointerview, in dem er erzählt, er sei in der Anfangsphase seiner Solokarriere zwei Jahre angemeldet mit einem roten Adler Diplomat Sechszylinder Taxi gefahren und habe wohlhabende Privatkunden gehabt, zum Beispiel einen Großvertreter für Schuhe, *„der nur mit mir fahren wollte"* und ihm vorschlug, nach seiner Emigration sein Geschäft zu übernehmen. Als Schuricke dann eines Tages mit seinen Schuhkoffern in ein Kaufhaus ging, hörte er dort eine seiner Aufnahmen und sah, wie die Menschen seine Platten kauften – und beschloss, statt Taxifahrer und Schuhvertreter lieber doch Sänger zu bleiben. So zumindest erzählt er im NDR-Interview.[280]

„Deine Liebe" / „O Massa!" (Po 50474, Juni 1957) stellt auch die letzte Schellackveröffentlichung Schurickes dar und markiert das Ende einer Ära (vgl. dazu auch Abb. 76). Diese Platten waren bereits seit einigen Jahren unter anderer Bestellnummer im „20-tausender" Bereich (hier: Po 23474) parallel als Vinylsingles erhältlich. Das Ende von Schurickes großer Plattenkarriere zeichnete sich nun aber noch nicht wirklich in einer recht produktiven und ertragreichen Schlussphase ab, die sich leider von der bereits beschriebenen inhaltlichen Monothematik nicht befreien konnte. Dies schlug sich vermutlich auch im Absatz negativ nieder, was in den 1960er Jahren sicher noch deutlicher wurde.

---

[279] E. Jörgensen, Elvis Presley. A Life in Music: The Complete Recording Sessions, New York 1998, 86.
[280] Rolf Eschenbach, NDR-Radio-Interview mit Rudi Schuricke [5 min., Ausschnitt?] vom 05.11.1957, abgerufen in der ARD Audiothek, "Vom Taxifahrer zum Schlagerstar", am: 10.05.2024].

Abb. 61 und 62 **Keine Antwort auf den *Rock and Roll***: Elvis Presley, Postkartenmotiv von 1956 und Titelverzeichnis der dritten Elvis Presley LP **Elvis Presley RCA Victor LPM 1515 „*Loving You*" (1957)**: Schon von Anfang an nahm Elvis Presley, wie hier auf Seite 2, immer auch ruhige Balladen auf. Der *Rock and Roll* machte ihn aber zum Jugendidol. Rudi Schuricke konnte und wollte sich offenbar dem neuen Musikstil nicht annähern und verschwand damit Ende der 1950er Jahre aus dem Radio und von den Plattentellern. „*True Love*" wurde – vielleicht verständlicherweise – für den zweiten Elvis-Film erst überhaupt nicht verwendet. *Rock and Roll* war nun auch im Kino angesagt – Rudi Schuricke hatte all' dem künstlerisch nichts entgegenzusetzen und wartete auf eine neue Karriere-Gelegenheit, die sich erst zu Beginn der 1970er Jahre, kurz vor seinem Tod, bot.

SIDE 1 MEAN WOMAN BLUES · (Let Me Be Your) TEDDY BEAR · LOVING YOU · GOT A LOT O' LIVIN' TO DO
LONESOME COWBOY · HOT DOG · PARTY   (*All the above songs are from "Loving You"*)

SIDE 2 BLUEBERRY HILL · TRUE LOVE · DON'T LEAVE ME NOW · HAVE I TOLD YOU LATELY THAT I LOVE YOU?
I NEED YOU SO   (*None of the above songs are from "Loving You"*)

Das Aufkommen des „*Rock and Roll*" beendet zunächst – nicht unverständlicherweise – quasi mit dem Eintreffen des zum Militärdienst verpflichteten Elvis Presley in Deutschland (1958-1960) die erfolgreiche, aber repertoirebezogen zuletzt recht monotone Plattenkarriere Schurickes, der sich mehr und mehr ins Privatleben zurückzieht, nicht ohne ab und an ins Plattenstudio zurückzukehren, um einige wenige neue Titel einzuspielen.

Aus dieser letzten Karrierephase ist ein Polydor-Konzept-Album „Unter Sternen und Laternen" (Lp Polydor 46506, 1958) hervorzuheben, das mit dem bis dato noch nicht durch Welthits *(„Wonderland by Night", „A Swinging Safari", „Spanish Eyes", „Strangers in the Night")* bekannten Bert Kaempfert (Cover und Etikettenangabe noch – nicht internationalisiert – als: Bert Kämpfert), entstand. Bereits 1956 waren mit Kaempfert zwei Titel entstanden, die aber unter seinem Alias „Bob Parker und sein Orchester" veröffentlicht worden waren: der Gerhard-Winkler-Walzer

„Wer weiß, wann wir uns wiedersehen?" und der Tango „Solang' Dein Herz nicht spricht" (Polydor 50212 A/B).

Abb. 63 **Rudi Schuricke 1957** (Polydor-Pressefoto VI/1957/5)

Auf einer erstmals bunten Polydor-Autogrammkarte Schurickes (wohl vom Frühjahr 1958) wird bereits diese neue Lp „Unter Sternen und Laternen" (= Polydor LPHM 45 506) unter einem anderen Titel, nämlich „Spotlight. Beliebte Schlager in neuem Licht" und mit abweichender Bestellnummer (LPH 46 606) als „ab 01.11.1958 lieferbar" angekündigt. Aus unerfindlichen Gründen ersetzte man diesen Titel durch „Unter Sternen und Laternen". Das auch weiterhin aufgenommene Kaempfert-Material hätte aber tatsächlich für eine zusätzliche Lp-Veröffentlichung im Folgejahr gereicht, da man immerhin mindestens neun (*1-9, s.unten) weitere Bert-Kaempfert-Titel aufnahm, welche auf Singles erschienen, die eben nicht auf der 1958er Lp „Unter Sternen und Laternen" enthalten waren. [281] Von den 12 Titeln dieser Lp waren letztendlich nur drei Titel auf dieser Single-Serie erhältlich (vgl. Markierung +). Es ergibt sich (ähnlich dem unveröffentlichten) 1957er Live-Konzert hiermit ein weiteres "Lost Album" Schurickes. Von diesen 12 Titeln waren nur drei Titel auf den nun folgenden Singles erhältlich (vgl. unten Markierung „+"). Es erschienen somit 1958-1959 nur noch Vinyl-Singles in dichter Abfolge, die ich hier im Sinne eines „letzten Schuricke Feuerwerks" noch angeben möchte, ohne eine komplette Polydor-Diskografie (bis 1973 und darüber hinaus) zu bringen, denn danach folgen nur noch sporadische, wenige jährliche Singleveröffentlichungen und Potpourris bis zum Schuricke-Terzett-Comeback (1965, siehe unten).

1958:

01 - „Im richtigen Moment" / „Das Schönste auf der Welt ist doch die Liebe" Alfred Hause u.s. Orchester, Po 23480
02 - „Na-ni, Na-na" *1 / „Melodia Italiana" *2 Bert Kämpfert u.s. Orchester, Po 23555
03 - "Das macht nur die Sonne von Messina" (Calypso) / „Signorella" (Tarantella) Rudi Schuricke u. s. Solisten [erstmals seit Ende der 1940er Jahre wieder belebt], Po 23629
04 - "Es werden wieder Rosen blüh'n" *3 / „Lana-Lana" *4 Tanz-Ensemble Bert Kämpfert, Po 23753
05 - „Hab' ein blaues Himmelbett" *5 / „Warum hat jeder Frühling, ach, nur einen Mai?" *6 [Titel aus den Lehár-Operetten „Frasquita" / „Der Zarewitsch"] Bert Kämpfert u.s. Orchester, Po 23758

1959:

06 - „Weißt Du noch?" *7 / „Einmal möchte ich meine alten Freunde wieder sehen" *8 [hier eine selten belegte Kompositionsbeteiligung: Bentler – Schuricke], Tanzensemble Bert Kaempfert, Po 23908

07 - „Regentropfen" + / „Schau' mich bitte nicht so an" (= La Vie en Rose) + Orchester Bert Kaempfert, Po 66710
08 - „Im Leben geht alles vorüber" *9 / „Ganz leis' erklingt Musik" + Orchester Bert Kaempfert, Po 66718

---

[281] Vgl. die genaue Titel-Abfolge der 12-Titel-Platte etwa bei „discogs" im Internet.

Eine der letzten größeren Tourneen in den *„turbulenten 1950er Jahren"* war für Schuricke die „Gold-Tournee" (wohl 1956/57) zusammen mit den Polydor-Künstlern René Carol und Mona Baptiste.[282]

> *„Doch die 'Gold-Tournee' ging zu Ende. Ich trat nur noch selten auf. Im Rundfunk hörte man neue Künstler und bald eine völlig neue Musik. Der Rock 'n' Roll hatte seinen Einzug gehalten. Nicht nur ich, sondern viele andere Künstler, standen ziemlich ratlos da. Wir purzelten von unseren Höhen herunter, und ich ganz von oben."* [283]

Am 8. März 1958 tritt Rudi Schuricke, anlässlich des 10jährigen Jubiläums und der 500. Sendung von „RIAS – Schlager der Woche" noch einmal in einem Sonderkonzert mit vielen anderen Schlagerstars der 1950er Jahre wie Bully Buhlan, Rita Paul, den 3 Travellers, Vico Torriani, Caterina Valente, Gerhard Wendland, Helmut Zacharias und Werner Müller mit seinem großen RIAS-Tanzorchester (mit dem er bereits zahlreiche Polydor-Platten aufgenommen hatte) in einer ausverkauften "Deutschlandhalle" (i. J. 2011 abgerissen) auf.[284] Als die Deutsche Grammophon mit ihrem Sub-Label „Brunswick" und der Single *„Rock around the Clock"* von Bill Haley & His Comets 1956 einen Nr. 1 Hit feierte und in den folgenden Jahren goldene und eine Platin-Schallplatte für eine Million verkaufter Platten für den Titel einheimste,[285] produzierte Bert Kaempfert 1960 und 1961 Tony Sheridan und die Beatles und arrangierte für Elvis Presley *„Wooden Heart"*. Als Elvis sogar den Schuricke-Oldie „O Sole Mio" als *„It's Now Or Never"* einspielte (1960), schien man Rudi Schuricke bei „Polydor" nun – ohne ein weiteres Vermarktungskonzept – fallengelassen zu haben.

---

[282] Schuricke, 46. — vgl. zu diesen Polydor-Künstlern auch: Greve, 80 f., 105.
[283] Schuricke, 46.
[284] „47. Radio Sendung" [Audiofile] im Archiv des Berliner Radioreporters Peter Glowasz (Privatumschnitt auf CD, via Homepage des Autors bestellbar, vgl. dort ebenso: Peter Glowasz, Rudi Schuricke – Erinnerungen an den Capri-Sänger, Ein Hörbuch [zum 100. Geburtstag] / 3 CDs, Berlin 2013).
[285] Vgl. Hein, 48. — Greve, 88 f.

Abb. 64 **Bert Kaempfert (1923-1980),** mittlerweile berühmt, Mitte der 1960er Jahre (Foto: Polydor-Starportrait). 1958 war Kaempfert noch völlig unbekannt und es entstand ein Polydor-Konzeptalbum mit Rudi Schuricke.

Bert Kaempfert setzte seine Karriere bis zu seinem frühen Tod 1980 mit ungeahntem Erfolg fort und wurde zu einem der bekanntesten Orchesterchefs der Welt.[286] Rudi Schuricke resignierte nicht, sondern stand zu seiner Kunst, denn selbst Elvis hatte ja nun bewiesen, dass auch er „schön" singen konnte:

> *„Es gab einmal eine Zeit, da habe ich mich geärgert und gewundert, wenn mich einer ‚Schnulzensänger' nannte! Heute bin ich stolz auf diesen Titel, weil ich weiß, dass ich meine Lieder richtig gesungen habe. Ich kann eben einen Text nicht singen, wenn ich ihn nicht mitempfinde. Ein Künstler muss das selber erlebt haben. Er muss durch alle Freuden und alles Leid selbst hindurch gegangen sein. Er muss an das glauben, was er singt [...] Einmal ist auch die Zeit von hartem Beat und Rock vorbei, das wusste ich, und einmal kommt auch deine Zeit wieder, dachte ich des öfteren".[287]*

---

[286] So widmet das bekannte US - Musikbranchenblatt „The Cash Box" Bert Kaempfert anlässlich der Überreichung einer goldenen Schallplatte (von US.Decca) für dessen US-#1- Single-Hit „Wonderland By Night" (bei uns auf Polydor als „Wunderland bei Nacht" erschienen) bereits im April 1961 ein Titelbild und erklärt diesen zusätzlich, aufgrund seiner Verkaufszahlen für US.-Decca, als Lp- „Album-Star". Diesen Status sollte Kaempfert beibehalten. Vgl. The Cash Box, 29. April 1961, Titelblatt. Vgl. M. Boettcher, Stranger in the Night. Die Bert Kaempfert Story, Hamburg 2002. — sowie: www.kaempfert.de . — Greve, 126 ff.
[287] Schuricke II, Sp. 1

Rudi Schuricke privat

Die „Regenbogenpresse" der Nachkriegszeit und der Wirtschaftswunderjahre hatte in den 1950er, 1960er und 1970er Jahren einiges über den „privaten" Rudi Schuricke zu berichten, das im Wesentlichen aber nichts zu der hier angestrebten musikalischen Betrachtung beitragen kann. Rudi Schuricke war insgesamt fünfmal verheiratet und hatte vier Kinder aus drei Ehen. Seine erste Ehe, geschlossen im Jahre 1935, mit Edith Ella König (geb. 1911) aus Königsberg dauerte nur ein Jahr. Von Mai 1937 bis Februar 1938 ist er mit der zehn Jahre älteren Hedwig Margarethe von Deuster (aus Meran) verheiratet (Tochter Marion, geb. Okt. 1937). Die dritte Ehe, mit „Hilli" Hildegard Schramm (1913-2003), geschlossen am 1.Juli 1939, hielt bis 1951 (Scheidung am 4. September) – aus ihr stammen die Kinder Manuela (geb. 1938) und Michael (geb. 1942). Eine weitere Tochter aus dieser Verbindung „Regina Anna" verstarb wohl mit 2 Jahren an Diphterie.[288] Am 21. September 1940 werden die Zwillingsmädchen Hildegard und Marianne geboren, die tragischerweise beide kurz nach der Geburt starben.[289]

Michael sollte wohl mit einigen Schallplatten-Aufnahmen, die er 1952 mit seinem Vater zusammen einspielte, von der Polydor als „Kinderstar" aufgebaut werden, ähnlich wie dies die „Electrola" mit der „Kleinen Cornelia" (Cornelia „Conny" Froboess) betrieb, was aber mit Michael nach drei Duett-Veröffentlichungen nicht weiter verfolgt worden zu sein scheint.

---

[288] Sielmann II, 5. — Schuricke, 43. — Vgl. zu Michael Schuricke (damals Autohändler), Berliner Zeitung (04. September 1979). — Foto der ca. 13-jährigen Manuela (um 1952), die dem jungen Rudi Schuricke damals sehr ähnlich sah, mit persönlicher Widmung: *„Meinem lieben Papi von seiner Tochter Manuela"*, in: Begleitheft der „Stern"- Musik / Polydor Doppel LP „Wiederhören macht Freude", Polydor LP 2630045 (ca. 1972). Info zu „Regina Anna" laut Recherche H.-J- Schröer (RSA).
[289] Sterberegister 1874-1955, Standesamt Lichtenberg von Berlin, Nr. 1934 und 1935, 1941.

Abb. 65 **Rudi Schuricke und Sohn Michael 1946,** Titelfoto Melodie 2, 1947

Rudi Schuricke mit seinem Söhnchen Michael

Schließlich heiratete Schuricke nach seinem Umzug nach Bayern während seiner Zeit als Hotelier am Ammersee (Eröffnung des Hotels „Seespitz" in Herrsching, im Mai 1951)[290] am 17. Juni 1952 die Tänzerin und Schauspielerin Christa Schindler.[291] Er hatte sie wohl 1950 bei der Philips-Licht-Revue als Tänzerin des „Hiller-Ensembles" kennengelernt. Aus dieser Verbindung geht schließlich die jüngste Tochter „Gaby" hervor (geb. 1954).

---

[290] — Zum Hotel vgl. etwa: Rudi Schuricke im falschen Haus, Funk und Film, Nr.36 (07. September 1951) sowie die Rudi-Schuricke-Chronik (unten).

[291] „Hochzeit am Ammersee", Hörzu 28 (1952), Gruppenfoto. — Hamburger Abendblatt (21. Juni 1952), Foto. — Radio - Revue 30 (1952), Foto (gleiches Motiv). — Hochzeitsfoto (Rudi Schuricke und Christa Schindler, sitzend), in: DoLP "Wiederhören macht Freude", Begleitheft, wie oben. Im Gegensatz zum Begleittext war dies allerdings die dritte und nicht die erste Hochzeit des Sängers.

"Florentinische Nächte" im Hotel Seespitz: Rudi Schuricke, der betörende Schlagersänger, hat die Berliner Tänzerin Christa Schindler geheiratet und damit zur Haus-
frau in seinem Hotel in Herrsching am Ammersee gemacht. Hochzeitsreise fällt aus.
Tonaufnahmen waren wichtiger

Abb. 66 **Ehe „Nummer 4":** Hochzeitsfoto 1952 – Christa und Rudi Schuricke,
Hamburger Abendblatt (21.06.1952).

Auch diese Ehe wurde im Jahr 1959 geschieden. Am 14. Juli 1964
heiratete Schuricke seine vierte und letzte Frau, die 1939 in Oberhausen
geborene Maria Elisabeth Kohl, genannt Marlis.[292] Über seine ersten
zwei Ehen äußert sich Rudi Schuricke autobiographisch äußerst zurückhaltend bis gar nicht. Allein seine dritte Frau „Hilli", die er via des befreun-
deten Fotografen Mischa Steinberg (†1938; zu diesem siehe auch Kap.
1933-1935: Das ist Berlin!) kennen lernte, findet ein wenig Erwähnung.
Obwohl man sich „prima verstand", „wie Pech und Schwefel zusammen-
hielt", „die Kinder gemeinsam großzog", scheiterte die Ehe schließlich an
der Eifersucht Hillis, so Schurickes Version der Dinge.[293] Allerdings
räumt Schuricke seinen zahlreichen Amouren einen recht breiten Dar-
stellungsraum ein und scheut sich nicht zu seinem "Gigolo-Image" zu
stehen, was letztendlich „Hillis" Eifersucht berechtigterweise erklärt.

*„Mein Leben nahm ich in den Nachkriegsjahren nur von der
leichten Seite. Warum auch nicht? Ich liebte wild drauflos. Ich lernte
viele nette und hübsche Mädchen und Frauen kennen. Und wenn
ich zurückdenke, so weiß ich nicht so recht, ob ich mich damals
nicht manchmal wie ein Schuft verhalten habe. Viele von meinen*

---

[292] Schuricke, 46. RSA.
[293] Schuricke, 43.

*großen und kleinen Lieben waren in ihrer Art so einmalig und ehr-
lich und mir so ganz zugetan.“* [294]

Ferner war es seine feste Überzeugung, dass durch seine Lebens-
und Liebeserfahrung seine Schlager eine besondere Glaubwürdigkeit er-
langten. Nach der Abgabe seines „Hotel Seespitz“ am Ammersee, das
er im Mai 1951 eröffnet hatte[295] – *„mein Hotel am Ammersee brachte mir
viel Ärger und wenig Glück“*[296] – betrieb er von 1959 bis 1965 in Köln das
Tanzcafé „Corso am Ring“[297] und unterhielt mit seiner Frau Marlies in
den ausgehenden 1960er Jahren nach missglückten Geschäften – *„Ich
gebe ja zu, mit mehreren Objekten baden gegangen zu sein, aber ich
ging nie pleite“* – einen Waschsalon in München.[298] Mitte der 1960er stellen sich erste größere Gesundheitsprobleme ein und die Fernsehzeit-
schrift „Hörzu“ berichtet 1965 von einer Magenoperation.[299] Wohnhaft
blieb Schuricke in Bayern danach weiterhin in Breitbrunn am Ammersee,
und bis zu seinem Tod in Olching (Landkreis Fürstenfeldbruck) bei München in einem Bungalow, welchen er offenbar 1970 erworben hatte.[300]
Vor allem seine letzte Frau Marlies schien Schuricke die Kraft, Motivation
und Energie für sein *Comeback*, Anfang der 1970er Jahre bis zu seinem
Tod 1973, gegeben zu haben.[301]

---

[294] Schuricke, wie oben.
[295] „Capri-Fischer kocht am Ammersee“, Hörzu 22 (1951).
[296] Schuricke, 41. — „Troubadour der Liebe. Der singende Hotelier Rudi Schuricke“, Hörzu 50 (1951), 7.
[297] Völmecke, 26.
[298] „Mit Rudi ging's bergab“, Bild und Funk 46 (15. November 1969), 10.
[299] Hörzu 17 (1965), 18.
[300] L. Kahlberg „Der Capri-Fischer vom Ammersee“, Frau im Spiegel 44 (28.Okto-
ber 1968), 45. — Stern 49 (26. November 1972) — „Rudi fischt wieder“, Bild am
Sonntag (25.02.1973), 27. — „Halt' die Schnauze sing!“, Bild und Funk 12 (1973),
48 (Foto).
[301] Schuricke, 46.

1961-1973
So Leb' Dein Leben!

Abb. 67 **Zähne zusammenbeißen: Rudi Schuricke singt Potpourris, hat aber keine Hits mehr!** Bildhülle Polydor EP 76561 „Bertelsmann-Sonderauflage" (1963).

Schuricke-Titel erschienen zu Beginn der 1960er Jahre in gewissem Umfang auf EP- und LP-Club-Sonderpressungen für Bertelsmann und die Deutsche Schallplattengemeinschaft, Darmstadt (Label: Atlas). Zu Beginn der 1960er Jahre reiste Schuricke in die USA und gab dort vor deutschem Publikum einige Konzerte. In New York traf er 1962 den berühmten ursprünglich aus Polen stammenden Tenor Jan Kiepura (1902-1966), den seine Karriere etwa zum selben Zeitpunkt wie Schuricke nach Berlin geführt hatte. Kiepura war mit der nicht minder bekannten Schauspielerin und Sängerin Martha Eggert (gest. 2013) verheiratet, mit der er bei Kriegsbeginn in die Vereinigten Staaten emigrierte.

Abb. 68 **1962 – New York – „Tenöre unter sich":** Rudi Schuricke und Jan Kiepura (nach: Schuricke, 40)

Tenöre unter sich: 1962 traf ich Jan Kiepura in New York

Zu seinen Auftritten in Deutsch-Amerikanischen Clubs berichtet Rudi Schuricke (1971):

> *„Viermal habe ich jetzt in Amerika gesungen. Ich fahre jetzt nicht mehr dorthin. Der Erfolg ist einfach erdrückend. Für diese Menschen stellt man ja eine personifizierte Erinnerung dar. Wenn es nach ihnen ginge, könnte ich zwanzig Jahre dort singen."*[302]

1962 wurde das Schuricke-Terzett mit seinen alten Mitstreitern Horst Rosenberg und Karl Golgowsky nach 21 Jahren kurzzeitig für wenige Aufnahmen wiederbelebt, und zwar für die Single „Tahiti bei Nacht" / „Nachtbus nach Kairo" (Polydor 24869 A/B) und zwei LPs, die 1965 bei „Philips" erschienen.

---

[302] Rudi Schuricke, in: E. Colani, Die Schnulze macht mir keiner nach, Berliner Zeitung (28. Januar 1971).

Abb. 69 **1965, das Terzett-Revival:** Rudi Schuricke wechselt „mit Terzett" kurzfristig für zwei LPs zur Marke Philips. Die gelungenen Einspielungen alter Klassiker erfolgen mit dem Orchester von William Greihs. Man hört das „Terzett" nun erstmals in Stereo!

Diese LPs bestanden aus Neuaufnahmen klassischer „Schuricke" und „Schuricke-Terzett"-Titel der „goldenen Ära" und weisen sich durch eine zeitgemäße und als äußerst gelungen zu bezeichnende Produktion aus (begleitet vom Orchester William Greihs[303]). Wenige Auftritte im Fernsehen, etwa 1965 bei der „Aktuellen Schaubude" des WDR mit dem Schuricke-Terzett[304] oder bei einer ZDF-Show zu Ehren des hochtalentierten Pianisten und Chanson-Komponisten Peter Igelhoff, „Rendezvous mit Peter Igelhoff", im Jahr 1966 schlossen sich an. Rudi Schuricke trägt hier, begleitet von Ilse Werner und Mady Rahl, mit der er 1937 schon eine

---

[303] Schallplattenaufnahmen sind seit den 1930er Jahren als Wilhelm Greis nachzuweisen. Vgl. DHD, 93. Seit Ende der 1940er Jahre nahm Wilhelm als „William" unter anderen für „Electrola" auf, z.B. 1949 den amerikanischen Titel *Ghost Riders in the Sky* als „Geisterreiter" gekoppelt mit „Mitternacht am Broadway" auf (Electrola EG 7395).

[304] Gästebuch 1964 / 1965 „Aktuelle Schaubude" des WDR mit Autogrammeintragung (Versteigert im Jahre 2003 bei der Internetauktionsbörse „Ebay").

Plattenaufnahme absolviert hatte, den Igelhoff-Titel „Fips, der Pfeifer" vor.[305] Peter Igelhoff (1904-1978) war als Wiener im Berlin der 1930er Jahre mit seinen unsterblichen Kompositionen und Schallplattenaufnahmen zu großem Ruhm gelangt.

Abb. 70 **1966 – Rendezvous mit** dem unvergessenen Komponisten und Jazzpianisten **Peter Igelhoff** (1904-1978). Hier spielt er im UFA-Film „Eine Nacht im Mai" (1938).

Igelhoff hatte interessanterweise seine österreichische Beamtenkarriere an den Nagel gehängt, um Mitte der 1930er Jahre Jazz-Musik in London zu studieren. 1969 erhielt er eine Ehrenprofessur.[306] Die bekanntesten heiteren und meist scharf- und hintersinnigen Igelhoff-Kompositionen, die Schuricke einspielte, dürften „Barbara-m-bu" (auf Telefunken A 1905, Ende 1935), „Der Onkel Doktor hat gesagt" (Electrola EG 6216, Januar 1938) und „In der himmelblauen kleinen Limousine" (Electrola EG 6990, August 1939) sein. Zu dieser Zeit geäußerte Wunschvorstellungen von Rudi Schuricke, einmal selbst eine Fernsehrolle zu erhalten, ließen sich nicht in die Tat umsetzten.[307]

In die letzte Phase von Schurickes Karriere fällt der Plan, seine Autobiographie zu verfassen, der wohl in den ausgehenden 1960er Jahren

[305] „Rendezvous mit Peter Igelhoff", Hörzu 21 (1966), 50. — Laut Kurzmitteilung, Funk Uhr 7 (1971), fanden weitere Schuricke-Fernsehauftritte bei der „Schlagerparade", „Berlin-Geflüster" und der „Drehscheibe" des ZDF statt.
[306] G. Ahlers, Peter Igelhoff. Keine Angst ich fall' nicht auf die Knie. Begleitheft zur gleichnamigen CD (2000). In späteren Jahren komponierte Peter Igelhoff auch Filmmusiken – so 1959 die Musik zum Film „Natürlich die Autofahrer" mit Heinz Erhardt.
[307] M. Sinjen, Rudi Schuricke: „Bonanza, das wär' was für mich", Hörzu 11 (1971), 36 f.

reifte und weit fortgeschritten bzw. irgendwann abgeschlossen war.[308] Der recht sonderbare Titel „Halt' die Schnauze und sing'!" kam, wie schon oben geschildert, durch ein Erlebnis mit russischen Soldaten bei Kriegsende in Berlin zustande. Die Autobiographie ist nach Schurickes Tod nie erschienen und muss als verschollen gelten.[309] Inhaltlich ging es in dem Manuskript zu einem gewichtigen Teil um den privaten Schuricke und dessen Liebesleben. Aussagen von musikhistorischer Bedeutung entnehmen wir der durch die Vorabpublikation in der Zeitschrift „Quick" nur fragmentarisch erhaltenen Autobiographie eher am Rande. Durch Interviews erfahren wir, dass sich Schuricke in seinem Werk eigentlich zeithistorisch ganz richtig als „lebende Legende" einordnet, indem er darauf aufmerksam macht, auch Johannes Heesters (1903-2011) in seinem Werk gewürdigt zu haben:

> „Ick bin so froh, dass es Johannes Heesters noch gibt und sage das auch in meinem Buch. Er ist heute genauso eine Legende, wie ich es bin. Nach uns kommt nischt mehr."[310]

Anfang 1971 absolviert Schuricke einige Auftritte in Berlin.[311] Seine letzten Schallplattenaufnahmen 1972/1973 meistert er bei der „Polydor" in Hamburg mit Bravour.

> „Zwei Tage waren die Aufnahmen für meine neue Langspielplatte festgesetzt. Aber ich habe es in einer noch nie dagewesenen Rekordzeit geschafft. Wir waren nach dreieinhalb Stunden fertig. Die Techniker kamen aus dem Staunen nicht heraus."

Den Grund hat Schuricke auch gleich parat:

> „Damals konnte man seine Fehler nicht von der Technik vertuschen lassen. Das musste auf Anhieb sitzen. Das steckt halt in einem drin".[312]

---

[308] L. Kahlberg, „Der Capri-Fischer vom Ammersee", Frau im Spiegel 44 (26. Oktober 1968), 45. Der im Folgenden genannte Titel stand zu diesem Zeitpunkt wohl noch nicht fest.
[309] Aussage H.-J. Schröer, der das bei einem Münchner Anwalt hinterlegte Manuskript einmal, nach dem Tode von Rudi Schuricke, einsehen durfte.
[310] „Halt' die Schnauze und sing!", Bild und Funk 12 (1973), 48.
[311] Berliner Morgenpost (28. Januar 1971).
[312] „Rudi fischt wieder", Bild am Sonntag (25.02.1973), 27.

Abb. 71 **1968 – Rudi Schuricke** mit Portraitgemälde in seinem Haus am Ammersee.

Bis zum Herbst des Jahres 1973 erscheinen drei LPs und zwei Singles für das Label. Rudi Schuricke tritt hierbei auch als Komponist und Textdichter in Erscheinung, ein sicher nur kleines Talent, welches sich aber schon bis in die 1940er Jahre zurückverfolgen lässt, und nimmt den durch Frank Sinatra und Elvis Presley (mit Text von Paul Anka) zu dieser Zeit popularisierten, autobiographisch reflektierenden Titel „My Way"[313] als „So Leb' Dein Leben!" auf, der auch seine letzte zu Lebzeiten veröffentlichte Single-Schallplatte ist (Polydor 2041471).

---

[313] Eigentlich „Comme d'Habitude" von Claude François (1939-1978).

Abb. 72 **Rudi Schuricke 1973**: Letzte Polydor-Autogrammkarte (mit Widmung vom 12. Juni)

Abb. 73 **1973 – erfolgreiches *Comeback* mit:** *„I Did It My Way"* – als **„So leb' Dein Leben"** – die letzte Single!

Schuricke soll zu seinem Produzenten Heyer nach den Aufnahmen zur gleichnamigen letzten LP im Oktober 1973 gesagt haben: „Das ist mein musikalisches Testament".[314] Im Spätherbst kommt er wegen Gallen- und Leberbeschwerden in die Münchner Universitätsklinik. Rudi Schuricke wird mehrere Male operiert und verstirbt dort – relativ überraschend – an den Folgen eines Gehirnschlags am 28. Dezember 1973. Bestattet wird er auf dem Wald-Friedhof von Herrsching am Ammersee. Bei der Beerdigung spricht der populäre Natur- und Tierforscher Heinz Sielmann, eine Jugendbekanntschaft Schurickes, letzte Worte.[315] Zum Abschied erklingt offenbar das Lied „*Berceuse*" (= dt. „Wiegenlied" aus der Oper „Jocelyn" [1888] von Benjamin Godard,1849-1895), das Rudi Schuricke im März 1948 in französischer Sprache eingespielt hatte und das damals auf einer 30cm Schellackplatte veröffentlicht wurde (Polydor 57346 A).[316]

---

[314] Sielmann II, 5.
[315] Sielmann II, wie oben.
[316] Bing Crosby hatte bereits 1946 mit „Lullaby" eine englischsprachige Adaption und Version eingespielt (US.-Decca - Specialty Series - 40012 A).

Epilog – „Capri-Fischer" *forever?*

Die Firma RCA Victor popularisierte den *„Forever"* Titel auf einigen Alben ihrer großen Künstler in den 1970er und beginnenden 1980er Jahren (u. a. Benny Goodman, Elvis Presley). Eine planmäßige, chronologische und angemessene Würdigung im Bereich der Schallplatten-Wiederveröffentlichungen auf Vinyl und CD hat das Werk Rudi Schurickes leider bisher nicht erfahren. Mag diese Arbeit ein kleiner und erster Führer zum Repertoire und dem Spektrum des Künstlers sein und mithelfen, dieses auch zukünftig besser erschließen zu können. Rudi Schuricke hat uns weit mehr hinterlassen als eine romantische Serenade über eine italienische Insel – das wird allzu oft nicht wahrgenommen. Dennoch ist gerade deswegen der Künstler in Deutschland nicht vergessen worden, und der mittlerweile selbst verstorbene Komödiant Diether Krebs (1947-2000) ließ in den 1990er Jahren durch eine künstliche Duett-Version der „Capri-Fischer" Rudi Schuricke kurzzeitig wieder auferstehen. 1999 erschien eine neue Version erstmals mit einem italienischen [!] Text des Sängers Al Bano Carisi auf seiner CD „Volare". Damit wird klar, dass mittlerweile ein kleiner trivialer Retro-Kult rund um Rudi Schuricke entstanden ist. Zu Gunsten des Künstlers mag man die oben genannte Parole gerne in die Form „Rudi Schuricke *forever*" korrigieren. Denn aus deutscher Sicht kann Rudi Schuricke auch im internationalen Vergleich des Showbusiness durchaus großen und ebenso produktiven Künstlern, Entertainern und Zeitgenossen vom Format eines Dean Martin oder Perry Como[317] an die Seite gestellt werden – verdient hat er sich diesen Rang auf jeden Fall.

Zum 120-jährigen Bestehen der „Deutschen Grammophon Gesellschaft" erfährt Rudi Schuricke 2018 die besondere Ehrung, mit einigen Titeln, nun einmal nicht mit den „Capri-Fischern", quasi als gesanglicher Vertreter der Populärmusik der Epoche der „klassischen Moderne" auf ihrer monumentalen Jubiläums-CD-Box (121 CDs) vertreten zu sein. Ein wenig verwunderlich ist dies schon, wird hier zwischen fast ausschließlich klassischer Musik, nun endlich auf CD Nr. 108 mit dem Titel *Early Polydor And Light Music Recordings*" ein kurzer Seitengruß an die Toch-

---

[317] Vgl. die vorbildliche Perry-Como-Internetdiskografie von George Townsend, Canada. www.kokomo.ca.

terfirma „Polydor" entrichtet, die nach dem 2. Weltkrieg 1947 als Exklusivmarke der DG für populäre Unterhaltungsmusik neu definiert wurde. Gewürdigt wird hier, vom Elfenbeinturm der Klassik aus betrachtet, in kurzen Stichproben, die orchestrale leichte Muse: Neben der Operette werden hier subjektiv einige der besten orchestralen Populäraufnahmen und Veröffentlichungen aus der Anfangszeit von „Polydor" als U-Musik-Label veröffentlicht, zu denen eben auch Schuricke als einer der hervorragendsten Gesangsinterpreten dieser Zeit zählt. Immerhin kommen hier zehn „klassische" Schuricke-Titel von 1949 bis 1951 zu Gehör, darunter einführend (108-16) der ikonische Winkler-Siegel-Tango „Mandolino – Mandolino" (Polydor 48314 A, Tango-Orchester A. Hause, 1950). Auf dieser Zusammenstellung erfährt bereits, numerisch vor Schuricke, sein musikalischer Weggefährte und späterer „Hauskomponist" Gerhard Winkler mit seinem hier bereits erwähnten „Chianti-Lied" (108-05) Ehrung (= Grammophon 47526 A, Veröffentlichung 1941 mit Tenor Walther Ludwig). Dies ist hier offenbar im Zusammenhang mit der Schellack-Nachkriegs-Wiederveröffentlichung des Titels (nun als: Polydor 47526 A) des damaligen Polydor-Back-Katalogs zu sehen.[318] Rudi Schuricke und Gerhard Winkler haben damit, auch im fortschreitenden 21. Jahrhundert, von unerwarteter Seite, eines eigentlich völlig anderen Genres, einen nun durchaus exquisiten *Hall-Of-Fame"* - Eintrag mehr zu verbuchen.

Doch nun genug der vielen Worte: Am besten erschließt sich die Bedeutung des Künstlers Schuricke, wenn man sich mit dessen Repertoire beschäftigt, eine klassische Aufnahme auf den eigenen Plattenteller legt und sich an seiner einzigartigen Stimme erfreut, die sein bleibendes Vermächtnis ist!

---

[318]Deutsche Grammophon, DG 120 – The Anniversary Edition, DG 483 5268 (121 CD Box), 2018, CD Nr. 108.

Teil 2
Diskografie

Erläuterungen zur Diskografie
von
Alexander Zäh

Allgemeines

Die von Hans-Joachim Schröer aus dem RSA erstellte Diskografie wird hier von Andreas B. Kubitza als reduzierte und bearbeitete Übersichtsliste der erstveröffentlichten Aufnahmen auf Schellackplatten (78 U/Min) wiedergegeben. Verständlicherweise konnten die massenhaften CD-Veröffentlichungen einzelner Schuricke-Titel der jüngeren Zeit und die LP- (Wieder-) Veröffentlichungen aus den 1970er und 1980er Jahren hier nicht berücksichtigt werden. Rudi Schuricke war im Wesentlichen ein Aufnahmekünstler der Schellack-Ära, die mit der Ablösung dieser zerbrechlichen Platten in Deutschland Mitte der 1950er Jahre durch die Vinyl-Kunststoffplatten beendet wurde. Im Jahre 1957 waren die letzten neuen Schellackplatten (Abspielgeschwindigkeit 78 Umdrehungen pro Minute) von Rudi Schuricke auf dem Markt erhältlich, welche bis dahin nun schon seit einiger Zeit (ca. 1952/53) parallel auf den unzerbrechlichen Vinyl-Singles und „Extended Play"-Alben mit 45 Umdrehungen herauskamen. Zu dieser Zeit war die innovative Aufnahmetätigkeit Schurickes und damit seine große Schallplattenkarriere bereits langsam zu Ende gegangen. Dadurch ist der vergleichsweise geringe Ausstoß von Schuricke-Platten in diesem Format zu erklären. Lediglich eine LP mit Bert Kaempfert (von 1958) zeigt im Ansatz, dass Schuricke auch das Potenzial gehabt hätte, viel mehr Konzeptalben dieser Art aufzunehmen. Die ersten in Deutschland erhältlichen Vinylformate waren Langspielplatten mit 25 cm und 30 cm Durchmesser, die von der Deutschen Grammophon Gesellschaft zeitgleich auf den Markt gebracht wurden. Die erste 25cm-LP dieser Art von Rudi Schuricke war übrigens auch einer der ersten Polydor-Vinyl-Veröffentlichungen überhaupt und stammt aus dem Jahre 1951 (Polydor LPH 45002).

Rudi Schuricke ist, wie an der Bestellnummer zu erkennen ist, der erste Polydor-Solokünstler, der auf diesem Format in Deutschland erhältlich war. Statt dem hier aufgeführten Titel „Tag und Nacht (Night and Day)" erscheint auf der optisch genauso gestalteten LP-Hülle und der Platte auf Seite 2 als erster Titel „Seit heute bin ich verliebt". Alle genannten Titel waren daneben auch noch nach wie vor auf Schellackplatten erhältlich. Die Umschlaghülle der zweiten Auflage (1952) erscheint in geringfügig verändertem genauso schlichtem Design ohne den Gitarristen. Die Hüllendeckel wurden durch einen geklebten Umschlag aus roten Leinenstreifen zusammengehalten. Eine dritte Auflage zeigt ein völlig verändertes, rot gehaltenes Design mit weißer Rahmung (1953-54). Man beachte die – im Zeitverhältnis gesehen – enormen Preise von LPs bis hin zu 32.- DM

Abb. 74.b „Polydor Langspielplatten für 33 1/3 Umdrehungen" (4 S.). Deckblatt, September 1951 (Foto: Zäh).

155

RUDI SCHURICKE

singt seine beliebtesten Lieder

Mandolino - Mandolino, Tangolied . . .	Winkler - Siegel
Florentinische Nächte, Tangolied	Dostal - Meder
Abends in Napoli, langs. Walzer	Immich
Auf Wiedersehen, Lucia, Tanzlied . .	Cherubini - Feltz
Tag und Nacht (Night and day), Foxtrot	Porter - Hillmann
Mein Herz ruft nach Dir, langs. Walzer . . .	Sigman - Sixt
Warum weinst Du kleine Tamara, Tangolied / André - Meder
Auf Wiedersehn, Foxtrot	Storch

Es begleiten:

Benny de Weille mit dem POLYDOR - Tanzorchester - Alfred
Hause mit dem Radio - Tango - Orchester, Hamburg - Helmut
Zacharias mit großem Tanz - Streich - Orchester - Orchester
Kurt Graunke, Leitung Gerhard Winkler - Gerhard Gregor,
Hammond - Orgel - Waldo Favre - Chor und ein Kinderchor

BESTELL.-NR. 45 002 LPH

GRAMMOPHON-LANGSPIELPLATTEN 33⅓

CHOPIN, Frédéric
Klaviersonate Nr. 2 b-moll op. 35
Mazurka Nr. 32 cis-moll op. 50 Nr. 3
Best.-Nr. 16005 LP

BRUCKNER, Anton
Tedeum, für Soli, Chor, Orchester und Orgel
Best.-Nr. 16002 LP

WOLF, Hugo
Aus dem Italienischen Liederbuch (Paul Heyse)
Best.-Nr. 18005 LPM

STRAUSS, Johann
Wein, Weib und Gesang / Bitte-schön-Polka
Fledermaus-Quadrille / Leichtes Blut
Best.-Nr. 16003 LP

HANN, Georg †
Der Wildschütz (Albert Lortzing)
Fünftausend Taler / Arie des Baculus
Zar und Zimmermann (Albert Lortzing)
O sancta justitia / Arie des van Bett;
Den hohen Herrscher würdig zu empfangen
Singschule
Der Wildschütz (Albert Lortzing)
Laßt er doch hören / Duett Gretchen-Baculus
(mit Ellinor Junker-Giesen)
Der Barbier von Bagdad (Cornelius)
Mein Sohn sei Allahs Frieden
Auftrittslied des Abul / Er lebt, er lebt
Schlußszene mit L. Fehenberger u. Karl Hoppe
Best.-Nr. 18003 LPM

33⅓ UNTERRICHTET AUSFÜHRLICH ÜBER DIESE NEUE PRODUKTIONSSERIE

LP 25 cm · DM 23.—   LPM 30 cm · DM 32.—

Abb. 74.b **Vinyl-Pionier I: Werbefaltblatt der Deutschen Grammophon** für ihre ersten Vinyl-Kunststoff-Veröffentlichungen im Jahre **1951**.

Veröffentlicht wurden von der „Polydor" ab 1953 ebenso Vinyl-Singles und „Extended Play" Vinyl-Alben mit in der Regel vier Titeln im Singleformat, auch hier zählt Rudi Schuricke mit einem gleichnamigen Album zu den ersten herausgebrachten Interpreten (Polydor EPH 20003).

Abb. 75 **Vinyl-Pionier II**: Hülle einer der ersten deutschen „Extended Play" Veröffentlichungen (4 Titel) überhaupt – im Single-Format mit 45 Umdrehungen (Polydor EPH 20003, 1953).

Die Langspielplatte wurde in den USA von der Firma „Columbia" schon 1948 auf den Markt gebracht. Die viel kleinere Vinyl-Single-Schallplatte mit 45 Umdrehungen pro Minute, als Ersatz für das 78er Format, kam in den USA ab dem Jahre 1949 auf den Markt und wurde von der amerikanischen RCA (*Radio Cooperation of America*) eingeführt. Sie löste in Amerika den sogenannten *„war of the speeds"* („Krieg der Abspielgeschwindigkeiten") aus, da die Firmen erbittert um Marktanteile mit diesem neuen Material und den neuen Formaten kämpften. In Amerika und Großbritannien wurden 78er-Platten, abweichend von der deutschen Produktion, teilweise auch als Vinylpressungen, noch lange Zeit bis weit in die 1950er Jahre hinein parallel veröffentlicht. Bei Polydor erschienen bis 1958 die letzten Schellackplatten.

Danach erscheinen auch von Rudi Schuricke nur noch Vinyl-Singles. Was nun die aktuellen Schuricke-Wiederveröffentlichungen der jüngeren Zeit anbelangt, so steht hier meist nicht Rudi Schuricke bzw. das „Schuricke-Terzett" im Vordergrund, sondern die deutschen Tanz-Orchester jener Epoche. Zwangsläufig sind auf diesbezüglichen CD-Wiederveröffentlichungen viele Schuricke-Titel enthalten. Gerne weise ich an dieser Stelle auf Hersteller solcher CDs hin, die damit den bisher preisgünstigsten und schnellsten Zugriff auf das aufgenommene Repertoire des Künstlers ermöglichen. Ein großer Teil des Schuricke-Back-

Katalogs wurde seit den Erstveröffentlichungen nicht wieder veröffentlicht, und somit sind die alten Schellack- und Vinylplatten die einzige Quelle für den Musikinteressierten. Die Angaben in der Diskografie entsprechen in den meisten Fällen den Angaben auf den Etiketten, oder sind diesbezüglich – im Falle von Anonyma – teilweise ergänzt.

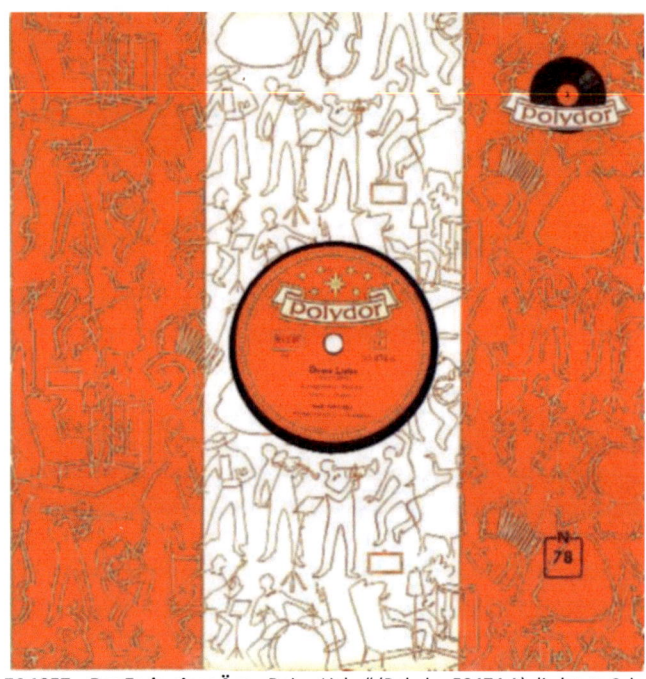

Abb. 76 **1957 – Das Ende einer Ära:** „Deine Liebe" (Polydor 50474 A) die letzte Schellack-Neuveröffentlichung von Rudi Schuricke (Polydor-Schellackhülle III[319]).

---

[319] Weitere Polydor-Schellackhüllen-Varianten vgl. die Internetseiten von B. Meyer-Raehnitz www.albis-international.de, s.v. Schellackplatten > Hüllen > Hüllen – Referenz von Herstellern (L-S) >] Polydor] „nach 1945" [abgerufen am 02.08.2022].

Originäre Langspielplatten (33 1/3 Umdr.)
von
Rudi Schuricke / Schuricke – Terzett

1. Ein Troubadour der Liebe – Polydor LPH 45002 (25 cm; 1951)
2. Unter Sternen und Laternen – Polydor LPH 46506 (30 cm; 1958 Neu-aufnahmen)
3. Seine großen Erfolge [I.] – Polydor 46786 (HiFi; 1964)
4. So wird's nie wieder sein! Schuricke-Terzett – Philips (08/1965); 2. Aufl. auf Fontana (Philips Sublabel); Fiesta / USA (1966).
5. So schön wie heut', so müsst es bleiben, Schuricke-Terzett – Philips (1966); 2. Aufl. Fontana.
(Beide Philips Platten wiederveröffentlicht als DoLP „Rudi Schuricke [!] – Hörst Du mein heimliches Rufen?")
6. So eine Liebe gibt es einmal nur– Polydor (1972, Kompilation: Neaufn. / Altauf.)
7. Ganz leis' erklingt Musik – Polydor (1973, Kompilation Altaufnahmen); Karussell
8. Meine Lieblingslieder – Polydor (Herbst 1973, Kompilation Altaufnah-men)
9. So Leb' Dein Leben – Polydor (Herbst 1973, Studio-Neuaufnahmen)
10. Seine großen Erfolge [II.] –Polydor / Karussell 635151 (1973 Neu-Kompil.)
11. Unvergessene Hits – Polydor (Mitte 1974, Kompilation)
12. Noch einmal mit Gefühl – Polystar DoLP (1980, Kompilation, Alt-aufn.)[320]
13. Rudi Schuricke u. s. berühmtes Terzett – Electrola-Odeon DoLP „Der Goldene Trichter" (1980? Sampler mit Altaufnahmen).
14. Caprifischer [!?] – Polydor LP – Reihe: Rotation (Wiederveröffentli-chung von „Seine großen Erfolge [I.]" = 3. / Ende der 1970er Jahre).

---

[320] Laut Kurzmitteilung in: Funk Uhr, Nr. 23 (07. Juni 1980), erreichte die Platte im Mai Platz 8 der Deutschen LP-Charts von Media Control.

RUDI SCHURICKE

So eine Liebe gibt es einmal nur	**2041 315**
Reich mir deine Hand	

LANGSPIELPLATTEN

So eine Liebe gibt es einmal nur	**2371 310**

So eine Liebe gibt es einmal nur · Frauen und
Wein · Tulpen aus Amsterdam · Moulin Rouge
(Ein Lied aus Paris) · Wenn du mich küßt
(La Golondrina) · Komm bald wieder · Deine
Liebe (True Love) · Capri-Fischer · Was kann
schöner sein · Heimweh nach Virginia · Reich
mir deine Hand (Largo) · Ich danke dir für
jeden Tag

Ganz leis erklingt Musik	**2430 012**

Ganz leis erklingt Musik · Glutrote Rosen ·
Möwe, du fliegst in die Heimat · Seit heut bin ich
verliebt · Zwei Märchenaugen · Wolgalied
,Zarewitsch' · Wir zwei sind die besten
Kameraden · O mia bella Napoli · Mandolino,
Mandolino · Zwei verliebte Italiener · Warum
weinst du, kleine Tamara · Abend in Napoli

Seine großen Erfolge —	
Rudi Schuricke	**635 151**

Capri-Fischer · Dreh dich noch einmal um ·
Glaube mir · Frauen und Wein · Frühling in
Sorrent · Auf Wiedersehen · Florentinische
Nächte · Laß uns träumen von Lago Maggiore ·
Das Märchen unserer Liebe · Wenn du in meinen
Träumen bei mir bist · Moulin Rouge · Sei lieb
zu mir

Abb. 77 **1972 / 1973: Das musikalische Vermächtnis.** Letzte Autogrammkarte (siehe Abb.
72), Rückseite, vom Sommer 1973. Die damals aktuell erhältliche vorletzte Single und
gleichnamige Polydor LP mit Neuaufnahmen dieser Jahre wurde neben wiederveröffent-
lichtem Altmaterial auf den Markt gebracht.

Zu den Aufnahmedaten

Zu den Aufnahmedaten bleibt anzumerken, dass diese nur zum geringsten Teil aus erster Quelle stammen, sondern zumeist aus der Deutschen Nationaldiscographie-Reihe: „Discographie der Deutschen Tanzmusik" (= DDT, Lotz Verlag) oder anderen Orchesterdiskografien (etwa Henner Pfaus Arbeit über Adalbert Lutter) übernommen wurden, ohne dass die Verfasser dieser Werke freilich ihre Quellen offen legen würden.[321] Es ist davon auszugehen, dass sich zahlreiche verschollene – für die Datierung der Aufnahmen relevante Firmenunterlagen (etwa Protokolle von Aufnahmesitzungen) – heute in privater Hand und in einschlägigen Sammlerkreisen befinden. Ein geringer Teil der Daten konnte allerdings dankenswerterweise durch die Tagebucheintragungen des Bandoneon Spielers Fred Dömpke und des Spree-Revellers-Pianisten Werner Doege gegengeprüft werden, welche veröffentlicht wurden.[322] Weitere Daten entspringen der glaubwürdig gemachten Amiga-Diskografie, in der die seltenen „Radiophon" Aufnahmen erfasst sind. In Ausnahmefällen konnten rudimentär erhaltene Firmenunterlagen, etwa der Deutschen Grammophon Gesellschaft, aus deren Archiv in Hamburg, herangezogen werden. Durch Matrizennummern-Vergesellschaftung im Katalog konnten mit Daten einzelner Aufnahmesitzungen nun erstmals präzise Titellisten für einige Termine (einiger Aufnahmesitzungen) erstellt werden. Einen Datierungshinweis (terminus ante quem) liefern auch die Pressungen der Schellack-Platten der Deutschen Grammophon Gesellschaft, die bis in die 1950er Jahre hinein mit eingedruckten Datumsangaben, die nach der Auslaufrille auf den Platten zu finden sind, gepresst wurden.

---

[321] Der magere Hinweis auf die von den Herausgebern benutzten Quellen im Danksagungsteil der DDT, v-vi: „Jede Discographie baut auf Erkenntnissen anderer Discographen auf […]" – „[…] Darüber hinaus habe ich die internationale Fachliteratur systematisch ausgewertet, so dass auf eine Bibliographie verzichtet werden kann" klingt für den zum genauen Belegnachweis verpflichteten Historiker, im Sinne des bei den Journalisten verbreiteten „Quellenschutzes", zynisch und verschleiernd.
[322] Vgl. — Dömpke. — Schröer, Spree-Revellers.

Kleine Etikettenkunde[323]

An dieser Stelle weise ich kurz auf die Zusammenhänge der einzelnen wichtigsten Schallplattenmarken und die Besonderheiten der Etiketten hin, auf denen Platten von Rudi Schuricke erhältlich waren. Es ist nach wie vor eine offene Frage, welche Vorkriegs- und Kriegsaufnahmen im Nachkriegsangebot wiederveröffentlicht worden sind, da den Firmen durch die Kriegswirren etliche Original-Matrizen zum Pressen der Schallplatten verloren gingen. In einigen Fällen, zum Beispiel bei einigen neu vergebenen Bestell-Nummern für Kristall-Aufnahmen, die nach 1945 auf Imperial erschienen, lässt sich das Phänomen der Neukopplungen von nicht zerstörten Altaufnahmenmatrizen in der Nachkriegszeit besonders gut nachvollziehen.

Carl Lindström A.G., Berlin[324]

Odeon

Odeon war eine der Hauptmarken der Carl Lindstöm A.G. Als Exportlabel fungierte das „Parlophone" Etikett (rot / gold).
1933-1945: Etiketten dunkel-lila / gold; rot / gold.
1945-1948: Etiketten auf schlechtem Papier (weiß-blau).

Abb. 78 Nachkriegsreklame, aus: **Melodie 2** (1947), Titelblatt

---

[323] Vgl. dazu auch die nach wie vor unverzichtbare Gesamt-Übersicht historischer deutscher Plattenfirmen bei Lange II, 15 f. Vgl. dazu jetzt nun wohl voll ausschöpfend: R. E. Lotz – M. Gunrem – St. Puille, Bildlexikon der deutschen Schellackplatten, Bde. 1-5, Bear Family Books, Holste / Oldendorf 2019.
[324] Vgl. dazu besonders: Rainer E. LOTZ, Carl Lindström und die Carl Lindström Aktiengesellschaft, *Einführungsvortrag zum 9. Discografentag*, Immenstadt 2008, 1-27, insbesondere 20, 22-26 [online-pdf, abgerufen am 21.11.2022]. Zur Nachkriegsgeschichte der Firma vgl. Lange, 204 ff.

Gloria

„Gloria" war die kostengünstige Marke (Budget-Label) der Lindström A.G. – nach dem Krieg wurde diese Marke nicht wieder belebt. 1933-1943: Etiketten grün / gold.

Deutsche Crystalate / Kristall GmbH

Kristall

bis 1936: Etiketten der ersten Firma, Aufdruck:
„… Berlin – Reinickendorf"
vor 1935: a. (rot / silber)
nach 1935: b. (rot / gold)
1937-1943: GmbH der Carl Lindström A.G., neues Design: „Goldborte" (rot / gold)

Erst seit dem 01. August zur Carl Lindstöm A.G. gehörende (davor selbständige) GmbH.[325] Letzte Veröffentlichungen bis mindestens 1943 (Corny Ostermann, „Etwas benebelt", Kristall 3845). Nach 1945 wird die Marke nicht wieder belebt, obwohl die Kristall GmbH erhalten bleibt und nun wiederum die Imperial-Platten herausbringt. Die alten Kristall-Aufnahmen erscheinen nun in „Wiederauflage" – neben brandneuen Einspielungen – auf Imperial (mit weiß-blauem Nachkriegsetikett, gedruckt auf schlechtem Papier).

Interessanterweise wurde u.a. mit dem Kristall-Repertoire (Back-Katalog), nun der aktuelle Imperial-Katalog (durch Neukopplungen) bereinigt, der vorher über einschlägige nationalsozialistische Propagandatitel und Kriegslieder oder „völkische" Aufnahmen verfügt hatte. Ein Beispiel hierfür ist die belastete Bestellnummer Imperial 17337 von 1941 mit den Propaganda-Titeln „Das Lied von den Lügenlords" / „Hüte Dich England!" – Interpret: Wilhelm Lang, Baß.[326] Solche Bestellnummern wurden

---

[325] Deutsche Crystalate GmbH (Hg.), Katalog 1933. Kristall-Schallplatten elektrisch aufgenommen nach dem modernsten Verfahren, Berlin 1933, vgl. hier: Frontispiz bzw. Titelseite mit dem Foto des damaligen Firmengeländes: Standort: Berlin – Reinickendorf, Verlängerte Koloniestraße 1-2. Weiters werden die Adressen der Filialstandorte der Firma in Paris, London und Wien angegeben.
[326] Kristall-Imperial-Katalog 1941, Deutsches Musikarchiv, Berlin – durch freundliche Auskunft von Frau Sigrid Berr.

nun (nach 1945) beibehalten – aber der „Inhalt" einfach durch zwei „unbelastete" Schuricke-Titel aus dem bisherigen Kristall-Katalog ersetzt: Man wählte hierfür die Master von zwei Aufnahmen mit dem Orchester von Erich Schneidewind „Weil der D-Zugführer heute Hochzeit macht" (Kristall 3705 A) und „O Mia Bella Napoli (Straßensänger von Neapel)" (Kristall 3719 A), als die neue A und B Seite aus und veröffentlichte abermals unter der Nr. Imperial 17337.

Imperial

Ab 1936 noch von der alten Kristall-GmbH (vor der Lindström-Übernahme) wiederbelebtes Zweit- und Export Label (rot / gold), das 1934 zunächst eingestellt wurde (ab 1936: neues inländisches Gold-Etikett).[327] 1937-1943: Gold-Etikett mit blauem Aufdruck (diverse Bestellnr.-Serien). 1943-1945: Blaues Etikett mit goldenem Aufdruck, Exportetiketten in blau / gold; violett /gold 1945-1948: Etiketten auf schlechtem Papier (weiß-blau).

Abb. 79 **Etikett** der **Nachkriegspressung** einer Imperial-Aufnahme des **Schuricke-Terzetts** von 1940, gedruckt auf schlechtem Papier.

---

[327]Vgl. etwa Kristall GmbH (Hg.), Kristall-Imperial Schallplatten (Werbefaltblatt) Nachtrag April 1936.

Abb. 80, 81 aus: **Melodie**, 1./2. Jahrgang (1946/7). **Nach dem Krieg wieder erhältlich! Schuricke-Klassiker**. Werbeanzeigen der Kristall- GmbH des Nachkriegsangebots älterer Schuricke-Aufnahmen. Der Back-Katalog der Marke „Kristall", welche eingestellt wurde, erschien nun zum Teil auf der Marke „Imperial". Nach dem Krieg besang Rudi Schuricke, exklusiv nur noch Neuaufnahmen für die „Deutsche Grammophon GmbH" auf ihrem Populäretikett „Polydor".

Electrola GmbH

Die „Electrola" war eine weitere Hauptmarke des Lindström-Konzerns, deren Platten bis Kriegsende ebenso in der Schlesischen Straße gepresst wurden.[328] Nach dem Krieg wechselte der Unternehmensstandort nach Köln.

1935-1944: Etiketten weinrot / gold
1945-1948: Etiketten auf schlechtem Papier (braun-weiß).

Columbia (Untermarke der Electrola GmbH)

1933-1935: Etiketten lila / gold
1935-1943: Etiketten schwarz / gold
1945-1948: Etiketten auf schlechtem Papier (blau-weiß).

Deutsche Grammophon GmbH, Hannover und Berlin (später: Hamburg)

„Polydor"

Nach 1945 wird die Marke „Polydor" zur alleinigen Marke für Unterhaltungsmusik. Bis 1942 fungierte „Polydor" mit eigenem Etikettenlogo (grün, rot, braun / gold) als exklusive Exportmarke oder als Marke für Sonderserien der Firma (57000er „Filmreihe", Etikettenfarbe hier: rot / gold, vgl. dazu auch S. 97). Die allermeisten Veröffentlichungen auf „Grammophon" erschienen (damit auch auf „Polydor") zu einem Teil mit identischen, zum anderen Teil allerdings manchmal mit abweichenden Bestellnummern. Ausländische Lizenz- oder Sonder-Pressungen weisen zahlreiche weitere farbliche Varianten auf. So erscheinen blaue Etiketten der Jazz-Spezialreihe „Série Ryhtme" mit Mini-Männchenlogo und silbernem Aufdruck bei der „Polydor-France" (ca. 1938).

---

[328] Vgl. Lange II, 24.

Abb. 82 „**Polydor**" war **bis 1942** das **Exportetikett** der „Deutschen Grammophon Gesellschaft". Erst nach dem Krieg wurde der Name als alleinige Marke für Unterhaltungsmusik der Firma eingeführt. Dieser Foxtrott des Erhard-Bauschke-Orchesters von Friedrich Schröder mit Text von Hans Fritz Beckmann wurde am 26. August 1938 mit dem Schuricke-Terzett aufgenommen und erschien auch auf „Grammophon".

Während das Aussehen des Polydor-Etiketts mit dem „Männchenlogo" konservativ bis 1942 über Jahre beibehalten wurde, änderte sich das Design des Populär-Etiketts von „Grammophon" (ab 1935) in der Zwischenzeit regelmäßig:

1935-1938: Rot Etikett Logo 1 („Die Stimme seines Herrn")
1938-1939: Rot Etikett Logo 2 („Die Stimme seines Herrn")
1940-1942: Rot Etikett Logo 3 („Die Stimme seines Herrn") – auch in weinrot.
1943-1944: Etikett „Siemens-Polydor" Sonderklasse der DG (weinrot / gold)
1943-1946: Etikett „Siemens-Polydor" SK (weinrot / gold, Hannover; rot-weiß, Berlin)
1946-1948: Polydor Etikett (weiß; beige; karminrot – schlechtes Papier)
1949: Polydor Etikett (rot; weinrot / gold)
1949-1953: Polydor Etikett („Sternchenlogo" 1, rot / gold)
1953-1957: Polydor Etikett („Sternchenlogo" 2, orange / weiß)

RUDI SCHURICKE
der beliebte Schallplatten- und Rund-
funk-Sänger erfreut mit seiner Kunst

auf

SIEMENS
POLYDOR

Hersteller: Deutsche Grammophon G.m.b.H.
Berlin-Hannover

Abb. 83 **Siemens – Polydor – Reklame**, Anzeige ca. **1943** (RSA).

Anhand dieser Einteilung ist es möglich für den größten Schuricke-Verkaufserfolg „Capri-Fischer" über die Jahre mehrere Auflagen (hier vorläufig als: „Pressungen" vermerkt) nachzuweisen. Die Liste ist eine völlig subjektiv erstellte Vorlage („*work in progress*") und erhebt keinen Anspruch auf Richtig- und Vollständigkeit:

Polydor 47867 A „Capri-Fischer" (= Original-Aufnahme von 1943)
1. Pressung 1943~1945
Siemens-Polydor, Hannover, Sonderklasse (weinrot / gold)
2. Pressung 1943~1945
Siemens-Polydor, Berlin, Sonderklasse (rot / weiß)
3. Pressung 1945-1946
Siemens-Polydor, Berlin: rot/weiß – „Mil.-Reg."

4. Pressung 1945-1946
Siemens-Polydor, Hannover: weinrot/gold – „Mil.-Reg."
5. Pressung 1946-1947
Polydor, Berlin: weiß; beige – zus. 3 Varianten „Mil.-Reg."
6. Pressung 1946-1947
Polydor, Hannover: karminrot/schwarz – „Mil.-Reg."
7. Pressung 1948
Polydor, Hannover: weinrot/gold – „Mil.-Reg."
8. Pressung 1948-1949
Polydor Sternchenlogo 1, rot/gold – „Liz.Nr."[329]
9. Pressung 1949-1953
Polydor Sternchenlogo 1, rot/gold
10.Pressung 1953-1957
Polydor Sternchenlogo 2, orange

Die 8. „Pressung" erhält (für die sogenannte. „Trizone") 1949 – im Zuge der staatlichen Souveränität der Bundesrepublik Deutschland bis 23. Mai 1949 – letztmalig einen (seit 1945/46 obligatorischen) Etiketten-Hinweis mit „Liz [enz] Nr. N/23/48", als hergestellt unter der „Zulassungs-Nr. [hier bis dato diverse Nummern-Modifikationen] der Nachrichtenkontrolle der Militärregierung".

Telefunken - Platte GmbH, Berlin

Ab 1937/1938 erfolgte eine verstärkte Zusammenarbeit mit der Deutschen Grammophon Gesellschaft aufgrund der Unternehmensfusion der Deutschen Grammophon A. G. – nach Umwandlung zur GmbH – mit der Telefunken GmbH und der Deutschen Bank.[330]

1933-1944: Etiketten rot / gold; blau / gold (diverse Bestellnr.-Serien)
1933-1939: Sonderetikett „Telefunken-Musikus" M 6000er Serie (rot / gold), (diese z. T. aus braunem Schellack)
1944-1947: nach neueren Erkenntnissen bereits ab 1944 Etiketten in hellgrau / blau[331]

---

[329] Angeblich ab „April 1949", vgl. Greve, 67.
[330] Fetthauer, 55 ff. — Thiele, 120 f. — Hein, 24 ff. — Zu den Telefunken-Bestellnummern und Serien vgl.: Lange II, 39 f.
[331] Zur Nachkriegsgeschichte der Marke vgl. Thiele, 124 ff.

Tempo Schallplatten GmbH, Berlin – Babelsberg

1940-1945: Etiketten in blau, lila / gold; (teilweise mit Aufdruck / Sticker „Elite" als „Tempo – Elite" weiß / schwarz), bis 1945 Etiketten auch in rotbraun / gold.
1945-1947: Etiketten in weiß „Tempo – Spezial" (in Lizenz für: „Lied der Zeit GmbH").

Nach 1945 siedelt die Firma von Berlin nach München um.[332] Die Etikettenfarbe ist nun rot / gold. Die Tempowerke werden in Berlin vom späteren „Volkseigenen Betrieb" (VEB) „Lied der Zeit GmbH" mit seiner Marke „Amiga" übernommen und einige der alten „Tempo" – Matrizen auf „Amiga" wiederveröffentlicht[333], darunter auch 2 Platten mit Schuricke-Titeln (vgl. Diskografie, Nr. *0986* und Nr. *0987*).

Amiga („Lied der Zeit GmbH"), Berlin

Der spätere „Volkseigene Betrieb" (= VEB) „Lied der Zeit GmbH" presste einige Tempo Matrizen in der sowjetischen Besatzungszone und der „DDR" weiter (siehe oben).[334]

---

[332] Lange, 203 f. – Lange II, 41. Zu diversen Interna der Geschichte der Firma im Jahr 1945, vgl. auch: – Fetthauer, 198 ff.
[333] Vgl. dazu vor allem: Meyer– Rähnitz, 4 ff.
[334] Vgl. nun: B. Meyer-Rähnitz – F. Oehme, Von der Lied der Zeit GmbH zum VEB Deutsche Schallplatten, Berlin. Eine Discographie der Schellackplatten von 1939 bis 1961, Dresden 2006.

Interpreten-Pseudonyme

Kardosch-Sänger: Die Kardosch Sänger bei Odeon, Electrola, (1933 –
1935), Brilliant-Special (1933), Columbia und Telefunken (1933 – 1935)
Die vier (4) Kardosch Sänger bei Elite Record, Brilliant-Special (1933)
Die vier (4) Kardosch's bei Paloma, Pallas, Patria (1933)
Die Idealisten bei Kristall (1934)
„Refraingesang" auf Artona (1933)

Spree-Revellers:
„Refraingesang" auf Grammophon, Kristall, Imperial, Telefunken (1936)

Rudi Schuricke: „Refraingesang", Rudolf Erhard, Fritz Rudolf bei Kristall
Michael Hofer bei Tempo
Michael Corsal als Komponist oder Texter (seit 1947 Gema-Mitglied)

Schuricke-Terzett:
 Die 4 Lustigen Jungen(s) bei Kristall und Imperial (Juli 1937 - Juni 1941)
„Quartettgesang" bei Kristall und Imperial (Juli 1937 - Juni 1941)
Die Schwälmer Gesellen bei Telefunken (1939)

Vorwort zur diskografischen Liste

Die hier vorgelegte diskografische Liste erhebt keinen Anspruch auf absolute „Vollständigkeit". Sie ist ein Derivat einer viel umfangreicheren Datei, die Hans-Joachim Schröer (1935-2022), vom Verfasser bereits 2003 angeregt, einst anlegte und die ihrerseits auf der Kompilation älterer Sammlerlisten basierte. Die Daten wurden von Herrn Schröer regelmäßig aus seiner Sammlung akribisch eingepflegt und auch phonetisch überprüft. Herr Schröer arbeitete bis etwa 2017 an dieser Datei.[335] Aus editorischen und drucktechnischen Gründen musste leider auf die Wiedergabe zahlreicher Informationen (etwa die Angabe von Komponisten und Textern, aber auch die Matrix-Nummern der Schallplattenaufnahmen und weitere Details, etwa Verweise auf Auslandsveröffentlichungen der Ursprungsdatei) verzichtet werden. Die für die Wiedergabe im Druck notwendige und durchaus mühevolle Adaption dieser Liste führte Andreas Bernhard Kubitza (Frankfurt am Main) mit großer Geduld und der ihm eigenen besonderen Geschicklichkeit durch, wofür ihm an dieser Stelle aller herzlichst gedankt sei. An anderer Stelle möchten wir diese ureigene (und hiermit in Vorlage reduzierte) Arbeitsdatei zukünftig allerdings allen Interessierten öffentlich vollumfänglich zugänglich machen. Ebenso wurde sich auf die Auflistung des Schellackplattenœuvres des Künstlers beschränkt, welches von 1933 – 1957 nun (beim jetzigen Kenntnisstand) annähernd 1400 Aufnahmen verzeichnet. In wenigen Ausnahmen wurden Demonstrations- und Radioaufnahmen mit einbezogen, die sich auf Test- und Rundfunkplatten, aber auch auf Tonbändern erhalten haben. Die weniger zahlreichen Vinylveröffentlichungen Schurickes (1952-1973, ursprünglich auf Polydor und Philips erschienen) werden mittlerweile auf zahlreichen Sammlerplattformen „netzöffentlich" und einfach zugänglich als *„work in progress"* archiviert. Zu diesen standen den Hrsg. allerdings auch keine weiteren Quellen zur Verfügung. Ebenso wurde auf eine Auflistung von Wiederveröffentlichungen auf CDs gänzlich verzichtet, da die Hrsg. diesem (besonders auch archivarisch wohl nicht als dauerhaft anzusehenden) Speichermedium einigermaßen kritisch gegenüberstanden und stehen.

Rudi Schuricke kann getrost als Künstler der Schellackplattenära bezeichnet werden, die Vinylmoderne (für die seinerseits sicher viel mehr

---

[335] Letzter dem Verfasser gemeldeter Neuzugang der Sammlung des RSA war die Schellackplatte Kristall K 2148 (ohne Etiketten-Gesangshinweis), erschienen im August 1939 (Diskografie Nr. *0839-0840*).

künstlerisches Potenzial vorhanden gewesen wäre) berührte unser damaliger „Schellackpensionär" nur noch am Rande, obwohl er bis kurz vor seinem Tod (in mehr oder weniger regelmäßigen Abständen) noch Schallplattenaufnahmen durchführte.

Diese Liste möge nun eher dem mehr allgemein am Œuvre des Künstlers interessierten Leser als eine erste Orientierungshilfe und Übersicht nützlich sein und bietet dennoch mehr Informationen als alle Schallplattenkataloge der einzelnen Firmen, für die Rudi Schuricke einst aufgenommen hatte, es zusammen jemals vermocht hätten. Zu erwähnen ist hier allein die wertvolle Auflösung der vielen „Anonyma", den also nicht auf den Etiketten vermerkten Gesangsbeiträgen Schurickes, die sich auch hinter seinen bekannten Pseudonymen und den Namen der Gesangsgruppen verbargen, bei denen er einst mitwirkte. Wir hoffen mit dieser Vorlage jedenfalls ein lange ersehntes Desiderat vieler Schuricke-Freunde, -Hörer und Aficionados aufgegriffen und erfüllt zu haben – dies war vor allem auch im Sinne Hans-Joachim Schröers. Wir wünschen dem geneigten Leser viel Freude beim Studieren der Liste, vor allem auch beim begleitenden vergleichenden An- und Nachhören und auch beim Sammeln so manchen alten Originals.

Alexander Zäh
Maintal, im Dezember 2023

Legende

Erwähnt seien hier kurzerhand noch die Auflösungen von ein paar Kürzeln, die in der Liste verwendet wurden.

NE = Erwähnung eines Titels in einem Neuerscheinungsfaltblatt oder Info-Heftchen (neudeutsch: „Flyer"), allermeist monatlich herausgegeben von den großen deutschen Schallplattenfirmen. Diese Informationen ergeben einen sehr nützlichen „terminus ante quem" bei unsicheren Aufnahmedaten.

NK = Nachkriegsveröffentlichung. Generell anzumerken ist, dass für den Lindströmkonzern vieles Kristall- / Imperial - Material nach dem Krieg nur noch auf Imperial erschien, da die Marke „Kristall" so nicht mehr wieder belebt wurde, die Imperial NK-Platten aber nach wie vor unter der der Kristall GmbH firmierten. Die Aufnahmen für Tempo, erschienen nach dem Krieg auf „Tempo-Elite" (s/w Etiketten gedruckt auf schlechtem Papier). Es hätte auch hier wieder den Rahmen gesprengt, jede einzelne nach dem Krieg wiederveröffentlichte Aufnahme anzuführen. Inwiefern die einzelnen Firmen ihre „Back"-Kataloge nach dem Krieg pflegten, ist weitgehend unerforscht. Wie im Textteil erwähnt, bereinigte vor allem die Kristall - GmbH für ihre Imperial-NK-Titel, mit nicht geringem Aufwand, ihr recht zahlreiches Angebot von politisch belasteten Aufnahmen, wie Propaganda- und Soldatenliedern, Militärmärschen und „völkischem" Liedgut. Allermeist wurde seinerzeit bei der Wiederveröffentlichung darauf verzichtet, auf das Alter der Aufnahmen hinzuweisen. Erfolgreich verkauft wurde lange Zeit einfach besser, was bereits gut gefiel und nicht immer das, was brandaktuell war.

PrD = Prüf-Datum, Press-Datum: Daten aus dem Schallplattenproduktionsprozess und der Matrizenkontrolle. Bei den Grammophon / Polydor - Platten waren diese Daten zwischen die Auslaufrille eingepresst. Daten dieser Art liefern einen „terminus ante quem" für das Datum der tatsächlichen Aufnahme. Besonders bei den vielen Daten der Deutschen Grammophon / Polydor ist oft unklar, welches Datum in den zahlreichen Listen angegeben ist (PrD der Platte oder das Datum der tatsächlichen Aufnahme).

RMK = Reichsmusikkammer, veröffentlichte in ihren „Mitteilungen" die Rubrik „Unerwünschte Musik", der „Reichsmusikprüfstelle".

RRG = Reichs-Rundfunk-Gesellschaft.

RSA = Rudi-Schuricke-Archiv / CEO: Hans-Joachim Schröer (†), Berlin.

(Titel, engl.) = Nachgestellte Titelangaben in runden Klammern ( ) verweisen meist auf den Namen der anglo-amerikanischen oder britischen Ursprungskomposition.

Übersichts-Diskografie
für den Abdruck bearbeitet
von
Andreas B. Kubitza

— 1933 —

0001   1933
Die Kardosch-Sänger
Gnädige Frau, komm' und spiel´ mit mir
Columbia DF 954

0002   1933
Die Kardosch-Sänger
So küsst man nur in Wien
Columbia DF 954

0003   ~Juli 1933
mit Quartett-Gesang: Die Kardosch-Sänger
Kapelle Hans Schindler
Adieu, es ist zu schön, um wahr zu sein
Brillant-Special 112

0004   ~Juli 1933
Die vier Kardosch-Sänger
Kapelle Hans Schindler
Der Vogel Strauß
[Brillant-Special] Record 114

0005   1933
Erwin Hartung u. die 4 Kardosch-Sänger
Georg Grüber mit seinem Orchester
Lore (im Wald, im grünen Walde) Volkslied
Elite Record 1388

0006   1933
Erwin Hartung u. die Vier Kardosch's
Georg Grüber mit seinem Orchester
Lore (im Wald, im grünen Walde) Volkslied
Patria 346

0007 1933
Erwin Hartung u. die 4 Kardosch-Sänger
Rundfunk-Tanzorchester Georg Grüber
Bei der blonden Kathrein
Elite Record 1388

0008 1933
Erwin Hartung u. die Vier Kardosch's
Rundfunk-Tanzorchester Georg Grüber
Bei der blonden Kathrein
Pallas 631

0009 1933
Die 4 Kardosch's
Orchester Georg Grüber
O sole mio
Paloma 301 [30 cm]

0010 1933
Die 4 Kardosch's
Orchester Georg Grüber
Am Brunnen vor dem Tore
Paloma 301 [30 cm]

0011 1933
Die vier Kardosch's
Rundfunk-Tanzorchester Georg Grüber
Du bist die Märchenprinzessin
Pallas 631

0012 1933
Die vier Kardosch's
Rundfunk-Tanzorchester Georg Grüber
Du bist die Märchenprinzessin
Paloma / Mondial 4069

0013 1933
Die vier Kardosch's
Rundfunk-Tanzorchester Georg Grüber
Ohne Dich ist die ganze Welt ohne Sonne (Stormy Weather)
Paloma / Mondial 4069

0014 ~Aug. 1933
Die Kardosch-Sänger
Columbia-Tanz-Orchester
Du bist die Frau für mich
Columbia DW 2184

0015   13.10.1933
        ohne Angabe [= Kardosch-Sänger]
        Wiener Bohème Orchester Otto Dobrindt
        Die Hochzeit der Winde (The Wedding of the Winds)
        Odeon O-11926 a

0016   06.10.1933
        ohne Angabe [= Kardosch-Sänger]
        Wiener Bohème Orchester Otto Dobrindt
        Traumideale
        Odeon O-11926 b

0017   19.10.1933
        Die Kardosch-Sänger
        Kapelle Ludwig Rüth
        Alles geht vorüber
        Electrola E.G. 2889

0018   06.10.1933
        Quartettgesang [Kardosch-Sänger]
        Barnabas von Géczy mit seinem Orchester
        Hallo, kleines Fräulein
        Telefunken A 1480

0019   06.10.1933
        Quartettgesang [Kardosch-Sänger]
        Barnabas von Géczy mit seinem Orchester
        Hallo, kleines Fräulein
        Telefunken A 1480 "Test- /Musterplatte" (Take 2)

0020   20.11.1933 PrD
        Kardosch-Sänger
        Am Fügel: Stephan Kardosch
        Ade zur guten Nacht
        Telefunken A 1534

0021   20.11.1933 PrD
        Kardosch-Sänger
        Am Fügel: Stephan Kardosch
        Morgen will mein Schatz verreisen
        Telefunken A 1534

0022   16.11.1933
        Die Kardosch-Sänger
        Schmetterlinge im Regen
        Odeon O-11 951a

0023 16.11.1933
Die Kardosch-Sänger
Die Sonja vom Ural
Odeon / Parlophon O-11 951b

0024 27.12.1933
Die Kardosch-Sänger
Die Sonne geht auf!
Odeon / Parlophon O-11973 a

0025 27.12.1933
Die Kardosch-Sänger
Von Sankt Pauli bis Haiti
Odeon / Parlophon O-11973 b

— 1934 —

0026 05.01.1934 PrD
Die Kardosch-Sänger mit Gitarren- und Orgelbegleitung
Ich ging einmal spazieren
Telefunken A 1602

0027 05.01.1934 PrD
Die Kardosch-Sänger mit Gitarren- und Orgelbegleitung
Die Leineweber haben eine saubere Zunft
Telefunken A 1602

0028 26.02.1934
Die Kardosch-Sänger mit Rosl Seegers
Robert Renard-Künstler-Orchester
Was spielt die Welt? 1. Teil
Odeon / Parlophon O-25018 a

0029 26.02.1934
Die Kardosch-Sänger mit Rosl Seegers
Robert Renard-Künstler-Orchester
Was spielt die Welt? 2. Teil
Odeon / Parlophon O-25018 b

0030 02.03.1934 PrD
Die Kardosch-Sänger
Hans Bund mit seinem Orchester
Wer hat Angst vor dem bösen Wolf? (Who's Afraid of the Big Bad Wolf?)
Telefunken A 1599

0031   06.03.1934 PrD
Tenor [Erwin Hartung] mit Gesangs-Quartett [Kardosch-Sänger] Hans Bund mit seinem Orchester
Micky a.D.!
Telefunken A 1599

0032   12.03.1934
Die Kardosch-Sänger
Wer hat Angst vor dem bösen Wolf? (Who's Afraid of the Big Bad Wolf?)
Odeon / Parlophon O-25025 a

0033   12.03.1934
Die Kardosch-Sänger
In der Nacht, da gib acht!
Odeon / Parlophon O-25025 b

0034   29.03.1934
Die Kardosch-Sänger
Der alte Cowboy (The Last Round Up)
Odeon O-25068 a

0035   29.03.1934
Die Kardosch-Sänger
Wissen Sie schon?
Odeon O-25068 b

0036   06.04.1934 PrD
Kardosch-Sänger mit Orchesterbegleitung
Abendständchen
Telefunken A 1636

0037   06.04.1934 PrD
Kardosch-Sänger
am Fügel: Stephan Kardosch
Hans-Michel wohnt in der Lämmergass'
Telefunken A 1636

0038   10.04.1934 PrD
Kardosch-Sänger
Hans Bund mit seinem Streich-Orchester
Kleine Möwe, flieg' nach Helgoland
Telefunken A 1638

0039   23.06.1934
Die Kardosch-Sänger
Viele hunderttausend weiße Blüten
Odeon O-25160 a

179

0040 23.06.1934
Die Kardosch-Sänger
Das Lied, das nur Du singst allein
Odeon / Parlophon O-25160 b

0041 21.06.1934
Die Kardosch-Sänger
Robert Renard mit seinem Instrumentalia-Tanz-Orchester
Vorhang auf! 1. Teil
Odeon O-25166 a

0042 21.06.1934
Die Kardosch-Sänger
Robert Renard mit seinem Instrumentalia-Tanz-Orchester
Vorhang auf! 2. Teil
Odeon O-25166 b

0043 29.06.1934 PrD
Die Kardosch-Sänger mit Orchesterbegleitung
Ständchen (Leise flehen meine Lieder)
Telefunken A 1695

0044 29.06.1934 PrD
Die Kardosch-Sänger mit Orchesterbegleitung
Serenata (Liebe kleine Nachtigal)
Telefunken A 1695

0045 15.10.1934
Die Kardosch-Sänger mit Instrumental-Trio
Schlaf' Herzenssöhnchen
Odeon O-25236 a

0046 15.10.1934
Die Kardosch-Sänger mit Instrumental-Trio
Schlafe, mein Prinzchen, schlaf' ein
Odeon O-25236 b

0047 18.10.1934
Die Kardosch-Sänger
Käti (Waitin' at the Gate for Katy)
Odeon O-25245 a

0048 18.10.1934
Die Kardosch-Sänger
Guten Abend, schöne Frau (Build A Little Home)
Odeon O-25245 b

0049	26.10.1934
	Die Kardosch-Sänger
	am Fügel: Stephan Kardosch
	Sandmännchen
	Telefunken A 1738
0050	26.10.1934
	Die Kardosch-Sänger
	am Fügel: Stephan Kardosch
	Der Schneider Jahrstag
	Telefunken A 1738
0051	10.12.1934
	Die Kardosch-Sänger
	In Turkestan
	Odeon O-25271 a
0052	10.12.1934
	Die Kardosch-Sänger
	Jonny hat Sehnsucht nach Hawaii
	Odeon O-25271 b
0053	Dez.1933 - Jan.1934
	Luigi Bernauer und Quartett [Kardosch-Sänger]
	Kristall Künstler Orchester, Dirigent: Fritz Domina
	Wer hat Angst vor dem bösen Wolf? (Who's Afraid of the Big Bad Wolf?)
	Kristall K 3421
0054	~ März 1934
	Die Idealisten, Quartett [Kardosch - Sänger]
	Schlafe, mein Prinzchen, schlaf' ein
	Kristall / Austria K 7032
0055	~ März 1934
	Die Idealisten, Quartett [Kardosch - Sänger]
	Morgen muß ich fort von hier
	Kristall / Austria K 7032
0056	~ März 1934
	Die Idealisten, Quartett [Kardosch - Sänger]
	Ach, wie ist's möglich dann
	Kristall / Austria K 7038
0057	~ März 1934
	Die Idealisten, Quartett [Kardosch - Sänger]
	Du, du liegst mir im Herzen
	Kristall / Austria K 7038

0058   31.01.1935
Die Kardosch-Sänger
Das Töchterpensionat
Odeon O-25296 a

0059   31.01.1935
Die Kardosch-Sänger
Zaubernacht am Meer
Odeon O-25296 b

0060   24.04.1935
The Kardosch Singers
Der kleine Postillon (The Little Postillion)
Parlophone / Odeon R 2107

0061   24.04.1935
The Kardosch Singers
Herzliebchen unter dem Rebendach (My Sweetheart Beneath the Vine)
Parlophone / Odeon R 2107

0062   05.10.1935
Die Kardosch-Sänger
Kleine Rosemarie
Odeon / Parlophon O-25347a

0063   05.10.1935
Die Kardosch-Sänger
Das einsame Försterhaus (The Old Covered Brigde)
Odeon / Parlophon O-25347b

0064   08.10.1935
Die Kardosch-Sänger
Sie hieß Marietta
Odeon O-25558 a

0065   08.10.1935
Die Kardosch-Sänger
Wenn der Bobby und die Lisa
Odeon O-25558 b

066   15.10.1935
Kardosch-Sänger, engl. Gesungen
Arr. und Klaviersolo: Peter Kreuder
Lookie, Lookie Here Comes Cookie [engl.]
Telefunken A 2000

0067   15.10.1935
Kardosch-Sänger
Arr. und Klaviersolo: Peter Kreuder
Sensation am Broadway (Lullaby of Broadway)
Telefunken A 2000

0068   29.11.1935
Die Kardosch-Sänger
Sie trägt ein kleines Jäckchen in Blau (She Wore a Little Jacket of Blue)
Odeon O-25603 a

0069   29.11.1935
Die Kardosch-Sänger
Ich schwöre nur auf Liese!
Odeon O-25603 b

0070   ~ Okt./Nov. 1935
Rudi Schuricke
Gerhard Hoffmann mit seinem Tanz-Orchester
Regentropfen
Kristall K 3568

0071   ~ Nov. 1935
Rudi Schuricke
Gerhard Hoffmann mit seinem Tanz-Orchester
Königin der Liebe
Kristall K 3571

0072   ~ Nov. 1935
Rudi Schuricke
Gerhard Hoffmann mit seinem Tanz-Orchester
Wenn vom Himmelszelt … [ein kleines Sternlein fällt]
Kristall K 3571

0073   ~ Okt./Nov. 1935
Rudi Schuricke
Gerhard Hoffmann mit seinem Tanz-Orchester
Ich spür' in mir
Kristall [auch Kristaly, ČSR] K 3570

0074   ~ Nov. 1935 NE 2/36
Rudolf Erhard
Gerhard Hoffmann mit seinem Tanz-Orchester
Es ist viel mehr als Sympathie
Kristall K 3573

0075   ~ Nov. 1935 NE 2/36
Rudolf Erhard
Gerhard Hoffmann mit seinem Tanz-Orchester
Spanien
Kristall K 3574

0076   ~ Dez. 1935 NE 2/36
Spree-Revellers
Klavierbegleitung [Werner Doege]
Ein bisschen Singsang
Kristall K 7088

0077   ~ Dez. 1935 NE 2/36
Spree-Revellers
Klavierbegleitung [Werner Doege]
Regentropfen
Kristall K 7088

0078   ~ Nov. 1935 NE 2/36
Rudolf Erhard
Fritz Domina mit seinem Tanz-Orchester
Du hast mich schwach gemacht mit Deinen blauen Augen
Kristall K 3576

0079   ~ Dez. 1935
Rudi Schuricke
Willy Giebel Tanz-Orchester
Königin der Liebe
Grammophon Gr 2241

— **1936** —

0080   ~ Jan. 1936 NE 3/36
Spree-Revellers
Klavierbegleitung [Werner Doege]
Sie trägt ein kleines Jäckchen in Blau
Kristall K 7091

0081	~ Jan. 1936 NE 3/36
	Spree-Revellers
	Klavierbegleitung [Werner Doege]
	Wer sich die Welt mit einem Donnerschlag erobern will
	Kristall K 7091
0082	~ Jan. 1936
	Spree-Revellers
	Gerhard Hoffmann mit seinem Tanz-Orchester
	Liebe kleine Frau, ich muß dir was gesteh'n
	Kristall K 3585
0083	~ Jan. 1936
	Spree-Revellers
	Gerhard Hoffmann mit seinem Tanz-Orchester
	Die alte Turmuhr
	Kristall K 3585
0084	~ Jan. 1936
	Rudolf Erhard
	Gerhard Hoffmann mit seinem Tanz-Orchester
	Das kleine Blumenmädchen vom Potsdamer Platz
	Kristall K 3584
0085	~ Jan. 1936
	mit Gesang [SPR, Kurt Mühlhardt, Frauenstimme] Salon-Orchester Fritz Morena [=Fritz Domina]
	Die Meistersinger von Berlin 1.Teil
	Kristall K 1538
0086	~ Jan. 1936
	mit Gesang [SPR, Kurt Mühlhardt, Frauenstimme] Salon-Orchester Fritz Morena [= Fritz Domina]
	Die Meistersinger von Berlin 2.Teil
	Kristall K 1538
0087	17.12.1935
	Rudi Schuricke
	Hans Bund mit seinem Orchester
	Links sitzt das Herz
	Telefunken A 1910
0088	30.12.1935
	Tenor-Solo [= RSch]
	Adalbert Lutter mit seinem Orchester
	Flieg, Schwalbe, Flieg
	Telefunken M 6227

185

0089   27.01.1936
        Rudi Schuricke
        Klavierbegleitung: Heinz Reinfeld
        Darf' ich Sie ein Stück begleiten?
        Grammophon Musterplatte

0090   27.01.1936
        Rudi Schuricke
        Klavierbegleitung: Heinz Reinfeld
        Für Dich war ich nur einer von vielen
        Grammophon Musterplatte

0091   ~ Feb. 1936
        Rudolf Erhard und die Spree-Revellers
        Gerhard Hoffmann mit seinem Tanz-Orchester
        Wir sind richtig! Schlager-Potpourri 1. Teil
        Kristall K 3581

0092   ~ Feb. 1936
        Rudolf Erhard und die Spree-Revellers
        Gerhard Hoffmann mit seinem Tanz-Orchester
        Wir sind richtig! Schlager-Potpourri 2. Teil
        Kristall K 3581

0093   ~ Feb. 1936
        Rudolf Erhard
        Gerhard Hoffmann mit seinem Tanz-Orchester
        Eiskristalle [Komm' mit mir zu den Eskimos]
        Kristall K 3586

0094   ~ Feb. 1936
        Rudolf Erhard
        Gerhard Hoffmann mit seinem Tanz-Orchester
        Czardas-Fox
        Kristall K 3586

0095   ~ Feb. 1936 NE 4/36
        Rudolf Erhard
        Fritz Domina mit seinem Tanz-Orchester
        Lieder, die uns der Zigeuner spielt
        Kristall K 3589

0096   ~ Feb. 1936 NE 4/36
        Spree-Revellers
        Fritz Domina mit seinem Tanz-Orchester
        Die schöne Nachbarin
        Kristall K 3590

0097   ~ Feb. 1936 NE 4/36
Rudolf Erhard
Gerhard Hoffmann mit seinem Tanz-Orchester
An einem schönen Sonntag (On A Sunny Afternoon)
Kristall K 3587

0098   ~ Feb. 1936 NE 4/36
Rudolf Erhard
Gerhard Hoffmann mit seinem Tanz-Orchester
Du sollst mein Glücksstern sein (You Are My Lucky Star)
Kristall K 3587

0099   ~ Feb. 1936 NE 4/36
Rudolf Erhard
Gerhard Hoffmann mit seinem Tanz-Orchester
Wenn die Sonne hinter den Dächern versinkt
Kristall K 3588

0100   ~ Feb. 1936 NE 4/36
Rudolf Erhard
Gerhard Hoffmann mit seinem Tanz-Orchester
Wer sich die Welt mit einem Donnerschlag erobern will
Kristall K 3588

0101   ~ Feb. 1936 NE 4/36
Rudolf Erhard
Fritz Domina mit seinem Tanz-Orchester
Beim roten Wein
Kristall K 3589

0102   ~ Feb. 1936 NE 4/36
Rudolf Erhard
Fritz Domina mit seinem Tanz-Orchester
Hör' ich im Traum Zigeunerweisen
Kristall K 3591

0103   ~ Feb. 1936 NE 4/36
Spree-Revellers
Fritz Domina mit seinem Tanz-Orchester
Du bist verkehrt verheirat' ...
Kristall K 3590

0104   ~ Feb. 1936 NE 4/36
Rudolf Erhard
Orchesterbegleitung, Dirigent: Fritz Domina
So wie Du, hat mich noch keine Frau geliebt (Mutterlied)
Kristall K 6168

0105	~ Feb. 1936 NE 4/36

0105 ~ Feb. 1936 NE 4/36
Rudolf Erhard
Orchesterbegleitung, Dirigent: Fritz Domina
Viele gold'ne Sternlein steh'n am blauen Himmelszelt
Kristall K 6168

0106 01.03.1936 NE 4/36
Spree-Revellers
mit Klavierbegleitung [Werner Doege]
Eine kleine Frühlingsweise
Kristall K 9092

0107 01.03.1936 NE 4/36
Spree-Revellers
mit Klavierbegleitung [Werner Doege]
Geschichten aus dem Wienerwald
Kristall K 9092

0108 Feb. 1936
Rudolf Erhard
Salon-Orchester Emanuel Rambour vom Hotel Kaiserhof, Berlin
Serenade (Damals war's)
Kristall K 1317

0109 ~ Feb. 1936 NE 4/36
Rudolf Erhard
Orchesterbegleitung Dirigent: Fritz Domina
Gern' möcht' ich schau'n in das Herz schöner Frau'n
Kristall K 6169

0110 ~ Feb. 1936 NE 4/36
Rudolf Erhard
Orchesterbegleitung Dirigent: Fritz Domina
Letzter Sonntag [Trauriger Sonntag] (Szomonu Vazamap)
Kristall K 6169

0111 1936
Spree-Revellers, Orchesterbegleitung
Letzter Sonntag [Trauriger Sonntag]
Grammophon / Polydor Gr 2293 A

0112 1936
Spree-Revellers, Orchesterbegleitung
So viel Jahre haben wir uns nicht geseh'n
Grammophon / Polydor Gr 2293 B

0113   03.02.1936
Refraingesang [Die Spree-Revellers]
Oskar Joost Tanz-Orchester
Die alte Turmuhr
Grammophon / Polydor Gr 2245 B

0114   03.02.1936[336]
Rudi Schuricke & Die Spree-Revellers
Oskar Joost Tanz-Orchester
Der Trotzkopf
Grammophon / Polydor Gr 2256 B

0115   03.02.1936
Rudi Schuricke & Die Spree-Revellers
Oskar Joost Tanz-Orchester
Babara-m-bu
Grammophon / Polydor Gr 2256 A

0116   04.02.1936[337]
Refraingesang [= RSch]
Oskar Joost Tanz-Orchester
Melodie der Liebe
Grammophon / Polydor Gr 2246 B

0117   04.02.1936
Refraingesang [Die Spree-Revellers]
Oskar Joost Tanz-Orchester
Wie schade, daß wir uns so wenig versteh'n
Grammophon / Polydor Gr 2246 A

0118   08.02.1936
mit Solo und Quartettgesang [RSch & Die Spree-Revellers] Oskar Joost Tanz-Orchester
Heut' fällt die Parade aus (The General's fast asleep)
Grammophon / Polydor Gr 2258 A

0119   08.02.1936
mit Solo und Quartettgesang [RSch & Die Spree-Revellers] Oskar Joost Tanz-Orchester
Was sagt die Ente zu ihrem Gemahl? (The Duck Song)
Grammophon / Polydor Gr 2258 B

---

[336]Datum: Dömpke, 22.
[337]Datum: Dömpke, 22.

0120   28.02.1936
mit Refraingesang [Spree-Revellers]
Ilja Livschakoff Tanz-Orchester
Mitternacht
Grammophon Gr 47040 B

0121   28.02.1936
mit Solo und Quartettgesang [RSch & Die Spree-Revel-
lers, Ilja Livschakoff als] TO Fred Marley
Ein Schiff fährt nach Schanghai (Red Sails in the Sunset)
Grammophon / Polydor Gr 2279 B

0122   02.03.1936
mit Solo und Quartettgesang [RSch & Die Spree-Revel-
lers] Oskar Joost Tanz-Orchester
Heut' fällt die Parade aus (The General's fast asleep)
Grammophon / Polydor Gr 2332 A

0123   04.03.1936
Spree-Revellers
Adalbert Lutter mit seinem Orchester
Ticke, Tacke, still und leise pocht die Uhr
Telefunken M 6252

0124   26.03.1936
Spree-Revellers
Adalbert Lutter mit seinem Orchester
Wir sind richtig! (Schlager-Potpourri) 1. Teil
Telefunken M 6251

0125   26.03.1936
Spree-Revellers
Adalbert Lutter mit seinem Orchester
Wir sind richtig! (Schlager-Potpourri) 2. Teil
Telefunken M 6251

0126   04.03.1936
Spree-Revellers
Adalbert Lutter mit seinem Orchester
Das Glück ist wie ein Stern
Telefunken M 6259

0127   09.03.1936
Kurt Mühlhardt u. Gesangs-Quartett [Spree-Revellers]
Adalbert Lutter mit seinem Orchester
Die schöne Nachbarin (Immer liegt Sie mir im Sinn)
Telefunken M 6258

0128   26.03.1936
Kurt Mühlhardt u. Gesangs-Quartett [Spree-Revellers]
Adalbert Lutter mit seinem Orchester
Du holde kleine Müllerin!
Telefunken M 6258

0129   06.03.1936
mit Refraingesang [= RSch]
Ilja Livschakoff Tanz-Orchester
Hör' ich im Traum Zigeunerweisen
Grammophon Gr 10464 A

0130   06.03.1936
Rudi Schuricke
Ilja Livschakoff Tanz-Orchester
Leise erklingt eine Melodie
Grammophon Gr 10464 B

0131   06.03.1936
mit Refraingesang [RSch + Herbert Imlau]
Ilja Livschakoff Tanz-Orchester
Alle Lieder meiner Liebe (Chitarra Romana)
Grammophon Gr 47041 A

0132   06.03.1936
mit Solo und Quartettgesang [RSch & Die Spree-Revel-
lers] Ilja Livschakoff Tanz-Orchester
In Santa Margarita
Grammophon Gr 47041 B

0133   1935/36 Demo
Rudi Schuricke Klavierbegleitung
Wer weiß, ob du morgen noch weißt . . .
Grammophon Musterplatte RSA

0134   ~ Feb. 1936
Rudi Schuricke
Klavierbegleitung: Heinz Reinfeld
Darf' ich Sie ein Stück begleiten?
Grammophon Gr 10470 A

0135   ~ Feb. 1936
Rudi Schuricke
Klavierbegleitung: Heinz Reinfeld
Für Dich war ich nur einer von vielen
Grammophon Gr 10470 B

0136   06.03.1936
mit Refraingesang [= RSch]
Ilja Livschakoff Tanz-Orchester
Deine Augen sind das schönste Liebeslied
Grammophon Gr 10476 A

0137   06.03.1936
mit Refraingesang [= RSch]
Ilja Livschakoff Tanz-Orchester
Ich denk' an dich …
Grammophon Gr 10476 B

0138   06.03.1936
mit Refraingesang [= RSch]
Ilja Livschakoff Tango-Orchester
Märchen, die man im Frühling träumt
Grammophon Gr 47038 A

0139   27.03.1936
Rudi Schuricke
Ilja Livschakoff Tanz-Orchester
Märchen, die man im Frühling träumt (2. Aufn.)
Grammophon Gr 47038 B

0140   02.03.1936[338]
Refraingesang [RSch]
Oskar Joost Tanz-Orchester
Du sollst mein Glücksstern sein (You Are My Lucky Star)
Grammophon Gr 2280 A

0141   07.03.1936
mit Gesang [RSch & Spree-Revellers]
Oskar Joost Tanz-Orchester
Wir sind richtig! Schlager-Potpourri 1.Teil
Grammophon Gr 2267 A

0142   07.03.1936
mit Gesang [RSch & Spree-Revellers]
Oskar Joost Tanz-Orchester
Wir sind richtig! Schlager-Potpourri 2.Teil
Grammophon Gr 2267 B

---

[338]Datum: Dömpke, 23.

0143	26.03.1936
	Spree-Revellers
	Adalbert Lutter mit seinem Orchester
	Wünsch' Dir was!
	Telefunken M 6260
0144	26.03.1936
	"und Tenor - Solo" [= RSch]
	Adalbert Lutter mit seinem Orchester
	Frauen sind so schön, wenn sie lieben
	Telefunken M 6260
0145	27.03.1936
	mit Refraingesang [= RSch]
	Ilja Livschakoff Tanz-Orchester
	Stilles Tal im Sonnenschein
	Grammophon Gr 10477 A
0146	27.03.1936
	mit Refraingesang [= RSch]
	Ilja Livschakoff Tanz-Orchester
	Ich sehne mich ja nur nach einem Menschen
	Grammophon Gr 10477 B
0147	27.03.1936
	mit Refraingesang [= RSch]
	Ilja Livschakoff Tanz-Orchester
	Rot und leuchtend wie Rubin (Serenata Esotica)
	Grammophon 10481 A
0148	27.03.1936
	mit Refraingesang [Spree-Revellers]
	Ilja Livschakoff Tango-Orchester
	Im Park sang die Nachtigall leise
	Grammophon Gr 47038 B
0149	30.03.1936[339]
	Spree-Revellers
	Oskar Joost Tanz-Orchester
	Musik erklingt, … (The Music Goes 'Round and Around)
	Grammophon Gr 2296 B

---

[339]Datum: Dömpke, 23.

0150   08.04.1936
Gesangsquartett [Spree-Revellers]
Heinz Wehner mit seinem Telefunken-Swing-Orchester
Heimatland! (Heimatland, warum bist Du so fern)
Telefunken A 1941

0151   08.04.1936
Gesangsquartett [Spree-Revellers]
Heinz Wehner mit seinem Telefunken-Swing-Orchester
Nur Du allein sollst meine Freundin sein
Telefunken A 1941

0152   01.06.1936
Erwin Hartung & Spree- Revellers [= RSch]
Adalbert Lutter? - Hans Bund?
C&A Marsch
Telefunken T 5630 [Werbeplatte]

0153   01.04.1936
Gesangsquartett [Spree-Revellers]
Heinz Wehner mit seinem Telefunken-Swing-Orchester
Musik erklingt, herum um die ganze Welt (The Music Goes
'Round and Around)
Telefunken A 1940

0154   15.04.1936
"mit Gesangstrio" [Spree-Revellers]
Heinz Wehner mit seinem Telefunken-Swing-Orchester
Nimm' mich mit zu den blauen Bergen (Take Me Back To My
Boots & Saddle)
Telefunken A 2006

0155   15.04.1936
"mit Gesangstrio" [Spree-Revellers]
Heinz Wehner mit seinem Telefunken-Swing-Orchester
Das Licht geht aus (Lights Out)
Telefunken A 2006

0156   03.04.1936
mit Refraingesang [Spree-Revellers]
Oskar Joost Tanz-Orchester
Sie näht nur Kleider
Polydor Po 17165 A

0157	03.04.1936
	mit Refraingesang [Spree-Revellers]
	Oskar Joost Tanz-Orchester
	Leb' wohl mein Kind
	Polydor Po 17165 B
0158	03.04.1936[340]
	mit Refraingesang [Spree-Revellers]
	Oskar Joost Tanz-Orchester
	Sing' schon am Morgen (Sing Before Breakfast)
	Grammophon Gr 2296 A
0159	30.03.1936
	mit Refraingesang [Spree-Revellers]
	Oskar Joost Tanz-Orchester
	Musik erklingt, herum um die ganze Welt (The Music Goes 'Round and Around)
	Grammophon Gr 2296 B
0160	27.04.1936[341]
	mit Refraingesang [Spree-Revellers]
	Oskar Joost Tanz-Orchester
	Bei Tanzmusik im Strandcafé
	Grammophon Gr 2291 A
0161	27.04.1936
	mit Refraingesang [Spree-Revellers]
	Oskar Joost Tanz-Orchester
	Das sind die Nächte von Swinemünde
	Grammophon Gr 2291 B
0162	30.04.1936
	mit Refraingesang [Spree-Revellers]
	Oskar Joost Tanz-Orchester
	Weit ist der Weg zu Dir
	Grammophon Gr 2328 B
0163	März 1936 NE 5/36
	Rudolf Erhard
	Gerhard Hoffmann mit seinem Tanz-Orchester
	Du bist ein Engel mit kleinen Fehlern
	Kristall K 3592

---

[340]Datum: Dömpke, 23.
[341]Datum: Dömpke, 23

0164 März 1936 NE 5/36
Rudolf Erhard
Gerhard Hoffmann mit seinem Tanz-Orchester
Dein Traum vom Glück
Kristall K 3593

0165 März 1936 NE 5/36
Rudolf Erhard
Gerhard Hoffmann mit seinem Tanz-Orchester
Märchen, die man im Frühling träumt
Kristall K 3593

0166 März 1936 NE 5/36
Rudolf Erhard & Herbert Imlau, Gerhard Hoffmann mit seinem Tanz-Orchester
Mit meiner kleinen Laterne
Kristall K 3592

0167 März 1936 NE 5/36
Die Spree-Revellers
Klavierbegleitung [Werner Doege]
Vergiß' mein nicht (wenn Du so zärtlich bist)
Kristall K 7093

0168 März 1936 NE 5/36
Die Spree-Revellers
Klavierbegleitung [Werner Doege]
Wolgalied
Kristall K 7093

0169 April 1936
Spree-Revellers
Fritz Domina mit seinem Tanz-Orchester
Ja, mein kleiner Hütto-Hotto, Hütto-Hotto-Reiter
Kristall – Wien K 699

0170 April 1936
Spree-Revellers
Salon-Orchester Fritz Domina
Wir walzen, 1. Teil
Kristall K 1633

0171 April 1936
Spree-Revellers
Salon-Orchester Fritz Domina
Wir walzen, 2. Teil
Kristall K 1633

0172 April 1936
Rudolf Erhard
Fritz Domina mit seinem Tanz-Orchester
Das sind die Nächte von Swinemünde
Kristall K 3599

0173 April 1936
Rudolf Erhard
Fritz Domina mit seinem Tanz-Orchester
Kleines Mädel, ich muß von Dir scheiden
Kristall K 3600

0174 April 1936
Rudolf Erhard
Fritz Domina mit seinem Tanz-Orchester
Ich und Du verliebt
Kristall K 3599

0175 April 1936 NE 6/36
Rudolf Erhard
Juan Llossas mit seinem Tanz-Orchester
In meinem Herzen Schatz
Kristall K 3597

0176 April 1936
Rudolf Erhard
Juan Llossas mit seinem Tanz-Orchester
Blindekuh (Baby)
Kristall K 3596

0177 April 1936
Rudolf Erhard
Juan Llossas mit seinem Tanz-Orchester
Viola (dort, wo Du hingehst)
Kristall K 3596

0178 April 1936 NE 6/36
Spree-Revellers
Juan Llossas mit seinem Tanz-Orchester
Broadway Rhythmus (Broadway Rhythm)
Kristall K 3597

0179 April 1936
Spree-Revellers
Klavierbegleitung [Werner Doege]
Blindekuh (Baby)
Kristall K 7094

0180   April 1936
Spree-Revellers
Klavierbegleitung [Werner Doege]
Viola (dort, wo Du hingehst)
Kristall K 7094

0181   ~ Mai 1936
Spree-Revellers
Klavierbegleitung [Werner Doege]
Ich hab' für dich 'nen Blumentopf bestellt
Kristall K 7096

0182   ~ Mai 1936
Spree-Revellers
Klavierbegleitung [Werner Doege]
Sei mir wieder gut, kleine Frau
Kristall K 7096

0183   ~ Mai 1936
Rudolf Erhard
Fritz Domina und sein Tanz-Orchester
Eine kleine Freude
Kristall K 3607

0184   ~ Mai 1936
Rudolf Erhard u. Spree Revellers
Fritz Domina und sein Tanz-Orchester
Heut' fällt die Parade aus (The General's Fast Asleep)
Kristall K 3607

0185   ~ Mai 1936
Rudolf Erhard
Gerhard Hoffmann mit seinem Tanz-Orchester
Strahlende Sonne
Kristall K 3605

0186   ~ Mai 1936
Rudolf Erhard
Gerhard Hoffmann mit seinem Tanz-Orchester
Mein Herz ist voller Sonnenschein
Kristall   K 3605

0187   ~ Mai 1936
Rudolf Erhard
Gerhard Hoffmann mit seinem Tanz-Orchester
Wann kommt die Stunde?
Kristall K 3604

0188   ~ Mai 1936
        Rudolf Erhard
        Gerhard Hoffmann mit seinem Tanz-Orchester
        Herz, Du kennst meine Sehnsucht
        Kristall K 3606

0189   ~ Mai 1936
        Rudolf Erhard
        Gerhard Hoffmann mit seinem Tanz-Orchester
        Herz, Du kennst meine Sehnsucht
        Kristall K 3612

0190   ~ Mai 1936
        Rudolf Erhard
        Gerhard Hoffmann mit seinem Tanz-Orchester
        Nur Du, Maria
        Kristall K 3604

0191   ~ Mai 1936
        Rudolf Erhard u. Spree Revellers
        Salon-Orchester Fritz Domina
        Wir hören Walter Kollo! 1.Teil
        Kristall K 1539

0192   ~ Mai 1936
        Rudolf Erhard u. Spree Revellers
        Salon-Orchester Fritz Domina
        Wir hören Walter Kollo! 2. Teil
        Kristall K 1539

0193   ~ Mai 1936
        Die Spree-Revellers
        Kristall Künstler-Orchester
        O welche Lust, Soldat zu sein 1.Teil
        Kristall K 1541

0194   ~ Mai 1936
        Die Spree-Revellers
        Kristall Künstler-Orchester
        O welche Lust, Soldat zu sein 2.Teil
        Kristall K 1541

0195   Aug. 1936 NE 9/36
        Rudolf Erhard
        Orchesterbegleitung Dirigent: Fritz Domina
        Nur Du, Maria
        Kristall K 6174

0196   Aug. 1936 NE 9/36
Rudolf Erhard
Orchesterbegleitung Dirigent: Fritz Domina
Nimm mein Herz in beide Hände
Kristall K 6174

0197   ~ Juni 1936
Die Spree-Revellers
Kristall Künstler-Orchester
Paragraph 11 (Lustiges Trinklieder-Potpourri), 1 Teil
Kristall K 1540

0198   ~ Juni 1936
Die Spree-Revellers
Kristall Künstler-Orchester
Paragraph 11 (Lustiges Trinklieder-Potpourri), 2.Teil
Kristall K 1540

0199   ~Juli 1936 NE 9/36
Rudolf Erhard
Juan Llossas mit seinem Tango-Orchester
Frauen sind so schön, wenn sie lieben
Kristall K 3608

0200   ~Juli 1936 NE 9/36
Die Spree-Revellers
Juan Llossas mit seinem Tango-Orchester
Wünsch' Dir was!
Kristall K 3608

0201   ~ Mai 1936
Rudolf Erhard & Herbert Imlau
Juan Llossas mit seinem Tango-Orchester
Creola
Kristall K 3610

0202   ~ Mai 1936
Rudolf Erhard
Juan Llossas mit seinem Tango-Orchester
Mein Fräulein, nicht so stolz
Kristall K 3610

0203   ~ Juni 1936
Rudi Schuricke, Tenor mit Orchesterbegleitung Ltg. Georg Haentzschel
Leise trägt der Wind Dir zu, mein Liebeslied
Grammophon Gr 10490 A

0204   ~ Juni 1936
Rudi Schuricke, Tenor mit Orchesterbegleitung. Ltg.
Georg Haentzschel
Die Liebe ist so süß
Grammophon Gr 10490 B

0205   ~ Jan. 1936
mit Gesang [Spree-Revellers, Kurt Mühlhardt+Frauenvcl.]
Salon-Orch. Fritz Morena [= Fritz Domina]
Die Meistersinger von Berlin
Kristall K 1538

0206   Juli 1936 NE 10/36
Rudolf Erhard
Kurt Engel mit seinem Tanz-Rhythmikern
Gute Nacht
Kristall K 3614

0207   Juli 1936 NE 10/36
Rudolf Erhard
Kurt Engel mit seinem Tanz-Rhythmikern
Warum bin ich so froh
Kristall K 3614

0208   ~ Jan. 1936
mit Gesang [Spree-Revellers, Kurt Mühlhardt+Frauenvcl.]
Salon-Orch. Fritz Morena [=Fritz Domina]
Die Meistersinger von Berlin
Kristall K 1538

0209   ~ Juni 1936
Rudolf Erhard
Fritz Domina mit seinem Tanz-Orchester
Nur Du, Maria
Kristall K 6174

0210   ~ Juni 1936
Rudolf Erhard
Fritz Domina mit seinem Tanz-Orchester
Nimm' mein Herz in Deine Hände
Kristall K 6174

0211   ~ Juli 1936
Die Spree-Revellers
Fritz Domina mit seinem Tanz-Orchester
Die schönste Stadt ist doch Berlin
Kristall K 3616

0212   08.07.1936 NE 9/36
           Rudolf Erhard
           Gerhard Hoffmann mit seinem Tanz-Orchester
           Ein Schiff fährt nach Schanghai (Red Sails in the Sunset)
           Kristall K 3609
0213   08.07.1936 NE 9/36
           Rudolf Erhard
           Gerhard Hoffmann mit seinem Tanz-Orchester
           Mohnblumen blüh'n (Take 1)
           Kristall – Wien K 706
0214   08.07.1936 NE 9/36
           Rudolf Erhard
           Gerhard Hoffmann mit seinem Tanz-Orchester
           Mohnblumen blüh'n (Take 2)
           Kristall K 3613
0215   08.07.1936 NE 9/36
           Die Spree-Revellers
           Gerhard Hoffmann mit seinem Tanz-Orchester
           Ich wollt' ich wär' ein Huhn
           Kristall K 3611
0216   08.07.1936 NE 9/36
           Rudolf Erhard
           Gerhard Hoffmann mit seinem Tanz-Orchester
           Das kleine Medaillon
           Kristall K 3613
0217   08.07.1936
           Die Spree-Revellers
           Gerhard Hoffmann mit seinem Tanz-Orchester
           Hinter'm blauen Meer
           Kristall K 3617
0218   08.07.1936
           Rudolf Erhard
           Gerhard Hoffmann mit seinem Tanz-Orchester
           Ich brauche Liebe
           Kristall K 3617
0219   Aug. 1936
           Rudolf Erhard
           Fritz Domina mit seinem Tanz-Orchester
           Sommersprossen
           Kristall – Wien K 710

0220   Aug. 1936
Rudolf Erhard
Gerhard Hoffmann mit seinem Tanz-Orchester
Spielmann's Lied (Wenn der Spielmann ein Lied von der Liebe singt)
Kristall K 3619

0221   Aug. 1936
Rudolf Erhard
Gerhard Hoffmann mit seinem Tanz-Orchester
Ein kleiner gold'ner Ring ist mein Geschenk für Dich
Kristall K 3619

0222   Aug. 1936
Rudolf Erhard
Fritz Domina mit seinem Tanz-Orchester
Mein schönes Fräulein, gute Nacht
Kristall – Wien K 711

0223   Aug. 1936
Rudolf Erhard
Fritz Domina mit seinem Tanz-Orchester
Behüt' Dich Gott
Kristall – Wien K 710

0224   Aug. 1936
Die Spree-Revellers
Fritz Domina mit seinem Tanz-Orchester
Man singt es immer wieder
Kristall K 3621

0225   Aug. 1936
Rudolf Erhard
Fritz Domina mit seinem Tanz-Orchester
Italienische Nacht
Kristall K 3623

0226   Aug. 1936
Rudolf Erhard
Fritz Domina mit seinem Tanz-Orchester
Ein gewisses Fräulein Erika
Kristall K 3624

0227   Aug. 1936
         Rudolf Erhard
         Gerhard Hoffmann mit seinem Tanz-Orchester
         Man muß das Leben nehmen, wie es ist
         Kristall K 3625

0228   Aug. 1936
         Rudolf Erhard
         Gerhard Hoffmann mit seinem Tanz-Orchester
         Was Du mir erzählt hast von Liebe und Treu' (Alles Lüge)
         Kristall K 3626

0229   Aug. 1936
         Rudolf Erhard
         Gerhard Hoffmann mit seinem Tanz-Orchester
         Glück ist nur ein Märchen
         Kristall K 3626

0230   Aug. 1936
         Die Spree-Revellers
         Klavierbegleitung [Werner Doege]
         Ich wollt' ich wär' ein Huhn
         Kristall K 7098

0231   Aug. 1936
         Die Spree-Revellers
         Klavierbegleitung [Werner Doege]
         Was Du mir erzählt hast von Liebe und Treu' (Alles Lüge) [Re-Make, Neuaufnahme mit Klavier]
         Kristall K 7098

0232   12.08.1936
         Refraingesang [Spree-Revellers]
         Erich Börschel mit seinem Tanzorchester
         Mit meiner kleinen Laterne
         Telefunken M 6279

0233   12.08.1936
         Die Spree-Revellers
         Erich Börschel mit seinem Orchester
         Ich brauche Liebe
         Telefunken M 6286

0234 12.08.1936
Die Spree-Revellers
Erich Börschel mit seinem Orchester
Hinter'm blauen Meer
Telefunken M 6286

0235 ~ Sep. 1936
Rudolf Erhard Schuricke [sic]
am Flügel: Fritz Domina
Wir müssen uns schon irgendwo begegnet sein
Imp. / Kristall-Wien Im 17081

0236 ~ Sep. 1936
Rudolf Erhard Schuricke [sic]
am Flügel: Fritz Domina
Ich bin immer wieder unterwegs
Imp. / Kristall-Wien Im 17081

0237 ~ Sep. 1936
Die Spree-Revellers
Fritz Domina mit seinem Tanz-Orchester
Ticke, Tacke, still und leise pocht die Uhr
Kristall K 3627

0238 ~ Sep. 1936
Rudolf Erhard
Fritz Domina mit seinem Tanz-Orchester
Das große Glück
Kristall K 3628

0239 ~ Sep. 1936
Rudolf Erhard
Fritz Domina mit seinem Tanz-Orchester
Der Mond scheint in mein Kämmerlein
Kristall K 3628

0240 ~ Juni 1936
Die Spree-Revellers
Klavierbegleitung [Werner Doege]
Rendezvous bei Lehár 1.Teil
Kristall K 7097

0241 ~ Juni 1936
Die Spree-Revellers
Klavierbegleitung [Werner Doege]
Rendezvous bei Lehár 2 Teil
Kristall K 7097

0242   01.09.1936
Die Spree-Revellers
Klavierbegleitung [Werner Doege]
Über die Prärie (Indian Love Call)
Kristall K 7099[342]

0243   01.09.1936
Die Spree-Revellers
Klavierbegleitung [Werner Doege]
Drunt' in der Lobau
Kristall K 7099

0244   ~ Sep. 1936
Rudolf Erhard
Kurt Engel mit seinen Tanz-Rhythmikern
Cherokesen-Fox
Kristall K 3630

0245   ~ Sep. 1936
Rudolf Erhard
Kurt Engel mit seinen Tanz-Rhythmikern
Die Musik spielt ganz leise
Kristall K 3630

0246   ~ Sep. 1936
Rudolf Erhard
Fritz Domina mit seinem Tanz-Orchester
In meinen Gedanken
Kristall K 3631

0247   ~ Sep. 1936
Rudolf Erhard
Fritz Domina mit seinem Tanz-Orchester
Man kann sich beim Tango so schöne Dinge sagen
Kristall K 3631

0248   ~ Sep. 1936
Rudolf Erhard
Fritz Domina mit seinem Tanz-Orchester
Nachts ging das Telefon
Kristall K 3633

---

[342]Titelverbot 1942, in: „Vierte Liste unerwünschter musikalischer Werke" (15.07.1942): „alle Werke von Robert Friml" (wohl wegen jüdischer oder US-amerik. Herkunft), vgl. Prieberg, 2397.

0249   ~ Sep. 1936
Rudolf Erhard
Fritz Domina mit seinem Tanz-Orchester
Ungeküßt sollst Du nicht schlafen geh'n
Kristall K 3633

0250   08.09.1936
Rudi Schuricke
Ilja Livschakoff Tango-Orchester
Wenn Du von mir gehst
Grammophon / Polydor Gr 47057 B

0251   08.09.1936
Erwin Hartung, die Spree-Revellers mit Sopran-Solo [Lotte Werkmeister]
Adalbert Lutter mit seinem großen Orchester
Wir hören Walter Kollo 1. Teil
Telefunken M 6290

0252   08.09.1936
Erwin Hartung, die Spree-Revellers mit Sopran-Solo [Lotte Werkmeister]   Adalbert Lutter mit seinem großen Orchester
Wir hören Walter Kollo 2. Teil
Telefunken M 6290

0253   08.09.1936
Erwin Hartung, die Spree-Revellers mit Sopran-Solo [Lotte Werkmeister]
Adalbert Lutter mit seinem großen Orchester
Wir hören Walter Kollo 3. Teil
Telefunken M 6291

0254   08.09.1936
Erwin Hartung, die Spree-Revellers mit Sopran-Solo [Lotte Werkmeister]
Adalbert Lutter mit seinem großen Orchester
Wir hören Walter Kollo 4.Teil
Telefunken M 6291

0255   01.09.1936
mit Refraingesang [= RSch]
Adalbert Lutter mit seinem Orchester
Monika, ich kann Dein Lächeln nicht vergessen
Telefunken M 6287

0256   01.09.1936
         mit Refraingesang [Rudi Schuricke+ Herbert Imlau]
         Adalbert Lutter mit seinem Orchester
         Creola
         Telefunken M 6287
0257   01.09.1936
         mit Refraingesang [= RSch]
         Adalbert Lutter mit seinem Orchester
         Ein kleiner gold'ner Ring ist mein Geschenk für Dich
         Telefunken M 6288
0258   01.09.1936
         mit Refraingesang [= RSch]
         Adalbert Lutter mit seinem Orchester
         Der Mond scheint in mein Kämmerlein
         Telefunken M 6288
0259   28.09.1936
         mit Refraingesang [= Spree-Revellers]
         Adalbert Lutter mit seinem Orchester
         Was Du mir erzählt hast von Liebe und Treu' (Alles Lüge)
         Telefunken M 6295
0260   28.09.1936
         mit Refraingesang [= RSch]
         Ilja Livschakoff Tango-Orchester
         Italienische Nacht
         Grammophon Gr 47069 B
0261   12.10.1936
         Rudolf Erhard Schuricke
         am Flügel: Just Scheu
         Wir müssen uns schon irgendwo begegnet sein (Demo)
         Radiomusterplatte
         [RRG-Platte (Sender Frankfurt M.?) im RSA, Schröer]
0262   ~ Sep. 1936
         Erwin Hartung und die Spree-Revellers
         Fritz Domina mit seinem Tanz-Orchester
         Dein Herz, Marie, das macht mir große Sorgen
         Kristall K 3634

0263   *~ Sep. 1936*
Erwin Hartung und die Spree-Revellers
Fritz Domina mit seinem Tanz-Orchester
Zurück zu Mariechen
Kristall K 3634

0264   *~ Okt. 1936*
Die Spree-Revellers
Fritz Domina mit seinem Orchester
Ein Bummel mit Paul Lincke, 1. Teil
Kristall K 1542

0265   *~ Okt. 1936*
Die Spree-Revellers
Fritz Domina mit seinem Orchester
Ein Bummel mit Paul Lincke, 2. Teil
Kristall K 1542

0266   *~ Okt. 1936*
Rudi Schuricke
Kurt Engel mit seinen Tanz-Rhythmikern
Wo die weißen Lotusblüten blühen
Kristall K 3636

0267   *~ Nov. 1936*
Paul Dorn u. Quartett [Spree-Revellers]
Fritz Domina mit seinem Tanz-Orchester
Wenn alles klappt
Kristall K 3641

0268   *~ Nov. 1936*
Spree-Revellers
Fritz Domina mit seinem Tanz-Orchester
Heut' ist Witwenball
Kristall K 3641

0269   *~ Nov. 1936*
mit Quartettgesang
Gerhard Hoffmann mit seinem Tanz-Orchester
Wozu ist die Straße da
Kristall K 3639

0270   *~ Nov. 1936*
Rudolf Erhard
Gerhard Hoffmann mit seinem Tanz-Orchester
Lebe wohl, kleine Frau
Kristall K 3640

0271	~ Nov. 1936
	Rudolf Erhard
	Gerhard Hoffmann mit seinem Tanz-Orchester
	Wunderschön ist es verliebt zu sein
	Kristall K 3638
0272	~ Nov. 1936
	Rudolf Erhard
	Gerhard Hoffmann mit seinem Tanz-Orchester
	Denkst Du nie daran? (Valse Triste)
	Kristall K 3638
0273	02.11.1936
	mit Refraingesang [Spree-Revellers]
	Oskar Joost Tanz-Orchester
	Gute Nacht
	Grammophon Gr 10530 B
0274	02.11.1936
	Rudi Schuricke
	Oskar Joost Tanz-Orchester
	Meine Sehnsucht nimmt kein Ende
	Grammophon Testpressung / Musterplatte Gr 10527
0275	~Jan. 1937
	mit Refraingesang [= RSch]
	Willy Steiner Tanz-Orchester
	Marienkäferlein (Bleibe bei mir kleines Marienkäferlein)
	Grammophon Gr 10547 A
0276	~Jan. 1937
	mit Refraingesang [= RSch]
	Willy Steiner Tanz-Orchester
	Der Tag geht zur Ruh'
	Grammophon Gr 10547 B
0277	20.11.1936
	mit Refraingesang [= RSch]
	Oskar Joost Tanz-Orchester
	Das Licht geht aus (Lights Out)
	Grammophon / Polydor Gr 10549 A
0278	20.11.1936
	mit Refraingesang [= RSch]
	Oskar Joost Tanz-Orchester
	Das große Glück
	Grammophon / Polydor Gr 10550 A

0279   20.11.1936
mit Refraingesang [= RSch]
Oskar Joost Tanz-Orchester
Mein Herz hat Heimweh nach Deiner Liebe
Grammophon / Polydor Gr 10551 A

0280   24.11.1936
mit Refraingesang [= RSch]
Oskar Joost Tanz-Orchester
Kleine Frau von 18 Jahren
Grammophon / Polydor Gr 10551 B

0281   28.11.1936
Spree-Revellers [mit Erwin Hartung]
Eric Harden mit seinem Tanzorchester
Im Kuhstall gibt's einen Mordsradau
Gloria G.O.41059 a

0282   28.11.1936
Spree-Revellers [mit Erwin Hartung]
Eric Harden mit seinem Tanzorchester
Im Wirtshaus "Zum gold'nen Stier"
Gloria G.O.41059 b

0283   ~ Dez. 1936
Rudi Schuricke & Mady Rahl
Klavierbgleitung: Gerhard Winkler / H. Küster
Dummes, kleines Ding
Grammophon Gr 10558 A

0284   ~ Dez. 1936
Rudolf Erhard
Fritz Domina mit seinem Tanz-Orchester
Marienkäferlein (Bleibe bei mir kleines Marienkäferlein)
Kristall K 3643

0285   ~ Dez. 1936
Rudolf Erhard
Fritz Domina mit seinem Tanz-Orchester
Heut' ist ein Märchen in der Liebe aufgewacht
Kristall K 3643

0286   ~ Dez. 1936 NE 5/37
mit Solo- und Quartettgesang [Kurt Mühlhardt u. Spree-Revellers]
Fritz Domina mit seinem Tanz-Orchester
Du holde kleine Müllerin!
Kristall K 3652

0287   ~ Dez. 1936
mit Gesang [Spree-Revellers]
Egon Kaiser Tanz-Orchester
Wir spielen Will Meisel Großes Potpourri, 1. Teil
Grammophon Gr 2483 A

0288   ~ Dez. 1936
mit Gesang [Spree-Revellers]
Egon Kaiser Tanz-Orchester
Wir spielen Will Meisel Großes Potpourri, 2. Teil
Grammophon Gr 2483 B

0289   ~ Dez. 1936
Rudi Schuricke & Inge Vesten
Juan Llossas mit seinem Tanz-Orchester
Dummes, kleines Ding
Imperial / Kristall Im 17091

0290   ~ Dez. 1936
Rudi Schuricke
Juan Llossas mit seinem Tanz-Orchester
Unter den Pinien von Argentinien
Imperial / Kristall Im 17091

0291   ~ Dez. 1936
Leonore Bader u. Quartett [Spree-Revellers]
mit Orchesterbegleitung
Polly Wolly Doodle
Kristall K 8519

— 1937 —

0292   ~ Jan. 1937
Spree-Revellers [mit RSch]
Kurt Engel mit großem Künstler-Orchester
Sag' beim Abschied leise Servus
Imperial Im 17092

0293	~ Jan. 1937
	Rudi Schuricke
	Kurt Engel mit großem Künstler-Orchester
	Wer weiß, wozu es gut ist?
	Imperial Im 17092
0294	12.01.1937
	mit Refraingesang: Rudi Schuricke
	Oskar Joost Tanz-Orchester
	Ich fühle, Du fehlst mir
	Grammophon Gr 10560 A
0295	12.01.1937
	mit Refraingesang: Rudi Schuricke
	Oskar Joost Tanz-Orchester
	Nachts ging das Telefon
	Grammophon Gr 10560 B
0296	12.01.1937
	mit Refraingesang: Rudi Schuricke
	Oskar Joost Tanz-Orchester
	Einmal kommt die große Liebe
	Grammophon Gr 10561 A
0297	12.01.1937
	mit Refraingesang: Rudi Schuricke
	Oskar Joost Tanz-Orchester
	Liebling, wir verreisen
	Grammophon Gr 10561 B
0298	27.01.1937
	mit Refraingesang: Rudi Schuricke
	Oskar Joost Tanz-Orchester
	Heimliche Liebe
	Grammophon Gr 10612 A
0299	28.01.1937
	Spree-Revellers
	Adalbert Lutter mit seinem Orchester
	Mutti
	Telefunken M 6337
0300	28.01.1937
	Spree-Revellers
	Adalbert Lutter mit seinem Orchester
	Kleines Mädel an der Scheibmaschine
	Telefunken M 6339

0301 02.02.1937
Rudi Schuricke
Ilja Livschakoff Tanz-Orchester
Wie sonniger Mai lacht Dein Mund
Polydor Gr 47086 B

0302 09.02.1937[343]
Rudi Schuricke
Hans Bund
Heimliche Liebe
Imperial Im 17100

0303 09.02.1937
Rudi Schuricke
Hans Bund mit seinem Tanz-Orchester
Zwei Augen
Imperial Im 17100

0304 09.02.1937[344]
Rudi Schuricke
Hans Bund mit seinem Tanz-Orchester
Du komm' doch zu mir
Imperial Im 17101

0305 09.02.1937[345]
Rudi Schuricke
Hans Bund mit seinem Tanz-Orchester
Schöne Geschichten
Imperial Im 17101

0306 12.02.1937
Rudi Schuricke
am Flügel Fritz Domina
Du, komm' doch zu mir [Re-Make, Neuaufnahme mit Klavier]
Imperial Im 17102

0307 12.02.1937
Rudi Schuricke
am Flügel Fritz Domina
Zwischen heute und morgen
Imperial Im 17102

---

[343]Datum: Dömpke, 16.
[344]Datum: Dömpke, 16.
[345]Datum: Dömpke, 16.

0308   12.02.1937[346]
Spree-Revellers
mit Klavierbegleitung [Werner Doege]
Lebe wohl, kleine Frau
Imperial / Kristall Im 17104

0309   12.02.1937
Spree-Revellers
mit Klavierbegleitung [Werner Doege]
Durch die Steppe klingt ein Liebeslied (Empty Saddles)
Imperial / Kristall Im 17104

0310   März 1937
Rudi Schuricke
Willy Steiner Tanz-Orchester
Schlag auf Schlag: Potpourri - 1. Teil
Grammophon Gr 10595 A

0311   März 1937
Rudi Schuricke
Willy Steiner Tanz-Orchester
Schlag auf Schlag: Potpourri - 2. Teil
Grammophon Gr 10595 B

0312   März 1937
mit Gesang: Rudi Schuricke
Willy Steiner Tanz-Orchester
Wir bitten um Gehör! Schlager-Potpourri - 1. Teil
Grammophon Gr 10570 A

0313   März 1937
mit Gesang: Rudi Schuricke
Willy Steiner Tanz-Orchester
Wir bitten um Gehör! Schlager-Potpourri - 2. Teil
Grammophon Gr 10570 B

0314   ~04.02.1937
mit Refraingesang: Rudi Schuricke
Willy Steiner Tanz-Orchester
Wenn sich zwei Herzen gefunden
Grammophon Gr 10579 A

---

[346]Datum: Schröer, Spree-Revellers, 46 (nach: Tagebuch von Werner Doege).

0315   ~04.02.1937
        mit Refraingesang: Rudi Schuricke
        Willy Steiner Tanz-Orchester
        Herbstweise
        Grammophon Gr 10579 B
0316   01.03.1937[347]
        Spree-Revellers
        Tanz-Orchester Hans Bund
        Hofkonzert im Hinterhaus (Organ Grinder's Swing)
        Imperial / Kristall Im 17111
0317   01.03.1937
        Rudi Schuricke
        Tanz-Orchester Hans Bund
        Du – [Du] gehst an mir vorbei
        Imperial / Kristall Im 17111
0318   01.03.1937
        Spree-Revellers
        Tanz-Orchester Hans Bund
        Hofkonzert im Hinterhaus (Organ Grinder's Swing) [Kinower-
        beplatte mit Ansage]
        Imperial K-Ki 5 (Imperial 17111)
0319   01.03.1937
        Rudi Schuricke
        Tanz-Orchester Hans Bund
        Du – [Du] gehst an mir vorbei [Kinowerbeplatte mit Ansage]
        Imperial K-Ki 6 (Imperial 17111)
0320   01.03.1937
        Rudi Schuricke
        Tanz-Orchester Hans Bund
        Ich hab' vielleicht noch nie geliebt
        Imperial / Kristall Im 17112
0321   01.03.1937[348]
        Rudi Schuricke
        Tanz-Orchester Hans Bund
        Merci, mon ami – [es war wunderschön] (But Definitely)
        Imperial / Kristall Im 17112

---

[347]Zum Datum: Schröer, Spree-Revellers, 47 (nach: Tagebuch von Werner Doege). Dömpke, 16.
[348]Datum: Dömpke, 16.

0322 19.03.1937 NE 5/37
Spree-Revellers
mit Klavierbegleitung [Werner Doege]
Sah ein Knab' ein Röslein steh'n
Imperial Im 17121

0323 19.03.1937 NE 5/37
Spree-Revellers
mit Klavierbegleitung [Werner Doege]
In einem kühlen Grunde
Imperial Im 17121

0324 ~März 1937 NE 5/37
Schuricke-Terzett
Hans Bund mit seinem Tanz-Orchester
Eine Insel liegt im blauen Meer
Imperial Im 17125

0325 08.04.1937[349] NE 5/37
Rudi Schuricke
Hans Bund mit seinem Tanz-Orchester
Sing'! [Hei-didel-di sing'! – tagein und tagaus]
Imperial Im 17127

0326 08.04.1937 NE 5/37
Rudi Schuricke
Hans Bund mit seinem Tanz-Orchester
Baby! [Warum willst Du mich denn nicht mehr küssen?]
Imperial Im 17127

0327 08.05.1937[350]
Rudi Schuricke
Tanz-Orchester Hans Bund
Wenn ich ein Cowboy wär' (I'm An Old Cowhand from the Rio Grande)
Imperial Im 17128

0328 08.05.1937
Rudi Schuricke
Tanz-Orchester Hans Bund
Onkel Klaus (Peter's Pop Keeps A Lollipop Shop)
Imperial Im 17128

---

[349]Datum: Dömpke, 16.
[350]Datum: Dömpke, 16.

0329 21.05.1937
mit Refraingesang [= RSch]
Robert Gaden mit seinem Orchester
In Deinen Armen
Electrola / HMV E G 3968

0330 ~März 1937 NE 5/37
Rudi Schuricke
Juan Llossas mit seinem Tanz-Orchester
Frühling und Sonnenschein
Imperial / Kristall Im 17123

0331 ~März 1937 NE 5/37
Rudi Schuricke
Juan Llossas mit seinem Tanz-Orchester
Einmal ist keinmal
Imperial / Kristall Im 17123

0332 ~März 1937 NE 5/37
Rudi Schuricke
Juan Llossas mit seinem Tango-Orchester
Das Glück kam zu mir heut' Nacht
Imperial Im 17124

0333 ~März 1937 NE 5/37
Rudi Schuricke
Juan Llossas mit seinem Tango-Orchester
Ich war schon oft verliebt in schöne Frau'n
Imperial Im 17124

0334 12.07.1937 NE 8/37
Rudolf Erhard mit Quartettgesang [=4lJ]
Salon-Orchester Fritz Domina
Wir hören Walter Kollo - Potpourri 3.Teil
Kristall K 1544

0335 12.07.1937 NE 8/37
Rudolf Erhard mit Quartettgesang [=4lJ]
Salon-Orchester Fritz Domina
Wir hören Walter Kollo - Potpourri 4.Teil
Kristall K 1544

0336 ~Juli 1937 NE 8/37
Die 4 Lustigen Jungens
mit Instrumentalbegleitung
Das macht Laune – 1.Teil
Kristall K 7103

0337	~Juli 1937 NE 8/37
	Die 4 Lustigen Jungensmit Instrumentalbegleitung
	Das macht Laune – 2.Teil
	Kristall K 7103
0338	13.07.1937[351] NE 8/37
	Rudi Schuricke
	Hans Bund mit seinem Tanz-Orchester
	Rhythmus der Freude (There's A New World)
	Imperial / Kristall Im 17132
0339	13.07.1937 NE 8/37
	Schuricke-Terzett
	Hans Bund mit seinem Tanz-Orchester
	Buh-Huh! Ich möchte weinen (Boo Hoo)
	Imperial / Kristall Im 17132[352]
0340	13.07.1937 NE 8/37
	Rudi Schuricke
	Hans Bund mit seinem Tanz-Orchester
	Chinamann
	Imperial / Kristall Im 17133
0341	13.07.1937 NE 8/37
	Rudi Schuricke
	Hans Bund mit seinem Tanz-Orchester
	Ich tanze mit Dir in den Himmel hinein
	Imperial / Kristall Im 17133
0342	13.07.1937 NE 8/37
	Rudi Schuricke
	Hans Bund mit seinem Tanz-Orchester
	Liebst Du mich? [… fragt mein Herz]
	Imperial / Kristall Im 17134
0343	Juli 1937 NE 9/37
	Schuricke-Terzett mit Klavierbegleitung
	Wenn vom Himmelszelt … [ein kleines Sternlein fällt]
	Imperial Im 19020

---

[351]Datum: Dömpke, 16.
[352]Platte 1939 gestrichen, vgl. Kristall GmbH (Hrsg.), Imperial und Kristall Schall-platten Gesamtverzeichnis 1939, Berlin 1939, 238. In Österreich auf K 497 wohl bis 1938 erhältlich.

0344 Juli 1937 NE 9/37
Schuricke-Terzett mit Klavierbegleitung
Es wird in 100 Jahren wieder so ein Frühling sein
Imperial Im 19020

0345 ~ Aug. 1937 NE 10/37
mit Refraingesang [= RSch]
Max Rumpf mit seinem Tanz-Orchester
Hallo, kleine Nachbarin
Kristall K 3666

0346 ~ Aug. 1937 NE 10/37
mit Refraingesang [= RSch]
Max Rumpf mit seinem Tanz-Orchester
Vergiß' die Tränen
Kristall K 3666

0347 ~ Aug. 1937 NE 10/37
mit Refraingesang [= RSch]
Max Rumpf mit seinem Tanz-Orchester
Wenn Du lachst, schöne Frau
Kristall K 3667

0348 ~ Aug. 1937
Tanz-Orchester mit Refraingesang [= RSch]
Orchester Ludwig Rüth
Ich hab' eine kleine Melodie
Electrola / HMV EG 6009

0349 ~ Aug. 1937
Tanz-Orchester mit Refraingesang [= RSch]
Orchester Ludwig Rüth
Man darf bei den Mädels nicht schüchtern sein
Electrola / HMV EG 6009

0350 Juli 1937
Rudi Schuricke
Billy Bartholomew mit seinem Tanz-Orchester
Tiefe Sehnsucht
Imperial Im 17143

0351 Juli 1937
Rudi Schuricke
Billy Bartholomew mit seinem Tanz-Orchester
Ich steh' im Regen
Imperial Im 17143

0352	~Juli 1937
	Rudi Schuricke
	Billy Bartholomew mit seinem Tanz-Orchester
	Kleine Madonna mit träumenden Augen
	Imperial Im 17144
0353	~Juli 1937
	Rudi Schuricke
	Billy Bartholomew mit seinem Tanz-Orchester
	Lieber einmal zuviel, als zu wenig geküßt
	Imperial Im 17144
0354	Juli 1937
	Rudi Schuricke
	Imperial-Tanz-Orchester
	Capriolen
	Imperial Im 17145
0355	Juli 1937
	Rudi Schuricke
	Imperial-Tanz-Orchester
	Aus lauter Liebe
	Imperial Im 17145
0356	~ Aug. 1937
	Die 4 Lustigen Jungens mit Orchesterbegleitung
	Du hast mir Treue versprochen
	Kristall K 7106
0357	~ Aug. 1937
	Die 4 Lustigen Jungens mit Orchesterbegleitung
	Fahr' mich in die Ferne, mein blonder Matrose
	Kristall K 7106
0358	Aug. 1937 NE 9/37
	Schuricke-Terzett mit Instrumentalbegleitung
	Erstes u. Zweites Rheinländer - Potpourri
	Imperial Im 19028
0359	Sept. 1937
	mit Refraingesang: Rudi Schuricke
	Willy Steiner Tanz-Orchester
	Über das weite Meer
	Grammophon Gr 10649 A

0360   Sept. 1937
mit Refraingesang: Rudi Schuricke
Willy Steiner Tanz-Orchester
Irgendetwas wunderschönes
Grammophon Gr 10649 B

0361   Sept. 1937
mit Refraingesang: Rudi Schuricke
Willy Steiner Tanz-Orchester
Ich steh' im Regen
Grammophon Gr 10643 A

0362   Sept. 1937
mit Refraingesang: Rudi Schuricke
Willy Steiner Tanz-Orchester
Tiefe Sehnsucht
Grammophon Gr 10643 B

0363   15.09.1937
Tanz-Orchester mit Refraingesang [= RSch]
Ludwig Rüth, Ltg. H. Carste
Ich träum' beim ersten Kuß (schon vom zweiten Kuß)
Electrola / HMV EG 6078

0364   21.09.1937
mit Refraingesang: Rudi Schuricke
Oskar Joost Tanz-Orchester
Was nicht ist, kann ja noch werden
Grammophon Gr 10663 A

0365   21.09.1937
mit Refraingesang: Rudi Schuricke [Terzett]
Oskar Joost Tanz-Orchester
Die Juliska aus Budapest
Grammophon Gr 10663 B

0366   21.09.1937
mit Refraingesang: Rudi Schuricke
Oskar Joost Tanz-Orchester
Im Gegenteil
Grammophon Gr 10664 A

0367   21.09.1937
mit Refraingesang: Rudi Schuricke
Oskar Joost Tanz-Orchester
Ja, das Temp'rament
Grammophon Gr 10664 B

0368	10.09.1937
	Schuricke-Terzett [mit **Helmut Krebs**],
	Klavierbegleitung: Albert Schmitz
	Drunt' in der Lobau
	Grammophon Gr 10667 A
0369	10.09.1937
	Schuricke-Terzett [mit **Helmut Krebs**],
	Klavierbegleitung: Albert Schmitz
	G'schichten aus dem Wienerwald
	Grammophon Gr 10667 B
0370	10.09.1937 NE 5/38
	Schuricke-Terzett, Franz Klarwein, Clara Spletter
	Orchester der Reichsoper Berlin
	„Maske in Blau"- Großes Potpourri a. d. gleichn. Operette - 1.Teil
	Imperial Im 019070
0371	10.09.1937 NE 5/38
	Schuricke-Terzett, Franz Klarwein, Clara Spletter
	Orchester der Reichsoper Berlin
	"Maske in Blau"- Großes Potpourri a. d. gleichn. Operette - 2.Teil
	Imperial Im 019070
0372	~ Sep. 1937 NE 11/37
	Rudi Schuricke
	Billy Bartholomew mit seinem Tanz-Orchester
	Ich liebe Dich!
	Imperial Im 17152
0373	~ Sep. 1937 NE 11/37
	Rudi Schuricke
	Billy Bartholomew mit seinem Tanz-Orchester
	Weine nicht, bricht eine schöne Frau dir das Herz
	Imperial Im 17152
0374	~ Sep. 1937 NE 11/37
	Rudi Schuricke
	Billy Bartholomew und sein Orchester
	Die Juliska aus Budapest
	Imperial Im 17153

0375   ~ Sep. 1937 NE 11/37
         Rudi Schuricke
         Billy Bartholomew und sein Orchester
         Ja, das Temp'rament
         Imperial Im 17153

0376   02.11.1937
         Tanz-Orchester mit Refraingesang [= RSch]
         Orchester Ludwig Rüth, Ltg. H. Carste
         Küß' mich! [bitte, bitte küß' mich!]
         Electrola EG 6132

0377   02.11.1937
         Tanz-Orchester mit Refraingesang [= RSch]
         Orchester Ludwig Rüth, Ltg. H. Carste
         Ich sag' zu Ihnen „Sie" schöne Frau
         Electrola EG 6132

0378   03.11.1937
         mit Refraingesang: Rudi Schuricke
         Erhard Bauschke u. s. Orchester
         Ich liebe Dich!
         Grammophon Gr 10677 B

0379   03.11.1937
         mit Refraingesang: Rudi Schuricke
         Erhard Bauschke u. s. Orchester
         Tausend Beinchen tanzen
         Grammophon Gr 10678 A

0380   03.11.1937
         mit Refraingesang: Rudi Schuricke
         Erhard Bauschke u. s. Orchester
         Dein erster Kuß
         Grammophon Gr 10678 B

0381   21.09.1937
         Schuricke-Terzett Klavierbegleitung
         Hör' mein Lied Violetta
         Grammophon Gr 10690 A[353]

---

[353] Titelverbot nach: „Erste Liste unerwünschter musikalischer Werke 01.09.1939",
vgl. u.a. Prieberg 2397 (mit Nachweis)

0382   21.09.1937
Schuricke-Terzett Klavierbegleitung
Die Juliska aus Budapest
Grammophon Gr 10690 B

0383   23.11.1937
Tanz-Orchester mit Refraingesang [= RSch]
Orchester Will Glahé
Schreib' mir mal 'ne Karte
Electrola EG 6154

0384   23.11.1937
Tanz-Orchester mit Refraingesang [= RSch]
Orchester Will Glahé
Wenn die Spieluhr eine längst vergessene weise spielt
Electrola EG 6154

0385   02.12.1937
mit Refraingesang: Rudi Schuricke
Oskar Joost Tanz-Orchester
Einmal von Herzen verliebt sein
Grammophon Gr 10695 A

0386   02.12.1937
mit Refraingesang: Rudi Schuricke
Oskar Joost Tanz-Orchester
Ich werde jede Nacht von Ihnen träumen
Grammophon Gr 10695 B

0387   27.11.1937
mit Refraingesang: Rudi Schuricke
Oskar Joost Tanz-Orchester
Auf der Rue Madeleine in Paris
Grammophon Gr 10700 A

0388   27.11.1937
mit Refraingesang: Rudi Schuricke
Oskar Joost Tanz-Orchester
Paris (Du bist die schönste Stadt der Welt)
Grammophon Gr 10700 B

0389   11.10.1937 NE 11/37
mit Refraingesang [=SchT]
Harry Krischa mit seinem Tanz-Orchester
Hör' mein Lied Violetta
Kristall K 3670[354]

0390   1937 NE 11/37
Die 4 Lustigen Jungens
mit Orchesterbegleitung
Hallo! — Hier Walter Bromme! Potpourri der schönsten Schlager-Melodien., 1.Teil
Kristall K 7108

0391   1937 NE 11/37
Die 4 Lustigen Jungens
mit Orchesterbegleitung
Hallo! — Hier Walter Bromme! Potpourri der schönsten Schlager-Melodien, 2.Teil
Kristall K 7108

0392   1937 NE 11/37
Die 4 Lustigen Jungens mit Instrumentalbegleitung
Fahr' mich in die Ferne, mein blonder Matrose
Kristall K 7109

0393   1937 NE 11/37
Die 4 Lustigen Jungens mit Instrumentalbegleitung
Friesenlied (Wo die Nordseewellen)
Kristall K 7109

0394   ~ Nov. 1937 NE 1/1938
Willy Stugg u. die 4 Lustigen Jungens [=SchT]
Fritz Domina mit seinem Tanz-Orchester
Willi Ostermann-Erinnerungen, 1. Teil
Kristall K 9123

0395   ~ Nov. 1937 NE 1/1938
Willy Stugg u. die 4 Lustigen Jungens [=SchT]
Fritz Domina mit seinem Tanz-Orchester
Willi Ostermann-Erinnerungen, 2. Teil
Kristall K 9123

---

[354] Titelverbot nach: „Erste Liste unerwünschter musikalischer Werke 01.09.1939", vgl. u.a. Prieberg 2397 (mit Nachweis).

0396 ~ Nov. 1937
Erwin Hartung und die Vier Lustigen Jungens
Fritz Domina mit seinem Tanz-Orchester
Du willst mich nicht
Kristall K 9128

0397 ~ Nov. 1937
Erwin Hartung und die Vier Lustigen Jungens
Fritz Domina mit seinem Tanz-Orchester
Ich möchte Dir so gerne etwas sagen
Kristall K 9127

0398 Okt. 1937
mit Refraingesang [= RSch]
Harry Krischa mit seinem Tanz-Orchester
Wir bleiben zusammen!
Kristall K 3676

0399 Okt. 1937
mit Refraingesang [= RSch]
Harry Krischa mit seinem Tanz-Orchester
Eine liebende Frau
Kristall K 3676

0400 ~ Nov. 1937 NE 12/37
mit Refraingesang [= RSch]
Harry Krischa mit seinem Tanz-Orchester
Wenn ich in Deine schönen Augen seh'
Kristall K 3677

0401 ~ Nov. 1937 NE 12/37
mit Refraingesang [= RSch]
Harry Krischa mit seinem Tanz-Orchester
Wenn das Barometer steigt
Kristall K 3677

0404 ~ Nov. 1937 NE 12/37
mit Refraingesang [= RSch]
Hilden - Arnold und sein Orchester
Schönes Fräulein Wanda
Kristall K 3680

0405   Nov. 1937 NE 1/38
Rudi Schuricke
Max Rumpf und sein Tanz-Orchester
Hör' mein Lied Violetta
Kristall K 3681[355]

0406   Dez. 1937 NE 1/38
mit Refraingesang [= RSch]
Max Rumpf und sein Tanz-Orchester
24 Stunden lang …
Kristall K 3682

0407   Dez. 1937 NE 1/38
mit Refraingesang [= RSch]
Max Rumpf und sein Tanz-Orchester
Träumen von der Südsee
Kristall K 3682

0408   1937 NE 3/38
Die 4 Lustigen Jungens mit Instrumentalbegleitung
Ein Abend bei Paul Lincke - Potpourri 1.Teil
Kristall K 7110

0409   1937 NE 3/38
Die 4 Lustigen Jungens mit Instrumentalbegleitung
Ein Abend bei Paul Lincke - Potpourri 2.Teil
Kristall K 7110

0410   02.12.1937 NE 1/38
mit Refraingesang [=SchT]
Hilden - Arnold mit seinem Tanz-Orchester
Rund um den Film, Schlager - Potpourri 1.Teil
Kristall K 3683

0411   02.12.1937 NE 1/38
mit Refraingesang [=SchT]
Hilden - Arnold mit seinem Tanz-Orchester
Rund um den Film, Schlager - Potpourri 2.Teil
Kristall K 3683

---

[355] Titelverbot nach: „Erste Liste unerwünschter musikalischer Werke 01.09.1939",
vgl. u.a. Prieberg 2397 (mit Nachweis)

0412 10.12.1937
Tanz-Orchester mit Refraingesang [= RSch]
Orchester Ludwig Rüth, Ltg. H. Carste
Träum' Annemarie
Electrola / HMV EG 6184

0413 10.12.1937
Tanz-Orchester mit Refraingesang [= RSch]
Orchester Ludwig Rüth, Ltg. H. Carste
Keine Rosen ohne Dornen
Electrola / HMV EG 6184

0414 10.12.1937
Tanz-Orchester mit Refraingesang [=SchT]
Orchester Ludwig Rüth, Ltg. H. Carste
Man muß auch mal 'nen Hupfer tun
Electrola / HMV EG 6185

0415 15.12.1937
Tanz-Orchester mit Refraingesang [= RSch]
Orchester Will Glahé
Gute Nacht – Gruß
Electrola EG 6209

0416 15.12.1937
Rudi Schuricke und Fita Benkhoff
Orchester Will Glahé
Im Mai …
Electrola EG 6187

0417 15.12.1937
Tanz-Orchester mit Refraingesang [= RSch]
Orchester Will Glahé
Wir Kameraden der Berge
Electrola EG 6188

0418 15.12.1937
Tanz-Orchester mit Refraingesang [= RSch]
Orchester Will Glahé
Musik für Dich
Electrola EG 6189

0419 15.12.1937
Tanz-Orchester mit Refraingesang [= RSch]
Orchester Will Glahé
Wem gehört Ihr Herz am nächsten Sonntag, Fräulein?
Electrola EG 6189

0420	16.12.1937
	Tanz-Orchester mit Refraingesang [= RSch]
	Robert Gaden mit seinem Orchester
	Blaues Meer im Süden
	Electrola EG 6190
0421	1937 NE 1/38
	Erwin Hartung u. Quartett [=SchT]
	Erich Schneidewind mit seinem Musette-Orchester
	Gib' acht auf den Jahrgang
	Kristall K 5178
0422	Mitte Dez.1937 NE 1/38
	Rudolf Erhard
	Hilden - Arnold und sein Orchester
	Ich werde jede Nacht von Ihnen träumen
	Kristall K 3686
0423	Mitte Dez.1937 NE 1/38
	Rudolf Erhard
	Hilden - Arnold und sein Orchester
	Einmal von Herzen verliebt sein
	Kristall K 3686
0424	02.12.1937 NE 1/38
	mit Refraingesang [= RSch]
	Hilden - Arnold und sein Orchester
	Addio Venezia!
	Kristall K 3684
0425	02.12.1937 NE 1/38
	mit Refraingesang [= RSch]
	Hilden - Arnold und sein Orchester
	Keine Rosen ohne Dornen
	Kristall K 3684
0426	Mitte Dez. 1937 NE 2/38
	mit Refraingesang [= RSch]
	Corny Ostermann und sein Tanz-Orchester
	Blaues Meer im Süden
	Kristall K 3691
0427	Mitte Dez. 1937 NE 2/38
	mit Refraingesang [= RSch]
	Corny Ostermann und sein Tanz-Orchester
	Küß' mich! [bitte, bitte küß' mich!]
	Kristall K 3691

0428   Jan. 1938 NE 3/38
        mit Quartettgesang [=SchT]
        Das Musette-Orchester Ltg. Erich Schneidewind
        Fahr' mich in die Ferne, mein blonder Matrose
        Kristall K 5183
0429   ~ Jan./ April 1937
        Rudi Schuricke
        Filmorchester
        Land der Liebe (aus dem gleichnamigen Tobisfilm)
        Soundtrack CD TMK 006857[356]

— 1938 —

0430   Jan. 1938
        "mit Quartettgesang" [=SchT]
        Reichsmusikzug d. R.A.D. Obermusikzugführer Herms
        Niel
        Es ist so schön Soldat zu sein (Rosemarie)
        Kristall K 2137
0431   Jan. 1938
        "mit Quartettgesang" [=SchT]
        Reichsmusikzug d. R.A.D. Obermusikzugführer Herms
        Niel
        Tschingta, Tschingta, Bumtara
        Kristall K 2137
0432   1938 NE 3/39
        "mit Quartettgesang" [=SchT]
        Musikkorps der Luftnachr. Abt. […] der Luftwaffe Ltg.:
        Erich Kiesant
        Erika
        Kristall   K 2144

---

[356] Tonfilm Finale (Original-Aufnahmen aus Deutschen und Österreichischen Filmen 1934 - 1959).

0433 1938 NE 3/39
"mit Quartettgesang" [=SchT]
Musikkorps der Luftnachr. Abt. [...] der Luftwaffe Ltg.:
Erich Kiesant
Die ganze Kompanie
Kristall K 2144

0434 1938 NE 3/39
"mit Quartettgesang" [=SchT]
Musikkorps der Luftnachr. Abt. [...] der Luftwaffe Ltg.:
Erich Kiesant
Die schönste vom Städtel - schwarzbraunes Mädel
Kristall K 2145

0435 1938 NE 3/39
"mit Quartettgesang" [=SchT]
Musikkorps der Luftnachr. Abt. [...] der Luftwaffe Ltg.:
Erich Kiesant
Heute muß ich fort von Dir!
Kristall K 2145

0436 1939 NE 8/39
"mit Quartettgesang" [=SchT]
Musikkorps der Luftnachr. Abt. [...] der Luftwaffe Ltg.:
Erich Kiesant
Bombenflieger-Marsch der "Legion Condor"
Kristall K 2147

0437 1939 NE 8/39
"mit Quartettgesang" [=SchT]
Musikkorps der Luftnachr. Abt. [...] der Luftwaffe Ltg.:
Erich Kiesant
Parademarsch der „Legion Condor"
Kristall K 2147

0438 1939 NE 8/39
dto. jedoch ohne Angabe
Musikkorps der Luftnachr. Abt. [...] der Luftwaffe Ltg.:
Erich Kiesant
Immer, wenn Soldaten singen!
Kristall K 2148

0439 1939 NE 8/39
dto. jedoch ohne Angabe
Musikkorps der Luftnachr. Abt. […] der Luftwaffe Ltg.:
Erich Kiesant
Wir sind Kameraden!
Kristall K 2148

0440 1939 NE 8/39
dto. jedoch ohne Angabe
Musikkorps der Luftnachr. Abt. […] der Luftwaffe Ltg.:
Erich Kiesant
Rosemarie
Kristall K 2149

0441 1939 NE 8/39
dto. jedoch ohne Angabe
Musikkorps der Luftnachr. Abt. […] der Luftwaffe Ltg.:
Erich Kiesant
Liebling, wenn ich traurig bin
Kristall K 2149

0442 ~ Jan. 1938
Die 4 Lustigen Jungens "mit Instrumentalbegleitung."
Das macht Laune – 1.Teil
Kristall K 7103

0443 ~ Jan. 1938
Die 4 Lustigen Jungens "mit Instrumentalbegleitung."
Das macht Laune – 2.Teil
Kristall K 7103

0444 07.01.1938 NE 2/38
Die 4 Lustigen Jungens
Salon-Orchester Fritz Domina
Wir sind die Sänger - Stimmungs-Potpourri, 1.Teil
Kristall K 1545

0445 07.01.1938 NE 2/38
Die 4 Lustigen Jungens
Salon-Orchester Fritz Domina
Wir sind die Sänger - Stimmungs-Potpourri, 2.Teil
Kristall K 1545

0446	07.01.1938 NE 2/38

Die 4 Lustigen Jungens
Fritz Domina mit seinem Tanz-Orchester
Mit Musik, da woll'n wir lustig sein
Kristall K 3688

0447	07.01.1938 NE 2/38

mit Refraingesang [= RSch]
Fritz Domina mit seinem Tanz-Orchester
Wenn ein Matrose verliebt ist
Kristall K 3688

0448	07.01.1938[357] NE 2/38

Rudi Schuricke
Imperial-Tanz-Orchester [Hans Bund]
Im Mai …
Imperial Im 17166

0449	07.01.1938 NE 2/38

Rudi Schuricke
Imperial-Tanz-Orchester [Hans Bund]
Oh, Baby! [Du hast mein Herz k.o. geschlagen!]
Imperial Im 17166

0450	~ Dez.1938 NE 2/38

Rudi Schuricke
Hans Bund mit seinem Tanz-Orchester
Musik für Dich
Imperial Im 17165

0451	~ Dez.1938 NE 2/38

Rudi Schuricke
Hans Bund mit seinem Tanz-Orchester
Wem gehört Ihr Herz am nächsten Sonntag, Fräulein?
Imperial   Im 17165

0452	~ 12. Jan. 1938

Marika Rökk und Rudi Schuricke
Orchester Bruno Seidler-Winkler
Potpourri a. d. Film "Gasparone" - 1.Teil
Electrola / HMV EG 6205

---

[357]Datum: Dömpke, 16.

0453   ~ 12. Jan. 1938
Marika Rökk und Rudi Schuricke
Orchester Bruno Seidler-Winkler
Potpourri a. d. Film "Gasparone" - 2.Teil
Electrola / HMV EG 6205

0454   15.12.1937
Tanz-Orchester mit Refraingesang [= RSch]
Orchester Will Glahé
Gutenacht – Gruss
Electrola EG 6209

0455   12.01.1938
Tanz-Orchester mit Refraingesang [= RSch]
Orchester Will Glahé
Wenn es vom Schicksal bestimmt ist
Electrola EG 6209

0456   12.01.1938
Tanz-Orchester mit Refraingesang [= RSch]
Orchester Will Glahé
Hätt' ich eine, die mich küßt
Electrola EG 6214

0457   12.01.1938
Tanz-Orchester mit Refraingesang [= RSch]
Orchester Will Glahé
Wir spielen auf!
Electrola EG 6214

0458   12.01.1938
Tanz-Orchester mit Refraingesang [Schuricke-Terzett]
Orchester Will Glahé
Tanze und Sing!
Electrola EG 6215

0459   12.01.1938
Tanz-Orchester mit Refraingesang [=SchT]
Orchester Will Glahé
Puppenparade (Heut' marschiert die Garde auf)
Electrola EG 6215

0460   13.01.1938
Rosl Rauch und Rudi Schuricke
mit Erhard Bauschke und seinem Orchester
Mädel, Dein Mund ist zum Küssen da
Grammophon Gr 47160 A

0461   ~ Jan. 1938 NE 3/38
Rudi Schuricke
Hans Bund mit seinem Tanz-Orchester
Tanze und Sing!
Imperial Im 17170

0462   ~ Jan. 1938 NE 3/38
Rudi Schuricke
Hans Bund mit seinem Tanz-Orchester
Puppenparade (Heut' marschiert die Garde auf)
Imperial Im 17170

0463   ~ Jan. 1938 NE 3/38
Schuricke-Terzett
Hans Bund mit seinem Tanz-Orchester
Es leuchten die Sterne
Imperial Im 17168

0464   ~ Jan. 1938 NE 3/38
Quartettgesang [=SchT]
Hans Bund mit seinem Tanz-Orchester
Kleine Mama, wie geht es Ihrem Baby?
Imperial Im 17168

0465   ~ Jan. 1938 NE 3/38
Rudi Schuricke & Inge Vesten
Hans Bund mit seinem Tanz-Orchester
Der Hut von Fräulein Molly
Imperial Im 17169

0466   ~ Jan. 1938 NE 3/38
"Quartettgesang" [mit RSch]
Hans Bund mit seinem Tanz-Orchester
Das ist Berlin
Imperial Im 17169

0467   ~ Jan. 1938 NE 3/38
Rudolf Erhard
Emil Roósz mit seinem Tanz-Orchester
Mutterlied
Kristall K 3700

0468   ~ Jan. 1938 NE 3/38
Rudolf Erhard
Emil Roósz mit seinem Tanz-Orchester
Küsse im Mondlicht
Kristall K 3700

0469	~ Jan. 1938 NE 3/38

Rudolf Erhard
Emil Roósz mit seinem Tanz-Orchester
Immer wenn ich glücklich bin
Kristall K 3701

0470	~ Jan. 1938 NE 3/38

Rudolf Erhard
Emil Roósz mit seinem Tanz-Orchester
Warum ist in Wien grad' der Walzer zu Haus
Kristall K 3701

0471	~ Jan. 1938 NE 3/38

"mit Gesang" [= SchT]
Original-Tonfilm-Orchester Corny Ostermann
Potpourri a. d. Tonfilm "Es leuchten die Sterne", 1.Teil
Kristall K 3693

0472	~ Jan. 1938 NE 3/38

"mit Gesang" [= weibl. Gesangsolo / SchT / RSch]
Original-Tonfilm-Orchester Corny Ostermann
Potpourri a. d. Tonfilm "Es leuchten die Sterne", 2.Teil
Kristall K 3693

0473	~ Jan. 1938 NE 3/38

mit Quartettgesang [=SchT]
Original-Tonfilm-Orchester Corny Ostermann
Das ist Berlin
Kristall K 3694

0474	03.02.1938

Tanz-Orchester mit Refraingesang [=SchT]
Orchester Will Glahé
Schenk' mir Deine kleine Hand
Electrola EG 6237

0475	03.02.1938

Tanz-Orchester mit Refraingesang [= RSch]
Orchester Will Glahé
Zähle nur die Stunden
Electrola / HMV EG 6238

0476	09.02.1938

Tanz-Orchester mit Refraingesang [=SchT]
Orchester Will Glahé
Mädel, Dein Mund ist zum Küssen da
Electrola / HMV EG 6238

0477   03.03.1938
Schuricke-Terzett & Damenchor
Erhard Bauschke Tanz-Orchester
Vieni, vieni
Grammophon Gr 10757 A

0478   12.02.1938
Schuricke-Terzett & Damenchor
Erhard Bauschke Tanz
Ja, die Musik!
Grammophon Gr 10757 B

0479   ~ Febr. 1938
Schuricke-Terzett
Potpourri aus dem Tonfilm "Es leuchten die Sterne"- 1.Teil
Grammophon Gr 10754 A

0480   ~ Febr. 1938
Schuricke-Terzett
Potpourri aus dem Tonfilm "Es leuchten die Sterne"- 2.Teil
Grammophon Gr 10754 B

0481   23.02.1938
mit Refraingesang: Rudi Schuricke
Oskar Joost Tanz-Orchester
Das ganze Leben ist nur ein Glücksspiel
Polydor Po 10758 A

0482   23.02.1938
mit Refraingesang: Rudi Schuricke
Oskar Joost Tanz-Orchester
Oh, Baby! [Du hast mein Herz k.o. geschlagen]
Polydor Po 10758 B

0483   03.03.1938
Tanz-Orchester mit Refraingesang [=SchT]
Orchester Will Glahé
Wer weiß, wie heut' das Wetter wird?
Electrola EG 6260

0484   03.03.1938
Tanz-Orchester mit Refraingesang [= RSch]
Orchester Will Glahé
Nur Dich allein hab' ich geliebt
Electrola EG 6261

0485 09.02.1938
Tanz-Orchester mit Refraingesang [=SchT]
Orchester Will Glahé
Kleine Mama, wie geht es Ihrem Baby?
Electrola EG 6244

0486 09.03.1938
Tanz-Orchester mit Refraingesang [=SchT]
Orchester Ludwig Rüth, Ltg. H. Carste
Bambino
Electrola EG 6278

0487 09.03.1938
< ohne Angabe > [= RSch]
Orchester Ludwig Rüth, Ltg. H. Carste
Liebe kommt und Liebe geht
Electrola EG 6278

0488 17.03.1938
mit Refraingesang: Rudi Schuricke
Oskar Joost Tanz-Orchester
Nur Dich allein hab' ich geliebt
Grammophon Gr 10764 A

0489 17.03.1938
mit Refraingesang: Rudi Schuricke
Oskar Joost Tanz-Orchester
Mir hat heut' Nacht geträumt
Grammophon Gr 10764 B

0490 30.03.1938
Schuricke-Terzett
Oskar Joost Tanz-Orchester
Ein Sommernachtstraum zu zwei'n
Grammophon Gr 10769 B

0491 30.03.1938
Schuricke-Terzett
Oskar Joost Tanz-Orchester
In meiner Burg am Strande
Grammophon Gr 10768 A

0492 30.03.1938
Rudi Schuricke
Oskar Joost Tanz-Orchester
Hinter einer Düne
Grammophon Gr 10768 B

0493   30.03.1938
mit Refraingesang: Rudi Schuricke
Oskar Joost Tanz-Orchester
Kleine Frau im Sonnenschein
Grammophon Gr 10769 A

0494   ~ April 1938 NE 5/38
Rudolf Erhard
Erich Schneidewind mit seinem Tanz-Orchester
Weil der D-Zugführer heute Hochzeit macht
Kristall K 3705, Imperial 17337 [NK]

0495   Mitte Dez. 1937 NE 2/38
mit Refraingesang [= RSch]
Corny Ostermann und sein Tanz-Orchester
Küß' mich! [bitte, bitte küß' mich!]
Kristall K 3710

0496   07.05.1938 NE 6/38
"mit Refraingesang" [= RSch]
Erich Schneidewind mit seinem Tanz-Orchester
In den Sternen steht's geschrieben
Kristall K 3719

0497   07.05.1938 NE 6/38
"mit Refraingesang" [= RSch]
Erich Schneidewind mit seinem Tanz-Orchester
O Mia Bella Napoli (Straßensänger von Neapel)
Kristall K 3719, Imperial 17337 [NK]

0498   ~ März 1938 NE 4/38
Rudi Schuricke & Frauenterzett
Imperial-Tanz-Symphoniker Leitung: Rio Gebhardt
Ja, die Musik!
Imperial Im 17173

0499   ~ März 1938 NE 4/38
Schuricke-Terzett
Imperial-Tanz-Symphoniker Leitung: Rio Gebhardt
Wir spielen auf!
Imperial Im 17173

0500   1938 NE 4/38
Fritz Rudolf [= RSch] mit Zitherbegleitung
Riesengebirgler's Heimatlied
Kristall / Imperial K 9131

0501 1938 NE 4/38
Die 4 Lustigen Jungens mit Instrumentalbegleitung
Mein Schlesierland [Wer die Welt am Stab durchmessen]
Kristall / Imperial K 9131

0502 April 1938 NE 5/38
Die 4 Lustigen Jungens
Erich Schneidewind mit seinem Tanzorchester
Erste Rheinländer – Melodienfolge
Kristall / Imperial K 1339

0503 April 1938 NE 5/38
Die 4 Lustigen Jungens
Erich Schneidewind mit seinem Tanzorchester
Zweite Rheinländer – Melodienfolge
Kristall / Imperial K 1339

0504 März 1937 NE 5/38
Quartettgesang [Spree-Revellers] mit Klavierbegleitung
[Werner Doege]
In einem kühlen Grunde
Kristall K 7111

0505 1938 NE 5/38
Die 4 Lustigen Jungens mit Instrumentalbegleitung
O Schwarzwald, o Heimat
Kristall K 7111

0506 1938 NE 5/38
Carla Spletter, Franz Klarwein und Schuricke-Terzett
Mitglieder des Orchesters der Reichsoper, Berlin
Maske in Blau, 1. Teil
Imperial Im 019070 [30cm]

0507 1938 NE 5/38
Carla Spletter, Franz Klarwein und Schuricke-Terzett
Mitglieder des Orchesters der Reichsoper, Berlin
Maske in Blau, 2. Teil
Imperial Im 019070 [30cm]

0508 06.04.1938 NE 5/38
Schuricke-Terzett
Hans Bund mit seinem Tanz-Orchester
Alles tanzt und singt, Schlager-Potpourri, 1. Teil
Imperial Im 17176

0509   06.04.1938 NE 5/38
Schuricke-Terzett
Hans Bund mit seinem Tanz-Orchester
Alles tanzt und singt, Schlager-Potpourri, 2. Teil
Imperial Im 17176

0510   06.04.1938 NE 5/38
Rudi Schuricke
Hans Bund mit seinem großen Tanz-Orchester
Mein und Dein (Yours and Mine)[358]
Imperial Im 17177

0511   06.04.1938 NE 5/38
Rudi Schuricke
Hans Bund mit seinem großen Tanz-Orchester
Überall Musik (Everybody Sing)[359]
Imperial Im 17177

---

[358] **Erster** Nacio Herb BROWN (1896-1964, Musik) / Franz Baumann (1890-1965, deutscher Text) - **Titel** aus dem US-amerikanischen Revue-Film „Broadway Melody of 1938" // Arthur FREED (1894-1974, englischer Text): Im Gegensatz zur „belasteten" und gestrichenen „Imperial 17179" - Platte (siehe unten) blieb „Imperial 17177" bis mindestens 1939 kurioserweise scheinbar weiter erhältlich. Möglicherweise machte die „Kristall GmbH" im Zusammenhang mit dem Verbot von „I'm Feeling Like A Million" die RMK darauf aufmerksam, dass lediglich der Texter der englischen Stücke Arthur FREED jüdischer Herkunft war und hiermit ggf. eine Verwechslung vorlag. Denn diese Titel wurden bei „Kristall/Imperial" durch deutsche Texte ersetzt, hier wohl durch den synchron- und filmerfahrenen Spezialisten und prominenten, auch international bekannten Sänger Franz BAUMANN (1890-1965), wodurch ein rassenideologisch begründetes Verbot eigentlich gegenstandslos war. Franz BAUMANN war seit 1933 NSDAP-Mitglied und textete völkisches Liedgut bzw. „Bekenntnislieder", dazu schrieb er aber auch deutsche Texte zu zahlreichen Melodien aus Hollywood-Filmen. Er geriet aber spätestens seit 1934 auch mit der Partei aneinander, vgl. PRIEBERG, 408, 819, 1131, 4548 und jetzt besonders: Helmut VÖLKER, Franz Baumann. Sänger, Schauspieler, Liedertexter (Pseud. Fred Barny) verfasst am 06.08.2022, bei: https://www.filmschaffende-in-gross-glienicke.de/franz-baumann/ (online abgerufen, 15.12.2023). Ggf. war es gar Franz BAUMANN (als Parteimitglied) selbst, der bei dem Sachverhalt intervenierte. Im 1939er Katalog wird so auch weiterhin BROWN als Komponist dieser Stücke und die Platte als „in Produktion" bzw. als „bestellbar" gelistet. Vgl. KRISTALL GMBH (Hrsg.), Imperial und Kristall Schallplatten Gesamtverzeichnis 1939, Berlin 1939, 95, 117, 238.
[359] **Zweiter** Nacio Herb BROWN (Musik) / Franz BAUMANN (dt. Text) - **Titel** aus dem US.-amerikanischen Revue-Film: „Broadway Melody of 1938" // Arthur FREED (engl. Text).

0512	~ Mai 1938
	Schuricke-Terzett
	& Klavier-Begleitung
	Die Juliska aus Budapest
	Grammophon Gr 10939 A
0513	~ Apr. 1938
	Schuricke-Terzett
	Der Wind hat mir ein Lied erzählt
	Grammophon Gr 10767 A
0514	~ Mai 1938
	Schuricke-Terzett & Klavier, Gitarre
	Reisefieber
	Grammophon Gr 10767 B, Gr 10939 B
0515	12.04.1938
	Tanz-Orchester mit Refraingesang [=SchT]
	Orchester Ludwig Rüth, Ltg. H. Carste
	Laß' die Frau, die Dich liebt, niemals weinen
	Electrola EG 6313
0516	03.05.1938
	mit Refraingesang: Rudi Schuricke & Inge Vesten
	Erhard Bauschke und sein Orchester
	Weil der D-Zugführer heute Hochzeit macht
	Grammophon Gr 10828 A
0517	03.05.1938
	mit Refraingesang: Rudi Schuricke
	Erhard Bauschke und sein Orchester
	Märchen aus 1001 Nacht
	Grammophon Gr 10828 B
0518	03.05.1938
	Rudi Schuricke
	Erhard Bauschke und sein Orchester
	Am Schwanenteich
	Grammophon Gr 10833
0519	03.05.1938
	Rudi Schuricke
	Erhard Bauschke und sein Orchester
	Sag' wer bist Du, blonde Frau?
	Grammophon Gr 10833

0520   06.04.1938 NE 5/38
Rudi Schuricke
Hans Bund mit seinem großen Tanz-Orchester
Ich träume von Millionen (I'm Feeling Like A Million)[360]
Imperial Im 17179 [Titelverbot RMK 01.09.1938[361], Platte im
Sommer 1938 gestrichen]
0521   April 1938
Die 4 Lustigen Jungens
Erich Schneidewind mit seinem Tanzorchester
Zweites Rheinländer - Potpourri, 1. Teil
Kristall / Imperial K 1340
0522   April 1938
Die 4 Lustigen Jungens
Erich Schneidewind mit seinem Tanzorchester
Zweites Rheinländer - Potpourri, 2. Teil
Kristall / Imperial K 1340

---

[360]**Dritter Titel** von Nacio Herb BROWN / Franz BAUMANN aus dem US.-amerikanischen Revue-Film „Broadway Melody of 1938", der kurioserweise am 01.09.1938 von der RMK verboten wurde (siehe unten). Interessanterweise wurde, bei späterer Gelegenheit, auch eine andere Arbeit Franz BAUMANNS verboten. Dieser „veruntextete" ein Alois-MELICHAR-Lied basierend auf einer Melodie von Franz SCHUBERT „Leise singt die Nachtigall" quasi als „ungeziemlichen" Schlager. Vgl. PRIEBERG, 4548 (25.04.1939: von der Reichsmusikprüfstelle für „unerwünscht" erklärt). Andere von Schuricke bereits aufgenommene BROWN - Kompositionen waren bis dato: „Broadway Rhythm" als „Das ist der Broadway Rhytmus" = Kristall 3597 (Spree-Revellers), „Everybody Sing" als „Überall Musik" = Imperial 17177 (solo), „On A Sunny Afternoon" als „An einem schönen Sonntag" = Kristall 3587 (solo), „Sing before Breakfast" als „Sing schon am Morgen" = Gr 2296 A (Spree-Revellers), „You Are My Lucky Star" als „Du sollst mein Glücksstern sein" = Kristall 3587 (solo) / Gr 2280 A (solo) und „Yours and Mine" als „Mein und Dein" = Imperial 17177 (solo).

[361]Vgl. WOLFFRAM, 192, Faksimile: Amtliche Mitteilungen der RMK 5 (1938), Nr. 17, S. 1 *Unerwünschte Musik. Die nachstehend verzeichneten Werke, die von der Reichsmusikprüfstelle für unerwünscht erklärt worden sind, dürfen in Deutschland weder vertrieben noch öffentlich aufgeführt werden: 1. N. H. BROWN: „Ich träume von Millionen", bearbeitet von Frank SKINNER und D[udley]. E. BAYFORD – [deutscher] Text von Franz BAUMANN. Verlag: Francis, Day & Hunter GmbH, Berlin. 2 […]"* Es bleibt bis jetzt unklar, weswegen der Titel eigentlich auf den Index geriet. Ggf. störte man sich auch an den erwähnten musikalischen Bearbeitern oder generell dem britischen Musikverlag, der international zahlreiche Werke von jüdischen Komponisten wie George GERSHWIN oder Jerome KERN vertrieb.

0523   07.05.1938 NE 6/38
Rudi Schuricke
Hans Bund mit seinem Tanz-Orchester
Eine Frau wird erst schön durch die Liebe
Imperial Im 17184

0524   07.05.1938[362] NE 6/38
Rudi Schuricke
Hans Bund mit seinem Tanz-Orchester
Laß' die Frau, die Dich liebt, niemals weinen
Imperial   Im 17184

0525   07.05.1938 NE 6/38
Rudi Schuricke
Hans Bund mit seinem Tanz-Orchester
Sag' wer bist Du, blonde Frau?
Imperial 17185

0526   06.04.1938 NE 5/38
Rudi Schuricke
Hans Bund mit seinem Tanz-Orchester
Ich brech' die Herzen der stolzesten Frau'n
Imperial   17179 [Platte im Sommer 1938 gestrichen, vgl. *0520*
oben] / Im 17185 [Neukopplung]

0527   19.05.1938
Tanz-Orchester mit Refraingesang [=SchT]
Orchester Will Glahé
In meiner Burg am Strande
Electrola EG 6359

0528   24.05.1938
Tanz-Orchester mit Refraingesang [=SchT]
Orchester Will Glahé
Es ist so schön, Soldat zu sein
Electrola EG 6371

0529   24.05.1938
Tanz-Orchester mit Refraingesang [=SchT]
Orchester Will Glahé
Ein Viertelstündchen mit dir allein
Electrola EG 6371

---

[362]Datum: Dömpke, 16.

0530   24.05.1938
Tanz-Orchester mit Refraingesang [=SchT]
Orchester Will Glahé
Marietta
Electrola EG 6373

0531   ~ Mai 1938 NE 7/38
Rudi Schuricke
Hans Bund mit seinem Tanz-Orchester
Marietta
Imperial Im 17193

0532   ~ Mai 1938 NE 7/38
Rudi Schuricke
Hans Bund mit seinem Tanz-Orchester
Schiff Ahoi!
Imperial Im 17193

0533   09.06.1938[363] NE 7/38
Rudi Schuricke
Hans Bund mit seinem Tanz-Orchester
Nacht muß es sein[364]
Imperial Im 17190

0534   09.06.1938 NE 7/38
Rudi Schuricke
Hans Bund mit seinem Tanz-Orchester
Wenn ich mit Dir tanzen geh'[365]
Imperial Im 17190

0535   ~ Mai 1938 NE 7/38
Rudolf Erhard
Corny Ostermann mit seinem Tanz-Orchester
Es singt meine alte Gitarre
Kristall K 3722

0536   ~ Mai 1938 NE 7/38
Rudolf Erhard
Corny Ostermann mit seinem Tanz-Orchester
Ich tanz' mit Fräulein Dolly Swing
Kristall K 3722

---

[363]Datum: Dömpke, 16.
[364]Aus dem Revue-Film „Es leuchten die Sterne".
[365]Eine der wenigen Eigenkompositionen von Rudi Schuricke zusammen mit Theo Reuter.

0537 01.04.1938
Refraingesang
Corny Ostermann mit seinem Tanz u. Tonfilm-Orchester
Ich tanz' mit Fräulein Dolly Swing
Kristall GmbH Kristall-Sonderpressung "Tanzmusik aus dem
Café Berolina, Alexanderplatz"

0538 01.04.1938
Refraingesang
Corny Ostermann mit seinem Tanz u. Tonfilm-Orchester
Nachts auf der Lagune
Kristall GmbH Kristall-Sonderpressung "Tanzmusik aus dem
Café Berolina, Alexanderplatz"

0539 ~ Mai 1938 NE 7/38
Die 4 Lustigen Jungens
Corny Ostermann mit seinem Tanz-Orchester
Alles hört zu! Schlager-Potpourri, 1. Teil
Kristall K 3725

0540 ~ Mai 1938 NE 7/38
Die 4 Lustigen Jungens
Corny Ostermann mit seinem Tanz-Orchester
Alles hört zu! Schlager-Potpourri, 2. Teil
Kristall K 3725

0541 ~Juni 1938 NE 9/38
Rudolf Erhard
Corny Ostermann mit seinem Tanz-Orchester
Nachts auf der Lagune
Kristall K 3728

0542 ~Juni 1938 NE 9/38
Rudolf Erhard
Corny Ostermann mit seinem Tanz-Orchester
Bambino
Kristall K 3728

0543 ~Juni 1938 NE 9/38
Die 4 Lustigen Jungens
Corny Ostermann mit seinem Tanz-Orchester
Almentanz
Kristall K 3730

0544   ~ Mai 1938 NE 9/38
"mit Refraingesang" [= RSch]
Emil Roósz mit seinem Tanz-Orchester
Nachtwind
Kristall K 3731

0545   ~ Mai 1938 NE 8/38
Schuricke-Terzett
Hans Bund mit seinem Tanz-Orchester
Vieni, vieni
Imperial Im 17194

0546   ~ Mai 1938 NE 8/38
Rudi Schuricke
Hans Bund mit seinem Tanz-Orchester
Lach' ein bissel – wein' ein bissel
Imperial Im 17194

0547   ~ Mai 1938 NE 9/38
Rudi Schuricke
Hans Bund mit seinem Tanz-Orchester
Du gehörst zu mir
Imperial Im 17198

0548   ~ Mai 1938 NE 9/38
Rudi Schuricke
Hans Bund mit seinem Tanz-Orchester
Im Dämmerschein
Imperial Im 17198

0549   ~ Mai 1938 NE 9/38
Schuricke-Terzett
Hans Bund mit seinem Tanz-Orchester
Liebesserenade zur Nacht
Imperial Im 17199

0550   02.06.1938
Tanz-Orchester mit Refraingesang [=SchT]
Orchester Will Glahé
Es singt meine alte Gitarre
Electrola EG 6384

0551   02.06.1938
Tanz-Orchester mit Refraingesang [=SchT]
Orchester Will Glahé
Nacht muss es sein
Electrola / HMV EG 6384

0552 02.06.1938
Tanz-Orchester mit Refraingesang [=SchT]
Orchester Will Glahé
Schiff ahoi!
Electrola EG 6385

0553 01.06.1938
mit Gesang: Rudi Schuricke
Oskar Joost Tanz-Orchester
Alles hört zu
Grammophon / Polydor Gr 10903 A

0554 01.06.1938
mit Gesang: Rudi Schuricke
Oskar Joost Tanz-Orchester
Alles hört zu
Grammophon / Polydor Gr 10903 B

0555 21.06.1938
mit Gesang: Rudi Schuricke
Oskar Joost Tanz-Orchester
Segel unter blauem Himmel
Grammophon Gr 10922 A

0556 21.06.1938
Schuricke-Terzett & Klavier-Begleitung
Marietta
Grammophon Gr 10940 A

0557 21.06.1938
Schuricke-Terzett & Klavier-Begleitung
O Mia Bella Napoli (Straßensänger von Neapel)
Grammophon / Polydor Gr 10940 B

0558 24.06.1938
mit Refraingesang: Schuricke-Terzett
Hans Busch Tanz Orchester
Es singt meine alte Gitarre
Grammophon Gr 47238 A

0559 24.06.1938
mit Refraingesang: Rudi Schuricke
Hans Busch Tanz Orchester
Stunden, die man nicht vergessen kann
Grammophon Gr 47238 B

0560   25.06.1938
Hilde Seip & Schuricke-Terzett mit Orchesterbegleitung
Einst hast Du nachts geweint über mich
Grammophon Gr 47244

0561   05.08.1938
mit Refraingesang: Rudi Schuricke
Erhard Bauschke u. s. Orchester
Millionen von Illusionen
Grammophon Gr 10933 A

0562   05.08.1938
mit Refraingesang: Rudi Schuricke
Erhard Bauschke u. s. Orchester
Träumen von der Südsee
Grammophon Gr 10933 B

0563   10.08.1938
mit Refraingesang: Schuricke-Terzett
Oskar Joost Tanz-Orchester
Bambino
Grammophon / Polydor Gr 10930 A

0564   10.08.1938
mit Refraingesang: Schuricke-Terzett
Oskar Joost Tanz-Orchester
Einmal heißt es Abschied nehmen
Grammophon / Polydor Gr 10930 B

0565   ~ Mitte Aug. 1938
Schuricke-Terzett & Klavier-Begleitung
In einem kühlen Grunde
Grammophon / Polydor Gr 10965 A

0566   ~ Mitte Aug. 1938
Schuricke-Terzett & Klavier-Begleitung
Morgen muß ich fort von hier
Grammophon / Polydor Gr 10965 B

0567   25.08.1938
Schuricke-Terzett
Orchester Will Glahé
Das Fräulein Gerda
Electrola EG 6453

0568　25.08.1939
"mit Refraingesang" [= RSch]
Orchester Will Glahé
Ich hab' geträumt!
Electrola EG 6462

0569　25.08.1938
Schuricke-Terzett
Orchester Will Glahé
Good-Bye, Baby
Electrola EG 6453

0570　~ 25.08.1938 NE 11/38
Tanz-Orchester mit Refraingesang [=SchT]
Hans Carste mit seinem Orchester
Schön ist die Welt
Electrola EG 6458

0571　~ 25.08.1938 NE 11/38
Tanz-Orchester mit Refraingesang [=SchT]
Hans Carste mit seinem Orchester
Süße kleine Mary [Du bist alles für mich]
Electrola EG 6458

0572　1938 NE 9/38
Die 4 Lustigen Jungens
Orchesterbegleitung Leitung: E. Schneidewind
Blaue Mütze, blaue Jacke, blaue Hose
Kristall / Imperial K 7112[366]

0573　1938 NE 9/38
Die 4 Lustigen Jungens
Orchesterbegleitung Leitung: E. Schneidewind
Schön blüh'n die Heckenrosen
Kristall / Imperial K 7112

---

[366] Titelverbot 1941, Musik: Robert Stolz / Text: Rudolf Weys. In der „Dritten Liste unerwünschter musikalischer Werke" (erstveröffentlicht 15.05.1941), werden schließlich sämtliche Werke von Robert Stolz für unerwünscht erklärt und spätestens hiermit auch dieser Titel verboten, vgl. Prieberg, 7359 (vgl. auch: ebenda, 2397 mit Nachweis aller vier Listen bis 1942).

0574   1938 NE 9/38
Die 4 Lustigen Jungens
Erich Schneidewind mit seinem Orchester
Frohsinn am laufenden Band, Potpourri 1.Teil
Kristall / Imperial K 1549

0575   1938 NE 9/38
Die 4 Lustigen Jungens
Erich Schneidewind mit seinem Orchester
Frohsinn am laufenden Band, Potpourri 2. Teil
Kristall / Imperial K 1549

0576   26.08.1938
mit Refraingesang: Rudi Schuricke
Erhard Bauschke und sein Orchester
Lach' ein bissel – wein' ein bissel
Grammophon / Polydor Gr 10941 A

0577   26.08.1938
mit Refraingesang: Schuricke-Terzett
Erhard Bauschke und sein Orchester
Laß' die Frau, die Dich liebt, niemals weinen
Grammophon / Polydor Gr 10941 B

0578   26.08.1938
mit Refraingesang: Schuricke-Terzett
Erhard Bauschke und sein Orchester
Ich schenk' mein Herz
Grammophon Gr 10946 A

0579   05.09.1938
mit Refraingesang: Rudi Schuricke
Erhard Bauschke und sein Orchester
Es ist unmöglich von mir nicht gefesselt zu sein
Grammophon Gr 10945 A

0580   05.09.1938
mit Refraingesang: Schuricke-Terzett
Erhard Bauschke und sein Orchester
Es gibt so süße Mädels
Grammophon Gr 10945 B

0581   05.09.1938
mit Refraingesang: Schuricke-Terzett
Erhard Bauschke und sein Orchester
So verliebt wie heut' war ich noch nie
Grammophon Gr 10946 B

0582 05.09.1938
Schuricke-Terzett
Leise flehen meine Lieder (Ständchen)
Grammophon Gr 11836 A

0583 05.09.1938
Schuricke-Terzett
O lieb, so lang' du lieben kannst
Grammophon Gr 11836 B

0584 06.09.1938
Tanz-Orchester mit Refraingesang [=SchT]
Orchester Will Glahé
Schön blüh'n die Heckenrosen
Electrola EG 6461

0585 06.09.1938
Tanz-Orchester mit Refraingesang [=SchT]
Orchester Will Glahé
Ja, wenn die Liebe nicht wär'
Electrola EG 6461

0586 06.09.1938
Tanz-Orchester mit Refraingesang [=SchT]
Orchester Will Glahé
Mit Dir möcht' ich gehen bis ans Ende der Welt
Electrola EG 6460

0587 06.09.1938
Tanz-Orchester mit Refraingesang [=SchT]
Orchester Will Glahé
Lang ist's her
Electrola EG 6462

0588 06.09.1938
Tanz-Orchester mit Refraingesang [=SchT]
Will Glahé und seine Musette-Orchestr
Holla, Lady!
Electrola / HMV EG 6463

0589 06.09.1938
Tanz-Orchester mit Refraingesang [=SchT]
Will Glahé und seine Musette-Orchestr
Almentanz
Electrola / HMV EG 6463

0590   06.09.1938
Tanz-Orchester mit Refraingesang [=SchT]
Orchester Will Glahé
Du bist nicht mit Gold zu bezahlen
Electrola EG 6460

0591   07.09.1938
mit Refraingesang: Schuricke-Terzett
Oskar Joost Tanz-Orchester
Auf den Flügeln bunter Träume
Grammophon / Polydor Gr 10948 A

0592   07.09.1938
mit Refraingesang: Rudi Schuricke
Oskar Joost Tanz-Orchester
Was meine Sehnsucht träumt
Grammophon / Polydor Gr 10948 B

0593   07.09.1938
mit Refraingesang: Rudi Schuricke
Oskar Joost Tanz-Orchester
Süße kleine Lady
Grammophon Gr 10949 A

0594   07.09.1938
mit Refraingesang: Rudi Schuricke & Damen-Duett
Oskar Joost Tanz-Orchester
Ich hab' zwei süße Schwestern
Grammophon Gr 10949 B

0595   1938 NE 10/38
Schuricke-Terzett
Kammer-Tanzorchester, Ltg. Rio Gebhardt
Bunte Klänge, 1. + 2. Teil
Imperial Im 17205

0596   08.09.1938[367] NE 10/38
Rudi Schuricke
Hans Bund mit seinem Tanz-Orchester
In einer Nacht im Mai
Imperial Im 17204

---

[367]Datum: Dömpke, 16.

0597 08.09.1938 NE 10/38
Rudi Schuricke
Hans Bund mit seinem Tanz-Orchester
Es steht ein Stern in dunkler Nacht
Imperial Im 17204

0598 08.09.1938 NE 10/38
Rudi Schuricke
Hans Bund mit seinem Tanz-Orchester
Ich hab' das Glück geseh'n
Imperial Im 17203

0599 08.09.1938[368] NE 10/38
Die 4 Lustigen Jungens
Corny Ostermann mit seinem Tanz-Orchester
Drei Matrosen (Goodnite Ladies)
Kristall K 3735

0600 08.09.1938
Die 4 Lustigen Jungens
Corny Ostermann mit seinem Tanz-Orchester
Drei Matrosen [Kinowerbeplatte m. Ansage]
Imperial-sw / gold K-Ki 75-0

0601 08.09.1938 NE 10/38
Rudolf Erhard
Corny Ostermann mit seinem Tanz-Orchester
Das Fräulein Gerda
Kristall K 3735

0602 08.09.1938
Rudolf Erhard
Corny Ostermann mit seinem Tanz-Orchester
Das Fräulein Gerda [Kinowerbeplatte m. Ansage]
Imperial-sw / gold K-Ki 76-0

0603 1938 NE 10/38
Die 4 Lustigen Jungens
Erich Schneidewind m. s. Musette-Tanzorchester
Mit Dir möcht' ich gehen bis ans Ende der Welt
Kristall K 5195

---

[368]Datum: Dömpke, 16.

0604   1938 NE 10/38
Die 4 Lustigen Jungens
Erich Schneidewind m. s. Musette-Tanzorchester
Ja, wenn die Liebe nicht wär'
Kristall K 5195

0605   12.09.1938
mit Refraingesang: Schuricke-Terzett
Erhard Bauschke u. s. Orchester
Wenn ein Mädchen keinen Mann hat
Grammophon Gr 10950 B

0606   28.09.1938
Tanz-Orchester mit Refraingesang [=SchT]
Orchester Will Glahé
Im schönen Sizilien
Electrola EG 6511

0607   28.09.1938
Tanz-Orchester mit Refraingesang [=SchT]
Orchester Will Glahé
Segel unter blauem Himmel
Electrola EG 6511

0608   28.09.1938
Tanz-Orchester mit Refraingesang [=SchT]
Orchester Will Glahé
Frohsinn am laufenden Band - Potpourri, 1.Teil
Electrola / HMV EG 6512

0609   28.09.1938
Tanz-Orchester mit Refraingesang [=SchT]
Orchester Will Glahé
Frohsinn am laufenden Band - Potpourri, 2.Teil
Electrola / HMV EG 6512

0610   28.09.1938[369]
Tanz-Orchester mit Refraingesang [=SchT]
Orchester Will Glahé
In einer kleinen Taxe
Electrola EG 6513

---

[369]Datum: Dömpke, 21.

0611	28.09.1938
	Tanz-Orchester mit Refraingesang [=SchT]
	Orchester Will Glahé
	Kinder, wie die Zeit vergeht
	Electrola EG 6513
0612	28.09.1938
	Tanz-Orchester mit Refraingesang [=SchT]
	Orchester Will Glahé
	Durch die Nacht klingt ein Lied
	Electrola EG 6514
0613	29.09.1938
	mit engl. Refraingesang: Schuricke-Terzett
	Erhard Bauschke u. s. Orchester
	It's a Long, Long Way To Your Heart
	Grammophon Gr 11012 B
0614	~ Sep. 1938 NE11/38
	Rudi Schuricke
	Hans Bund mit seinem Tanz-Orchester
	Es ist unmöglich von mir nicht gefesselt zu sein
	Imperial Im 17206
0615	~ Sep. 1938 NE11/38
	Schuricke-Terzett
	Hans Bund mit seinem Tanz-Orchester
	Es gibt so süße Mädels
	Imperial Im 17206
0616	~ Sep. 1938 NE11/38
	Rudi Schuricke
	Hans Bund mit seinem Tanz-Orchester
	Heut' hat mein Herz um eine geweint
	Imperial Im 17207
0617	~ Sep. 1938 NE11/38
	Rudi Schuricke
	Hans Bund mit seinem Tanz-Orchester
	Nun ist das Glück gegangen
	Imperial Im 17207
0618	~ Sep. 1938 NE11/38
	Rudolf Erhard
	Corny Ostermann mit seinem Tanz-Orchester
	Ich hab' zwei süße Schwestern
	Kristall K 3739

0619   ~ Sep. 1938 NE11/38
Die 4 Lustigen Jungens
Corny Ostermann mit seinem Tanz-Orchester
Holla, Lady!
Kristall K 3739

0620   04.10.1938
Schuricke-Terzett Klavierbegleitung
Esels - Serenade (The Donkey's Serenade)
Grammophon ohne Bestellnr. [Take 1, einseitige Musterplatte
im RSA]"[370]

0621   04.10.1938
Schuricke-Terzett Klavierbegleitung
Esels - Serenade (The Donkey's Serenade)
Grammophon / Polydor Gr 10987 A [Take 2][371]

0622   04.10.1938
Schuricke-Terzett Klavierbegleitung
Liebe läßt sich nicht erzwingen
Grammophon / Polydor Gr 10987 B

0623   14.10.1938
mit Gesang: Schuricke-Terzett
Oskar Joost Tanz-Orchester
Schi-Heil!
Grammophon / Polydor   Gr 10983 A

0624   14.10.1938
mit Gesang: Schuricke-Terzett
Oskar Joost Tanz-Orchester
Holla, Lady!
Grammophon / Polydor Gr 10983 B

0625   14.10.1938
mit Refraingesang: Rudi Schuricke
Oskar Joost Tanz-Orchester
Du mußt mir Deine Liebe erst beweisen!
Grammophon / Polydor Gr 10984 A

---

[370]Titelverbot 1942, in: „Vierte Liste unerwünschter musikalischer Werke"
(15.07.1942): „alle Werke von Robert Friml" (wohl wegen jüdischer oder
US-amerik. Herkunft), vgl. Prieberg, 2397.
[371] Wie oben.

0626   14.10.1938
Gesang: Hannerle Frank & Schuricke-Terzett
Oskar Joost Tanz-Orchester
In einer Nacht im Mai
Grammophon / Polydor Gr 10984 B

0627   14.10.1938
mit Refraingesang: Schuricke-Terzett
Oskar Joost Tanz-Orchester
Ja, meine alten Schi ...
Grammophon / Polydor Gr 11003 A

0628   ~ Dez. 1938
mit Refraingesang: Schuricke-Terzett
Egon Kaiser Tanz-Orchester
So eine Schipartie
Grammophon / Polydor Gr 11003 B

0629   27.10.1938[372] NE 12/38
Die 4 Lustigen Jungens
Corny Ostermann mit seinem Tanz-Orchester
Der Onkel Jonathan
Kristall K 3741

0630   27.10.1938 NE 12/38
Rudolf Erhard
Corny Ostermann mit seinem Tanz-Orchester
Der Onkel Doktor hat gesagt
Kristall K 3741

0631   ~ Ende Okt. / Anf. Nov. 1938 NE 12/38
Die 4 Lustigen Jungens
Corny Ostermann mit seinem Tanz-Orchester
Schi-Heil!
Kristall K 3742

0632   ~ Ende Okt. / Anf. Nov. 1938 NE 12/38
Schuricke-Terzett
Berliner Kammer-Tanzorchester, Ltg. Rio Gebhardt
Potpourri a. d. "Operette Melodie der Nacht", 1.Teil
Imperial Im 17212

---

[372]Datum: Dömpke, 26.

0633	~ Ende Okt./ Anf. Nov. 1938 NE 12/38

0633 ~ Ende Okt./ Anf. Nov. 1938 NE 12/38
Schuricke-Terzett
Berliner Kammer-Tanzorchester, Ltg. Rio Gebhardt
Potpourri a. d. "Operette Melodie der Nacht", 2.Teil
Imperial Im 17212

0634 ~ Ende Okt. / Anf. Nov. 1938 NE 12/38
Rudi Schuricke
Hans Bund mit seinem Tanz-Orchester
Good-Bye, Baby
Imperial Im 17214

0635 ~ Okt.1938 / Anf. Nov. NE 12/38
Rudi Schuricke
Hans Bund mit seinem Tanz-Orchester
Nie war Musik so schön
Imperial Im 17214

0636 vor 29.11.1938 NE 1/39
Die 4 Lustigen Jungens [mit RSch]
Corny Ostermann mit seinem Tanz-Orchester
Von Erfolg zu Erfolg! Großes Schlager Potpourri, 1.Teil
Kristall K 3744

0637 vor 29.11.1938 NE 1/39
Die 4 Lustigen Jungens [mit RSch]
Corny Ostermann mit seinem Tanz-Orchester
Von Erfolg zu Erfolg! Großes Schlager Potpourri, 2.Teil
Kristall K 3744

0638 29.11.1938[373] NE 1/39
Rudolf Erhard
Corny Ostermann mit seinem Tanz-Orchester
Piccolino [spiele uns dein kleines Lied]
Kristall K 3747

0639 29.11.1938
Rudolf Erhard
Corny Ostermann mit seinem Tanz-Orchester
Piccolino [Kinowerbeplatte m. Ansage]
Kristall K-Ki 83-0

---

[373]Datum: Dömpke, 26.

0640	29.11.1938 NE 1/39
	Rudolf Erhard
	Corny Ostermann mit seinem Tanz-Orchester
	Ich pfeif' heut' Nacht (vor Deinem Fenster)
	Kristall K 3747
0641	29.11.1938
	Rudolf Erhard
	Corny Ostermann mit seinem Tanz-Orchester
	Ich pfeif' heut' Nacht [Kinowerbeplatte m. Ansage]
	Kristall K-Ki 84-0
0642	30.11.1938
	mit Refraingesang: Rudi Schuricke
	Erhard Bauschke und sein Orchester
	Ich pfeif' heut' Nacht (vor Deinem Fenster)
	Grammophon Gr 11004 A
0643	30.11.1938
	mit Refraingesang: Rudi Schuricke
	Erhard Bauschke und sein Orchester
	Ich kann an hübschen Mädels nicht vorüber gehen
	Grammophon Gr 11004 B
0644	Nov.1938
	mit Refraingesang [SchT]
	Egon Kaiser Tanz-Orchester
	Die hinter den Gardinen spionieren
	Grammophon Gr 2874 A
0645	30.11.1938
	mit Refraingesang [SchT]
	Erhard Bauschke [als Gram.-TO.]
	Duze mich! [Sei' doch mal nett zu mir]
	Grammophon Gr 2874 B
0646	~ Nov. 1938
	Tanz-Orchester mit Gesang [=SchT]
	Orchester Will Glahé
	Das kannst Du nicht ahnen
	Electrola EG 6551
0647	~ Nov. 1938
	Tanz-Orchester mit Gesang [=SchT]
	Orchester Will Glahé
	Kornblumenblau
	Electrola EG 6555

0648   ~ Nov. 1938
Tanz-Orchester mit Gesang [=SchT]
Orchester Will Glahé
Heute geht der Vati mal alleine aus
Electrola EG 6551

0649   ~ Nov. 1938
Tanz-Orchester mit Refraingesang [=SchT]
Hans Carste mit seinem Orchester
Halt, haben Sie mein Herz geseh'n?
Electrola EG 6572

0650   ~ Nov. 1938
Tanz-Orchester mit Refraingesang [=SchT]
Erwin Steinbacher
Ich lieb' Dich – Du liebst mich
Electrola EG 6850

0651   ~ Nov./Dez. 1938
Günter Franck u. Schuricke-Terzett
mit Orch. Dirigent: Bruno Seidler-Winkler
Lieder von der Waterkant, Seemannslieder Potp. 1.und 2.Teil
Electrola EG 6601

0652   Okt.1938 NE 11/38
Walter Simlinger und die 4 Lustigen Jungens mitDietrich-
Schrammel-Quartett+Orchester-Begleitung Erich Schnei-
dewind
Berlin-Wien, Potpourri 1. Teil
Kristall K 1550

0653   Okt.1938 NE 11/38
Walter Simlinger und die 4 Lustigen Jungens mitDietrich-
Schrammel-Quartett+Orchester-Begleitung Erich Schnei-
dewind
Berlin-Wien, Potpourri 2. Teil
Kristall K 1550

0654   Okt.1938 NE 1/39
Die 4 Lustigen Jungens
Erich Schneidewind und sein Orchester
Unter Kameraden! Potpourri 1. Teil
Kristall K 1552

0655   Okt.1938 NE 1/39
        Die 4 Lustigen Jungens
        Erich Schneidewind und sein Orchester
        Unter Kameraden! Potpourri 2. Teil
        Kristall K 1552
0656   Okt.1938 NE 2/39
        Die 4 Lustigen Jungens
        Erich Schneidewind und sein Orchester
        Wunsch-Walzer, Melodienfolge im ¾ Takt, 1. Teil
        Kristall K 1554
0657   Okt.1938 NE 2/39
        Die 4 Lustigen Jungens
        Erich Schneidewind und sein Orchester
        Wunsch-Walzer, Melodienfolge im ¾ Takt, 2. Teil
        Kristall K 1554
0658   Okt. 1938 NE 1/39
        Quartettgesang [=SchT]
        Erich Schneidewind und sein Quintett
        Es war einmal vor vielen Jahren
        Kristall K 7113
0659   Okt. 1938 NE 1/39
        Quartettgesang [=SchT]
        Erich Schneidewind und sein Quintett
        Heimweh nach Virginia (Carry me back to old Virginia)
        Kristall K 7113
0660   Anf. Dez.1938 NE 1/39
        Rudi Schuricke
        Hans Bund mit seinem Tanz-Orchester
        Sag' mir schnell "Gut' Nacht"
        Imperial   Im 17222
0661   Anf. Dez.1938 NE 1/39
        Rudi Schuricke
        Hans Bund mit seinem Tanz-Orchester
        Warum hat der Napoleon?
        Imperial   Im 17222

0662   Jan. 1939 NE 3/39
Die 4 Lustigen Jungens
Heinz Munsonius mit seinem lustigen Quartett
Rund um die Reeperbahn, Walzer- und Stimmungs-Potpourri
1. Teil
Kristall / Imperial K 1556

0663   Jan. 1939 NE 3/39
Die 4 Lustigen Jungens
Heinz Munsonius mit seinem lustigen Quartett
Rund um die Reeperbahn, Walzer- und Stimmungs-Potpourri
2. Teil
Kristall / Imperial K 1556

0664   Febr.1939 NE 4/39
Die 4 Lustigen Jungens
Orchester Erich Schneidewind
Olle Kamellen! (Polka-Melodienfolge), 1.Teil
Kristall / Imperial K 1557

0665   Febr.1939 NE 4/39
Die 4 Lustigen Jungens
Orchester Erich Schneidewind
Olle Kamellen! (Polka-Melodienfolge), 2.Teil
Kristall / Imperial K 1557

0666   ~Apr. 1939 NE 8/39
Die 4 Lustigen Jungens
Erich Schneidewind mit seinem Musette-Orchester
Polka-Mazurka-Potpourri,1.Teil
Kristall K1560

0667   ~Apr. 1939 NE 8/39
Die 4 Lustigen Jungens
Erich Schneidewind mit seinem Musette-Orchester
Polka-Mazurka-Potpourri, 2.Teil
Kristall K1560

0668   18.12.1938
Schuricke-Terzett & Klavier-Begleitung
Halt, haben Sie mein Herz geseh'n? (Take 1)
Grammophon Musterplatte[374]

---

[374] „Aus dem Tobis-Film „Verliebtes Abenteuer" (1939): Das handschriftliche Etikett vermerkt „Lambeth – Walk" als verwendeten Tanzrhythmus. Datumsstempel

0669	18.12.1938
	Schuricke-Terzett & Klavier-Begleitung
	Halt, haben Sie mein Herz geseh'n? (Take 2)
	Grammophon Musterplatte[375]
0670	19.12.1938
	mit Refraingesang: Schuricke-Terzett
	Erhard Bauschke und sein Orchester
	Piccolino [spiele uns Dein kleines Lied]
	Grammophon Gr 11020 A
0671	19.12.1938
	mit Refraingesang: Schuricke-Terzett
	Erhard Bauschke und sein Orchester
	Es war ein Mädchen und ein Matrose
	Grammophon Gr 11020 B
0672	~ Dez. 1938
	Rudi Schuricke
	Hans Rehmstedt mit seinem Orchester
	Leise klang eine Weise
	Electrola EG 6615
0673	~ Dez. 1938
	Tanz-Orchester mit Refraingesang [= RSch]
	Hans Rehmstedt mit seinem Orchester
	Leise klang eine Weise
	Electrola EG 6615
0674	~ Dez. 1938
	Tanz-Orchester mit Refraingesang [= RSch]
	Hans Rehmstedt mit seinem Orchester
	Eine Insel aus Träumen geboren [ist Hawaii]
	Electrola EG 6615
0675	~ Dez. 1938
	Tanz-Orchester mit Refraingesang [= RSch]
	Will Glahé mit seinem Orchester
	Jeden Abend vor dem Schlafen geh'n
	Electrola EG 6618

29.12.1938 (Pressdatum?), Matrix Nr. 8120 GD9. Die spätere Gr / Po Veröffentlichung verzichtet auf jegliche Angabe dazu, auf allen anderen Veröffentlichungen des Stückes wird „Rheinländer modern" angegeben.

[375] Matrix Nr. 8120 1⁄2 GD9. Bilder eines dieser Labels im Netz von Josef Westner auf https://grammophon-platten.de/page.php?29.

0676	~ Dez. 1938
	Tanz-Orchester mit Refraingesang [= RSch]
	Will Glahé mit seinem Orchester
	Wenn Du Glück hast, fallen 1000 Mark vom Himmel
	Electrola EG 6618
0677	~ Dez. 1938
	Tanz-Orchester mit Refraingesang [= RSch]
	Hans Carste mit seinem Orchester
	Du stehst nicht im Adressbuch
	Electrola EG 6617
0678	~ Dez. 1938
	Tanz-Orchester mit Refraingesang [= RSch]
	Hans Rehmstedt mit seinem Orchester
	Premierenbummel, Potpourri - 1. Teil
	Electrola EG 6620
0679	~ Dez. 1938
	Tanz-Orchester mit Refraingesang [= RSch]
	Hans Rehmstedt mit seinem Orchester
	Premierenbummel, Potpourri - 2. Teil
	Electrola EG 6620
0680	~ Dez. 1938 NE 2/39
	Rudi Schuricke
	Hans Bund mit seinem Tanz-Orchester
	Mein Herz den Frauen
	Imperial Im 17230
0681	~ Dez. 1938 NE 2/39
	Rudi Schuricke
	Hans Bund mit seinem Tanz-Orchester
	Lang ist's her
	Imperial Im 17230
0682	~ Dez. 1938 NE 2/39
	Rudolf Erhard
	Corny Ostermann mit seinem Tanz-Orchester
	Heute Nacht bin ich auf alles gefaßt
	Kristall K 3750
0683	~ Dez. 1938 NE 2/39
	Rudolf Erhard
	Corny Ostermann mit seinem Tanz-Orchester
	Die Nacht ist nicht allein zum Schlafen da
	Kristall K 3750

0684   ~ Dez. 1938 NE 2/39
Rudolf Erhard
Corny Ostermann mit seinem Tanz-Orchester
Oh! Aha!
Kristall / Imperial K 3751

0685   ~ Dez. 1938 NE 2/39
Rudolf Erhard
Corny Ostermann mit seinem Tanz-Orchester
Es war ein Mädchen und ein Matrose
Kristall / Imperial K 3751

— 1939 —

0686   ~ Jan. 1939 NE 3/39
Schuricke-Terzett
Juan Llossas mit seinem Tanz-Orchester
Penny - Serenade (Pfennig-Lied)
Imperial Im 17233

0687   ~ Jan. 1939 NE 3/39
Schuricke-Terzett
Juan Llossas mit seinem Tanz-Orchester
Nachts am Kongo
Imperial Im 17233

0688   ~ Jan. 1939 NE 3/39
Schuricke-Terzett
Hans Bund mit seinem Tanz-Orchester
Halt, haben Sie mein Herz geseh'n?
Imperial Im 17234

0689   ~ Jan. 1939 NE 3/39
Schuricke-Terzett
Hans Bund mit seinem Tanz-Orchester
Liebe läßt sich nicht erzwingen
Imperial Im 17234

0690   ~ Jan. 1939 NE 4/39
Rudi Schuricke
Wilfried Krüger mit seinem Tanz-Streichorchester
Die Nacht, die Musik und Dein Mund
Imperial Im 17239

0691 ~ Jan. 1939 NE 4/39
Rudi Schuricke
Wilfried Krüger mit seinem Tanz-Streichorchester
Bel Ami! (Du hast Glück bei den Frau'n, Bel Ami!)
Imperial Im 17239

0692 ~ Jan. 1939 NE 3/39
**mit Refraingesang: Schuricke-Terzett & Klavier-Beglei-
tung**
Piccolino [spiele uns Dein kleines Lied]
Grammophon Gr 11040 A

0693 ~ Jan. 1939 NE 3/39
**mit Refraingesang: Schuricke-Terzett & Klavier-Beglei-
tung**
Halt, haben Sie mein Herz geseh'n ?
Grammophon / Polydor Gr 11040 B

0694 ~ Jan. 1939
Schuricke-Terzett mit Orchesterbegleitung
Musik und Liebe, Potpourri - 1. Teil
Grammophon / Polydor Gr 11049 A

0695 ~ Jan. 1939
Schuricke-Terzett mit Orchesterbegleitung
Musik und Liebe, Potpourri - 2. Teil
Grammophon Gr 11049 B

0696 02.02.1939
Schuricke-Terzett
Erhard Bauschke und sein Orchester
Dideldideldum
Grammophon / Polydor Gr 11053 A

0697 02.02.1939
Schuricke-Terzett
Erhard Bauschke und sein Orchester
Elefant und Mücke
Grammophon / Polydor Gr 11053 B

0698 02.02.1939
Rudi Schuricke
Erhard Bauschke und sein Orchester
Die Nacht, die Musik und Dein Mund
Grammophon Gr 11054 A

0699	02.02.1939
	Rudi Schuricke
	Erhard Bauschke und sein Orchester
	Irgendwo in der Welt [steht ein weinumranktes Haus]
	Grammophon Gr 11054 B
0700	08.02.1939
	mit Refraingesang: Terzett
	Egon Kaiser Tanz-Orchester
	Das kannst du nicht ahnen
	Grammophon / Polydor Gr 2837 A
0701	08.02.1939
	mit Refraingesang: Terzett
	Egon Kaiser Tanz-Orchester
	Kornblumenblau (Cornflower Blue)
	Grammophon / Polydor Gr 2837 B
0702	10.02.1939
	Schuricke-Terzett
	Oskar Joost Tanz-Orchester
	Bel Ami!
	Grammophon / Polydor Gr 11051 A
0703	10.02.1939
	Schuricke-Terzett
	Oskar Joost Tanz-Orchester
	Joj, Joj, Joj!
	Grammophon Gr 11051 B
0704	10.02.1939
	Rudi Schuricke & Lissy Bühler
	Oskar Joost Tanz-Orchester
	Von mir aus kann's regnen
	Grammophon Gr 11052 A
0705	10.02.1939
	Rudi Schuricke
	Oskar Joost Tanz-Orchester
	Jede Frau hat ein süßes Geheimnis
	Grammophon / Polydor Gr 11052 B
0706	~ Feb. 1939
	Schuricke-Terzett & Klavier-Begleitung Friedrich Meyer
	Columbus
	Grammophon / Polydor Gr 11055 B

0707   ~ Feb. 1939
Schuricke-Terzett & Klavier-Begleitung
Das Pfennig-Lied (Penny-Serenade)
Grammophon / Polydor Gr 11055 A
0708   22.02.1939
Schuricke-Terzett
Bob E. Huber mit seinem Tanzorchester
Dideldideldum
Telefunken A 2840
0709   22.02.1939
Schuricke-Terzett
Bob E. Huber mit seinem Tanzorchester
In meinem kleinen Kämmerlein
Telefunken A 2840
0710   ~ Feb. 1939
Tanz-Orchester mit Refraingesang [= RSch]
Orchester Will Glahé
Du hast Glück bei den Frau'n, Bel Ami!
Electrola / HMV EG 6679
0711   ~ Feb. 1939
Tanz-Orchester mit Refraingesang [=SchT]
Orchester Will Glahé
Margarethe
Electrola EG 6716
0712   ~ Feb. 1939
Tanz-Orchester mit Refraingesang [=SchT]
Orchester Will Glahé
Steh' ich vor Deiner Tür
Electrola EG 6716
0713   ~ Feb. 1939
Tanz-Orchester mit Refraingesang [=SchT]
Hans Carste mit seinem Orchester
Und die Musik spielt dazu
Electrola EG 6710
0714   ~ Feb. 1939
Tanz-Orchester mit Refraingesang [=SchT]
Hans Carste mit seinem Orchester
Wenn der Toni mit der Vroni
Electrola EG 6710

0715   ~ Feb. 1939
Tanz-Orchester mit Refraingesang [=SchT]
Hans Carste mit seinem Orchester
Liebe kleine Freundin
Electrola / HMV EG 6718

0716   ~ Feb. 1939
Tanz-Orchester mit Refraingesang [=SchT]
Die Goldene Sieben
Oh! Aha!
Electrola EG 6712

0717   ~ Feb. 1939
Tanz-Orchester mit Refraingesang [= RSch]
Hans Rehmstedt mit seinem Orchester
Von Erfolg zu Erfolg [Schlager-Potpourri] 1. und 2. Teil
Electrola EG 6715

0718   ~ Feb. 1939
Rudi Schuricke
Hans Rehmstedt mit seinem Orchester
Ja, der Peter
Electrola EG 6717

0719   ~ Feb. 1939
Rudi Schuricke
Hans Rehmstedt mit seinem Orchester
Das Pfennig-Lied (Penny-Serenade)
Electrola EG 6717

0720   10.03.1939
Die drei Schwälmer Gesellen
Orgelbegleitung
Ich weiß ein teuerwertes Land
Telefunken Musterplatte / RS=M6003

0721   10.03.1939 NE Juni 1939
Die drei Schwälmer Gesellen
Orgelbegleitung
Ich weiß ein teuerwertes Land
Telefunken M 6601

0722   10.03.1939 NE Juni 1939
Die drei Schwälmer Gesellen
Orgelbegleitung
An die Heimat (Hessenlied)
Telefunken M 6601

271

0723   07.03.1939
Rudi Schuricke
Oskar Joost Tanz-Orchester
Esels - Serenade (The Donkey's Serenade)
Grammophon Gr 11059 A[376]

0724   08.03.1939
Werner Hinkelmann mit dem Schuricke-Terzett
Erhard Bauschke und sein Orchester
Penny-Serenade [mit englischen Refrain Gesang]
Polydor PO 11071 A

0725   08.03.1939
Werner Hinkelmann mit dem Schuricke-Terzett
Erhard Bauschke und sein Orchester
The Umbrella Man [mit englischen Refrain Gesang]
Polydor PO 11071 B

0726   24.03.1939
Mit Gesang: Schuricke-Terzett
Erhard Bauschke und sein Orchester
Oh! Ma-Ma!
Grammophon Gr 11104 B

0727   24.03.1939
mit Refraingesang: Rudi Schuricke
Erhard Bauschke und sein Orchester
Ich mach' mir keine Sorgen
Grammophon / Polydor Gr 11073 A

0728   24.03.1939
mit Refraingesang: Schuricke-Terzett
Erhard Bauschke und sein Orchester
Bel Ami!
Grammophon / Polydor Gr 11073 B

0729   24.03.1939
mit Refraingesang: Schuricke-Terzett
Erhard Bauschke und sein Orchester
Warum kam ich nicht reich zur Welt?
Grammophon / Polydor Gr 11130 A

---

[376] Titelverbot 1942, in: „Vierte Liste unerwünschter musikalischer Werke" (15.07.1942): „alle Werke von Robert Friml" (wohl wegen jüdischer oder US-amerik. Herkunft), vgl. Prieberg, 2397.

0730 19.05.1939
mit Refraingesang: Rudi Schuricke
Erhard Bauschke und sein Orchester
Tun Sie doch nicht so
Grammophon / Polydor Gr 11130 B

0731 24.03.1939
mit Refraingesang: Rudi Schuricke
Erhard Bauschke und sein Orchester
Madonna
Grammophon Gr 11045 B

0732 25.03.1939
Schuricke-Terzett
Großes Tanzorchester, Dirigent: Adalbert Lutter
Eine Insel aus Träumen geboren [ist Hawaii]
Telefunken A 2890

0733 25.03.1939
Schuricke-Terzett
Großes Tanzorchester, Dirigent: Adalbert Lutter
So blau
Telefunken A 2890

0734 ~ März 1939 NE 6/39
Rudi Schuricke
Juan Llossas mit großem Tanz-Orchester
Buenos Aires
Imperial Im 17248

0735 ~ März 1939 NE 4/39
Rudi Schuricke
Juan Llossas mit seinem Tanz-Orchester
Abends in der kleinen Bar
Imperial   Im 17241

0736 ~ März 1939 NE 4/39
[Schuricke-Terzett]
Imperial-Tanz-Orchester mit Quartettgesang
Kornblumenblau
Imperial Im 17246

0737 ~ März 1939 NE 4/39
[Schuricke-Terzett]
Imperial-Tanz-Orchester mit Quartettgesang
Das kannst Du nicht ahnen
Imperial Im 17246

0738   ~ März 1939 NE 4/39
Rudi Schuricke
Franz Thon mit seinen Tanz-Rhythmikern
Good-Bye, Jonny
Imperial Im 17244

0739   ~ März 1939 NE 5/39
Schuricke-Terzett
Großes Imperial-Tanz-Orchester
Ti - Pi – Tin
Imperial Im 17249

0740   ~ März 1939 NE 5/39
Schuricke-Terzett
Großes Imperial-Tanz-Orchester
Unter dem Kastanienbaum (The Chestnut Tree)
Imperial Im 17249

0741   ~ März 1939 NE 2/39
mit Refraingesang [= RSch]
Corny Ostermann mit seinem Tanz-Orchester
Kann ich nicht Dein kleiner Freund sein?
Kristall K 3752

0742   ~ März 1939 NE 2/39
mit Refraingesang [= RSch]
Corny Ostermann mit seinem Tanz-Orchester
So kann das ruhig weitergeh'n
Kristall K 3752

0743   Jan. 1939 NE 3/39
Die 4 Lustigen Jungens
   Erich Schneidewind mit seinem Musette-Tanzorchester
Auf der bayerischen Alm
Kristall / Imperial K 3757

0744   Jan. 1939 NE 3/39
Die 4 Lustigen Jungens
   Erich Schneidewind mit seinem Musette-Tanzorchester
Ein Hütchen à la Tyroliénne
Kristall K 3757

0745   23.02.1939 NE 4/39
mit Refraingesang" [= RSch]
Erich Schneidewind mit seinem Musette-Tanzorchester
Elefant und Mücke
Kristall / Imperial K 3758

0746	23.02.1939 NE 4/39
	mit Refraingesang" [= RSch]
	Erich Schneidewind mit seinem Musette-Tanzorchester
	Dideldideldum
	Kristall K 3758
0747	~ März 1939 NE 4/39
	"mit Quartettgesang" [=SchT]
	Corny Ostermann mit seinem Tanz-Orchester
	Joj, Joj, Joj!
	Kristall K 3759
0748	~ März 1939 NE 4/39
	mit Refraingesang [= RSch]
	Corny Ostermann mit seinem Tanz-Orchester
	Schlittenfahrt
	Kristall K 3759
0749	~ März 1939 NE 4/39
	"mit Quartettgesang" [=SchT]
	Corny Ostermann mit seinem Tanz-Orchester
	Unter dem Kastanienbaum (The Chestnut Tree)
	Kristall K 3760
0750	~ März 1939 NE 4/39
	mit Refraingesang [= RSch]
	Corny Ostermann mit seinem Tanz-Orchester
	Du hast mir gerade noch gefehlt
	Kristall K 3760
0751	~ März 1939 NE 4/39
	Rudolf Erhard
	Corny Ostermann mit seinem Tanz-Orchester
	Rufe mich an
	Kristall K 3761
0752	~ März 1939 NE 4/39
	Rudolf Erhard
	Corny Ostermann mit seinem Tanz-Orchester
	Du stehst nicht im Adressbuch
	Kristall K 3761
0753	~ März 1939 NE 4/39
	"mit Quartettgesang" [=SchT]
	Corny Ostermann mit seinem Tanz-Orchester
	Es war einmal ein Jägersmann
	Kristall K 3762

0754   ~ März 1939 NE 4/39
        mit Refraingesang [= RSch]
        Corny Ostermann mit seinem Tanz-Orchester
        Fräulein, mit Ihnen möcht' ich baden geh'n
        Kristall K 3762
0755   ~ März 1939 NE 5/39
        "mit Quartettgesang" [=SchT]
        Corny Ostermann mit seinem Tanz-Orchester
        Und die Musik spielt dazu
        Kristall K 3763
0756   ~ März 1939 NE 5/39
        mit Refraingesang [= RSch]
        Corny Ostermann mit seinem Tanz-Orchester
        Oui, Madame ...
        Kristall K 3763
0757   ~ März 1939 NE 5/39
        Schuricke-Terzett
        Franz Thon mit seinen Tanz-Rhythmikern
        Ti-Pi-Tin
        Imperial Im 14008 [30cm]
0758   ~ März 1939 NE 5/39
        [nur summendes Schuricke-Terzett]
        Franz Thon mit seinen Tanz-Rhythmikern
        Destiny
        Imperial Im 14008 [30cm]
0759   ~ März 1939 NE 6/39
        Schuricke-Terzett
        Max Rumpf mit seinem Tanz-Orchester
        Tabu
        Imperial Im 17256
0760   ~ März 1939 NE 6/39
        Rudi Schuricke
        Max Rumpf mit seinem Tanz-Orchester
        Schenk' mir Dein Lächeln für eine Nacht [Somebody's Thin-
        king Of You Tonight]
        Imperial Im 17256

0761   März 1939 NE 6/39
Die 4 Lustigen Jungens
Erich Schneidewind und sein Orchester
Eine Fahrt ins Blaue (Eine lustige Eisenbahnfahrt) 1. Teil
Kristall / Imperial K 1558

0762   März 1939 NE 6/39
Die 4 Lustigen Jungens
Erich Schneidewind und sein Orchester
Eine Fahrt ins Blaue (Eine lustige Eisenbahnfahrt) 2. Teil
Kristall / Imperial K 1558

0763   März 1939 NE 5/39
"mit Quartettgesang" [=SchT]
Erich Schneidewind mit seinem Musette-Tanzorchester
Good-bye, Jonny!
Kristall K 3764

0764   März 1939 NE 5/39
** mit Refraingesang [= RSch]**
Erich Schneidewind mit seinem Musette-Tanzorchester
Bel Ami! (Du hast Glück bei den Frau'n, Bel Ami)
Kristall K 3764

0765   24.04.1939
Schuricke-Terzett
Großes Tanzorchester, Dirigent: Adalbert Lutter
Das Leben ist so schön
Telefunken A 2917

0766   24.04.1939
Schuricke-Terzett
Großes Tanzorchester, Dirigent: Adalbert Lutter
Guten Tag, liebes Glück!
Telefunken A 2917

0767   ~ Apr. 1939 NE 6/39
"mit Quartettgesang" [=SchT]
Erich Schneidewind mit seinem Musette-Tanzorchester
Ti-Pi-Tin
Kristall K 3765

0768   ~ Apr. 1939 NE 6/39
"mit Quartettgesang" [=SchT]
Erich Schneidewind mit seinem Musette-Tanzorchester
Das Pfennig-Lied (Penny-Serenade)
Kristall K 3765

0769   ~ März 1939 NE 6/39
Rudi Schuricke
Edmund Kötscher mit seinen Solisten
Peterle
Imperial Im 17259

0770   ~ März 1939 NE 6/39
Rudi Schuricke
Edmund Kötscher mit seinen Solisten
Unter blühenden Bäumen
Imperial Im 17259

0771   ~ Apr. 1939 NE 6/39
Rudolf Erhard
Corny Ostermann und sein Tanz-Orchester
Ich mach' mir keine Sorgen
Kristall K 3766

0772   ~ Apr. 1939 NE 6/39
Rudolf Erhard
Corny Ostermann und sein Tanz-Orchester
Ein kleines weißes Haus
Kristall K 3766

0773   Mai 1939 NE 6/39
"mit Duettgesang" [Rudi Schuricke & Iska Geri]
Corny Ostermann und sein Tanz-Orchester
Eine Lady war einst in Tirol
Kristall / Imperial K 3768

0774   Mai 1939 NE 6/39
"mit Duettgesang" [Rudi Schuricke & Iska Geri]
Corny Ostermann und sein Tanz-Orchester
Kleine Sennerin
Kristall / Imperial K 3768

0775   Mai 1939 NE 7/39
Refraingesang [RSch]
Corny Ostermann mit seinem Tanz-Orchester
So schön und jung wie heute [Kinowerbeplatte]
Kristall-Schwarz K - KI 95-0

0776   Mai 1939 NE 7/39
Refraingesang [RSch]
Corny Ostermann mit seinem Tanz-Orchester
So schön und jung wie heute
Kristall K 3771

0777   Mai 1939 NE 7/39
Quartettgesang [= 4IJ]
Corny Ostermann mit seinem Tanz-Orchester
Wenn es Feierabend ist
Kristall-Schwarz K - KI 96-0 [Kinowerbeplatte]

0778   Mai 1939 NE 7/39
Quartettgesang [= 4IJ]
** Corny Ostermann mit seinem Tanz-Orchester**
Wenn es Feierabend ist
Kristall K 3771

0779   ~ Apr. 1939 NE 7/39
"mit Quartettgesang" [=SchT]
Heinz Munsonius mit seinem Harmonika-Tanzorchester
Die kleine Loretta
Kristall K 3772

0780   ~ Apr. 1939 NE 7/39
mit Refraingesang [= RSch]
Heinz Munsonius mit seinem Harmonika-Tanzorchester
Das große Glück
Kristall K 3772

0781   ~ Apr. 1939
mit Refraingesang [= RSch]
Corny Ostermann mit seinem Tanz-Orchester
Guten Tag, liebes Glück! (Take 1)
Kristall GmbH   UFA Sonderpressung

0782   ~ Apr. 1939 NE 7/39
mit Refraingesang [= RSch]
Corny Ostermann mit seinem Tanz-Orchester
Guten Tag, liebes Glück! (Take 2)
Kristall K 3773

0783   ~ Apr. 1939 NE 7/39
"mit Quartettgesang" [=SchT]
Corny Ostermann mit seinem Tanz-Orchester
Das Leben ist so schön
Kristall K 3773

0784   ~ Apr. 1939
Schuricke-Terzett
Franz Thon mit seinen Tanz-Rhythmikern
Lerne lieben, ohne zu weinen [Kinowerbeplatte]
Imperial-Schwarz K-Ki 93-0

0785   ~ Apr. 1939 NE 7/39
Schuricke-Terzett
Franz Thon mit seinen Tanz-Rhythmikern
Lerne lieben, ohne zu weinen
Imperial   Im 17265

0786   ~ Apr. 1939
Schuricke-Terzett
Franz Thon mit seinen Tanz-Rhythmikern
Musik! Musik! Musik! [Kinowerbeplatte]
Imperial-Schwarz K-Ki 94-0

0787   ~ Apr. 1939 NE 7/39
Rudi Schuricke
Franz Thon mit seinen Tanz-Rhythmikern
Musik! Musik! Musik! [Wir brauchen keine Millionen]
Imperial Im 17265

0788   ~ Apr. 1939 NE Mai 1939
Tanz-Orchester mit Refraingesang [SchT]
Hans Carste mit seinem Orchester
Pst, Pst Blondine!
Electrola EG 6770

0789   ~ Apr. 1939 NE Mai 1939
Tanz-Orchester mit Refraingesang [SchT]
Hans Carste mit seinem Orchester
Dideldideldum
Electrola EG 6770

0790   ~ Apr. 1939
Tanz-Orchester mit Refraingesang [SchT]
Die Goldene Sieben
Warum kam ich nicht reich zur Welt?
Electrola / HMVEG 6782

0791   ~ Mai 1939
Tanz-Orchester mit Refraingesang [SchT]
Die Goldene Sieben
Ein kleines weißes Haus
Electrola EG 6792

0792   April / Mai 1939
Tanz-Orchester mit Refraingesang [SchT]
Robert Gaden mit seinem Orchester
Ich mach' mir keine Sorgen
Electrola EG 6818

0793 04.05.1939
mit Refraingesang: Schuricke-Terzett
Oskar Joost Tanz-Orchester
Fräulein, mit Ihnen möcht' ich baden geh'n
Grammophon Gr 11128 A

0794 04.05.1939
mit Refraingesang: Rudi Schuricke
Oskar Joost Tanz-Orchester
Meine Freundin hat ein Auto
Grammophon Gr 11128 B

0795 04.05.1939
mit Refraingesang: Schuricke-Terzett
Oskar Joost Tanz-Orchester
Warum hat die Adelheid keinen Abend für mich Zeit?
Grammophon Gr 11129 A

0796 10.05.1939
Schuricke-Terzett Klavierbegleitung
Wolgalied
Grammophon Gr 11351 A

0797 10.05.1939
Schuricke-Terzett Klavierbegleitung
Über die Prärie (Indian Love Call)
Grammophon Gr 11351 B[377]

0798 04.05.1939
Tanz-Orchester mit Refraingesang [SchT]
Hans Carste mit seinem Orchester
So jung und schön wie heute
Electrola EG 6849

0799 04.05.1939
Tanz-Orchester mit Refraingesang [SchT]
Hans Carste mit seinem Orchester
Warum hat die Adelheid keinen Abend für mich Zeit?
Electrola EG 6849

---

[377]Titelverbot 1942, in: „Vierte Liste unerwünschter musikalischer Werke"
(15.07.1942): „alle Werke von Robert Friml" (wohl wegen jüdischer oder
US-amerik. Herkunft), vgl. Prieberg, 2397.

0800	Mai 1939
	Tanz-Orchester mit Refraingesang [SchT]
	Orchester Will Glahé
	Bahnsteig 4
	Electrola EG 6855
0801	Mai 1939
	Tanz-Orchester mit Refraingesang [SchT]
	Orchester Will Glahé
	Jede Frau hat ein süßes Geheimnis
	Electrola EG 6855
0802	16.05.1939
	mit Gesang: Rudi Schuricke
	Oskar Joost Tanz-Orchester
	Jeder tanzt so gut er kann
	Grammophon Gr 11173 B
0803	19.05.1939
	Rudi Schuricke
	Erhard Bauschke und sein Orchester
	Ganz leise kommt die Nacht
	Grammophon Gr 11354 B
0804	19.05.1939
	mit Refraingesang: Schuricke-Terzett
	Erhard Bauschke und sein Orchester
	Man kann sein Herz nur einmal verschenken
	Grammophon / Polydor Gr 11159 A
0805	19.05.1939
	mit Refraingesang: Schuricke-Terzett
	Erhard Bauschke und sein Orchester
	Das gewisse Etwas
	Grammophon / Polydor Gr 11159 B
0806	~ Mai 1939 NE 7/39
	Schuricke-Terzett
	Willy Berking mit seinen Solisten
	Auf dem Dach der Welt
	Imperial Im 17266
0807	27.06.1939
	mit Refraingesang: Schuricke-Terzett
	Oskar Joost Tanz-Orchester
	Auf dem Dach der Welt
	Grammophon / Polydor Gr 11172 A

0808   25.05.1939
mit Refraingesang: Schuricke-Terzett
Oskar Joost Tanz-Orchester
Drei Zypressen am Meer
Grammophon / Polydor Gr 11172 B

0809   24.05.1939
Schuricke-Terzett
Jazz-Harmonika: Albert Vossen von der Ciro-Bar, Berlin
Rosamunde ... (Böhmische Polka / Škoda Lásky / Roll Out the
Barrel / Beer Barrel Polka)
Telefunken TA 2942

0810   24.05.1939
Schuricke-Terzett
Jazz-Harmonika: Albert Vossen von der Ciro-Bar, Berlin
Im Gänsemarsch
Telefunken TA 2942

0811   Mai 1939 NE 7/39
Rudi Schuricke
Willy Berking mit seinen Solisten
Auf dem Dach der Welt
Imperial Im 17266

0812   Mai 1939 NE 7/39
Rudi Schuricke
Willy Berking mit seinen Solisten
1,2,3,4,5,6,7 [wo ist meine Braut geblieben?]
Imperial Im 17266

0813   Juni 1939 NE 8/39
** Quartettgesang [=4IJ]**
Corny Ostermann mit seinem Tanz-Orchester
Die Musik im Café
Kristall K 3775

0814   Juni 1939 NE 8/39
Quartettgesang [=4IJ]
Corny Ostermann mit seinem Tanz-Orchester
Sevillaña
Kristall K 3773

0815   Juni 1939 NE 8/39
Quartettgesang [=4lJ]
Corny Ostermann mit seinem Tanz-Orchester
Annuschka
Kristall K 3773

0816   Juli 1939 NE 9/39
Hilde Martina [=Iska Geri] u. Rudolf Erhard
Heinz Munsonius mit seinem Harmonika-Tanzorchester
Parole: Stimmung! Lustiges Schlager-Potpourri 3. Teil
Kristall K 3778

0817   Juli 1939 NE 9/39
Hilde Martina [=Iska Geri] u. Rudolf Erhard
Heinz Munsonius mit seinem Harmonika-Tanzorchester
Parole: Stimmung! Lustiges Schlager-Potpourri 4. Teil
Kristall K 3778

0818   Juli 1939 NE 9/39
Die 4 Lustigen Jungens
Heinz Munsonius Harmonika mit seinem Quartett
Parole: Stimmung! Lustiges Schlager-Potpourri 1. Teil
Kristall K 3777

0819   Juli 1939 NE 9/39
Die 4 Lustigen Jungens
Heinz Munsonius Harmonika mit seinem Quartett
Parole: Stimmung! Lustiges Schlager-Potpourri 2. Teil
Kristall K 3777

0820   Juli 1939 NE 9/39
mit Refraingesang [Rudi Schuricke]
Heinz Munsonius mit seinem Harmonika-Tanzorchester
So verliebt, ma Cherie
Kristall K 3779

0821   Juli 1939 NE 9/39
mit Refraingesang [Schuricke-Terzett]
Heinz Munsonius mit seinem Harmonika-Tanzorchester
Drei Zypressen am Meer
Kristall K 3779

0822   Juli 1939 NE 9/39
"mit Quartettgesang" [=SchT]
Heinz Munsonius mit seinem Harmonika-Tanzorchester
Der Matrose singt ein Lied
Kristall K 3780

0823   Juli 1939 NE 9/39
"mit Quartettgesang" [=SchT]
Heinz Munsonius mit seinem Harmonika-Tanzorchester
Küß' mich noch einmal
Kristall K 3780

0824   Juni 1939 NE 8/39
Schuricke-Terzett
Tanzorchester Edmund Kötscher
Großstadtmelodie
Imperial Im 17269

0825   Juni 1939 NE 8/39
Schuricke-Terzett
Tanzorchester Edmund Kötscher
Wir bitten zum Tanz
Imperial   Im 17269

0826   Juni 1939 NE 8/39
Rudi Schuricke
Willy Berking u.s. Solisten a.d. Quartier Latin, Berlin
Man kann sein Herz nur einmal verschenken
Imperial   Im 17270

0827   Juni 1939 NE 8/39
Rudi Schuricke
Willy Berking u.s. Solisten a.d. Quartier Latin, Berlin
Die Liebe ist ein Spiel zu zwei'n
Imperial Im 17270

0828   Juni 1939 NE 8/39
Schuricke-Terzett
Musette-Orchester Erich Schneidewind
Rosamunde, ... (Böhmische Polka / Škoda Lásky / Roll Out the
Barrel / Beer Barrel Polka)
Imperial   Im 17271

0829   Juni 1939 NE 8/39
Schuricke-Terzett
Musette-Orchester Erich Schneidewind
Am Abend auf der Heide (Reginella Campagnola)
Imperial   Im 17271

0830	~ Mai/Juni 1939
	Tanz-Orchester mit Refraingesang [=SchT]
	Hans Carste mit seinem Orchester
	Dudelsack
	Electrola EG 6874
0831	~ Mai/Juni 1939
	Tanz-Orchester mit Refraingesang [=SchT]
	Hans Carste mit seinem Orchester
	Lüg' nicht, Baby!
	Electrola EG 6874
0832	~ Juni 1939
	Tanz-Orchester mit Refraingesang [=RSch]
	Hans Carste mit seinem Orchester
	Heut' hab' ich die große Premiere
	Electrola EG 6874
0833	09.06.1939
	Rudi Schuricke
	Oskar Joost Tanz-Orchester
	Wenn zwei wie Du und Ich
	Grammophon / Polydor Gr 11254
0834	27.06.1939
	mit Gesang: Ludwig Bernauer, Rudi Schuricke
	Oskar Joost Tanz-Orchester
	Parole Stimmung - Lustiges Schlager-Potpourri, 1.Teil
	Grammophon / Polydor Gr 11270 A
0835	27.06.1939
	und Schuricke-Terzett
	Oskar Joost Tanz-Orchester
	Parole Stimmung - Lustiges Schlager-Potpourri, 2.Teil
	Grammophon / Polydor Gr 11270 B
0836	27.06.1939
	mit Refraingesang: Rudi Schuricke
	Oskar Joost Tanz-Orchester
	Am Abend auf der Heide (Reginella Campagnola)
	Grammophon / Polydor Gr 11253 A

0837   08.08.1939
Schuricke-Terzett
Oskar Joost Tanz-Orchester
Rosamunde, ... (Böhmische Polka / Škoda Lásky / Roll Out the
Barrel / Beer Barrel Polka)
Grammophon / Polydor Gr 11253 B

0838   27.06.1939
[nur summendes Schuricke-Terzett]
Oskar Joost Tanz-Orchester
Rosamunde, ... (Böhmische Polka / Škoda Lásky / Roll Out the
Barrel / Beer Barrel Polka)
Supraphon C19193

0839   ~Aug.1939 NE 10/39
ohne Angabe [=SchT]
Musikkorps der Luftnachr. Abt. [...] der Luftwaffe Ltg.:
Erich Kiesant
Immer, wenn Soldaten singen!
Kristall K 2148

0840   ~Aug.1939 NE 10/39
ohne Angabe [=SchT]
Musikkorps der Luftnachr. Abt. [...] der Luftwaffe Ltg.:
Erich Kiesant
Wir sind Kameraden
Kristall K 2148

0841   ~ Aug.1939
"mit Quartettgesang" [=SchT]
Musikkorps der Luftnachr. Abt. [...] der Luftwaffe Ltg.:
Erich Kiesant
Liebling, wenn ich traurig bin
Kristall K 2149

0842   ~ Aug.1939
"mit Quartettgesang" [=SchT]
Musikkorps der Luftnachr. Abt. [...] der Luftwaffe Ltg.:
Erich Kiesant
Rosemarie
Kristall K 2149

0843   ~ Aug.1939
mit Refraingesang [= RSch]
Corny Ostermann mit seinem Tanz-Orchester
Wenn im alten Kastell weißer Flieder blüht
Kristall K 3781

0844   ~ Aug.1939
mit Refraingesang [= RSch]
Corny Ostermann mit seinem Tanz-Orchester
Ich kauf' mir ein ganz kleines Auto
Kristall K 3781

0845   Juni 1939 NE 8/39
Quartettgesang [=4IJ]
Corny Ostermann mit seinem Tanz-Orchester
Die Musik im Café . . .
Kristall K 3782

0846   Juni 1939 NE 9/39
mit Refraingesang [= RSch]
Corny Ostermann mit seinem Tanz-Orchester
Denk' an mich
Kristall K 3782

0847   Juli 1939 NE 9/39
Rudi Schuricke
Willy Berking u.s. Solisten a.d. Quartier Latin, Berlin
Lüg' nicht, Baby!
Imperial Im 17276

0848   Juli 1939 NE 9/39
Rudi Schuricke
Willy Berking u.s. Solisten a.d. Quartier Latin, Berlin
Heut' hab' ich die große Premiere
Imperial Im 17276

0849   Aug. 1939 NE 9/39
Die 4 Lustigen Jungens
Heinz Munsonius Harmonika mit seinem Quartett
Wenn die Bauernbuam tanzen
Kristall K 3783

0850   Aug. 1939 NE 9/39
Die 4 Lustigen Jungens
Heinz Munsonius Harmonika mit seinem Quartett
Eine bayrische Bauernhochzeit
Kristall K 3783

0851   Aug. 1939 NE 9/39

Die 4 Lustigen Jungens

Heinz Munsonius Harmonika mit seinem Instrumental-Solisten

Am Abend auf der Heide (Reginella Campagnola)

Kristall K 3784

0852   Aug. 1939 NE 9/39

Die 4 Lustigen Jungens

Heinz Munsonius Harmonika mit seinem Instrumental-Solisten

Rosamunde ... (Böhmische Polka / Škoda Lasky / Roll Out
The Barrel / Beer Barrel Polka)

Kristall K 3784

0853   ~ Juli 1939

Tanz-Orchester mit Refraingesang [=SchT]

Will Glahé mit seinem Orchester

Margarethe [Spring' in's Wasser]

Electrola EG 6901

0854   ~ Juli 1939

Tanz-Orchester mit Refraingesang [=SchT]

Will Glahé mit seinem Orchester

Musik! Musik! Musik! [Wir brauchen keine Millionen]

Electrola EG 6897

0855   ~ Juli 1939

Tanz-Orchester mit Refraingesang [=SchT]

Will Glahé mit seinem Orchester

Auf dem Dach der Welt

Electrola EG 6897

0856   ~ Juli 1939

Tanz-Orchester mit Refraingesang [=RSch]

Will Glahé mit seinem Orchester

Heut' sollte Sonntag sein

Electrola EG 6898

0857   ~ Juli 1939

Tanz-Orchester mit Refraingesang [=RSch]

Will Glahé mit seinem Orchester

Spiel' mir auf der Balalaika

Electrola EG 6898

0858 31.07.1939
Gesang [Schuricke-Trio]
Adalbert Lutter mit seinem Tanz-Orchester
Ja, in Rio de Janeiro [Ja, in Rio, Rio]
Telefunken TM 6704

0859 31.07.1939
Eric Helgar & Schuricke-Trio
Großes Tanzorchester, Dirigent: Adalbert Lutter
An der Mosel und am Rhein
Telefunken TA 10010

0860 31.07.1939
Refraingesang [=SchT]
Adalbert Lutter mit seinem Tanz-Orchester
Ach, mein liebes Fräulein Kläre
Telefunken TM 6704

0861 31.07.1939
Schuricke-Trio
Großes Tanzorchester, Dirigent: Adalbert Lutter
Im Wirtshaus an der Mosel
Telefunken TA 10010

0862 08.08.1939
Schuricke-Terzett
Oskar Joost Tanz-Orchester
Rosamunde ... (Böhmische Polka / Škoda Lásky / Roll Out the
Barrel / Beer Barrel Polka)
Grammophon Gr 11280

0863 27.06.1939
[nur summendes Schuricke-Terzett]
Oskar Joost Tanz-Orchester
Rosamunde ... (Böhmische Polka / Škoda Lásky / Roll Out the
Barrel / Beer Barrel Polka)
Grammophon / Polydor Po 3027 B

0864 08.08.1939
Rudi Schuricke
Oskar Joost Tanz-Orchester
Wenn Du einmal ein Mädel magst
Grammophon Gr 11300 A

0865   08.08.1939
mit Gesang: Schuricke-Terzett
Oskar Joost Tanz-Orchester
Das kann doch einen Seemann nicht erschüttern
Grammophon Gr 11279 A

0866   08.08.1939
mit Refraingesang: Schuricke-Terzett
Oskar Joost Tanz-Orchester
In der himmelblauen kleinen Limousine
Grammophon Gr 11279 B

0867   22.08.1939
mit Refraingesang: Schuricke-Terzett
Hans Georg Schütz Tanz-Orchester
Bum-Bum! (Boum!)
Grammophon Gr 11307 A

0868   22.08.1939
mit Refraingesang: Rudi Schuricke
Hans Georg Schütz Tanz-Orchester
Komm' zurück! (Tornerai - Au revoir - J'attendrai)
Grammophon Gr 11307 B

0869   ~ 25.08.1939
Schuricke-Terzett
Instrumentalbegleitung
Die weiße Taube (La Paloma)
Grammophon / Polydor Gr 11360 A

0870   ~ Aug. 1939 NE 10/39
Schuricke-Terzett
Klavierbegleitung
Am Abend auf der Heide (Reginella Campagnola)
Grammophon Gr 11298 A

0871   ~ Aug. 1939 NE 10/39
Schuricke-Terzett
Instrumentalbegleitung
Bum-Bum!
Grammophon Gr 11298 B

0872   ~ Aug. 1939 NE 10/39
Schuricke-Terzett
Instrumentalbegleitung
Bum-Bum!
Polydor Gr 11298 B

0873   25.08.1939
mit Gesang: Rudi Schuricke
Oskar Joost Tanz-Orchester
Señorita
Grammophon / Polydor Gr 11301 B

0874   25.08.1939
mit Refraingesang: Rudi Schuricke
Oskar Joost Tanz-Orchester
Du wirst von so vielen geliebt
Grammophon Gr 11302 B

0875   25.08.1939
mit Gesang: Rudi Schuricke
Oskar Joost Tanz-Orchester
Der Schlangenbeschwörer [Wenn ich ein Schlangenbeschwörer wär'!]
Grammophon / Polydor Gr 11301 A[378]

0876   25.08.1939
mit Refraingesang: Rudi Schuricke
Oskar Joost Tanz-Orchester
Unter blühenden Bäumen
Grammophon Gr 11302A

0877   31.08.1939
Rupert Glawisch mit Schuricke-Terzett
Orchester des Deutschen Opernhauses, Dirigent Walter Lutze
Schön ist die Nacht
Telefunken A 10020

0878   ~ Aug. 1939
Tanz-Orchester mit Refraingesang [=RSch]
Hans Rehmstedt mit seinem Orchester vom Eden-Hotel in Berlin
Lerne lieben, ohne zu weinen
Electrola EG 6922

---

[378] Titel seit Oktober 1939 „unerwünscht", vgl. auch S. 57.

0879   ~ Aug. 1939
Tanz-Orchester mit Refraingesang [=RSch]
Hans Rehmstedt mit seinem Orchester vom Eden-Hotel in
Berlin
Georgine
Electrola EG 6923

0880   ~ Aug. 1939
Tanz-Orchester mit Refraingesang [=RSch]
Hans Rehmstedt mit seinem Orchester vom Eden-Hotel in
Berlin
Wenn zwei wie Du und Ich
Electrola EG 6922

0881   ~ Aug. 1939
Tanz-Orchester mit Refraingesang [=RSch]
Hans Rehmstedt mit seinem Orchester vom Eden-Hotel in
Berlin
Die Musik im Café . . .
Electrola EG 6923

0882   ~ Aug. 1939 NE 10/39
Tanz-Orchester mit Refraingesang [=SchT]
Hans Carste mit seinem Orchester
Am Abend auf der Heide (Reginella Campagnola)
Electrola EG 6962

0883   ~ Aug. 1939 NE 10/39
Tanz-Orchester mit Refraingesang [=SchT]
Hans Carste mit seinem Orchester
Rosamunde, ... (Böhmische Polka / Škoda Lásky / Roll Out the
Barrel / Beer Barrel Polka)
Electrola EG 6962

0884   ~ Sept./Okt. 1939
Schuricke-Terzett
Harmonika u. Rhythmusbegleitung
Das muß den ersten Seelord doch erschüttern [Propagandati-
tel]
Lyra XVII. [15 cm Ø]

0885   ~ Aug. 1939
Tanz-Orchester mit Refraingesang [=SchT]
Hans Carste mit seinem Orchester
Das kann doch einen Seemann nicht erschüttern
Electrola EG 6963

0886   ~ Aug. 1939
Tanz-Orchester mit Refraingesang [=RSch]
Hans Carste mit seinem Orchester
Hein Mück [aus Bremerhaven]
Electrola EG 6963

0887   ~ Aug. 1939
Tanz-Orchester mit Refraingesang [=RSch]
Hans Rehmstedt mit seinem Orchester vom Eden-Hotel in
Berlin
Woran liegt's, daß ich Dir nicht gefalle?
Electrola EG 6966

0888   ~ Aug. 1939
Tanz-Orchester mit Refraingesang [=RSch]
Hans Rehmstedt mit seinem Orchester vom Eden-Hotel in
Berlin
Bum-Bum! (Boum!)
Electrola EG 6965

0889   ~ Aug. 1939
Tanz-Orchester mit Refraingesang [=RSch]
Hans Rehmstedt mit seinem Orchester vom Eden-Hotel in
Berlin
Ich weiß so viel von der Liebe
Electrola EG 6965

0890   ~ Aug. 1939
Tanz-Orchester mit Refraingesang [=RSch]
Hans Rehmstedt mit seinem Orchester vom Eden-Hotel in
Berlin
Eine Lady war einst in Tirol
Electrola EG 6966

0891   ~ Aug. 1939
Tanz-Orchester mit Refraingesang [=RSch]
Robert Gaden mit seinem Orchester
Tausend schöne Märchen
Electrola EG 7098

0892   ~ Aug. 1939 NE 10/39
Tanz-Orchester mit Refraingesang [=SchT]
Hans Carste mit seinem Orchester
Komm' mit mir nach Italien
Electrola EG 6969

0893   ~ Aug. 1939 NE 10/39
Tanz-Orchester mit Refraingesang [=SchT]
Hans Carste mit seinem Orchester
Mario
Electrola EG 6969

0894   01.09.1939
Tanz-Orchester mit Refraingesang [=RSch]
Robert Gaden mit seinem Orchester
Es wär' so schön, wenn wir heut' bummeln geh'n !
Electrola EG 7004

0895   01.09.1939
Tanz-Orchester mit Refraingesang [=RSch]
Robert Gaden mit seinem Orchester
Ich finde alle Frauen schön
Electrola EG 7004

0896   01.09.1939
Tanz-Orchester mit Refraingesang [=RSch]
Robert Gaden mit seinem Orchester
Ich dachte Sie sind frei, Fräulein?
Electrola EG 7003

0897   ~ Sep. 1939
Schuricke-Terzett
Bum-Bum! (Boum!)
Grammophon Gr 11298

0898   ~ Sep. 1939
Tanz-Orchester mit Refraingesang [=RSch]
Hans Carste mit seinem Orchester
Liebe Frau Wirtin
Electrola EG 7030

0899   ~ Sep. 1939
Tanz-Orchester mit Refraingesang [=RSch]
Hans Carste mit seinem Orchester
Ein kleines Gasthaus kenn' ich
Electrola EG 7030

0900   ~Sept. 1939
Schuricke-Terzett
Instrumentalbegleitung
Oh, meine Sonne (O Sole Mio) (Take 1)
Grammophon Gr Musterplatte

0901   ~Sept. 1939
Schuricke-Terzett
Instrumentalbegleitung
Oh, meine Sonne (O Sole Mio) (Take 2)
Grammophon Gr Musterplatte

0902   ~ Sep. 1939
Schuricke-Terzett
Instrumentalbegleitung
Oh, meine Sonne (O Sole Mio) (Take 1)
Grammophon Gr 11360 B

0903   Aug. 1939
Die 4 Lustigen Jungens
Heinz Munsonius mit seinem Harmonika-Tanzorchester
Das kann doch einen Seemann nicht erschüttern
Kristall GmbH UFA-Sonderpressung

0904   Aug. 1939 NE 9/39
Die 4 Lustigen Jungens
Heinz Munsonius mit seinem Harmonika-Tanzorchester
Das kann doch einen Seemann nicht erschüttern
Kristall K 3785

0905   Aug. 1939 NE 9/39
Die 4 Lustigen Jungens
Heinz Munsonius mit seinem Harmonika-Tanzorchester
Der blaue Peter (Seemanns-Abschiedslied)
Kristall K 3785

0906   Aug. 1939 NE 9/39
Die 4 Lustigen Jungens
Heinz Munsonius mit seinem Harmonika-Tanzorchester
Am Abend auf der Heide (Reginella Campagnola)
Kristall K 3786

0907   Aug. 1939 NE 9/39
Die 4 Lustigen Jungens
Heinz Munsonius mit seinem Harmonika-Tanzorchester
Das kann doch einen Seemann nicht erschüttern
Kristall K 3786

0908   Sept. 1939 NE 10/39
Quartettgesang [=4LJ]
Erich Schneidewind mit seinem Musette-Tanzorchester
Im grünen Klee
Kristall K 3791

0909	Sept. 1939 NE 10/39

Quartettgesang [=4IJ]
Erich Schneidewind mit seinem Musette-Tanzorchester
Droben auf der Alm
Kristall K 3791

0910   Sept. 1939 NE 10/39
Quartettgesang [=4IJ]
Erich Schneidewind mit seinem Musette-Tanzorchester
Erika
Kristall K 3788

0911   Sept. 1939 NE 10/39
Quartettgesang [=4IJ]
Erich Schneidewind mit seinem Musette-Tanzorchester
Der Drehorgelmann
Kristall K 3788

0912   Sept. 1939 NE 10/39
mit Refraingesang [= RSch]
Corny Ostermann mit seinem Tanz-Orchester
Ich wünsch' Dir eine gute Nacht
Kristall K 3789

0913   Sept. 1939 NE 10/39
mit Refraingesang [= RSch]
Corny Ostermann mit seinem Tanz-Orchester
In der kleinen himmelblauen Limousine
Kristall K 3789

0914   Sept. 1939 NE 10/39
mit Refraingesang [= RSch]
Corny Ostermann mit seinem Tanz-Orchester
Mondnacht auf Cuba
Kristall K 3790

0915   Sept. 1939 NE 10/39
mit Refraingesang [= RSch]
Corny Ostermann mit seinem Tanz-Orchester
Spanische Frauen
Kristall K 3790

0916   August 1939 NE 10/39
Rudi Schuricke
Heinz Munsonius mit seinen Instrumental-Solisten
Komm' zurück! (Tornerai)
Imperial Im 17284

0917   August 1939 NE 10/39
Rudi Schuricke
Heinz Munsonius mit seinen Instrumental-Solisten
Nur nicht aus Liebe weinen
Imperial Im 17284

0918   ~ Sep. 1939 NE 11/39
"mit Quartettgesang" [=SchT]
Heinz Munsonius Harmonika mit seinen Instrumental So-
listen
Ja, in Rio de Janeiro [Ja, in Rio, Rio]
Kristall K 3792

0919   ~ Sep. 1939 NE 11/39
"mit Quartettgesang" [=SchT]
Heinz Munsonius Harmonika mit seinen Instrumental So-
listen
Der kleine Postillon
Kristall K 3792

0920   August 1939 NE 10/39
Schuricke-Terzett
Willy Berking mit seinen Solisten
Der Schlangenbeschwörer [Wenn ich ein Schlangenbeschwö-
rer wär'!]
Imperial Im 17282

0921   August 1939 NE 10/39
Rudi Schuricke
Willy Berking mit seinen Solisten
Dreizehn kleine Affen
Imperial Im 17282

0922   August 1939 NE 10/39
Rudi Schuricke
Franz Thon mit seinen Tanz-Rhythmikern
So wie Du!
Imperial Im 17285

0923   Okt. 1939
Quartettgesang
Musikkorps der Luftnachr. Abt. [...] der Luftwaffe Ltg.:
Erich Kiesant
Wir fahren gegen Engelland
Imperial Im 19138

0924 Okt. 1939
Quartettgesang
Musikkorps der Luftnachr. Abt. […] der Luftwaffe Ltg.:
Erich Kiesant
Flieger sind Sieger!
Imperial Im 19138

0925 Okt. 1939
Rudi Schuricke
Willy Berking mit seinen Solisten
Woran liegt's, daß ich Dir nicht gefalle?
Imperial   Im 17288

0926 Okt. 1939
Rudi Schuricke
Willy Berking mit seinen Solisten
Komm' zu mir heut' Nacht!
Imperial Im 17288

0927 ~ Okt./Nov. 1939
Tanz-Orchester mit Refraingesang [=RSch]
Orchester Will Glahé
Ich soll Dich grüßen, mein junger Kanonier
Electrola EG 7036

0928 ~ Okt./Nov. 1939
Tanz-Orchester mit Refraingesang [=SchT]
Orchester Will Glahé
Vier Mädchen auf der Bank
Electrola EG 7036

0929 ~ Okt./Nov. 1939
Tanz-Orchester mit Refraingesang [=RSch]
Orchester Will Glahé
Auf der grünen Wiese
Electrola EG 7039

0930 ~ Okt./Nov. 1939
Tanz-Orchester mit Refraingesang [=RSch]
Orchester Will Glahé
Hörst Du mein heimliches Rufen? (Melodia)
Electrola EG 7039

0931 ~ Okt. /Nov. 1939
Tanz-Orchester mit Refraingesang [=RSch]
Orchester Will Glahé
Wann kommst Du wieder mein kleiner Flieger-Unteroffizier?
Electrola EG 7054

0932 ~ Okt./Nov. 1939
Schuricke-Terzett
Instrumentalbegleitung
Wenn ich Urlaub hab'
Grammophon Gr 11367 A

0933 ~ Okt./Nov. 1939
Schuricke-Terzett
Instrumentalbegleitung
Vier Mädchen auf der Bank
Grammophon Gr 11367 B

0934 10.11.1939
Schuricke-Terzett
Albert Vossen
Fräulein, wenn vom Himmelszelt, bums, ein Stern herunterfällt
Telefunken A 10056

0935 29.11.1939
Rudi Schuricke
Michael Jary mit seinem Kammer-Tanzorchester
Hopp - Hopp - Hopp!
Odeon O 31601 a

0936 29.11.1939
Rudi Schuricke
Michael Jary mit seinem Kammer-Tanzorchester
Woran liegt's, daß ich Dir nicht gefalle?
Odeon O 31601 b

0937 ~ Dez. 1939 NE 2/40
Tanz-Orchester mit Refraingesang [=RSch]
Will Glahé mit seinem Harmonika-Orchester
Heidemarie, wenn wir am Rhein marschieren
Electrola EG 7054

0938 ~ Dez. 1939 NE 2/40
Tanz-Orchester mit Refraingesang [=SchT]
Will Glahé mit seinem Harmonika-Orchester
Einmal wirst Du wieder bei mir sein!
Electrola EG 7049

0939   ~ Dez. 1939 NE 2/40
Tanz-Orchester mit Refraingesang [=SchT]
Will Glahé mit seinem Harmonika-Orchester
Heidemarie
Electrola EG 7054

0940   ~ Dez. 1939 NE 2/40
Tanz-Orchester mit Refraingesang [=SchT]
Will Glahé mit seinem Harmonika-Orchester
Tanzen und jung sein!
Electrola EG 7049

0941   Nov. 1939 NE 1/40
Schuricke-Terzett
Imperial-Tanz-Orchester Ltg. Corny Ostermann
Das kann doch einen Seemann nicht erschüttern
Imperial   Im 17289

0942   Nov. 1939 NE 1/40
Schuricke-Terzett
Imperial-Tanz-Orchester Ltg. Corny Ostermann
Ach, es liebten sich zwei in der Rosenzeit
Imperial   Im 17289

0943   Nov. 1939 NE 1/40
"mit Quartettgesang" [=SchT]
Corny Ostermann mit seinem Tanz-Orchester
Ein Kamerad ist der Soldat
Kristall K 3796

0944   Nov. 1939 NE 1/40
"mit Quartettgesang" [=SchT]
Corny Ostermann mit seinem Tanz-Orchester
Warum lieben denn die Mädchen die Soldaten?
Kristall K 3796

0945   Dez. 1939 NE 1/40
Rudi Schuricke
Willy Berking mit seinen Solisten
Schön, daß Du wieder bei mir bist!
Imperial Im 17290

0946   Dez. 1939 NE 1/40
Rudi Schuricke
Willy Berking mit seinen Solisten
Laß' Dein Herz bei mir
Imperial   Im 17290

0947   21.12.1939
Schuricke-Terzett
Albert Vossen mit seinen Tanz-Rhythmikern
Komm zurück! [Nimm' mich mit] (Tornerai)
Telefunken A 10073

0948   21.12.1939
Schuricke-Terzett
Albert Vossen mit seinen Tanz-Rhythmikern
So sind wir!
Telefunken A 10073

— 1940 —

0949   Jan. 1940 NE 3/40
Quartettgesang
Musikkorps der Luftnachr. Abt. [...] der Luftwaffe Ltg.:
Erich Kiesant
Gerda – Ursula – Marie
Imperial Im 19149

0950   Jan. 1940 NE 3/40
Quartettgesang
Musikkorps der Luftnachr. Abt. [...] der Luftwaffe Ltg.:
Erich Kiesant
Wenn die Sonne scheint Annemarie (Die Landpartie)
Imperial Im 19149

0951   Febr.1940 NE 4/40
Quartettgesang
Musikkorps der Luftnachr. Abt. [...] der Luftwaffe Ltg.:
Erich Kiesant
Es geht ins Märkerland
Imperial Im 19151

0952   Febr.1940 NE 4/40
Quartettgesang
Musikkorps der Luftnachr. Abt. [...] der Luftwaffe Ltg.:
Erich Kiesant
Schwarzbraun ist die Haselnuß
Imperial Im 19151

0953   Dez. 1939 NE 4/40
Quartettgesang
Musikkorps der Luftnachr. Abt. [...] der Luftwaffe Ltg.:
Erich Kiesant
Unsere Minensucher
Imperial   Im 19153

0954   Dez. 1939 NE 4/40
Quartettgesang
Musikkorps der Luftnachr. Abt. [...] der Luftwaffe Ltg.:
Erich Kiesant
Deutscher Fliegergeist
Imperial   Im 19153

0955   Dez. 1939 NE 2/40
Quartettgesang
Musikkorps der Luftnachr. Abt. [...] der Luftwaffe Ltg.:
Erich Kiesant
Wenn ich Urlaub hab'
Imperial Im 19146

0956   Dez. 1939 NE 2/40
Quartettgesang
Musikkorps der Luftnachr. Abt. [...] der Luftwaffe Ltg.:
Erich Kiesant
In der Heimat, da gibt's ein Wiederseh'n
Imperial Im 19146

0957   ~ Jan. 1940 NE 4/40
Tanz-Orchester mit Refraingesang [=SchT]
Will Glahé und sein Harmonika-Orchester
Du bist zu schön, um treu zu sein
Electrola EG 7075

0958   ~ Jan. 1940 NE 4/40
Tanz-Orchester mit Refraingesang [=SchT]
Will Glahé und sein Harmonika-Orchester
Die Spatzen auf dem Dach
Electrola EG 7064

0959   ~ Jan. 1940 NE 4/40
Tanz-Orchester mit Refraingesang [=RSch]
Will Glahé und sein Harmonika-Orchester
Ich liebe Dich
Electrola EG 7064

0960   ~ Jan. 1940 NE 4/40
Tanz-Orchester mit Refraingesang [=RSch]
Will Glahé und sein Harmonika-Orchester
Rosemarie, vergiß mich nie!
Electrola EG 7075

0961   ~ Jan. 1940 NE 4/40
Tanz-Orchester mit Refraingesang [=RSch]
Will Glahé und sein Musette-Orchester
Der kleine Postillon
Electrola EG 7083

0962   Jan. 1940 NE 4/40
Schuricke-Terzett
Heinz Munsonius Harmonika und seine Solisten
Blaues Boot bring' mich wieder in die Heimat
Imperial Im 17299

0963   Jan. 1940 NE 4/40
Schuricke-Terzett
Heinz Munsonius Harmonika und seine Solisten
Simsalabim (Marsch des magischen Zirkels)
Imperial Im 17299

0964   Jan. 1940 NE 3/40
Rudi Schuricke
Willy Berking mit seinen Solisten
Wenn ein junger Mann kommt
Imperial Im 17296

0965   Jan. 1940 NE 3/40
Rudi Schuricke
Willy Berking mit seinen Solisten
Du bist zu schön, um treu zu sein
Imperial Im 17296

0966   Jan. 1940 NE 3/40
Rudi Schuricke
Willy Berking mit seinen Solisten
Halloh! Halloh! Ich suche eine Frau!
Imperial Im 17300

0967   Jan. 1940 NE 3/40
Rudi Schuricke
Willy Berking mit seinen Solisten
Leise klang eine Weise
Imperial Im 17300

0968 Jan. 1940 NE 3/40
Schuricke-Terzett
Großes Imperial-Orchester
Heidemarie, wenn wir am Rhein marschieren
Imperial Im 17297

0969 Jan. 1940 NE 3/40
Schuricke-Terzett
Großes Imperial-Orchester
Vier Mädchen auf der Bank
Imperial Im 17297

0970 Jan. 1940
mit Refraingesang [= RSch]
Corny Ostermann mit seinem Tanz-Orchester
Meine Lieblingsmelodie [So verliebt war ich noch nie]
Kristall K 3798

0971 Jan. 1940
mit Refraingesang [= RSch]
Corny Ostermann mit seinem Tanz-Orchester
Von 8 bis um 8
Kristall K 3798

0972 Jan. 1940 NE 4/40
Rudi Schuricke
Heinz Munsonius mit seinen Instrumental-Solisten
Rosemarie, vergiß mich nie!
Imperial Im 17298

0973 Jan. 1940 NE 4/40
Rudi Schuricke
Heinz Munsonius mit seinen Instrumental-Solisten
Ich liebe Dich
Imperial Im 17298

0974 Jan. 1940 NE 4/40
Horst Rosenberg [im Hintergrund RSch]
Orchesterbegleitung Leitung: Helmut Koch
Nächtliche Guitarren
Imperial Im 19150

0975 März 1940 NE 8/40
Rudi Schuricke
Willy Berking mit seinen Solisten
Mich hat noch nie ein Mädel angelacht
Imperial Im 17308

0976 März 1940 NE 8/40
Rudi Schuricke
Willy Berking mit seinen Solisten
Lilli und Luise
Imperial Im 17308

0977 19.02.1940
Rudi Schuricke
Michael Jary mit seinem Kammer-Tanzorchester
Wenn ich wüßt', wen ich geküßt [um Mitternacht am Lido]
Odeon O 31609 a

0978 19.02.1940
Rudi Schuricke
Michael Jary mit seinem Kammer-Tanzorchester
Ja und Nein! [– das kann das Gleiche sein]
Odeon O 31609 b

0979 20.02.1940
mit Refraingesang: Schuricke-Terzett
Oskar Joost Tanz-Orchester
Ich soll Dich grüßen (mein junger Kamerad)
Grammophon Gr 11380 A

0980 20.02.1940
mit Refraingesang: Schuricke-Terzett
Oskar Joost Tanz-Orchester
Heidemarie, wenn wir am Rhein marschieren
Grammophon Gr 11380 B

0981 März 1940 NE 8/40
Rudi Schuricke
Willy Berking mit seinen Solisten
Ich hör' so gern' Musik
Imperial Im 17304

0982 März 1940 NE 8/40
Rudi Schuricke
Willy Berking mit seinen Solisten
Wunderbar, wunderbar, wie Du heute tanzt!
Imperial Im 17304

0983 Januar-April 1940
Michael Hofer / NK = Rudi Schuricke
Kurt Widmann mit seinem Tanzorchester
Komm' zu mir heut' Nacht
Tempo / Elite T 5005

0984 Januar-April 1940
Michael Hofer / NK = Rudi Schuricke
Kurt Widmann mit seinem Tanzorchester
Woran liegt's, daß ich Dir nicht gefalle?
Tempo / Elite T 5006

0985 Januar-April 1940
Michael Hofer / NK = Rudi Schuricke
Kurt Widmann mit seinem Tanzorchester
Rosemarie, vergiß mich nie!
Tempo / Elite T 5006

0986 Januar-April 1940
Michael Hofer / NK = Rudi Schuricke
Kurt Widmann mit seinem Tanzorchester
Mach' Dir keine Sorgen, Liebling
Tempo / Elite T 5007, Amiga 1019 B (NK, 1947)

0987 Januar-April 1940
Michael Hofer / NK = Rudi Schuricke
Kurt Widmann mit seinem Tanzorchester
Schön, daß Du wieder bei mir bist!
Tempo / Elite T 5007, Amiga 1020 A (NK, 1947)

0988 Januar-April 1940
Michael Hofer / NK = Rudi Schuricke
Kurt Widmann mit seinem Tanzorchester
Schön wie ein Traum
Tempo / Elite T 5005

0989 12.04.1940
Rudi Schuricke
Michael Jary mit seinem Kammer-Tanzorchester
Lilli und Luise
Odeon O 31615 a

0990   12.04.1940
Rudi Schuricke
Michael Jary mit seinem Kammer-Tanzorchester
Wunderbar, wunderbar, wie Du heute tanzt!
Odeon O 31615 b

0991   18.04.1940
Rudi Schuricke
Michael Jary mit seinem Kammer-Tanzorchester
Komm' zurück! (Tornerai)
Odeon O 31618 a

0992   18.04.1940
Rudi Schuricke
Michael Jary mit seinem Kammer-Tanzorchester
Hörst Du mein heimliches Rufen? (Melodia)
Odeon O 31618 b

0993   Apr. 1940 NE 8/40
Schuricke-Terzett
Heinz Munsonius und seine Solisten
Auf meiner Mundharmonika
Imperial Im 17305

0994   Apr. 1940 NE 8/40
Schuricke-Terzett
Heinz Munsonius und seine Solisten
Warum ist ein Kuß ...?
Imperial Im 17305

0995   Mai 1940
mit Refraingesang [= RSch]
Corny Ostermann mit seinem Tanz-Orchester
Wenn die roten Rosen wieder blühen
Kristall K 3801

0996   Mai 1940
mit Refraingesang [= RSch]
Corny Ostermann mit seinem Tanz-Orchester
Ich wünsche mir, daß Du mir sagst "Ich liebe Dich"
Kristall K 3801

0997   Mai 1940
mit Refraingesang [= RSch]
Corny Ostermann mit seinem Tanz-Orchester
So schön, so klein, so süß
Kristall K 3802

0998 Mai 1940
mit Refraingesang [= RSch]
Corny Ostermann mit seinem Tanz-Orchester
Florentine
Kristall K 3802

0999 Juni 1940 NE 10/40
Quartettgesang
Musikkorps der Luftnachr. Abt. […] der Luftwaffe Ltg.:
Erich Kiesant
Kamerad, wir marschieren im Westen [Das Frankeich-Lied,
Vorwärts! Voran!]
Imperial   Im 19157

1000 Juni 1940 NE 10/40
Quartettgesang Musikkorps der Luftnachr. Abt. […] der
Luftwaffe Ltg.: Erich Kiesant
Bomben auf Engelland [Kamerad! Kamerad!]
Imperial   Im 19157

1001 Juni 1940 NE 10/40
Quartettgesang Musikkorps der Luftnachr. Abt. […] der
Luftwaffe Ltg.: Erich Kiesant
Lebe wohl, du kleine Monika
Imperial   Im 19158

1002 Juni 1940 NE 10/40
Quartettgesang Musikkorps der Luftnachr. Abt. […] der
Luftwaffe Ltg.: Erich Kiesant
Marie – Helen
Imperial Im 19158

1003 Mai 1940 NE 7/40
Rudi Schuricke
Heinz Munsonius mit seinen Solisten
Stern von Rio
Imperial   Im 17307

1004 Mai 1940 NE 7/40
Rudi Schuricke
Heinz Munsonius mit seinen Solisten
Mein Herz weint
Imperial Im 17307

1005   Juni 1940 NE 7/40
mit Refraingesang [= RSch]
Corny Ostermann mit seinem Tanz-Orchester
Blaues Boot bring' mich wieder in die Heimat
Kristall K 3803

1006   Juni 1940 NE 7/40
mit Refraingesang [= RSch]
Corny Ostermann mit seinem Tanz-Orchester
Alo – Ahe (Aloha-oe)
Kristall K 3803

1007   Juni 1940 NE 7/40
mit Refraingesang [= RSch]
Corny Ostermann mit seinem Tanz-Orchester
Lilli und Luise
Kristall K 3804

1008   Juni 1940 NE 7/40
mit Refraingesang [= RSch]
Corny Ostermann mit seinem Tanz-Orchester
Die Musi – Musi – Musi!
Kristall K 3804

1009   Juni 1940 NE 7/40
Rudi Schuricke
Willy Berking mit seinen Solisten
Hörst Du mein heimliches Rufen? (Melodia)
Imperial Im 17309

1010   Juni 1940 NE 7/40
Rudi Schuricke
Willy Berking mit seinen Solisten
Eine Insel aus Träumen geboren [ist Hawaii]
Imperial Im 17309

1011   April-Juni 1940
Michael Hofer / NK = Rudi Schuricke
Kurt Widmann mit seinem Tanzorchester
Mich hat noch nie ein Mädel angelacht
Tempo / Elite T 5020

1012   April-Juni 1940
Michael Hofer / NK = Rudi Schuricke
Kurt Widmann mit seinem Tanzorchester
Wunderbar, wunderbar, wie Du heute tanzt!
Tempo / Elite T 5020

1013 April-Juni 1940
Michael Hofer / NK = Rudi Schuricke
Kurt Widmann mit seinem Tanzorchester
Auf der grünen Wiese
Tempo / Elite T 5021

1014 April-Juni 1940
Michael Hofer / NK = Rudi Schuricke
Kurt Widmann mit seinem Tanzorchester
Ich hör' so gern' Musik
Tempo / EliteT 5021

1015 April-Juni 1940
Michael Hofer
Kurt Widmann mit seinem Tanzorchester
Optimismus ist die beste Medizin
Tempo T 5024

1016 April-Juni 1940
Michael Hofer / NK = Rudi Schuricke
Kurt Widmann mit seinem Tanzorchester
Stern von Rio
Tempo / Elite T 5022

1017 April-Juni 1940
Michael Hofer / NK = Rudi Schuricke
Kurt Widmann mit seinem Tanzorchester
Ein Tag mit Dir und der Liebe
Tempo / Elite T 5022

1018 April-Juni 1940
Michael Hofer
Kurt Widmann mit seinem Tanzorchester
Hallo! Hallo! Ich suche eine Frau!
Tempo T 5024

1019 April-Juni 1940
Michael Hofer / NK = Rudi Schuricke
Kurt Widmann mit seinem Tanzorchester
Komm' zurück! (Tornerai)
Tempo / Elite T 5023

1020 April-Juni 1940
Michael Hofer / NK = Rudi Schuricke
Kurt Widmann mit seinem Tanzorchester
Hörst Du mein heimliches Rufen? (Melodia)
Tempo / Elite T 5023

1021	~ Mai 1940

1021   ~ Mai 1940
Schuricke-Terzett
Will Glahé Tanz-Orchester
Im Leben geht alles vorüber
Electrola EG 7099

1022   ~ Mai 1940
Tanz-Orchester mit Refraingesang [=SchT]
Hans Carste mit seinem Orchester
Señor und Señorita
Electrola EG 7113

1023   ~ Mai 1940
Schuricke-Terzett
Will Glahé Tanz-Orchester
Jetzt wird Schluß gemacht
Electrola EG 7099

1024   ~ Aug. 1940 NE 10/40
Tanz-Orchester mit Refraingesang [=SchT]
Hans Carste mit seinem Orchester
Wie geht's, mein Fräulein? [Ich heiße Klaus]
Electrola EG 7121

1025   ~ Aug. 1940 NE 10/40
Tanz-Orchester mit Refraingesang [=SchT]
Hans Carste mit seinem Orchester
Über die Dächer der großen Stadt
Electrola EG 7120

1026   ~ Aug. 1940 NE 10/40
Tanz-Orchester mit Refraingesang [= RSch]
Hans Carste mit seinem Orchester
Guter Mond
Electrola EG 7120

1027   ~ Aug. 1940 NE 10/40
Tanz-Orchester mit Refraingesang [=SchT]
Hans Carste mit seinem Orchester
Traummusik
Electrola EG 7113

1028   ~ Aug. 1940 NE 10/40
Tanz-Orchester mit Refraingesang [= RSch]
Hans Carste mit seinem Orchester
So wird's nie wieder sein
Electrola EG 7121

1029	19.06.1940
	Schuricke-Terzett
	Großes Tanzorchester Adalbert Lutter
	Das blonde Käthchen (La Piccinina)
	Telefunken A 10145
1030	19.06.1940
	Schuricke-Terzett
	Großes Tanzorchester Adalbert Lutter
	Ich hör' so gern' Musik
	Telefunken A 10145
1031	27.06.1940
	Rudi Schuricke
	Michael Jary mit seinem Kammer-Tanzorchester
	Alo – Ahe (Aloha-oe)
	Odeon O 31622 a
1032	27.06.1940
	Rudi Schuricke
	Michael Jary mit seinem Kammer-Tanzorchester
	Kleines Haus in der Heimat
	Odeon O 31622 b
1033	Mitte Mai 1940
	Rudi Schuricke
	Tanz-Orchester Hans Busch
	Tango Anjuschka
	Grammophon Gr 47423 B
1034	~ Juni 1940
	Schuricke-Terzett
	Instrumentalbegleitung
	Stern von Rio
	Grammophon / Polydor Gr 11424 B
1035	Jul./Aug. 1940
	Schuricke-Terzett
	Instrumentalbegleitung
	Wiegenlied: Teddy-Bär
	Grammophon Gr 11409 B
1036	Juni 1940
	Schuricke-Terzett
	Heinz Munsonius Harmonika und seine Solisten
	Das blonde Käthchen (La Piccinina)
	Imperial Im 17315

1037 Juli 1940
Rudi Schuricke [ungenannt bei NK-VÖ auf Im]
Kurt Widmann m.s. TO a.d. "Imperator-Diele", Berlin
Wenn es draußen dunkel ist
Kristall K 3805 / Imperial 17455 (NK)

1038 Juli 1940
Rudi Schuricke [ungenannt bei NK-VÖ auf Im]
Kurt Widmann m.s. TO a.d. "Imperator-Diele", Berlin
Schön wär's ja!
Kristall K 3805 / Imperial 17455 (NK)

1039 Aug. 1940
Schuricke-Terzett
Heinz Munsonius Harmonika und seine Solisten
Reite, kleiner Reiter ...
Imperial Im 17315

1040 Aug. 1940
mit Refraingesang: Schuricke-Terzett
Corny Ostermann mit seinem Tanz-Orchester
Nächte von Hawaii
Kristall K 3807 / Imperial 17456 (NK).

1041 Aug. 1940
mit Refraingesang: Schuricke-Terzett
Corny Ostermann mit seinem Tanz-Orchester
Traum von Haiti
Kristall K 3807 / Imperial 17456 (NK)

1042 Aug. 1940
mit Refraingesang [= RSch]
Corny Ostermann mit seinem Tanz-Orchester
Hörst Du die Mandolinen erklingen?
Kristall K 3808

1043 Aug. 1940
mit Refraingesang [= RSch]
Corny Ostermann mit seinem Tanz-Orchester
So ist es in Lissabon
Kristall K 3808

1044 Aug. 1940
mit Refraingesang [= RSch]
Corny Ostermann mit seinem Tanz-Orchester
Schenk' mir eine Stunde
Kristall K 3809

1045   Aug. 1940
        mit Refraingesang [= RSch]
        Corny Ostermann mit seinem Tanz-Orchester
        Eva-Marie!
        Kristall K 3809

1046   Aug. 1940 NE 10/40
        Schuricke-Terzett
        Willy Berking mit seinen Solisten
        Heute Abend bin ich frei!
        Imperial Im 17316

1047   Aug. 1940 NE 10/40
        Schuricke-Terzett
        Willy Berking mit seinen Solisten
        Komm' doch in meine Arme!
        Imperial Im 17316

1048   Aug. 1940 NE 10/40
        Schuricke-Terzett
        Willy Berking mit seinen Solisten
        Die Musi – Musi – Musi!
        Imperial Im 17317

1049   Aug. 1940 NE 10/40
        Schuricke-Terzett
        Willy Berking mit seinen Solisten
        Denn ich bin zum Tanzen gebor'n!
        Imperial Im 17317

1050   Aug. 1940 NE 10/40
        Die 4 Lustigen Jungens
        Erich Schneidewind [Harmonika- Tanzorchester]
        Antje, mein blondes Kind
        Imperial-Blau Im 17318

1051   Aug. 1940 NE 10/40
        Die 4 Lustigen Jungens
        Erich Schneidewind [Harmonika- Tanzorchester]
        Denn ich bin ein rheinischer Jung'
        Imperial-Blau Im 17318

1052   ~ Aug./Sep.1940
        Tanz-Orchester mit Refraingesang [=RSch]
        Will Glahé und sein Musette-Orchester
        Von 8 bis um 8
        Electrola EG 7128

1053   ~ Aug./Sep.1940
Tanz-Orchester mit Refraingesang [=SchT]
Will Glahé und sein Musette-Orchester
Die Musi – Musi – Musi!
Electrola EG 7128

1054   ~ Aug./Sep.1940 NE 2/41
Tanz-Orchester mit Refraingesang [=SchT]
Will Glahé und sein Musette-Orchester
Zauberhaft
Electrola EG 7140

1055   ~ Aug./Sep.1940
Tanz-Orchester mit Refraingesang [=SchT]
Will Glahé und sein Musette-Orchester
Für eine Nacht voller Seligkeit
Electrola EG 7133

1056   ~ Aug./Sep.1940
Tanz-Orchester mit Refraingesang [=SchT]
Will Glahé und sein Musette-Orchester
So wie Du!
Electrola EG 7133

1057   05.09.1940
Schuricke-Terzett
Organum-Tanz-Orchester, Ltg. und Arr. Adolf Steimel
Frauen im Metropol, Potpourri - 1.Teil
Odeon O 7936 [30cm]

1058   05.09.1940
Schuricke-Terzett
Organum-Tanz-Orchester, Ltg. und Arr. Adolf Steimel
Frauen im Metropol, Potpourri - 2.Teil
Odeon O 7936 [30cm]

1059   06.09.1940
mit Refraingesang: Rudi Schuricke
Erhard Bauschke und sein Orchester
Was sagst Du dazu?
Grammophon Gr 11549 A

1060   06.09.1940
mit Refraingesang: Rudi Schuricke
Erhard Bauschke und sein Orchester
Komm' doch in meine Arme!
Grammophon / Polydor Gr 11466 A

1061	06.09.1940
	mit Refraingesang: Schuricke-Terzett
	Erhard Bauschke und sein Orchester
	Es war noch nie so schön wie heut'
	Grammophon / Polydor Gr 11466 B
1062	06.09.1940
	mit Refraingesang: Schuricke-Terzett
	Erhard Bauschke und sein Orchester
	Für eine Nacht voller Seligkeit
	Grammophon / Polydor Gr 11468 A
1063	07.09.1940
	mit Refraingesang: Schuricke-Terzett
	Erhard Bauschke und sein Orchester
	Wenn ein junger Mann kommt
	Grammophon / Polydor Gr 11468 B
1064	07.09.1940
	mit Refraingesang: Schuricke-Terzett
	Erhard Bauschke und sein Orchester
	Heute Abend bin ich frei!
	Grammophon Gr 11467 A
1065	09.09.1940
	Schuricke-Terzett
	Harmonika-Orchester "Alle Neune" Ltg.: Horst Hoffmann
	Das blonde Käthchen (La Piccinina)
	Odeon O 31632 a
1066	09.09.1940
	Schuricke-Terzett
	Harmonika-Orchester "Alle Neune" Ltg.: Horst Hoffmann
	Reite, kleiner Reiter …
	Odeon O 31632 b
1067	09.09.1940
	Schuricke-Terzett
	Harmonika-Orchester "Alle Neune" Ltg.: Horst Hoffmann
	Antje, mein blondes Kind
	Odeon O 31633 a

1068	09.09.1940
	Schuricke-Terzett
	Harmonika-Orchester "Alle Neune" Ltg.: Horst Hoffmann
	Komm' in meinen Rosengarten
	Odeon O 31633 b
1069	13.09.1940
	Schuricke-Terzett
	Michael Jary mit seinem Kammer-Tanzorchester
	Junger Mann im Frühling
	Odeon O 31631
1070	13.09.1940
	Schuricke-Terzett
	Michael Jary mit seinem Kammer-Tanzorchester
	Kleine Puppenfee (Sulla Carrozzella)
	Odeon O 31631
1071	~Nov. 1940 NE 12/40
	Schuricke-Terzett
	Instrumentalbegleitung
	Das blonde Käthchen (La Piccinina)
	Grammophon Gr 11525 A
1072	~Jun. 1939 NE 12/40
	Schuricke-Terzett
	Instrumentalbegleitung
	Mondschein [kann so romantisch sein]
	Grammophon Gr 11525 B
1073	~Nov. 1940 NE 12/40
	Schuricke-Terzett
	Instrumentalbegleitung
	Spiele mir ein kleines Kinderlied
	Grammophon Gr 11526 B
1074	~08-16 Sep.1940 NE 12/40
	Schuricke-Terzett
	Instrumentalbegleitung
	Reite, kleiner Reiter …
	Grammophon Gr 11482 A
1075	~18 Apr.1939 NE 12/40
	Schuricke-Terzett
	Instrumentalbegleitung
	Mich hat noch nie ein Mädel angelacht
	Grammophon Gr 11482 B

1076   16.09.1940
       Schuricke-Terzett
       Erhard Bauschke und sein Orchester
       Reite, kleiner Reiter
       Grammophon Gr 11483 A

1077   16.09.1940
       Schuricke-Terzett
       Erhard Bauschke und sein Orchester
       Ganz leis' erklingt Musik
       Grammophon Gr 11483 B

1078   16.09.1940
       Schuricke-Terzett
       Erhard Bauschke und sein Orchester
       Wir tanzen durch's Leben!
       Grammophon Gr 11467 B

1079   12.09.1940
       Schuricke-Terzett
       Albert Vossen mit seinen Solisten
       Fräulein Madeleine
       Telefunken A 10181

1080   12.09.1940
       Schuricke-Terzett
       Albert Vossen mit seinen Solisten
       Mir geht's gut!
       Telefunken A 10181

1081   20.09.1940
       Schuricke-Terzett
       Michael Jary mit seinem Kammer-Tanzorchester
       Komm' doch in meine Arme!
       Odeon O 31630 a

1082   20.09.1940
       Schuricke-Terzett
       Michael Jary mit seinem Kammer-Tanzorchester
       Heute Abend bin ich frei!
       Odeon O 31630 b

1083   27.09.1940
       Schuricke-Terzett
       Großes Tanzorchester Adalbert Lutter
       Reite, kleiner Reiter
       Telefunken A 10183

1084	27.09.1940
	Schuricke-Terzett
	Großes Tanzorchester Adalbert Lutter
	Es sind viele Jahre vergangen
	Telefunken A 10183
1085	27.09.1940
	Schuricke-Terzett
	Großes Tanzorchester Adalbert Lutter
	So wie Du!
	Telefunken A 10182
1086	27.09.1940
	Schuricke-Terzett
	Großes Tanzorchester Adalbert Lutter
	Die Musi – Musi – Musi!
	Telefunken A 10182
1087	~ Sep. 1940
	Schuricke-Terzett
	Instrumentalbegleitung
	Rosemarie, vergiß mich nie!
	Grammophon Gr Musterplatte
1088	~ Sep. 1940
	Schuricke-Terzett & Vera Salvotti
	Instrumentalbegleitung
	Das Leben gibt uns Rätsel auf
	Grammophon Gr Musterplatte
1089	~ Sep. 1940
	Schuricke-Terzett
	Instrumentalbegleitung
	Rosemarie, vergiß mich nie!
	Grammophon Gr 11409 A
1090	~ Sep. 1940
	Schuricke-Terzett & Vera Salvotti
	Instrumentalbegleitung
	Das Leben gibt uns Rätsel auf
	Grammophon / Polydor Gr 11424 A
1091	~ Sep./Okt. 1940
	Refraingesang: Rudi Schuricke
	Kurt Widmann m.s. TO a.d. "Imperator-Diele", Berlin
	Es war noch nie so schön wie heut'
	Kristall / Imperial K 3811

1092   ~ Sep./Okt. 1940
Refraingesang: Rudi Schuricke
Kurt Widmann m.s. TO a.d. "Imperator-Diele", Berlin
Wir tanzen durch's Leben!
Kristall / Imperial K 3811

1093   Sept. 1940
Rudi Schuricke
Willy Berking mit seinen Solisten
Tausend Dank!
Imperial Im 17320

1094   Sept. 1940
Rudi Schuricke
Willy Berking mit seinen Solisten
Ich liebe die Sonne den Mond und die Sterne
Imperial Im 17320

1095   9. Sept. 1940
Rudi Schuricke
Willy Berking mit seinen Solisten
Die Männer sind schon die Liebe wert!
Imperial Im 17319

1096   9. Sept. 1940
Rudi Schuricke
Willy Berking mit seinen Solisten
Ich hab' eine Schwäche für blonde Frau'n
Imperial Im 17319

1097   Sept. 1940
Refraingesang: Rudi Schuricke
Kurt Widmann m.s. TO a.d. "Imperator-Diele", Berlin
Ich hab' eine Schwäche für blonde Frau'n
Kristall / Imperial K 3813

1098   Sept. 1940
Refraingesang: Rudi Schuricke
Kurt Widmann m.s. TO a.d. "Imperator-Diele", Berlin
Heute Nacht!
Kristall / Imperial K 3813

1099   29.10.1940
mit Refraingesang: Schuricke-Terzett
Hans Georg Schütz Tanz-Orchester
Mein Schatz wir trinken Brüderschaft
Grammophon Gr 11550 B

1100	29.10.1940
	mit Refraingesang: Schuricke-Terzett
	Hans Georg Schütz Tanz-Orchester
	Ich hab' so das Gefühl, daß Du sehr nett zu mir warst
	Grammophon Gr 11551 A
1101	29.10.1940
	mit Refraingesang: Schuricke-Terzett
	Hans Georg Schütz Tanz-Orchester
	Es könnte sein
	Grammophon / Polydor Gr 11542 B
1102	29.10.1940
	mit Refraingesang: Rudi Schuricke
	Hans Georg Schütz Tanz-Orchester
	Mitten in der Nacht (Hu a Hu)
	Grammophon Gr 11523 A
1103	29.10.1940
	mit Refraingesang: Schuricke-Terzett
	Hans Georg Schütz Tanz-Orchester
	Klein' Christel'chen schlaf' ein
	Grammophon Gr 11551 B
1104	29.10.1940
	mit Refraingesang: Rudi Schuricke
	Hans Georg Schütz Tanz-Orchester
	Goldsaubermädel, schenk' mir Wachauer ein
	Grammophon Gr 11550 A
1105	Sept. 1940
	Rudi Schuricke
	Willy Berking mit seinen Solisten
	Traummusik
	Imperial Im 17325
1106	Sept. 1940
	Rudi Schuricke
	Willy Berking mit seinen Solisten
	Du gehst durch all' meine Träume
	Imperial Im 17325
1107	Sept. 1940
	Rudi Schuricke
	Willy Berking mit seinen Solisten
	Señor und Señorita
	Imperial Im 17327

1108	Sept. 1940
	Rudi Schuricke
	Willy Berking mit seinen Solisten
	Für eine Nacht voller Seeligkeit
	Imperial Im 17327
1109	Okt. 1940
	mit Refraingesang: Rudi Schuricke
	Kurt Widmann m.s. TO a.d. "Imperator-Diele", Berlin
	Mir geht's gut!
	Kristall / Imperial K 3815
1110	Okt. 1940
	mit Refraingesang: Rudi Schuricke
	Kurt Widmann m.s. TO a.d. "Imperator-Diele", Berlin
	Wenn Du einmal ein Mädel magst
	Kristall / Imperial K 3815
1111	Okt. 1940
	mit Refraingesang: Rudi Schuricke
	Kurt Widmann m.s. TO a.d. "Imperator-Diele", Berlin
	Warum, weshalb und wieso?
	Kristall / Imperial K 3816
1112	Okt. 1940
	mit Refraingesang: Rudi Schuricke
	Kurt Widmann m.s. TO a.d. "Imperator-Diele", Berlin
	Ich bin glücklich – aber traurig
	Kristall / Imperial K 3816
1113	Nov. 1940
	Rudi Schuricke & Kinderchor
	Orchesterbegleitung
	Eine Muh, eine Mäh [eine Tätärätä-tä]
	Imperial Im 19165
1114	Nov. 1940
	Rudi Schuricke & Kinderchor
	Orchesterbegleitung
	O Tannenbaum
	Imperial Im 19165
1115	Okt. 1940
	Die 4 Lustigen Jungens mit dem Orchester Erich Schnei-
	dewind
	Der Hans'l spielt auf seiner Ziehharmonika ein Lied
	Kristall / Imperial K 7117

1116   Okt. 1940

**Die 4 Lustigen Jungens mit dem Orchester Erich Schnei-
dewind**

Seemannsbummel

Kristall / Imperial K 7117

1117   Okt. 1940

**Die 4 Lustigen Jungens mit dem Orchester Erich Schnei-
dewind**

Kabeljau – Kabeljau

Kristall / Imperial K 7118

1118   Okt. 1940

**Die 4 Lustigen Jungens mit dem Orchester Erich Schnei-
dewind**

Mein Schiff fährt morgen . . .

Kristall / Imperial K 7118

1119   ~ Okt./Nov. 1940

Rudi Schuricke

Will's Akkordeon Meisterorchester [Will Glahé]

Antje, mein blondes Kind

Columbia DW 4884

1120   13.11.1940

Schuricke-Terzett

Organum-Tanzorchester, Leitung: Adolf Steimel

Traummusik

Odeon O 31644 a

1121   13.11.1940

Schuricke-Terzett

Organum-Tanzorchester, Leitung: Adolf Steimel

Du gehst durch all' meine Träume

Odeon O 31644 b

1122   14.11.1940

Rudi Schuricke

Michael Jary mit seinem Kammer-Tanzorchester

Für eine Nacht voller Seligkeit

Odeon O 31643 a

1123   14.11.1940

Rudi Schuricke

Michael Jary mit seinem Kammer-Tanzorchester

Ich hab' nie gewusst

Odeon O 31643 b

1124 13.11.1940
Rudi Schuricke
Harmonika-Orchester "Alle Neune" Ltg.: Horst Hoffmann
Señor und Señorita
Odeon O 31645 a

1125 13.11.1940
Rudi Schuricke
Harmonika-Orchester "Alle Neune" Ltg.: Horst Hoffmann
Hörst Du die Mandolinen erklingen?
Odeon O 31645 b

1126 26.11.1940
mit Refraingesang: Rudi Schuricke
Hans Georg Schütz Tanz-Orchester
Du sollst nicht um mich weinen
Grammophon Gr 11543 A

1127 29.10.1940
mit Refraingesang: Schuricke-Terzett
Hans Georg Schütz Tanz-Orchester
Links der Isar, rechts der Spree (Schi-Heil)
Grammophon Gr 11543 B

1128 26.11.1940
mit Refraingesang: Schuricke-Terzett
Hans Georg Schütz Tanz-Orchester
Schenk' mir Dein Lächeln, Maria
Grammophon / Polydor Gr 11542 A

1129 30.11.1940
Schuricke-Terzett
Großes Tanzorchester Adalbert Lutter
Hörst Du das Lied der Geige?
Telefunken A 10209

1130 30.11.1940
Schuricke-Terzett
Großes Tanzorchester Adalbert Lutter
Briefe, die Dich nie erreichten
Telefunken A 10209

1131 30.11.1940
Schuricke-Terzett
Großes Tanzorchester Adalbert Lutter
Ausgeschlossen Valentina (Valentina te lo Giuro)
Telefunken A 10210

1132	30.11.1940
	Schuricke-Terzett
	Großes Tanzorchester Adalbert Lutter
	Ja, nun ist er wieder da
	Telefunken A 10210
1133	20.12.1940
	Schuricke-Terzett
	Großes Tanzorchester Adalbert Lutter
	Ein bißchen Romantik gehört zu jeder Frau
	Telefunken A 10250
1134	20.12.1940
	Rudi Schuricke
	Großes Tanzorchester Adalbert Lutter
	Zärtliche Musik und Du
	Telefunken A 10251
1135	20.12.1940
	Schuricke-Terzett
	Großes Tanzorchester Adalbert Lutter
	[Ich schau mich um] Einmal rechts und einmal links
	Telefunken A 10250
1136	20.12.1940
	Rudi Schuricke
	Großes Tanzorchester Adalbert Lutter
	Schenk' mir Dein Lächeln, Maria
	Telefunken A 10251
1137	Dez. 1940
	Rudi Schuricke
	Heinz Munsonius mit seinen Solisten
	Schenk' mir Dein Lächeln, Maria
	Imperial Im 17331
1138	Dez. 1940
	Rudi Schuricke
	Heinz Munsonius mit seinen Solisten
	Ay - Ay - Ay (Gute Nacht mein Blond-Engelein)
	Imperial Im 17331
1139	Nov. 1940
	mit Refraingesang: Rudi Schuricke
	Kurt Widmann m.s. TO a.d. "Imperator-Diele", Berlin
	Das Leben hat immer zwei Seiten
	Kristall / Imperial K 3817

1140   Nov. 1940
mit Refraingesang: Rudi Schuricke
Kurt Widmann m.s. TO a.d. "Imperator-Diele", Berlin
Für eine Nacht voller Seligkeit
Kristall / Imperial K 3817

1141   Dez. 1940
Rudi Schuricke
Willy Berking mit seinem Orchester
Am Montag fängt die Woche an
Imperial-Blau Im 17334

1142   Dez. 1940
Rudi Schuricke
Willy Berking mit seinem Orchester
Traumorchester
Imperial-Blau Im 17334

— 1941 —

1143   02.01.1941
Rudi Schuricke
Adolf Steimel mit seinem Organum-Tanzorchester
Briefe, die Dich nie erreichten
Odeon O 31651 b

1144   02.01.1941
Rudi Schuricke
Adolf Steimel mit seinem Organum-Tanzorchester
Ich bin glücklich – aber traurig
Odeon O 31651 a

1145   16.01.1941
mit Refraingesang: Schuricke-Terzett
Hans Georg Schütz Tanz-Orchester
Ausgeschlossen Valentina (Valentina te lo Giuro) (Take 2)[379]
Grammophon Gr 11554 A

---

[379] Matrix Nr.: 8762-2 GD 9.

1146   16.01.1941
mit Refraingesang: Schuricke-Terzett
Hans Georg Schütz Tanz-Orchester
Ausgeschlossen Valentina (Valentina te lo Giuro) (Take 4)[380]
Grammophon Gr 11554 A, Siemens-Polydor 11554 A [Neu-
kopplung 1942-1946, s.u.]

1147   16.01.1941
mit Refraingesang: Schuricke-Terzett
Hans Georg Schütz Tanz-Orchester
Jaaaa - nun ist er wieder da![381]
Grammophon Gr 11554 B

1148   20.01.1941
Schuricke-Terzett
Großes Tanzorchester Adalbert Lutter
Hoch drob'n auf dem Berg
Telefunken A 10265, T 70442 [12/1941: DAF & KdF -Sonder-
pressung: Geschenkplatte]

1149   20.01.1941
Schuricke-Terzett
Großes Tanzorchester Adalbert Lutter
Das Mühlenrad
Telefunken A 10265, T 70442 [12/1941: DAF & KdF -Sonder-
pressung: Geschenkplatte]

1150   20.01.1941
Schuricke-Terzett
Großes Tanzorchester Adalbert Lutter
Pandurenmarsch
Telefunken A 10264

1151   20.01.1941
Schuricke-Terzett
Großes Tanzorchester Adalbert Lutter
Wir sind Kameraden
Telefunken A 10264

---

[380] Matrix Nr.: 8762-4 GD 9.
[381] Titel am 29.05.1941 für unerwünscht erklärt. Ab 1942 Neukopplung durch Be-
legung mit einem Schütz-Instrumental-Titel von 1940 „Wodka, Wodka, Temp'rament" (Edmund Kötscher) auf Siemens-Polydor 11554 B.

Abb.84 Unbelastete Musik „im Propaganda-Dienst" von belasteten NS-Parteiorganisationen: Geschenkplatten-Sonderpressung für von „Volksgenossinnen und -Genossen" entrichtete Schallplattenspende einer KdF-Sammlung für Frontsoldaten (12/1941).

1152   Dez. 1940 NE 2/41
mit Refraingesang [= RSch]
Kurt Widmann mit seinem Tanzorchester
Mußt nicht traurig sein
Kristall / Imperial K 3819

1153   Dez. 1940 NE 2/41
mit Refraingesang [= RSch]
Kurt Widmann mit seinem Tanzorchester
Fräulein, wenn vom Himmelszelt [bums, ein Stern herunterfällt]
Kristall / Imperial K 3819

1154   23.01.1941
Rudi Schuricke m. Terzett-u. Instumentalbegleitg. Ltg. H. Munsonius
Hoch drob'n auf dem Berg
Imperial Im 17336

1155   Ende Jan. 1941
Rudi Schuricke m. Terzett-u. Instumentalbegleitg. Ltg. H. Munsonius
Ein Schneider, der muß wandern
Imperial   Im 17336

1156   Dez. 1940
        Rudi Schuricke
        Mario Traversa, Violine, Orchester Schoener
        So wird's nie wieder sein
        Grammophon Gr 47487 B

1157   Jan.1941
        mit Refraingesang [= RSch]
        Mario Traversa, Violine, Kapelle Schoener
        Zauberhaft
        Grammophon Gr 47489 A

1158   Jan.1941
        mit Refraingesang [= RSch]
        Mario Traversa, Violine, Kapelle Schoener
        Vor deiner Herzenstür ein Bettler steht
        Grammophon Gr 47489 B

1159   29.01.1941
        mit Refraingesang [= RSch]
        Hans Georg Schütz Tanz-Orchester
        Merkst Du was?
        Grammophon Gr 11562 A

1160   29.01.1941
        mit Refraingesang: Schuricke-Terzett
        Hans Georg Schütz Tanz-Orchester
        Sommernachsträume
        Grammophon Gr 11562 B

1161   29.01.1941
        mit Refraingesang: Schuricke-Terzett
        Hans Georg Schütz Tanz-Orchester
        Das Mühlenrad
        Grammophon Gr 11579 A

1162   30.01.1941
        Rudi Schuricke
        Adolf Steimel mit seinem Organum-Tanzorchester
        Heute Nacht!
        Odeon O 31654 a

1163   30.01.1941
        Rudi Schuricke
        Adolf Steimel mit seinem Organum-Tanzorchester
        Einmal wirst Du wieder bei mir sein!
        Odeon O 31654 b

1164 25.02.1941
Schuricke-Terzett
Großes Tanzorchester Adalbert Lutter
Goldiges Mädchen
Telefunken A 10277

1165 25.02.1941
Schuricke-Terzett
Großes Tanzorchester Adalbert Lutter
Ein paar liebe Zeilen
Telefunken A 10277

1166 25.02.1941
Schuricke-Terzett
Großes Tanzorchester Adalbert Lutter
Unter vier Augen
Telefunken A 10278

1167 25.02.1941
Schuricke-Terzett
Großes Tanzorchester Adalbert Lutter
In einer Sommernacht
Telefunken A 10278

1168 Jan. 1941
Schuricke-Terzett
mit kleinem Orchester Meg Tevelian
Einmal wirst Du wieder bei mir sein!
Grammophon / Polydor Po 11565 A

1169 Jan. 1941
Schuricke-Terzett
mit kleinem Orchester Meg Tevelian
Schenk' mir Dein Lächeln, Maria
Grammophon / Polydor Po 11565 B

1170 Jan. 1941
Rudi Schuricke
Willy Berking mit seinen Solisten
Deine Liebe ist mir ein Geschenk
Imperial Im 17339

1171 Jan. 1941
Rudi Schuricke
Willy Berking mit seinen Solisten
Einmal wirst Du wieder bei mir sein!
Imperial Im 17339

1172	Jan. 1941 NE 3/4/41

**Die 4 Lustigen Jungens mit dem Orchester Erich Schnei-
dewind**
Funkerlied (Alle aufgepaßt)
Kristall K 3820

1173 Jan. 1941 NE 3/4/41
**Die 4 Lustigen Jungens mit dem Orchester Erich Schnei-
dewind**
Ich geh' auf große Fahrt, Marie!
Kristall K 3820

1174 Mai 1941
Duettgesang [= RSch u. Frauenstimme]
Erich Schneidewind mit seinem Orchester
Unterm Fenster'l ... (Es schläft der Ochs)
Kristall K 3825

1175 Mai 1941
Duettgesang [= RSch u. Frauenstimme]
Erich Schneidewind mit seinem Orchester
Zu jeder Lederhos'n gehört ein Dirndlkleid
Kristall K 3825

1176 Juni 1941 NE 9/41
**Die 4 Lustigen Jungens mit dem Orchester Erich Schnei-
dewind**
Ja! Die Soldaten!
Kristall K 3827

1177 Jan. 1941
mit Refraingesang: Rudi Schuricke
Corny Ostermann mit seinem Tanz-Orchester
Wer verliebt ist, braucht Musik
Kristall K 3821

1178 Jan. 1941
mit Refraingesang: Rudi Schuricke
Corny Ostermann mit seinem Tanz-Orchester
Ein bißchen Romantik gehört zu jeder Frau
Kristall K 3821

1179   Jan. 1941
Lissi von Rosen mit dem Schuricke-Terzett
Metropol-Theater-Orchester Werner Schmidt-Boelcke
Bezaubernde Melodien - Ralph-Benatzky-Potpourri, 1.Teil
Grammophon Gr 47514 A

1180   Jan. 1941
Lissi von Rosen mit dem Schuricke-Terzett
Metropol-Theater-Orchester Werner Schmidt-Boelcke
Bezaubernde Melodien - Ralph-Benatzky-Potpourri, 2.Teil
Grammophon Gr 47514 B

1181   17.02.1941
Rudi Schuricke u. Mitglieder des Waldo Favre Chores
Harmonika-Orchester "Alle Neune" Ltg.: Horst Hoffmann
Ich geh' auf große Fahrt, Marie!
Odeon O 31659 a

1182   17.02.1941
Rudi Schuricke
Harmonika-Orchester "Alle Neune" Ltg.: Horst Hoffmann
Ja, nun ist er wieder da
Odeon O 31659 b

1183   10.04.1941
Schuricke-Terzett
Harmonika-Orchester"Alle Neune" Ltg.: Horst Hoffmann
Ich geh' auf große Fahrt, Marie!
Odeon O 31664 a

1184   13.03.1941
Rudi Schuricke
Michael Jary mit seinem Kammer-Tanzorchester
Hallo! Hallo! Ich suche eine Frau!
Odeon O 31656 a

1185   13.03.1941
Rudi Schuricke
Michael Jary mit seinem Kammer-Tanzorchester
Sing' schon am Morgen
Odeon O 31656 b

1186   12.03.1941
mit Refraingesang: Schuricke-Terzett
Hans Georg Schütz Tanz-Orchester
Hoch drob'n auf dem Berg
Grammophon / Polydor Po 11575 A

1187   10.04.1941
Schuricke-Terzett
Horst Hoffmann Harmonika-Orchester - Alle Neune
Mein Sonntagsvergnügen
Odeon O 31664 b

1188   21.04.1941
Rudi Schuricke
Kurt Henneberg mit seinem Orchester
Abends, in der Taverne
Odeon O 31663 a

1189   21.04.1941
Rudi Schuricke
Kurt Henneberg mit seinem Orchester
Spanische Musikanten
Odeon O 31663 b

1190   26.03.1941
Schuricke-Terzett
Großes Tanzorchester Adalbert Lutter
Mein Fräulein, darf ich Sie am Sonntag wiederseh'n?
Telefunken A 10304

1191   26.03.1941
Rudi Schuricke
Großes Tanzorchester Adalbert Lutter
In Freundschaft
Telefunken A 10304

1192   ~ April 1941 NE 5/41
Schuricke+Geschwister Valtonen
Hans Carste mit seinem Orchester
Hm, hm! [Du bist so zauberhaft]
Electrola / HMV EG 7164

1193   ~ April 1941 NE 5/41
Schuricke-Terzett
Hans Carste mit seinem Orchester
[Ich schau mich um] Einmal rechts und einmal links
Electrola / HMV EG 7164

1194   26.04.1941
Rudi Schuricke
Albert Vossen mit seinen Solisten
Am Montag fängt die Woche an
Telefunken A 10301

1195	26.04.1941
	Rudi Schuricke
	Albert Vossen mit seinen Solisten
	Abends, in der Taverne
	Telefunken A 10301
1196	April 1941
	Rudi Schuricke
	Heinz Munsonius Harmonika und seine Solisten
	Wind weht weit über's Meer
	Imperial Im 17346
1197	April 1941
	Rudi Schuricke
	Heinz Munsonius Harmonika und seine Solisten
	Dich hat der liebe Gott für mich so schön gemacht
	Imperial Im 17346
1198	23.06.1941
	Rudi Schuricke
	Michael Jary mit seinem Kammer-Tanzorchester
	Wind weht weit über's Meer
	Odeon O 31673 b
1199	23.06.1941
	Rudi Schuricke
	Michael Jary mit seinem Kammer-Tanzorchester
	Am nächsten Tag
	Odeon O 31673 a
1200	~ Juni 1941
	mit Refraingesang [= RSch]
	Hans Carste mit seinem Orchester
	Zauberland
	Electrola EG 7190
1201	~ Juni 1941 NE 9/41
	Rudi Schuricke+Geschwister Valtonen
	Hans Carste mit seinem Orchester
	Wind weht weit über's Meer
	Electrola EG 7190
1202	~ Juni 1941
	Rudi Schuricke, Tenor
	mit Orchester-Begleitung, Ltg. Gerhard Mohr
	Maria Maddalena (Venezianische Serenade)
	Grammophon Gr 47578 A

1203	~ Juni 1941

Rudi Schuricke, Tenor
mit Orchester-Begleitung, Ltg. Gerhard Mohr
Ich bin in einen Mund verliebt
Grammophon Gr 47578 B

| 1204 | ~ Okt. 1941 |

Rudi Schuricke, Tenor
mit Orchesterbegleitung Hans Bund
Das Lied eines jungen Wachpostens (Lili Marleen)
Grammophon Gr 47582 A

| 1205 | ~ Okt. 1941 |

Rudi Schuricke, Tenor
mit Orchesterbegleitung Hans Bund
Ich schreibe meiner Mutter einen Brief
Grammophon Gr 47582 B

| 1206 | 12.12.1941 |

Rudi Schuricke, Tenor
mit Orchesterbegleitung Hans Bund
Ganz leis' erklingt Musik
Grammophon / Polydor Gr 47595 A

| 1207 | 13.12.1941 |

Rudi Schuricke, Tenor
mit Orchesterbegleitung Hans Bund
Und wieder geht ein schöner Tag zu Ende
Grammophon / Polydor Gr 47595 B

| 1208 | 13.12.1941 |

Rudi Schuricke, Tenor
mit Orchesterbegleitung Hans Bund
Du bist für mich der schönste Traum
Grammophon / Polydor Gr 47670 B

— 1942 —

| 1209 | ~ März/April 1942 |

Rudi Schuricke, Tenor
mit Chor und Orchester Leitung: Hans Bund
Schönes Florenz (Du Perle von Toscana)
Grammophon Gr 47670 A

1210 ~ März/April 1942
Rudi Schuricke
mit Orchesterbegleitung Hans Bund
La Foletta (Die Lustige) [ital. gesungen]
Siemens-Polydor SP 47651 B [auch: Po 47651 NK]

1211 ~ März/April 1942
Rudi Schuricke, Tenor
mit Orchesterbegleitung Hans Bund
Maria, Marie
Siemens-Polydor SP 47948 A

1212 ~ März/April 1942
Rudi Schuricke, Tenor
mit Orchesterbegleitung Hans Bund
Isola Bella
Siemens-Polydor SP 47948 B

1213 ~ März/April 1942
Rudi Schuricke, Tenor
mit Orchesterbegleitung Hans Bund
Heimat, Deine Sterne
Grammophon Gr 47628 A

1214 ~ März/April 1942
Rudi Schuricke, Tenor
mit Orchesterbegleitung Hans Bund
Hörst Du mein heimliches Rufen? (Melodia)
Siemens-Polydor SP 47651 A [auch: Po 47651 NK]

1215 ~ März/April 1942
Rudi Schuricke
„Orchester Hans Busch" **[Busch ist Bund]**
Capri-Fischer [Demo, 1. Aufnahme? unbestätigt, Provenienz
nicht geklärt]
Viennola Musterplatte 21.12.43 (PrD), Seite 1

1216 ~17.11.1943
Rudi Schuricke
„Orchester Plaza" **[Tenor u. d. Waldo Favre Chor]**
Capri-Fischer [Master „11/1943", siehe unten]
Viennola Musterplatte 21.12.43 (PrD), Seite 2

1217 ~ März/April 1942
Rudi Schuricke, Tenor
mit Orchester Leitung: Hans Bund
Bella Venezia
Siemens-Polydor SP 47898 B

1218 ~ Mai 1942
Rudi Schuricke, Tenor
mit Orchester Leitung: Hans Bund
Glutrote Rosen
Siemens-Polydor SP 47693 A

1219 ~ Mai 1942
Rudi Schuricke, Tenor
mit Orchester Leitung: Hans Bund
Wie schön sind die Stunden
Siemens-Polydor SP 47693 B

— 1943 —

1220 19.03.1943
Rudi Schuricke & Waldo Favre Chor,
Orchester Willi Stech, Ltg. Friedrich Schroeder
Schön ist die Zeit der jungen Liebe, 1. Teil
Reichsrundfunk RRG 70940

1221 19.03.1943
Rudi Schuricke & Waldo Favre Chor,
Orchester Willi Stech, Ltg. Friedrich Schroeder
Schön ist die Zeit der jungen Liebe, 2. Teil
Reichsrundfunk RRG 70941

1222 ~ März 1943
Tenor Rudi Schuricke,
Orchester – Begleitung, Ltg.: Gerhard Winkler
Immer wenn's am schönsten ist
Siemens-Polydor SP 47812 A

1223 ~ März 1943
Tenor Rudi Schuricke,
Orchester-Begleitung, Ltg.: Gerhard Winkler
Denke an mein kleines Abschiedslied
Siemens-Polydor SP 47812 B

1224 ~ März 1943
Rudi Schuricke, Tenor
mit Orchester, Dirigent: Werner Schmidt-Boelcke
Ideale [ital. gesungen]
Polydor Po 47964 A

1225 ~ März 1943
Tenor Rudi Schuricke
Orchester-Begleitung, Ltg.: Hans Müller-Endenthum
So lieb bist du zu mir
Siemens-Polydor SP 47811 A

1226 ~ März 1943
Tenor Rudi Schuricke
Orchester-Begleitung, Ltg.: Hans Müller-Endenthum
Ein Lied ohne Ende
Siemens-Polydor SP 47811 B

1227 ~ April 1943
Tenor Rudi Schuricke & Waldo Favre Chor
Orchester-Begleitung, Ltg.: Hans Müller-Endenthum
Nacht für Nacht
Siemens-Polydor SP 47766 A

1228 ~ April 1943
Tenor Rudi Schuricke & Waldo Favre Chor
Orchester-Begleitung, Ltg.: Hans Müller-Endenthum
Ein Leben lang an Deiner Seite
Siemens-Polydor SP 47766 B

1229 ~ April 1943
Rudi Schuricke
Orchester-Begleitung, Ltg.: Hans Müller-Endenthum
So lieb bist Du zu mir
Siemens-Polydor SP 47899 B

1231 Mai/Juni 1943
Rudi Schuricke
Orchester-Begleitung
Eine kleine Frühlingsweise
Grammophon Radioplatte RRG [Deutsches Rundfunk Archiv,
Frankfurt am Main]

1232 07.07.1943
Rudi Schuricke
Orchester Kurt Drabek [Besetzung: 33 Musiker]
Capri-Fischer
[Berliner Rundfunk, Saal 1] Reichsrundfunk Folie 30 cm

1233 ~ 17.11.1943
Rudi Schuricke, Tenor u. d. Waldo Favre Chor
Orchester der Plaza, Dirigent: Theo Knobel
Capri-Fischer
Siemens-Polydor SP 47867 A

1234 ~ 17.11.1943
Rudi Schuricke, Tenor u. d. Waldo Favre Chor
Orchester der Plaza, Dirigent: Theo Knobel
Leise erklingen die Glocken vom Campanile (Barcarole)
Siemens-Polydor SP 47867 B

1235 ~ 17.11.1943
Rudi Schuricke, Tenor
mit Orchester, Leitung: Hans Bund
Eine kleine Frühlingsweise
Siemens-Polydor SP 47898 A

1236 ~ 17.11.1943
Rudi Schuricke, Tenor
Orchester der Plaza, Dirigent: Theo Knobel
Mit Musik geht alles besser
Siemens-Polydor SP 47899 A

— 1944 —

1237 14.04.1944
Rudi Schuricke
Filmorchester, Dirigent: Erich Buder
Ich hab' von Dir geträumt (Original - Aufnahme)
Siemens-Polydor SP 57302 [30 cm / „Filmserie" Pressung ggf.
mit Polydor-Export-Altetiketten / unbestätigt]

— 1945 —

1238   23.08.1945
Rudi Schuricke u. Berliner Solisten-Vereinigung Großes-Orchester, Ltg. Franz R. Friedel
Abendlied
Radiophon R 279/45

1239   22.10.1945
Rudi Schuricke
Orchester Adolf Steimel u. s. Solisten
Für Dich, Du schöne Frau
Radiophon R 282/45

1240   22.10.1945
Rudi Schuricke u. Berliner Solisten-Vereinigung Ltg. Helmut Koch
Alle Tage ist kein Sonntag
Radiophon GMBH R 285/45

1241   08.11.1945
Rudi Schuricke & Magda Hain mit dem Berliner Rundfunkorchester, Ltg.: Helmut Koch
Eine Geige spielt leise von Liebe
Radiophon GmbH [R] 455/45 [b]

— 1946 —

1242   07.07.1943, Berliner Rundfunk, Saal 1
Rudi Schuricke
Unterhaltungsorchester, Orchester Kurt Drabek [Besetzung: 33 Musiker]
Capri-Fischer
Radiophon R 605/46 [30cm]

1243   21.06.1946, Bln. Rdfk., Saal 8
Rudi Schuricke
RBT-Orchester, Ltg.: Horst Kudritzki
Tiefblauer Abend [1]
Radiophon R 614/46   [2. Aufnahme, vgl.1249]

1244	21.06.1946, Bln. Rdfk., Saal 8 [382]
	Rudi Schuricke
	Radio-Berlin-Tanz-Orchester [= RBT], Ltg.: Horst Kudritzki, Arr. Adolf Steimel
	Musik in Dur und Moll
	Radiophon R 622/46
1245	01.07.1946, Bln. Rdfk., Saal 1
	Rudi Schuricke
	Unterhaltungsorchester, Ltg.: Gerhard Winkler
	Das Lied von der alten Laube
	Radiophon R 675/46
1246	16.12.1946
	Rudi Schuricke
	Unterhaltungsorchester, Ltg. Wolfgang Friebe
	Märchen, süßes Märchen
	Radiophon R 740 a
1247	16.12.1946
	Rudi Schuricke
	Unterhaltungsorchester, Ltg. Wolfgang Friebe
	Traum einer Nacht
	Radiophon R 740 b

— 1947 —

1248	28.01.1947
	Rudi Schuricke
	Unterhaltungsorchester, Ltg.: Gerhard Winkler
	An der scharfen Ecke von St. Pauli
	Radiophon R 703 a/47
1249	28.02.1947 Hannover, Hanomag-Saal
	Rudi Schuricke, Tenor
	mit Orchester-Begleitung, Ltg.: Hellfried Schroll
	Tiefblauer Abend [2]
	Polydor Po 47969 A
1250	28.02.1947 Hannover, Hanomag-Saal
	Rudi Schuricke, Tenor
	mit Orchester-Begleitung, Ltg.: Hellfried Schroll
	Möwe, Du fliegst in die Heimat
	Polydor Po 47969 B

---

[382] Aufnahmedatum und -Ort nach einer Karteikarte (Fotokopie) des Senders Leipzig (Quelle wohl: DRA, im RSA), vgl. Schröer-Buchholz, 14.

1251	28.02.1947 Hannover, Hanomag-Saal
	Rudi Schuricke, Tenor
	mit Orchester-Begleitung, Ltg.: Hellfried Schroll
	Wenn das Herz auch spricht
	Polydor Po 47970 A
1252	28.02.1947 Hannover, Hanomag-Saal
	Rudi Schuricke, Tenor
	mit Orchester-Begleitung, Ltg.: Hellfried Schroll
	Es gibt ein Glück
	Polydor Po 47970 B
1253	28.02.1947 Hannover, Hanomag-Saal
	Rudi Schuricke, Tenor
	mit Orchester-Begleitung, Ltg.: Hellfried Schroll
	Rosemarie
	Polydor Po 47971 A
1254	28.02.1947 Hannover, Hanomag-Saal
	Rudi Schuricke, Tenor
	mit Orchester-Begleitung, Ltg.: Hellfried Schroll
	Sterne über Florenz
	Polydor Po 47971 B
1255	28.02.1947 Hannover, Hanomag-Saal
	Rudi Schuricke
	mit Orchester und Chor (Hellfried Schroll)
	Bunte Lampions
	Polydor Po 57337 A [30cm]
1256	28.02.1947 Hannover, Hanomag-Saal
	Rudi Schuricke
	mit Orchester und Chor (Hellfried Schroll)
	Reich' mir die goldene Schale
	Polydor Po 57337 B [30cm]
1257	30.04.1947
	Rudi Schuricke
	Unterhaltungsorchester, Ltg. Wolfgang Friebe
	Tausendmal schöner
	Radiophon R 738 a [30cm]
1258	30.04.1947
	Rudi Schuricke
	Unterhaltungsorchester, Ltg. Wolfgang Friebe
	Wenn die Geige singt
	Radiophon R 738 b [30cm]

1259   01.07.1946 Bln. Rdfk., Saal 1
Rudi Schuricke
Unterhaltungsorchester, Ltg.: Gerhard Winkler
Der erste Sonnenstrahl an Deinem Fenster
Radiophon R 761 a [30cm]
1260   23.09.1947[383]
Rudi Schuricke
Rundfunkorchester Sender Leipzig, Ltg. Ludwig Stiel
Frag' nie eine Frau, ob sie treu ist
Rundfunkaufnahme Koch CD 0678372 (2003)
1261   23.09.1947
Rudi Schuricke
Rundfunkorchester Sender Leipzig, Ltg. Ludwig Stiel
Stimmen der Nacht
Rundfunkaufnahme Koch CD 0678372 (2003)
1262   23.09.1947
Rudi Schuricke
Rundfunkorchester Sender Leipzig, Ltg. Ludwig Stiel
Mondlicht über den Terrassen
Rundfunkaufnahme Koch CD 0678372 (2003)

— 1948 —

1263   30.03.1948
Rudi Schuricke
Rundfunkorchester Sender Leipzig
Wie sind die Frauen doch im Frühling so schön
Rundfunkaufnahme Privat CD im RSA H.-J. Schröer
1264   1947 oder 1948
Rudi Schuricke
Rundfunkorchester Sender Leipzig
Wiegenlied (Mit dem Wind klingt eine Weise)
Rundfunkaufnahme Privat CD im RSA H.-J. Schröer

---

[383] Der Titel (und wahrscheinlich alle weiteren ostzonalen Schuricke-Aufnahmen) wurden zu einem unbekannten Zeitpunkt (vermutlich 1961 oder kurz danach) für Rundfunkübertragungen in der "DDR" gesperrt (Stempel u. handschriftlicher Vermerk). Vgl. Karteikarte, Sender Leipzig mit Aufnahmedatum (Fotokopie Ausschnitt), bei: Völmecke, 26 (Foto nach: DRA / RSA).

1265 03.01.1948
Rudi Schuricke & Inge Noll
Großes Unterhaltungs-Orchester d. Berl.-Rfk., Ltg.
Gerhard Winkler
Sag's heute und sag's morgen
Rundfunkaufnahme Koch CD 323 439 (1995)

1266 16.02.1948
Rudi Schuricke & s. Instrumental-Solisten
Wenn der weiße Flieder wieder blüht
Rundfunkaufnahme Koch CD 0678372 (2003)

1267 16.02.1948
Rudi Schuricke & s. Instrumental-Solisten
Ich küsse Ihre Hand, Madame
Rundfunkaufnahme Koch CD 0678372 (2003)

1268 18.03.1948
Rudi Schuricke, Tenor m. s. Instrumental-Solisten
Schenk' mir Deine Liebe Signorina
Polydor Po 47990 A

1269 18.03.1948
Rudi Schuricke, Tenor m. s. Instrumental-Solisten
Ein Troubadour der Liebe
Polydor Po 47990 B

1270 18.03.1948 NE 9-10/48
Rudi Schuricke mit Orchester, Ltg. Erwin Christoph
Berceuse [französisch gesungen]
Polydor Po 57346 A [30cm]

1271 18.03.1948 NE 9-10/48
Rudi Schuricke mit Orchester, Ltg. Erwin Christoph
Valse "Coppelia" [französisch gesungen]
Polydor Po 57346 B [30cm]

1272 19.03.1948
Rudi Schuricke, Tenor
m. Begleit-Orchester, Ltg. Gerhard Winkler
Der erste Sonnenstrahl an Deinem Fenster
Polydor Po 47993 A

1273 19.03.1948
Rudi Schuricke, Tenor
m. Begleit-Orchester, Ltg. Gerhard Winkler
Barcarole
Polydor Po 47993 B

1274   20.03.1948
Rudi Schuricke
Rundfunkorchester Sender Leipzig
Ein Schiff mit weissen Segeln
Rundfunkaufnahme Koch CD 0678372 (2003)

1275   20.03.1948
Rudi Schuricke
Rundfunkorchester Sender Leipzig
Barcarole "Zwei Augen leuchten"
Rundfunkaufnahme Koch CD 0678372 (2003)

1276   20.03.1948
Rudi Schuricke
Rundfunkorchester Sender Leipzig
Es war im Mai – vor vielen Jahren
Rundfunkaufnahme Koch CD 0678372 (2003)

1277   21.03.1948
Rudi Schuricke mit Rhythmusgruppe
Du sollst mein schönstes Märchen sein
Rundfunkaufnahme Koch CD 0678372 (2003)

1278   30.03.1948
Rudi Schuricke
Rundfunkorchester Sender Leipzig
Ich rufe Dein Herz
Rundfunkaufnahme Koch CD 0678372 (2003)

1279   29.03.1948
Rudi Schuricke, Tenor
m. s. Instrumental-Solisten
Wenn die Kirschen blüh'n
Polydor Po 48135 A

1280   24.03.1948
Rudi Schuricke, Tenor
m. s. Instrumental-Solisten
Was hältst Du davon?
Polydor Po 48135 B

— **1949** —

1281	03.05.1949

Rudi Schuricke
Rundfunkorchester Sender Leipzig
Noch nie war ein Märchen so schön wie heut'
Rundfunkaufnahme Koch CD 0678372 (2003)

1282 03.05.1949
Rudi Schuricke
Rundfunkorchester Sender Leipzig
Die ganze Welt ist wie ein Garten
Rundfunkaufnahme Koch CD 0678372 (2003)

1283 03.05.1949
Rudi Schuricke
Rundfunkorchester Sender Leipzig
Blühendes Leben
Rundfunkaufnahme Koch CD 0678372 (2003)

1284 03.05.1949
Rudi Schuricke
Rundfunkorchester Sender Leipzig
Ich halte Deine lieben Hände (gekürzt)
Rundfunkaufnahme Koch CD 0678372 (2003)

1285 24.05.1949
Rudi Schuricke, Tenor
m. s. Instrumental-Solisten
Auf Wiedersehen, Jacky
Polydor Po 48192 A

1286 24.05.1949
Rudi Schuricke, Tenor
m. s. Instrumental-Solisten
Die kleinen Mädchen mit den großen Herzen
Polydor Po 48192 B

1287 24.05.1949
Rudi Schuricke & Chor d. Bayr. Staatsoper
Orchester Kurt Graunke, Dirigent: Gerhard Winkler
Duschenka
Polydor Po 48193 A

1288 24.05.1949
Rudi Schuricke & Chor d. Bayr. Staatsoper
Orchester Kurt Graunke, Dirigent: Gerhard Winkler
Abends in Napoli
Polydor Po 48193 B

1289 24.05.1949
Magda Hain & Rudi Schuricke
Orchester Kurt Graunke, Dirigent: Gerhard Winkler
Immer und ewig trag' ich im Herzen
Polydor Po 48194 A

1290 24.05.1949
Magda Hain & Rudi Schuricke
Orchester Kurt Graunke, Dirigent: Gerhard Winkler
Endlich allein
Polydor Po 48194 B

1291 24.05.1949
Rudi Schuricke, Tenor
Orchester Kurt Graunke, Dirigent: Gerhard Winkler
Frühling in Sorrent
Polydor Po 48216 A

1292 24.05.1949
Rudi Schuricke, Tenor
Orchester Kurt Graunke Dirigent: Gerhard Winkler
Ich halte Deine lieben Hände
Polydor Po 48216 B

1293 24.05.1949
Magda Hain & Rudi Schuricke
Orchester Kurt Graunke, Dirigent: Gerhard Winkler
Eine Geige spielt leise von Liebe
Polydor Po 48249 A

1294 24.05.1949
Magda Hain & Rudi Schuricke
Orchester Kurt Graunke, Dirigent: Gerhard Winkler
Wenn die Schwalben zieh'n
Polydor Po 48249 B

1295 18.06.1949
Rudi Schuricke, Tenor m. s. Instrumental-Solisten
Blau, wie der weite Himmel
Polydor Po 48265 A

1296   18.06.1949
        Rudi Schuricke, Tenor m. s. Instrumental-Solisten
        Danse avec moi
        Polydor Po 48265 B

— 1950 —

1297   17.05.1950
        Rudi Schuricke, Tenor
        mit großem Tanz-Orch. Ltg.: Fr. Schröder
        Überall wohnt das Glück
        Polydor Po 48335 A

1298   05.04.1950
        Rudi Schuricke, Tenor
        Alfred Hause mit seinem Radio-Tango-Orchester
        Ich möchte ein Wunder erleben
        Polydor Po 48335 B

1299   11.04.1950
        Rudi Schuricke, Tenor
        Alfred Hause mit seinem Tango-Orchester
        Mandolino – Mandolino
        Polydor Po 48314 A

1300   11.04.1950
        Rudi Schuricke, Tenor
        Alfred Hause mit seinem Tango-Orchester
        Florentinische Nächte
        Polydor Po 48314 B

1301   11.04.1950
        Rudi Schuricke, Tenor
        Willy Berking mit seinem Sweet-Orchester
        Ein Wind geht über den See
        Polydor Po 48315 A

1302   05.04.1950
        Rudi Schuricke, Tenor
        Willy Berking mit seinem Sweet-Orchester
        Ich denk' so gern' an Dich
        Polydor Po 48315 B

1303   05.04.1950
Rudi Schuricke, Tenor
Willy Berking mit seinem Sweet-Orchester
Weißt Du, daß Du schön bist?
Polydor Po 48352 A

1304   05.04.1950
Rudi Schuricke, Tenor
Willy Berking mit seinem Sweet-Orchester
Ich wollte nur mit Ihnen plaudern
Polydor Po 48352 B

1305   22.07.1950
Rudi Schuricke mit Kinderchor
Helmut Zacharias u. s. groß. Streichorchester, Gerhard
Gregor a. d. Hammond-Orgel
Auf Wiedersehen! [Auf Wiederseh'n Sweetheart]
Polydor Po 48374 A

1306   22.07.1950
Rudi Schuricke
Helmut Zacharias u. s. groß. Streichorchester, Gerhard
Gregor a. d. Hammond-Orgel
Wenn Du in meinen Träumen bei mir bist (Somewhere Over
The Rainbow)
Polydor Po 48374 B

1307   04.09.1950
Rudi Schuricke Tenor
Waldo Favre- Chor, Radio-Tango-Orchester Hamburg.
Ltg.: Alfred Hause
Lago Maggiore (Laß' uns träumen am Lago Maggiore)
Polydor Po 48377 A

1308   04.09.1950
Rudi Schuricke Tenor
Waldo Favre-Chor, Radio-Tango-Orchester Hamburg,
Ltg.: Alfred Hause
Adieu, Adieu
Polydor Po 48377 B

1309   04.09.1950
Rudi Schuricke Tenor, Waldo Favre-Chor, Großes Operet-
ten-Orch. Gerhard Gregor a.d. Hammond-Orgel Bearb. +
Ges. -Ltg. H.Zacharias
Der Zarewitsch [Franz-Lehár-Operettenquerschnitt]
Polydor Po 57391 A [30cm]

1310   04.09.1950
Rudi Schuricke Tenor, Waldo Favre-Chor, Großes Operet-
ten-Orchester, Gerhard Gregor a.d. Hammond-Orgel Be-
arb.+ Ges.-Ltg. H.Zacharias
Die Zirkusprinzessin [Emmerich-Kálmán-Operettenquerschnitt]
Polydor Po 57391 B [30cm]

1311   20.10.1950
Rudi Schuricke, Tenor
Alfred Hause m. d. Radio-Tango-Orchester Hamburg
Rote Orangen
Polydor Po 48417 A

1312   20.10.1950
Rudi Schuricke Tenor, Waldo Favre Chor,
Alfred Hause m. d. Radio-Tango-Orchester Hamburg
Bella Signora
Polydor Po 48417 B

1313   20.10.1950
Rudi Schuricke Tenor und die Nicolets
Helmut Zacharias mit seinem Tanz-Streichorchester
Wie ein Roman
Polydor Po 48422 A

1314   04.09.1950
Rudi Schuricke Tenor und die Nicolets
Helmut Zacharias mit seinem Tanz-Streichorchester
Aber schön war's doch
Polydor Po 48422 B

1315   Feb. 1951
Rudi Schuricke, Tenor
Willy Berking HR-Orchester
Komm', laß' Dich umarmen
Rundfunkaufnahme, Tonband, Hessischer Rundfunk
Bisher keine Veröffentlichung nachgewiesen

1316   Feb. 1951
Rudi Schuricke, Tenor
Willy Berking HR-Orchester
Das ist die Liebe im Vorrübergeh'n (Cherry Pink & Apple
Blossom White)
Rundfunkaufnahme, Tonband, Hessischer Rundfunk
Bisher keine Veröffentlichung nachgewiesen

1317   Feb. 1951
Rudi Schuricke, Tenor
Willy Berking HR-Orchester
Wie sind die Frauen doch im Frühling so schön
Rundfunkaufnahme, Tonband, Hessischer Rundfunk
Bisher keine Veröffentlichung nachgewiesen[384]

1318   Feb. 1951
Rudi Schuricke, Tenor
Willy Berking HR-Orchester
Maria (Das Land, wo die Zitronen blüh'n)
Rundfunkaufnahme, Tonband, Hessischer Rundfunk
Bear Family CD 16266 (1998)

1319   31.05.1951
Rudi Schuricke, Tenor mit Männerchor
Alfred Hause m. d. Radio-Tango-Orchester Hamburg
Auf Wiederseh'n, Lucia
Polydor Po 48531 A

---

[384] Nachweis der obigen drei Titel lediglich durch das Booklet der offenbar geplanten – aber nie erschienenen – Hans-Buchholz-CD „Illusion", vgl. S. 34, 38, welches als „Bonusbooklet" der CD „Film-Chansons", Koch International 324 749
(2002) mit beigelegt wurde.

1320 31.05.1951
Rudi Schuricke, Tenor mit Frauenchor
Alfred Hause m. d. Radio-Tango-Orchester Hamburg
Wir seh'n uns wieder
Polydor Po 48531 B

1321 31.05.1951
Rudi Schuricke, Tenor
Benny de Weille mit dem "Polydor"-Tanz-Orchester
Mein Herz ruft nach Dir (My Heart Cries For You)
Polydor Po 48532 A

1322 31.05.1951
Rudi Schuricke, Tenor
Benny de Weille mit dem "Polydor"-Tanz-Orchester
Alle Jahre wieder im Frühling
Polydor Po 48532 B

1323 05.03.1951
Rudi Schuricke Tenor Waldo Favre- Chor Helmut Zacha-
rias u. s. großes Streichorchester, Gerhard Gregor a. d.
Hammond-Orgel
Leise beignnt der Beguine (Begin the Beguine)
Polydor Po 48563 A

1324 05.03.1951
Rudi Schuricke Tenor Waldo Favre- Chor Helmut Zacha-
rias u. s. großes Streichorchester, Gerhard Gregor a. d.
Hammond-Orgel
Tag und Nacht denk' ich an Dich (Night and Day)
Polydor Po 48563 B

1325 05.08.1951
Rudi Schuricke, Tenor
Helmut Zacharias u. s. großes Streichorchester, Gerhard
Gregor a. d. Hammond-Orgel
Intermezzo: Frühlingszeit, Du schönste Zeit
Polydor Po 48505 B

1326 05.08.1951
Rudi Schuricke, Tenor
Helmut Zacharias u. s. großes Streichorchester, Gerhard
Gregor a. d. Hammond-Orgel
Was früher war (Walzer der Vergnüglichkeit)
Polydor Po 48505 A

1327   05.08.1951
Rudi Schuricke, Tenor
Alfred Hause mit seinem Radio-Tango-Orchester
Warum weinst Du, kleine Tamara?
Polydor Po 48499 A

1328   05.08.1951
Rudi Schuricke, Tenor
Alfred Hause mit seinem Radio-Tango-Orchester
Schönes Traumbild
Polydor Po 48499 B

1329   10.09.1951
Rudi Schuricke, Tenor
Alfred Hause mit seinen Tanz-Streichsolisten
Zauber von Paris
Polydor Po 48595 A

1330   10.09.1951
Rudi Schuricke, Tenor
Alfred Hause mit seinen Tanz-Streichsolisten
Seit heut' bin ich verliebt
Polydor Po 48595 B

1331   19.09.1951
Rudi Schuricke, Tenor
Alfred Hause m. d. Radio-Tango-Orchester Hamburg
Erzähl' mir keine Märchen
Polydor Po 48614 A

1332   19.09.1951
Rudi Schuricke u. gemischter Chor
Alfred Hause m. d. Radio-Tango-Orchester Hamburg
Noch ist es Zeit
Polydor Po 48614 B

1333   29.11.1951
Rudi Schuricke, Tenor
Alfred Hause m. d. Radio-Tango-Orchester Hamburg
Am Lago di Garda
Polydor Po 48684 A

1334   29.11.1951
Rudi Schuricke, Tenor
Alfred Hause m. d. Radio-Tango-Orchester Hamburg
Mit hundert Guitarren
Polydor Po 48684 B

1335   15.02.1952
Rudi Schuricke, Tenor
Alfred Hause m. d. Radio-Tango-Orchester Hamburg
Zähl' jeden Stern (Count Every Star)
Polydor Po 48733 A

1336   04.01.1952
Rudi Schuricke, Tenor
Alfred Hause m. d. Radio-Tango-Orchester Hamburg
In einer Sommernacht
Polydor Po 48733 B

1337   09.01.1952
Rudi Schuricke mit Chorbegleitung
Alfred Hause m. d. Radio-Tango-Orchester Hamburg
Je vous aime
Polydor Po 48691 A

1338   04.01.1952
Rudi Schuricke, Tenor
Alfred Hause m. d. Radio-Tango-Orchester Hamburg
Du schöne Frau
Polydor Po 48691 B

1339   04.01.1952
Rudi Schuricke mit Chorbegleitung
Alfred Hause m. d. Radio-Tango-Orchester Hamburg
Dreh' Dich noch einmal um
Polydor Po 48692 A

1340   04.01.1952
Rudi Schuricke, Tenor
Alfred Hause m. d. Radio-Tango-Orchester Hamburg
Bleib' für immer bei mir kleine Rosemarie
Polydor Po 48692 B

1341   09.01.1952
Rudi Schuricke und sein Sohn Michael
Alfred Hause m. d. Radio-Tango-Orchester Hamburg
Wir zwei sind die besten Kameraden
Polydor Po 48714 A
Po 48811 B

1342   18.02.1952
Rudi Schuricke mit Kinderchor
Alfred Hause m. d. Radio-Tango-Orchester Hamburg
Mutterlied (Glaube mir) [Nr. 1]
Polydor Po 48714 B

1343   18.06.1952
Rudi Schuricke mit Kinderchor
Bert Peters mit seinem Tanzsolisten, Köln
Guten Morgen, guten Morgen!
Polydor Po 48776 A

1344   09.01.1952
Rudi Schuricke und sein Sohn Michael
Alfred Hause m. d. Radio-Tango-Orchester Hamburg
Wir sind gute Freunde
Polydor Po 48776 B

1345   13.02.1952
Rudi Schuricke, Tenor
Alfred Hause m. d. Radio-Tango-Orchester Hamburg
Am Golf von Neapel
Polydor Po 48715 A

1346   04.01.1952
Rudi Schuricke, Tenor
Alfred Hause mit seinen Tanz-Streichsolisten
Der alte Gondoliere (Vecchio Gondoliere)
Polydor Po 48715 B

1347   21.05.1952
Rudi Schuricke mit Chorbegleitung
Alfred Hause mit seinen Tanz-Streichsolisten
Frauen und Wein (Italienische Eselsfahrt)
Polydor Po 48781 A

1348   21.05.1952
Rudi Schuricke mit Chorbegleitung
Alfred Hause mit seinen Tanz-Streichsolisten
Fahr' durch die Nacht
Polydor Po 48781 B

1349   21.05.1952
Rudi Schuricke, Tenor
Alfred Hause mit seinem großen Tanz-Orchester
Schön ist diese Abendstunde
Polydor Po 48758 A

1350 21.05.1952
Rudi Schuricke, Tenor
Alfred Hause mit seinem großen Tanz-Orchester
Ein wunderschöner Traum
Polydor Po 48758 B

1351 18.08.1952
Rudi Schuricke und sein Sohn Michael
Werner Müller m. d. RIAS-Tanzorchester, Berlin
Ein Herz und eine Seele
Polydor Po 48811 A (B-Seite, siehe: Nr. 1241)

1352 28.03.1952
Rudi Schuricke und Sohn u.v.a.
Werner Müller m. d. RIAS-Tanzorchester, Berlin
Heimweh nach Dir (Der große deutsche Musikfilm), 1.Teil
Polydor Po 3946 (Werbeplatte)

1353 28.03.1952
Rudi Schuricke und Sohn u.v.a.
Werner Müller m. d. RIAS-Tanzorchester, Berlin
Heimweh nach Dir (Der große deutsche Musikfilm), 2.Teil
Polydor Po 3946 (Werbeplatte)

1354 13.09.1952
Rudi Schuricke, Begleitgesang: Sunshine Quartett, Cor-
neltrio / Werner Müller m. gr. Tanz-Streichorchester
Carina Carissima (So klingt es durch die Nacht)
Polydor Po 48822 A

1355 13.09.1952
Rudi Schuricke, Begleitgesang: Sunshine Quartett / Wer-
ner Müller m. gr. Tanz-Streichorchester
Madoñina
Polydor Po 48822 B

— 1953 —

1356 07.03.1953
Rudi Schuricke mit Begleitgesang
Werner Müller m. gr. Tanz-Streichorchester
Bon soir, Madeleine (Le soir)
Polydor Po 48950 A

1357	07.03.1953
	Rudi Schuricke, Tenor
	Werner Müller m. gr. Tanz – Streichorchester
	In mir klingt ein Lied
	Polydor Po 48950 B
1358	07.03.1953
	Rudi Schuricke, Tenor mit Begleitgesang
	Alfred Hause mit seinem Tanz-Streichsolisten
	Das Märchen unserer Liebe (San Marco Glocken)
	Polydor Po 48975 A
1359	07.03.1953
	Rudi Schuricke, Tenor mit Begleitgesang
	Alfred Hause mit seinem Tanz-Streichsolisten
	Im Hafen der Sehnsucht
	Polydor Po 48975 B
1360	13.04.1953
	Rudi Schuricke, Tenor
	Werner Müller m. d. RIAS-Tanzorchester, Berlin
	Donna Theresa
	Polydor Po 48976 A
1361	13.04.1953
	Rudi Schuricke, Tenor
	Werner Müller m. d. RIAS-Tanzorchester, Berlin
	Braune Manuela
	Polydor Po 48976 B
1362	13.04.1953
	Rudi Schuricke, Tenor
	Helmut Zacharias, Violine m.gr. Tanz-Streichorchester
	Es war in Monte Carlo
	Polydor Po 48981 A
1363	13.04.1953
	Rudi Schuricke, Tenor
	Helmut Zacharias, Violine m.gr. Tanz-Streichorchester
	Wovon träumst Du, Tatjana?
	Polydor Po 48981 B
1364	16.06.1953
	Rudi Schuricke, Tenor
	Werner Müller m. d. RIAS-Tanzorchester, Berlin
	Wenn Du fortgehst von mir (Tell Me We'll Meet Again)
	Polydor Po 49045 A

1365   16.06.1953
Rudi Schuricke, Tenor
Horst Wende mit seinem kleinen Orchester
Es kommt nichts Besseres nach Dir (Wenn Du von mir gehst)
Polydor Po 49045 B

1366   17.09.1953
Rudi Schuricke, Tenor
Werner Müller m. d. RIAS-Tanzorchester, Berlin
Sei lieb zu mir
Polydor Po 49061 A

1367   17.09.1953
Rudi Schuricke, Tenor
Werner Müller m. d. RIAS-Tanzorchester, Berlin
Zauberhaft
Polydor Po 49061 B

1368   18.09.1953
Rudi Schuricke, Tenor
Werner Müller m. d. RIAS-Tanzorchester, Berlin
Moulin Rouge (Ein Lied aus Paris)
Polydor Po 49053 A

1369   07.10.1953
Rudi Schuricke, Tenor
Helmut Zacharias m.gr.Tanz-Streichorchester
Unter den Sternen von Capri
Polydor Po 49078 A

1370   07.10.1953
Rudi Schuricke, Tenor
Helmut Zacharias m. gr. Tanz-Streichorchester
Ich sende mein Herz auf die Reise
Polydor Po 49078 B

1371   27.10.1953
Rudi Schuricke, Tenor
Adalbert Luczkowski m. d. Kölner Tanz- und Unterhaltungs-Orchester
Du bist meine große Liebe
Polydor Po 49099 A

1372   27.10.1953
Rudi Schuricke, Tenor
 **Adalbert Luczkowski m. d. Kölner Tanz- und Unterhal-
tungs-Orchester**
Vor den Toren zum Paradies
Polydor Po 49099 B

1373   27.10.1953
Rudi Schuricke, Tenor
Franz Marszalek mit großem Operettenorchester
Wenn das Herz auch spricht
Polydor Po 49134 A

1374   27.10.1953
Rudi Schuricke, Tenor
Franz Marszalek mit großem Operettenorchester
Schau' einer schönen Frau nicht zu tief in die Augen
Polydor Po 49134 B

— 1954 —

1375   21.01.1954
Rudi Schuricke, Tenor
Michael Jary mit großem Tanz-Streichorchester
Ilse-Tango
Polydor Po 49159 A

1376   21.01.1954
Rudi Schuricke, Tenor
Michael Jary mit großem Tanz-Streichorchester
Es ist das erste Mal
Polydor Po 49159 B

1377   21.01.1954
Rudi Schuricke, Tenor
Michael Jary mit großem Tanz-Streichorchester
Grüß' mir die blaue Adria
Polydor Po 49177 A

1378   21.01.1954
Rudi Schuricke, Tenor
Michael Jary mit großem Tanz-Streichorchester
Kastagnetten und Kastanien
Polydor Po 49177 B

1379   26.02.1954
Rudi Schuricke, Tenor
Werner Müller m. d. RIAS-Tanzorchester, Berlin
Glaube mir (Answer Me) [= Mutterlied] [Nr. 2: Polydor - Re-
Make]
Polydor Po 49176 A

1380   26.02.1954
Rudi Schuricke, Tenor
Werner Müller m. d. RIAS-Tanzorchester, Berlin
Es war ein Traum, Cherie
Polydor Po 49176 B

1381   24.04.1954
Rudi Schuricke & Waldo Favre Chor
Gr. Operettenorchester, Bearb. + Ltg. H. Zacharias
Wolgalied
Polydor Po 48034 A

1382   24.04.1954
Rudi Schuricke & Waldo Favre Chor
 Gr. Operettenorchester, Bearb. + Ltg. H. Zacharias
Zwei Märchenaugen
Polydor Po 48034 B

1383   11.05.1954
Rudi Schuricke mit Begleitgesang
Adalbert Luczkowski mit seinem Orchester Köln
Italiana
Polydor Po 49230 A

1384   06.05.1954
Rudi Schuricke mit Begleitgesang
Adalbert Luczkowski mit seinem Orchester Köln
Weiße Perlen bedeuten Tränen
Polydor Po 49230 B

1385   1954
Rudi Schuricke
Benny de Weille u. s. Orchester
Zwei Augen
Polydor Po 49348 A

1386   1954
Rudi Schuricke
Benny de Weille u. s. Orchester
Kleine Signorina
Polydor Po 49348 B

— 1955 —

1387   Feb. 1955
Rudi Schuricke, Tenor
Werner Müller m. d. RIAS-Tanzorchester, Berlin
Vino und Amore
Polydor Po 49468 A

1388   Feb. 1955
Rudi Schuricke, Tenor
Werner Müller m. d. RIAS-Tanzorchester, Berlin
Zwei verliebte Italiener
Polydor Po 49468 B

1389   Juli 1955
Rudi Schuricke, Tenor
Österreichisches Rundfunk-Tanz-Orchester, Ltg.: Carl de Groof
Die Post von Amalfi
Polydor Po 50036 A

1390   Juli 1955
Rudi Schuricke, Tenor
Österreichisches Rundfunk-Tanz-Orchester, Ltg.: Erwin Halletz
Die Kastagnetten und die netten kleinen Mädchen
Polydor Po 50036 B

1391   Okt. 1955
Rudi Schuricke
Orchester Charly Klein [= Benny de Weille]
Silberne Nacht von San Michele
Polydor Po 50083 A

1392   Okt. 1955
Rudi Schuricke
Orchester Charly Klein [= Benny de Weille]
Nachts in Verona
Polydor Po 50083 B

— 1956 —

1393   April 1956
Rudi Schuricke
Bob Parker [= Bert Kaempfert] und sein Orchester
Wer weiß, wann wir uns wiederseh'n?
Polydor Po 50212 A

1394   April 1956
Rudi Schuricke
Bob Parker [= Bert Kaempfert] und sein Orchester
Solang' Dein Herz nicht spricht
Polydor Po 50212 B

1395   Juni 1956
Rudi Schuricke, Tenor
Orchester Carl de Groof
Dalmatinischer Wein
Polydor Po 50303 A

1396   Juni 1956
Rudi Schuricke, Tenor
Orchester Carl de Groof
Sternenserenade
Polydor Po 50303 B

— 1957 —

1397   Juni 1957
Rudi Schuricke
Alfred Hause und sein Orchester
Deine Liebe (True Love)
Polydor Po 50474 A

1398 Juni 1957
Rudi Schuricke
Alfred Hause und sein Orchester
O Massa!
Polydor Po 50474 B

[~~1230, 0402, 0403~~ = 1395 Nr.]

Teil 3
Die Rudi-Schuricke-Chronik
„Wie die Zeit verging – Von Jahr zu Jahr"

von

Hans-Joachim Schröer †

Vorwort, Danksagung
„Ein Troubadour der Liebe"

So bezeichnete man den Schlagersänger, der im vorigen Jahrhundert über 1600 Titel zum Vortrag brachte, sei es auf Bühnen, im Rundfunk, Film und Fernsehen oder auf Schallplatten, und der mit seiner schmelzenden Tenorstimme das Publikum begeistern konnte - besonders das weibliche. Er wäre am 16. März 2013 100 Jahre alt geworden.

Dieser Sänger sollte mich einen Teil meines Lebens begleiten. 1935 in Berlin geboren, machte ich schon in meiner Kindheit Bekanntschaft mit der leichten Muse, in Form eines Standgrammophons in meinem Elternhaus. Ich besaß schon eine gute Stimme und konnte sämtliche Platten mitsingen. Später als Schüler und junger Mann, suchte ich nach Vorbildern und fand sie in Form von gesammelten Schellackplatten. Hierdurch machte ich Bekanntschaft mit einer unverkennbaren Stimme, auf den Plattenlabeln oft nicht genannt, die aber immer dem Sänger Rudi Schuricke gehörte.

Ab Mitte der Siebziger begann ich diesen Sänger auf Schellackplatten gezielt zu sammeln.

In einer Großstadt wie Berlin gab es eine große Schellackplatten-Sammlerszene. Man kannte und traf sich immer dort, wo es was zu ergattern gab – zahlreiche Trödelmärkte, Haushaltsauflösungen, Antik- An- und Verkaufsläden. Man tauschte untereinander – führte auch Suchlisten anderer Sammler mit sich.

Im Laufe der Zeit füllte sich ein Wohnzimmerschrank mit Schurickeplatten, von 30, 25, 17 cm Ø, mit 78, 45, 33 1/3 Umdrehungen, diversen Takes (mehrere veröffentlichte Aufnahmesitzungen eines Titels), verteilt auf 30 verschiedene Plattenlabel und über 100 begleitende Ensembles, von Paul Abraham bis Helmut Zacharias und seinen eigenen, auch getexteten Kompositionen. Es tauchen auch nach fast 40-jährigem Sammeln immer wieder noch unbekannte Objekte auf und gelangten auch manchmal in meine Hände. In letzter Zeit heißt es jedoch immer bei möglichen Tauschgeschäften, der „Rudicke" hat ja schon alles.

Anfang der Siebziger beginnt Rudi Schuricke seine Memoiren zu schreiben. Angedachter Titel: „Halt die Schnauze und sing". Nach seinem frühen Tod fand sich leider niemand, das unfertige Manuskript zu redigieren und zu veröffentlichen. Nur ein kleiner Ausschnitt wurde 1974 in der „Quick" abgedruckt.

Ich finde es unabdinglich, das Wirken dieses Sängers für die Nachwelt zu erhalten. So habe ich meine gesammelten Werke (Aktenordner mit Pressemitteilungen, Programmen, Fotos, Werbung, erstellte Listen veröffentlichter Platten- und Rundfunkaufnahmen, Auftritte in Filmen und im Fernsehen) gesichtet und in dieser Schrift auszugsweise zusammengefasst, um sie hiermit der Öffentlichkeit zur Verfügung zu stellen, und diesen Sänger nicht der Vergessenheit zu überlassen – nicht aus den Ohren und nicht aus dem Sinn!

Danken möchte ich in diesem Zusammenhang den Musikern, Zeitzeugen und Sammlern:
Gerd Ahlers, Andreas Beyerdörfer, Wolfgang Blohm †, Hans Buchholz, Dr. Charthaser †, Prof. Dr.Peter Czada †, Klaus Hahn, Sascha Hawranke, Claus Hohn, Wolfgang Klar †, Dr. Klaus Krüger, Orél Mikes †, Marko Paysan, †, Til Petersen †, Henner Pfau, Ulrich Rietmann, Wolfgang Schneidereit, Stefan Streif, Ernst Waldow †, Walter Weist, Josef Westner, die Terzettkollegen Helmut Krebs †, Karl Golgowsky † und Horst Rosenberg †, und nicht zu vergessen Schurickes Tochter Manuela und Sohn Michael und seiner zeitweiligen Sekretärin Marthel Urbanczik.

Alle Abbildungen entstammen dem RSA, Berlin.

Berlin, den 17.05.2015
Hans-Joachim Schröer

In vier Jahrzehnten trug Hans-Joachim Schröer einen großen Schatz an Informationen und Material zu seinem Idol Rudi Schuricke zusammen. Kein anderer verschrieb sich so sehr der Erinnerung an den „Troubadour der Liebe. Die vorliegenden Seiten stellen einen Versuch dar, seinem Wunsch entsprechend einen Teil der von ihm erstellten „Schuricke-Chronik" und des gesammelten Materials in gekürzter und für den Abdruck leicht bearbeiteter Form der Öffentlichkeit zugänglich zu machen.

Weisenbach, Februar 2024, Martina Wunsch

Die Rudi-Schuricke-Chronik
„Wie die Zeit verging – Von Jahr zu Jahr"

1931

Schon 18jährig tingelte Rudi Schuricke mit einem Quartett, den „Schmidts Harmonisten" durch Ostpreußen, durch Bäder und Kurorte an der Ostsee, u. a. in Insterburg, in Reval, im Kurhaus Cranz oder im Schloss-Café in Allenstein.

Schmidts Harmonisten (von li.: Horst Rosenberg, Horst Schröder, Hans Grigoleit und Rudi Schuricke, (Foto Horst Rosenberg).

1932

Öffentliche Auftritte am Sender Ostmark-Königsberg.

1933

Er folgte dem Ruf von Stephan Kardos nach Berlin. Hier nahm ihn Kardos unter seine Fittiche und bildete seine Stimme aus. Bis 1935 gehörte Schuricke den Kardosch-Sängern an.

Die Kardosch-Sänger (von li.: Stephan Kardosch, Fritz Angermann, Rudi Schuricke, Zeno Coste, Paul von Nyiri)

1936

Seit dem 29. Februar ist er als erster Tenor Mitglied bei den Spree-Revellers mit ihrem Leiter Herbert Imlau (08.10.1904, Deutsch-Eylau - 23.10.1983, Bergisch-Gladbach), Bariton (später durch Friedrich Mietzner ersetzt); Gerhard Herrmann, Tenor; Bernhard Wehlan (21.04.1901 - 08.01.1949), Baß und Werner Doege (29.09.1911, Berlin - 29.11.1995, Hamburg) am Klavier.

Am 1. März wurde ein Jahresvertrag zwischen der Firma Kristall und den Spree-Revellers über 24 aufzunehmende Titel abgeschlossen. Es war üblich, dass man sich die bühnentauglichen Titel selbst aussuchte, die Firma Kristall äußerte manchmal Wünsche. Musikalischer Sachverständiger war Fritz Domina.[385]

---

[385] Informationen von Werner Doege.

Die Spree-Revellers 1936 (von li.: Herbert Imlau, Gerhard Herrmann, Rudi Schuricke, Bernd Wehlan, Werner Doege) (Foto: Josef Schmidt, RSA)

Aus Tagebuchaufzeichnungen von Werner Doege:

03.03. Im Imperator zur Frühjahrsmodenschau. 16:00 und 20:00 mit der „Humoreske" von Dvorak und diverse Refrains. RS erzählt, dass am 02.03. Komm (Bernt Komm, Manager der Harmony Boys und Humoresk Melodios) bei ihm wegen eines neuen Quartetts gewesen sei.

07.03. Auftritt in der Neuen Welt zum Bockbierfest der FUNKWOCHE u.a. mit Hans Fidesser, Harald Paulsen, Gerda Maurus, Elsa Kochhann, Komponisten wie H. O. Borgmann, W. Bochmann, W. Borchert, F. Doelle, F.Grothe,U.F. Krolop, Fr.W. Rust, L. Schmidtseder, G. Winkler u. Wiga-Gabriel dirigieren. Es spielen die Kapellen Witt mit ihren Solisten und Willy Borchard.

14.03. Auftritt im EUROPA-PAVILLON

15.03. und 22.03. Auftritt in einer KdF-Veranstaltung um 16 Uhr im CLOU

23.03. Die SR, Leuschner und Frau Killmann besuchen ein Konzert des Meistersextetts in der Philharmonie.

29.03. Sonntag, WD arrangiert das Lied „Vergiß mein nicht"

Ab Ende März werden bei der Deutschen Grammophon mit dem Orchester Oskar Joost Aufnahmen gemacht.

04.04. Samstag, vormittags kauft sich RS einen DKW, der auch für die Bäder-Tournee genutzt wurde. Um 17 Uhr ging es mit dem D-Zug nach Magdeburg – Auftritt beim Ufa-Ball mit Paul Richter, Johannes Heesters, Betty Sedlmayr und Wiga Gabriel.

05.04. Auftritt in Hannover im Schumannsaal.

05.04. sonntags Auftritt in Hannover im Schumannsaal.

Vom 01.07. bis 30.07. Ostseebäder Tournee: erster Abend in Deep, dann Baltenhof in Kolberg, Horst, Rewahl, Poberow, Heringsdorf, Koserow, Zinnowitz, Sellin, Göhren, Baabe und Bansin.

08.07. Schallplattenaufnahme bei Kristall

Während der Olympiade gab es einen Auftritt im Kurhaus von Swinemünde mit den Melodie-Serenaders.

03.10. Auftritte in der „Neuen Welt" und im Marmorsaal im Zoo

17.10. im Konzerthaus Clou – Fröhliches Wochenende

19.10. 1. Probe mit Fritz Mietzner, da Imlau ein Angebot vom Meistersextett erhalten hatte.

25.10. Scherl – Nachmittag

31.10. Tiergartenhof (Margarine-Union)

02.11.,10:30: Schallplattenaufnahme bei der GRAMMOPHON

03.11. Proben mit den Spree-Revellers

08.11. im Europa-Palast Abschiedstreffen mit Herbert Imlau, der am 18.11.36 zum Meistersextett wechselte.

01.12. um 7:15 mit seinem Adler-Diplomat vom Alexanderplatz über Dt. Krone, Schneidemühl, Marienburg (18:00) nach Königsberg (19:55). 20:10 bis 22:00 am Reichssender Königsberg, Tanzabend mit dem Orchester Erich Börschel.

05.12. Veranstaltung in Friedrichshagen (KdF)

06.12. Europa-Palast

08.12. 23:30 im CLOU (KdF)

18.12. 13:30 Probe beim Paul-Nipkow-Fernsehsender. Man trifft hier eine Sängerin von Komm's Damenquartett.

31.12. Telegrafischer Vertrag für den 7. bis 9.1.1937 vom Reichssender Königsberg erhalten.

1937

01.01. am Nachmittag Probe bei Hermann, auch Baronin von Deuster (zukünftige Frau von RS) u. Dodo waren anwesend.

05.01. Schallplattenaufnahme bei Kristall

07.01. 8:30 ab Berlin mit dem Zug nach Königsberg (17:00) Kaffee bei Schurickes, Nordhotel, 19:00 Probe beim Reichssender Königsberg, 20:00– 22:00 Sendung

08.01. erneut 15:50 bis 17:05 Sendung.

09.01. 20:00 Hammerkrug

10.01. 10:57 ab Königsberg, an Berlin 19:00

11.01. bis März Solo-Proben mit Rudi

13.01. Auftritte im Kaiserhof in Wittenberge 18:00 u. 21:00

16.01. 20:45 Auftritt in der Neuen Philharmonie

21.01. Auftritt in Krolls Festsäle, Gesellschaftsabend der Glastechnik-Tagung

23.01. Reichssender Berlin 20:10 – 22:00 „Tempo und Gemütlichkeit"

26.01. RS mit den Spree-Revellers und HR: Auftritt als Dressmen in einem Werbefilm für das Modehaus Leineweber gedreht (UFA, Abt. Kaskeline)

28.01. Fernsehsender 20:00 – 22:00

30.01. Kriegervereinshaus 21:00

01.02. Probe Leineweber – Reklame für einen Werbefilm

04.02. bei der UFA 9:00 –24:00

07.02. 12:00 mit Pkw Cottbus, 20:30 Konzert 3:00 zurück nach Berlin

08.02. in Wittenberg im Stadthaus

12.02. bei der KRISTALL Schallplattenaufnahme

13.02. 13:07 Uhr mit dem Zug nach Königsberg, 21:30 Probe beim Reichssender, 23:00 – 24:00 Sendung

15.02. Sender Königsberg 20:00-21:00, 22:38 mit Liegewagen nach Berlin (7:08)

17.02. Auftritt in Wilmersdorf in der Kulturgemeinde

19.02. 20:00 Fernsehsender und Funkhaus

25.02. mit Klavier-Trio in der Kulturgemeinde in Weißensee

27.02. in den Kammersälen der Hochschulbrauerei, Colloseum (Schönhauser Allee) mit Humoresk Melodios

01.02. Kristall Schallplattenaufnahme „Hofkonzert"

02.03. Probe mit Horst Rosenberg

08.03. Bei Kristall: Volkslieder-Aufnahme

12.03. Mitwirken bei dem Betriebsgemeinschaftsabend der dt. Girozentrale und Verbände und der NS.Gemeinschaft „Kraft durch Freude" im großen Festsaal bei Kroll, die Kapelle Krolop spielt.

16.03. und 17.03. in Brandenburg

19.03. Georg Liedke singt vor, der Rudi Schuricke ersetzen wird.

19.03. Schuricke verlässt die Spree-Revellers.

Terzettgründung mit Horst Rosenberg (*1908, †24.11.1987) und Helmut Krebs (*1914, †30.08.2007), der bald darauf von Karl Golgowsky (*11.11.1910, †22.11.1994) abgelöst wurde. In der Berlin-Neuköllner Schierkerstraße 17a III r wurde fast jeden Tag geübt.

Das Schuricke-Terzett in der Grammophon-Ära (von li.: Karl Golgowsky, Rudi Schuricke, Horst Rosenberg), Motiv wohl 1938.

Das Terzett ist auch Mitvertoner des ersten deutschen Zeichentrickfilms der Ufa mit Kompositionen von Fritz Wenneis (Horst Rosenberg sprach einen Frosch, Rudi Schuricke wahrscheinlich einen Prinzen).

Am 21.08. ist RS um 19:00 im Sender Frankfurt im heiteren Reisebrief: „Herzlichen Gruß aus Swinemünde" mit dem kleinen Funkorchester unter Leitung von Rudolf Rieth zu hören.

1938

Im Januar erlebte man das ST, noch frische Textblätter in den Händen haltend, bei einem zwei Stunden währenden „Bunten Abend" des Reichssenders Frankfurt. Man sang ein Potpourri aus dem neuesten Film „Es leuchten die Sterne" in einer Turnhalle, dem einzigen großen Saal in Idar-Oberstein (heutige Festhalle) mit dem eigens mitgebrachten Orchester vom Reichssender Frankfurt, unter der Leitung von Franz Hauck (laut Augenzeugenbericht von Günther Kolbe an RSA).

Eigenwerbung, wohl aufgrund der aufgeführten Filmtitel aus dem Jahr 1938

25. April, 20:13, Fernseh-Auftritt des Terzetts im „Fernseh-Sender Berlin" in der Solistenparade mit dem Orchester Egon Kaiser.

1939

HR und KG waren Trauzeugen bei der am 1.Juli erfolgten Trauung von Rudi Schuricke und Hildegard Alma Henriette Schramm, geb. Hiller, genannt „Hilli".

Rudi Schuricke mit seiner dritten Frau „Hili" und Tochter Manuela, ca. 1940 (Foto: RSA).

1941

Am 16. Februar wirkte Rudi Schuricke im 61. Wunschkonzert der Wehrmacht mit, u. a. neben Willi Fritsch, Ida Wüst, Lothar Brühne, Karl Fröhlich, Johannes Heesters und dem Ufa-Orchester unter Werner Bochmann. RS durfte hier das Lied „Stern von Rio" kreieren, das ihm ein langjähriges Engagement mit der bekannten Mannheimer Gastspieldirektion Heinz Hoffmeister einbrachte. Dieser setzte ihn auf Konzertreisen fast täglich ein, nicht nur im Inland, sondern auch in den besetzten Gebieten. Auf diese Weise kam er bis nach Athen, Saloniki und Kreta.

Rudi Schuricke erzählt:

„Als ich unlängst von Kreta kam, um in Belgrad den Wachposten im Senderaum zu besuchen, kostete es einige Mühe, die Zuschauer zu überzeugen, daß diesmal nicht nur die Platte, sondern der richtige Rudi anwesend war..."[386]

---

[386] Berliner Morgenpost-Artikel ca. 1942 im RSA

Im Mai erfolgte ein ausdrückliches Verbot des Foxtrot-Titels von R.M. Siegel „Jaaa – nun ist er wieder da!" auf der GRAMMOPHON 11554 B (Hans Georg Schütz Tanz-Orchester mit Refraingesang: Schuricke-Terzett). Die Platte war nur kurzzeitig im Handel gewesen. Die verbotene Plattenseite wurde bald darauf mit dem Titel „Wodka, Wodka, Temperament" neu belegt (Aufnahme von 1940).[387]

1942

Mai bis Juni:
Große Ausstattungs-Variete-Revue in der Plaza mit Carl Napp, Jupp Coenen, Margit Symo, Rudi Schuricke, Eva-Maria Eppens u.v.a.
Gi und MZ: Herbert Müller-Endenthum und Hanns Gerard, Dialoge: Herbert Müller-Endenthum
Als Maharadscha singt RS „Ganz leis erklingt Musik"
Auf einer Yacht auf hoher See singt RS als Passagier:
„Schenk mir dein Lächeln, Maria". Das Ensemble singt Walter Kollo - Lieder
„Heimat, deine Sterne" a.d. Film „Quax, der Bruchpilot" Musik: Werner Bochmann, Text Erich Knauf.

---

[387] „Dritte Liste unerwünschter musikalischer Werke" der Reichsmusikkammer (veröffentlicht in: „Die Unterhaltungsmusik Nr.2893" vom 29.05.1941, S.549).

RS interpretiert einen „Tanz der Matrosen" mit dem Plaza-Ballet und Sonja Ziemann als Solistin. Als Caballero singt RS „Abends in der Taverne", am Ende hört man ihn mit „Und wieder geht ein schöner Tag zu Ende"

Sonja Ziemann erzählt über Rudi Schuricke:

„Der absolute Publikumsmagnet, der alle überstrahlte und der in jeder Revue, in der er auftrat, im Mittelpunkt stand – ob ihr Titel ,Sterne für Dich', ,Illusion' oder ,Regenbogen' hieß, war der Tenor Rudi Schuricke. Er hatte eine einschmeichelnde, zärtliche Stimme und war beinahe zwei Meter groß, eine blendende Bühnenerscheinung.

Wenn die Plakate verkündeten ,Rudi Schuricke gibt sich die Ehre' standen lange Menschenschlangen an den Kassen. Die Frauen himmelten ihn an, vergötterten ihn und spätestens, als er die ,Caprifischer' aus der Taufe gehoben hatte, lag ihm Berlin zu Füßen. Ich hörte Rudi Schuricke sehr gerne zu. Wenn er sang ,Die kleine Stadt will schlafen gehen', ,Maria Maddalena' oder ,Leise erklingen Glocken vom Campanile', dann glaubte man nicht, dass jenseits der Rampe und des Orchestergrabens dreitausend Menschen dieser nicht großen, aber sehr schönen Stimme lauschten. Es hätte die berühmte Stecknadel zu Boden fallen können, sie wäre die einzige Störung gewesen.

,Hörst du mein heimliches Rufen' war einer der aktuellen Schlager jener Jahre und dieses Lied erzwang sich das Publikum immer wieder als Zugabe. Der Text sprach die Gefühle von Tausenden an:

,Hast du heute Nacht auch lieb an mich gedacht, dann darf ich im Traum bei dir sein ...'

Man wollte es immer wieder hören, und es löste eine Flut von Tränen aus. Hunderte von Taschentüchern wischten über verweinte Gesichter, ehe es zum Schlußapplaus hell im Zuschauerraum wurde. Einmal, als wir hinter der Bühne warteten, strich mir Rudi Schuricke sacht übers Haar und küsste mich auf die Wange. Da wurde mir plötzlich klar, ich war in ihn verliebt.

Im Café Plaza, wenige Schritte vom Theater entfernt und fast ausschließlich von den Künstlern und übrigen Mitarbeitern der Plaza besucht, herrschte immer eine drangvolle Überfülltheit. Die Plaza-Solisten hatten einen Stammtisch auf einem Balkon über der Küche, der über eine steile Treppe zu erklimmen war. Es saß sich wie in einem Vogelnest dort oben in Erwartung dessen, was Muttchen für die Ausgehungerten organisiert hatte.

Das Café Plaza war aber auch so etwas wie eine Tauschbörse. Da wurden Schuhe gegen Kohlenbezugscheine, Zigaretten gegen

Nährmittelmarken, Kaffee gegen Strümpfe getauscht, ein dauerndes Gefrage und Getuschel war im Gange, und das Stimmengesumm und der ‚Duft' von Heißgetränk, Erbsen und Wirsingkohlsuppe machte einen ganz benommen. Man ging zwischen den Vorstellungen oder während der Proben hinüber ins Café.

Ich so gut wie nie nach Schluss einer Vorstellung, da Papa mich allabendlich am Bahnhof Eichwalde abholte, wenn ich aus dem wegen drohendem Fliegeralarm verdunkelten Zug stieg. Eines Nachmittags saß ich mit Rudi Schuricke an dem Tisch im Vogelnest gegenüber, und er hatte eine Idee: ‚Ich habe dich schon in der vorigen Revue beobachtet und glaube, mir ist dabei für uns beide etwas Hübsches eingefallen. Du kennst sicher das Lied ‚Willst du meine Puppe sein oder mein Prinzeßchen, komm zu mir, ich baue dir ein kleines Märchenschlösschen. Willst du meine Puppe sein, darf ich dich verwöhnen? Bald schon wirst du dich nach meinen Zärtlichkeiten sehnen…' Ich werde das auf der Vorbühne singen, und du tanzt als meine süße Puppe um mich herum, bis ich dich in die Arme nehme und wir, während der Vorhang auseinanderrauscht, gemeinsam ins Bild hineintanzen.'

Wahrscheinlich strahlte ich ihn an, denn es gefiel mir sehr, was er vorschlug. Als wir wieder drüben im Theater waren, ging Schuricke sofort mit mir zu Müller-Endenthum ins Direktionsbüro. Er fing ohne Begleitung an zu singen, ich umtanzte ihn improvisierend, und wir endeten mit einem langsamen Walzer. M. E. – so nannten wir alle den Direktor – meinte: ‚Das bauen wir ein.' Die Bürodamen, die uns zusahen, kicherten, weil sich meine Schwärmerei für Schuricke nicht mehr verbergen ließ. Und er ließ es gerne geschehen. Ihm schmeichelte offensichtlich meine Verliebtheit. Und eines Tages, vor meiner Garderobentür, nahm er mich in die Arme und küsste mich lange. Damit stürzte er mich in tiefe Verwirrung, denn ich wusste noch nicht, dass man soo küsst.

Nach einer Vorstellung wurde ich einmal in der Garderobe von einem zudringlichen Fotografen überrascht, der unvermutet in der Tür stand, als ich schon fast abgeschminkt war. Ich hielt mir eine Federboa vor die Brust und schaute erschrocken in die Kamera. Gerade dieses Foto gefiel Schuricke besonders gut. Ich musste es ihm schenken, bat ihn aber auch um sein Bild. Er rahmte mein Foto ein und sagte, so sehe er mich immer vor sich.

Wo ich ging und stand, nahm ich Rudi Schurickes Bild mit und hängte es in jeder Garderobe an den Spiegel

[…]

„Sein ‚Mhmhmhm' nahm ich als erstes Kompliment. Aber ich wagte den Film-Rudi kaum noch anzusehen und wehrte mich gegen die aufkommende Gefühlsverwirrung. Wieder in der Garderobe, las ich Schurickes Worte auf seinem Foto: ‚Für meine

*süße kleine Sonni' und beschloss, ihm treu zu bleiben. Er hatte mir
auch eine Schallplatte gewidmet:
,Glutrote Rosen erzählen mir von dir. Märchen der Liebe voll
Sehnsucht, und sie verraten so vieles mir ...* " (Aus: Sonja Ziemann
– Ein Morgen gibt es immer, München 1998, Langen Müller, S. 36-
39, 43-45,398,399)

1943

März bis Juni: Illusion: Große Varieté-Ausstattungsrevue (mit wechseln-
den Programmen)
Inszenierung: Herbert Müller-Endenthum und Jens Keith
mit Carl Napp, Jupp Coenen, Luise Rainer, Rudi Schuricke, Kurt Pratsch-
Kaufmann, Marianne Pohlenz u.v.a.
Komp.: Ernst Fischer, Dirigenten: Herbert Müller-Endenthum und Theo
Knobel, Tanzeinstudierung: Jens Keith

Plaza-Ausstat-
tungsrevue „Illu-
sion" März - Juni
1943 (Werbepla-
kat des bekann-
ten Graphikers
Kurt Hilscher,
Foto: RSA)

Juli:
Die Anregung zur Aufnahme der „Caprifischer" vom 07. Juli von 17:00 bis 21:20 im Sendesaal 1 des Berliner Rundfunks gab der in der Schreibstube bei der Wehrmacht sitzende und später sehr bekannte Berliner Conférencier Joachim Krüger […]
Kurt Drabek, bekannter Akkordeonist, Komponist und Orchesterleiter, würfelte dann aus vielen Resten noch nicht eingezogener Musiker aus Wachbataillonen, Luftwaffen- Musikkorps, Städtischer Oper und Ensemblemusiker in Berlin ein 33 Mann starkes Orchester zusammen. Bekannte Namen wie Hans Bund, Horst Ramthor, Erich Kludas und Hans Türksch waren darunter. Der größte Teil gehörte zum Wachbataillon Moabit. Aber auch andere wie Wünsdorf, Lankwitz, Eiche-Potsdam und von der Städt. Oper, sowie Zivilmusiker waren dabei. Kurt Drabek vermutet, dass man an diesem Tag noch mehr Titel aufgenommen hat. *(Informationen aus Brief von Kurt Drabek vom 26.8.1990, im RSA).*
Es erfolgte keine Veröffentlichung dieser hauseigenen Rundfunkaufnahme. Die Existenz eines Reichsrundfunk-Mitschnitts und einer Radiophon-Pressung mit Nr. R 605/46 sind nachweisbar.

1945

Das Kriegsende überstand RS unbeschadet in seinem Haus in Berlin-Rahnsdorf. Ein A-capella-Vortrag vor einem russischen Offizier rettete ihn vor einer Erschießung:

„Es war 1945. Ich befand mich in der Villa eines Freundes in Rahnsdorf bei Berlin. 4 Russen kamen und wollten uns erschießen. Ich beteuerte immer wieder, daß ich Sänger sei. Zuerst glaubten sie es nicht. Dann fragte einer der Offiziere, der Deutsch verstand, was ich denn singe. Ich sang ein paar Töne, einige kurze Refrains. Da glänzten seine Augen. Er rief: ‚Du gesingen in Wintergarten, in Scala, in Wunschkonzert!! Halt die Schnauze und singe!' Da sang ich ‚Hörst du mein heimliches Rufen'. Die Soldaten ließen gerührt die MPs sinken. Wir waren gerettet. 48 Stunden später wurde ich von der Kommandantur für russische Truppen- und Lazarettbetreuung abgeholt." Heim und Welt 1974 (Erscheinungsnummer unbekannt)

Rudi Schuricke

Erstes Nachkriegsfoto für Veranstaltungswerbung (Foto: RSA)

Kurt Drabek erzählt (Gespräch mit H.-J. Schröer am 3.11.80):

>*„Bis 1948 zog man mit vier Mann über die Lande und sang für Naturalien über die Gastspieldirektion Tosso Erwin Herz in Berlin-Adlershof in einem mit Holzgas befeuerten Opel P4, gegen einen von Russen eingetauschten DKW."*

Drabek weiß von einer Film-Aufnahme der „Capri-Fischer" für die Wochenschau wahrscheinlich im Winter 1945/46 zu berichten. Die dort von den Musikern getragenen weißen Jacketts waren damals aus weißen amerikanischen Zuckersäcken genäht worden. Mit dabei Erich Kludas (Saxophon und Klarinette), Gretl Jakobs (Bass), und Paul Kußmaly (Schlagzeug und Vibraphon), Horst Ramthor (Harfe), Hans Fehmer-Harloff (Flügel), Kurt Drabek (Akkordeon), Bruno Böttcher (Gitarre).[388]

---

[388] Filmsequenz „Der Augenzeuge Nr.1947/43 " RS mit Gerhard Winkler am Flügel.

1947 im Berliner Funkhaus, die Capri Fischer singend, mit Kurt Drabek und seiner Kapelle (Privatfoto: Kurt Drabek, RSA)

15. Okt.: Auftritt am Bunten Sonnabendnachmittag im Haus des Rundfunks in der Sendung „Sorgenpause" (Die 3 vom Funk).

1946

24. März, 11 Uhr, Matinee im Central-Theater in Berlin-Reinickendorf-Ost, Residenzstraße 142

Im April-Programm der Neuen Scala Berlin am Nollendorfplatz, dem heutigen Metropol, kündigt die Werbung für den 28. April den Solo-Auftritt von Rudi Schuricke an, am Flügel: Ernst Fischer.

Konzert-Tournee unter der bewährten Leitung von Heinz Hoffmeister und seiner Gastspieldirektion. Begleitet wurde RS wieder am Flügel von Ernst Fischer.
Diverse Aufnahmen erfolgten am Berliner Rundfunk, teilweise auf „Radiophon-Label" aufgenommen.

1947

11. Mai, 10.45 Auftritt in der Neuen Scala am Nollendorfplatz (am Flügel Erwin Christoph, 16.11.1900- 19.06.1948).

In diesem Jahr wird er Mitglied bei der GEMA und legt sich das Pseudonym „Michael Corsal" zu.

02. Juni 18.00 u. Dienstag, 3. Juni 17.00 Auftritt in der Hamburger Musikhalle.

Am 11. Mai, 30. November und 7. Dezember 10.45 Uhr in: „Der Sonntagmorgen in der Neuen Scala" am Nollendorfplatz. Am Flügel Erwin Christoph, vom ehemaligen Ufa-Palast am Zoo in Berlin, sein Freund und persönlicher musikalischer Begleiter auf vielen Matineen in dieser Zeit.

Im September erfolgen mehrere Aufnahmen am Sender Leipzig mit dem Rundfunkorchester unter der Leitung von Ludwig Stiel.

„Den möcht ich sehn! RUDI SCHURICKE
Kürzlich gab Rudi Schuricke ein Konzert in Hamburg. Auf dem Wege dorthin hatte er das, was Autofahrer gar nicht gern haben – eine Panne. Die Reparatur dauerte bis in die tiefe Nacht hinein. Hamburg schlief.
Wohin? Was tun? Rudi fuhr – zur Feuerwehr und wurde dort gastlich aufgenommen. ‚Ich brauchte nicht einmal zu singen', sagt er lächelnd. Er ist Berliner mit Leib und Seele. Sein Papa, ein sehr gestrenger Herr, ließ ihn zunächst einmal Drogist werden, en gros und en detail.
Dann konnte er machen, was er wollte. Und das tat er dann auch. Vor fünfzehn Jahren wurde er Sänger. Er hatte eine eigene Kapelle. Heute reist er mit seinem Flügel- und Reisebegleiter Erwin Christoph durch alle Zonen. Bilanz: dreißig ausverkaufte Konzerte, Jubel und Begeisterung in allen Städten.
Über die Gestaltung dieser Konzerte hat er seine eigenen Ansichten. Er hat kein Interesse, Opern zu singen oder schwere klassische Musik zu bringen. Er liebt die leichte Muse – eine schwierige Frau, wie er sie nennt.
Sein Ziel sind Konzertprogramme der guten kultivierten Unterhaltung, oft mit eigenen Bearbeitungen, denn es kommt ihm nicht nur auf das Was, sondern auch auf das Wie an! Sein neuester Einfall: Lieder zur Funkorgel. ‚Das klingt herrlich!' Es macht ihm gar nichts aus, einen hohen, strahlenden Ton eine Minute und länger zu halten und dann weiterzusingen, als ob nichts geschehen wäre... ‚Wie machen Sie das?' ‚Berufsgeheimnis, mein Lieber!'
Schuricke ist kein Frauenjäger — die Frauen jagen höchstens ihn. Aber er ist glücklich verheiratet und stolzer Doppel-Papa.
Wenn er Zeit hat, angelt er leidenschaftlich gern Forellen. Solche Burschen! (Haben Sie schon mal einen Angler erlebt, der keine solchen Prachtexemplare fängt?) Meistens hat er allerdings keine Zeit und seine Frau ‚solche Burschen' deshalb auch nicht auf dem

Tisch…" (Aus „HÖRZU" 29. Juni 1947. Die Rundfunkzeitschrift des NWDR)

Auftritt am 13. Dezember mit seinen Instrumental-Solisten in Dresden.

In einem Meisterkonzert guter Unterhaltung, veranstaltet vom Berliner Kunstamt Treptow / Abteilung Musik und Bühne – Eintrittspreis 8,-- RM, singt Rudi Schuricke begleitet von seinen Instrumentalsolisten, dazu am Flügel Erwin Christoph, am Sonntag, den 28. Dezember um 17:45 in der Treptower Sternwarte.

1948

Zwischen Februar und Mai entstehen weiterhin mehrere Aufnahmen auf Band am Sender Leipzig mit dem Rundfunkorchester unter der Leitung von Ludwig Stiel und mit seinen Instrumental-Solisten. Ein alter Horch diente in diesen Zeiten als Fortbewegungsmittel.
Im März singt RS zur Leipziger Frühjahrsmesse im Zirkus Aeros mit seinen Instrumental-Solisten (Peter Cuske - Guitarre, Helmut Atsas - Klar. / Akk., Paul Vater - Baß, am Flügel Erwin Christoph). Die Familie wohnte hier in einem Zirkuswagen.
Erwin Christoph verstarb auf einer dieser Tourneen.

Ende März erfolgten Aufnahmen von Kompositionen des Komponisten Fridolin Materna am Sender Leipzig mit dem Rundfunkorchester unter der Leitung von Rolf Kleinert.

Konzert am 27. August in der Bremer „Glocke" mit anschließendem Interview mit Radio Bremen.
Spätvorstellung im Chemnitzer Luxorpalast.

1949

4. Jan. „Wir sahen – wir hörten", *„Ein fahrender Sänger der Liebe"*, so schreibt eine Potsdamer Tageszeitung und berichtet über eine von Paul Felski gut organisierte Veranstaltung im Hoditzsaal (heute Nikolaisaal) mit dem gerade von seiner großen Tournee heimgekehrten Sänger:

„Geschmackvoll vorgetragen, wirkten die italienischen und französischen Lieder durch den Schmelz seines lyrischen Tenors, dessen Reize er verschwenderisch darbietet. Die sentimentalen Lieder ‚Herbst' von Therpe und ‚Die Wolken Wandern' von Käthe Hesse gefielen ebenso wie die zündenden, fein pointierten Chansons und

Schlager von H.-G. Schütz ,Ein Troubadour der Liebe' und beson-
ders Hans Langs ,Mariandl'. Sehr wirksam baute sich Schuricke ein
Potpourri aus ,Im weißen Rößl' zusammen, das stürmischen Ap-
plaus fand. Unterstützt wurde der Sänger von seinem ausgezeich-
neten Begleiter Hans Krämer, der auch als Solist mit virtuoser
Jazzmusik improvisierte, und seinen Solisten, Meister ihrer Instru-
mente, die für Stimmung und Humor sorgten."

Am Ostersonntag den 17. April gab Schuricke mit Unterstützung seiner
Instrumental-Solisten und am Piano begleitet von Hans Krämer im Sen-
desaal des Berliner Rundfunks ein Wohltätigkeitskonzert zugunsten der
Kinderkrankenhäuser. Einige seiner Vortragslieder wurden von ihm
selbst bearbeitet.
Ostermontag 11 Uhr wirkt er als Gast an einer Veranstaltung des RBT-
Orchesters unter der Leitung von Erwin Lehn im gleichen Hause mit. Vor
dem Mikrofon standen auch Rita Paul, Ingeborg Oberländer, Bully
Buhlan, Ilja Glusgal. Am Flügel: Alfred Hecker und Heinrich Riethmüller,
verbindende Worte: Karin Jurow.
Im Mai entstehen wieder Aufnahmen von Liedern am Sender Leipzig mit
dem Rundfunk-Orchester und zusätzlichem Chorgesang unter der Leitung von Fritz Schroeder.
Am 18. Juni wird der letzte Titel mit Magda Hain bei der Polydor mit dem
Orchester Kurt Graunke unter der Leitung von Gerhard Winkler eingespielt.

Rudi Schuricke mit seinen Instrumentalsolisten (von li.: Kurt Krämer, Schuricke, Peter
Cuske, Paul Vater)

Im Herbst: Tournee mit der „Philips-Licht-Revue", einer heiteren Bühnen-
schau mit Prominenten von Bühne, Film und Funk durch Westdeutsch-
land.
Sie war beinahe jeden Tag in einer anderen Stadt zu sehen (u.a. Göt-
tingen, Bad Kissingen, Münchener Zirkus Krone, Hamburger Garrison
Theater) und gastierte beispielsweise vom 2. bis 6. November in der Nie-
dersachsenhalle in Hannover. In dieser Revue mit dem Titel „Sterne für
Dich!" wirken u.a. Lilian Harvey, Hedy und Margot Höpfner, Trude Adam,
Carl Napp, Karl Will Meyen, Magda Schneider und die Hiller-Girls mit.
Die musikalische Leitung obliegt Will Glahé. Hier erfüllte sich auch Schu-
rickes Jugendtraum, einmal „die Harvey" auf der Bühne im Arm zu halten.

„Ein erfüllter Traum" mit Lilian Harvey im
Arm (Foto: RSA)

1950

Ab 8. Januar ist die Revue im norddeutschen Raum und im Ruhrgebiet
zu sehen. Sie endet am 31. Januar.

9. Juli Gastspiel von RS im Sommergarten am Berliner Funkturm. Im
Vorprogramm: Gretl Theimer, Ilse Hülper, verbindende Worte: Udo Vietz,
Otto Kermbach mit seinen Solisten.

25. Juli wieder in der Turnhalle in Idar-Oberstein mit Autogrammstunde
und Barnabás von Géczy mit seiner Kapelle.

RS wirkt in einem Bunten Nachmittag auf der Funkausstellung in Düsseldorf mit, ebenso das TO von Radio Frankfurt unter Willy Berking und Peter Frankenfeld (Ansage).

In dieser Veranstaltung trat auch Luise Walker, eine Gitarrenvirtuosin, auf mit der RS schon 1934 mit den Kardosch-Sängern aufgetreten war.

Leiht seine Stimme dem Gesangspart von Fred Astaire in dem Film „Top Hat" (1935) / „Ich tanz mich in Dein Herz hinein". Die Titel: „Mein Herz ist frei" („No Strings"), „Ist das nicht ein schöner Tag" („Isn't This A Lovely Day"), „Komm im Frack und Claque" („Top Hat, White Tie And Tails"), „Himmlisch, einfach himmlisch" („Cheek To Cheek"). Die weibliche Stimme gehört der Sängerin Ilse Hülper.

Im Film „Maharadscha wider Willen" stellt er einen Wunderfriseur dar mit dem Filmsong „Überall wohnt das Glück".

Am 15. August besucht er Traudl und Gerhard Winkler auf der Winkler-Alm. In deren Gästebuch konnte man von RS gedichtet da lesen:

Die Komponisten und Autoren,
die meisten in Berlin geboren,
erzählten nur die schönsten Sachen,
was Winklers hier am Schliersee machen.
Und jeder sagt mit heit'rem Sinn:
„Mensch Rudi, da mußt Du mal hin!"
Und als ich nun in München sang,
hört' ich von ferne Almenklang.
Da gab's für mich nur eine Devise:
„Jetzt muß ich hin zu Winklers Wiese!"

Im Radio-Almanach lesen wir am 1.10.50 (Jahrg. 4 / Nr. 40):

„Ein deutscher Bing Crosby? – Mit Bezug auf Rudi Schuricke ist diese Reklame- Schlagzeile irreführend und noch dazu – absolut überflüssig. Denn dieser ‚Troubador der Liebe' von dem an die 1500 verschiedene Schallplatten im Umlauf sind, dessen Leitlied ‚Die Capri-Fischer', Verkaufsziffern erzielte, die auf Schallplattten sogar Richard Taubers beliebteste Paradestücke überflügelten, hat es nicht nötig, sich über das Ausland einen Nimbus zu schaffen. Als Künstler von internationalem Ansehen ist er ein Selbststrahler, der sein Licht von keinem Bing Crosby zu borgen braucht. Er ist ein Abgott von Weiblichkeiten jeden Alters, die er in einen Taumel von Begeisterung versetzt. Liebeserklärungen, und Lobeshymnen aller Schattierungen für den ‚Herzensbrecher' und ‚Minnesänger' bezeugen die überschwänglichen Dedikationen auf den Fotos seiner Partnerinnen und Verehrerinnen aller Länder. Eine Kollektion, die er in seiner Berliner Villa verwahrt und in die er seinen Besuchern zuweilen Einblick gewährt. Mit ironischem Lächeln, denn dieser

Kult und Wirbel seiner ‚Fans‘, die sich oft allzu närrisch gebärden, ist ihm eher lästig, als angenehm. Starallüren sind ihm fremd, er ist ein schlichter, offenherziger, natürlicher, allem Tam-Tam abholder Mann. Ein braver Ehemann, und bester Vater seiner zwölfjährigen Manuela und des sieben Jahre alten Michael. Ein Spielkamerad seiner beiden spaßigen Chow-Chow- Hunde. Einem ‚ambulanten Gewerbe verschrieben‘, ständig auf Reisen, widmet Schuricke einen Teil seiner karg bemessenen Freizeit dem Angelsport.

Als einer der ersten und wenigen deutschen Sänger wurde er nach Kriegsschluß mit Angeboten von der Schweiz und Frankreich angefordert. Als Künstler ebenso geschätzt, wie als Charakter. Schon hatte in diesem Jahr sein zündender Schlager ‚Auf Wiedersehen‘ die Runde gemacht.

1951

Der Spiegel (20/1951) schreibt im Mai: *„Rudi Schuricke, Schlagersänger eröffnete seine 225 000 DM-Besitzung, Hotel Seespitz in Herrsching am Ammersee“*

Die Hotelbelegschaft (vorn Mitte Christa Schindler Schuricke, li. Geschäftsführer, re. Frau Urbanczyk, Sekretärin) (Foto: RSA).

Im August liest man in der Berliner Funk-Illustrierten RADIO REVUE:

„Rudi Schuricke, tenorabler Volksliebling, läßt sich nun endgültig scheiden. Man flüstert, daß seine Gattin als Trennungspflaster eine Abfindung von 30 000 Mark verlangt."

Die Ausgabe Nr. 36 der „Funk + Film" zeigt ein Konzert im Goldsaal der Westfalenhalle an, abweichend von der sonst üblichen Dortmunder Tonhalle. Hier traf er auf Peter Kreuder und seine Solisten.

Am 04. September Scheidung nach 14 Jahren Ehe von Frau Hili.

In der 5. Folge der diesjährigen Schallplatten-Neuerscheinungen von Telefunken findet sich eine Neukopplung aus Kardosch-Sänger-Zeiten von 1934 mit der neuen Bestellnr. A 11125 (Hans Bund, Kleine Möwe, flieg' nach Helgoland / Hans Schindler, Auf der Insel Helgoland)

1952

In Wirges (Westerwald) endet am 6. Februar eine Hoffmeister-Wintertournee.

4. März noch einmal ein Auftritt in der Turnhalle von Idar-Oberstein.

Am 17. Juni heiratet Schuricke Christa Schindler im Hotel Seespitz. Im Festsaal des Nachbarhotels Steinberger fand die baptistische Trauung statt.
Einer seiner Trauzeugen war der Kapellmeister Barnabás von Géczy. Unter den Gästen befand sich auch Schlagerkomponist und Kapellmeister Willi Berking mit Gattin. Rund 300 Glückwunschtelegramme trafen ein.

DAS RÄTSELRATEN IST NUN ZU ENDE,
WIR BEIDE REICHEN UNS DIE HÄNDE
ZUM BUND DER EHE - NUN ENDGÜLTIG
HERRSCHING, DEN 17. JUNI 1952

Rudi Schuricke

Christa Schuricke geb. Schindler

Heiratsanzeige der Schurickes (Foto: RSA)

1953

Am 4./5. Juli wirkt RS bei einer Wohltätigkeitsveranstaltung des RIAS-Berlin in der „Lachenden Waldbühne" mit, zwei große bunte Abende in der Berliner Waldbühne.
Weiter wirkten mit: Ilse Hübener, Hans Fidesser, die Drei Travellers, Claire Schlichting, Günter Keil, Ernst Petermann, Werner Veidt. Es spielten das RIAS-TO unter Werner Müller, ein großes Streichorchester unter Hans Carste, Ingeborg v. Streletzky und ihre Solisten und das Musikkorps der Schutzpolizei Berlin.

Am ersten Tag der Deutschen Rundfunk, Phono und Fernsehausstellung (29.08.1953 bis 06.09.1953) singt er um 20:00 in der ARD-Fernsehsendung „Stars und Sterne", aus dem Apollo-Theater in Düsseldorf. Es wirken mit: Das Kölner Tanz- und Unterhaltungsorchester unter Adalbert Luczkowski und Michael Jary, René Carol, Willy Schneider, Rudi Schurike, Gerhard Wendland, Bully Buhlan, Lale Andersen, Renée Franke, Bruce Low, Lieselotte Malkowsky, Friedel Hensch und die Cyprys, Albert Vossen, Helmut Zacharias, Lonny Kellner, Peter René Körner und das Sunshine-Quartett.

Im Oktober beurteilt die Zeitschrift 4/4 den neuen Polydor-Plattentitel „Sei lieb zu mir" (Polydor 49061, Werner Müller mit dem RIAS-Tanzorchester):

„Rudi Schuricke, der schon so vielen Nummern zum Erfolg verholfen hat, interpretiert auch diesen Titel in bei ihm gewohnter bezwingender Art. Diesem Schlager sollte es nicht schwerfallen, sich einzuprägen, da er eine gewisse Ähnlichkeit mit dem vor kurzem erfolgreichen Fox ‚Heimweh nach Dir' nicht verleugnen kann."

1954

Otto-Höfner-Gastspieltourneen:
20.02. „Geh'n wir bummeln": Eine große POLYDOR-Revue im Berliner Sportpalast, mit Gerhard Wendland, Friedel Hensch und den Cyprys, Mona Babtiste, Undine von Medvey, Catherina Valente, Karl Peukert, Horst Wende und die POLYDOR-Solisten, Kurt Edelhagen.

In den Ferien geht's zu Vati an den Ammersee

Alle auf diesem Bild heißen Schuricke. Bis auf die dunkellockige Dame im weißen Kleid ganz rechts handelt es sich um des Schlagersängers Kinder, die alle einem anderen Lebensabschnitt entstammen. Von links nach rechts: seine 18jährige Tochter Marion aus zweiter Ehe, der 11jährige Michael aus dritter Ehe, der singende Vater, die kleine Gaby aus vierter Ehe, die 16jährige Manuela aus dritter Ehe und die junge Frau Christa, die, kaum älter als ihres Mannes Töchter, sich mit diesen glänzend versteht. In jedem Jahr verbringen alle Schuricke-Kinder ihre Ferien bei Vati und bilden dann eine einzige glückliche Familie. Das sieht man ihnen hier an.

„Alles, was Schuricke heißt", aus: „Heim und Welt" Nr. 9 (1954)

Der mit RS befreundete Sänger Wolfgang Sauer (1928-2015) berichtet dem Autor eine Begebenheit aus dem Jahr 1954 [wohl Mai]. RS hatte mit dem Gerhard Winkler-Titel „Mütterlein" [= "Mutterlied", Polydor 48714 B] von 1952 keinen großen Erfolg zu verbuchen (nur 40.000 verkaufte Platten), während Nat King Cole mit „Answer Me" hunderttausende verkaufte. Also musste sich der Texter Fred Rauch einen besseren Text einfallen lassen, da ja die Musik in Ordnung war. W. Sauer hatte großes Glück, dass sein damaliger Produzent mit Fred Rauch befreundet war. Er erhielt fast umgehend den neuen Text „Glaube mir" [auch verwendet für die neue RS-Version, Feb. 1954, auf Polydor 49176 A]. Am selben Abend setzte sich WS mit begleitender Freundin ins Flugzeug nach München und um 0:30 wurde im Saal des Deutschen Museums der Titel in mehreren Stunden [für Sauers Electrola Single 7 MW 523, Mai 1954] in harter Studioarbeit aufgenommen, noch Bandkopien gezogen und sie mit Freundin, seiner späteren Frau, um 5:00 morgens am Bahnhof bei der Post eingeworfen. So war man der Erste bei den Rundfunkanstalten und lag gleich an der Spitze der Charts.

Wolfgang Sauer und Rudi Schuricke beim Radio – 1973 (Foto: RSA)

Auf einer Tournee lernten beide Sänger sich kennen und schätzen. RS war später Gast bei Sauers Sendung „Mit Prominenten ins Wochenende" im Studio der Deutschen Welle.
1. -15. November Gastspiel im „Hirte" am Bahnhof Altona in Hamburg.
RS verkauft sein Hotel Seespitz an den Aschaffenburger Knopffabrikanten Heinrich Schäfer.

1955

Für den Erlös kauft er sich ein neues Domizil am Ammersee in Breitbrunn, Seeleite 43, mit Seesteg, Bootshaus, Garagen und einem Tennisplatz.
Auftritt am 11. Sept. in der Hamburger Musikhalle „Schlag auf Schlag".
10. und 11. Dez. Auftritte in Berlin in der Sporthalle am Funkturm mit „Was ihr wollt", mit dem T.O. Hans Karbe.

1956

Autogrammwünsche seiner Fans erfüllt R.S. gegen eine Spende mit beigelegter vorgedruckter Zahlkarte auf ein Konto in München (für soziale Zwecke an verschiedene Hilfsorganisationen).

31.03.-02.04. „Oster-Starparade" im Berliner Sportpalast mit Lys Assia, Lale Andersen, Claire Schlichting.

20.-21.10. „Singendes, tanzendes Schlager-Karussel" im Berliner Sportpalast mit Mona Baptiste (musste absagen), Angèle Durand, Rene

Caroll, Liselotte Malkowsky, Penny Pipers, 3 Peheiros, Kapelle Wilfried Krüger.

1957

30.März: Gastspiel in der Leipziger Kongresshalle/Zoo. Gastspiel am Steindamm in Hamburg.

Gemeinsame Tournee mit Will Brandes (11. Januar 1928 - 8. April 1990).

14. August: Auftritt in der „Starparade am Steindamm" (Oklahoma-Galapremiere im „Savoy")

Im Mai erfolgten Neuaufnahmen der „Capri-Fischer" und anderer Titel mit dem Orchester Alfred Hause. Danach Auftritt im spanischen Rundfunk in Madrid.

Eintrittskarte für das Gastspiel in Leipzig am 30. März 1957. (RSA).

1958

Eigene Kompositionen bei Aberbach in Hamburg verlegt: „Es werden wieder Rosen blüh'n" und „Lana-Lana" mit dem Orchester Bert Kaempfert (als Single erschienen).
Vertragsverlängerung bei der Dt. Grammophon.
Auftritte in der Hamburger Musikhalle zum „Meisterabend der Spitzenklasse" mit Kurt Hohenberger u.s. Solisten.

Am 7. Juni ist er Gast im Bellevue in Hamburg.

Im November im Kölner Varieté Kaiserhof „Schlager-Festival", ein Meisterabend der Spitzenklasse der Otto Hofner GMBH u.a. mit Kurt Hohenberger und seinen Solisten, Will Brandes, Illo Schieder und den Penny Pipers.

1959

Anfang dieses Jahres erscheint eine LP „Unter Sternen und Laternen" (Polydor LPHM 46 506) mit dem Orchester Bert Kämpfert und der dritten Version von „Regentropfen".

28. - 30.03. „Oster-Star-Parade" im Berliner Sportpalast mit Walter Gross, Alexis, Elfie Mayerhofer, Edith Schollwer, Mario Tuala, Peter Frankenfeld, 3 Travellers, Sigrid Candler, Erika Brünning, Werner Schmah, Kapelle Kurt Drabek, Ansage: Joachim Krüger.

Am 3. November eröffnet er das Tanzcafé „Corso am Ring", mit Bierbar und großer eleganter Sektbar mit Platz für ca. 150 Personen in Köln.

Tanzcafé „Corso am Ring" (Foto: RSA):
„Täglich ab 20Uhr spielt für Sie die Kapelle „Romano" Samstag und Sonntag von 16 bis 19 Uhr Tanztee"

Im November spielt hier das Jugoslawische Tanzorchester vom Sender Belgrad. Man veranstaltet Nachwuchs-Wettbewerbe. Sohn Michael ist hier mit im Einsatz – singt, spielt Schlagzeug und arbeitet an der Bar mit. Michael lernt bei der Ufa in Berlin Kameramann und Tontechnik. RS lebt in einem Haus am Kölner Stadtrand (Lövenich, Rurstr. 25).

1962

RS im Oktober in „Werner Müller's Schlagermagazin" eine Produktion von NDR u. RIAS Berlin mit vielen Gesangsstars und dem Tanzorchester Werner Müller.

Schiffstour auf der der alten Hanseatic nach New York, hier Zusammentreffen mit Jan Kiepura.

25.12. „Weihnachts-Star-Parade" im Sportpalast Berlin mit Lys Assia, Camela Corren, Walter Gross, Die Floridas, Joachim Krüger, Mäcky-Trio, Brigitte Mira, Harald Nielsen, Werner Schmah, Schwabenhansl, Orchester Hans Karbe.

1963

Auftritt bei einer öffentlichen Unterhaltungssendung des NDR im Juni in der Ostseehalle in Kiel anlässlich der Kieler Woche mit vielen bekannten Gesangskünstlern, wie dem Hazy- Osterwald - Sextett und dem Alfred Hause Orchester.

1964

Die alten Terzettmitglieder machen bei Philips mit dem Orchester William Greihs Neuaufnahmen früherer Titel. Aufgenommen wurde im alten Esplanade in Berlin.
Während der 14tägigen Vorbereitungen für die Philips-Aufnahmen wohnte RS bei den Golgowskys in der Nähe von Hamburg.
Hierzu heißt es auszugsweise auf der Rückseite der Plattenhülle:

Durch das Filtern der Erinnerung wurde diese Schallplatte produziert. Die drei Männer, die damals alle diese Schlager sangen, fanden sich im Aufnahmestudio wieder zusammen. Und als sich die Stimmen des Original-Schuricke-Terzetts wieder vereinten, da war auch jener eigenartige und typische Sound von damals wieder da, der uns allen noch im Ohr lag, der auch wieder unsere Herzen bewegt. Etwas ist allerdings hinzugekommen – ein wenig Swing und ein wenig Abstand oder Heiterkeit. Das also, was wir das Filtern der Erinnerung genannt haben. Eines hat dieses musikalische Zurückdrehen um 25 Jahre für sich – man kann wunderbar diesen weichen, schmeichelnden Stimmen zuhören. Man kann dabei träumen und sich auch einfach nur an den schönen Melodien erfreuen.[389]

---

[389] Philips-LP 840 457 PY.

Das „neue", alte Terzett zu Gast in der ZDF-"Schaubude" bei Karin von Faber.

1965

R.S. muss sich einer schweren Magenoperation unterziehen (Elisabeth-KKH in Köln) und gibt das Corso am Ring in Köln auf.

1966

Er geht von Köln nach München zurück. Ein Versuch, hier eine Bar mit Schönheitstänzen in der Schrandolfstraße zu betreiben, scheitert und endet in einem finanziellen Fiasko.
Am 01.12. Wiedereinzug in die Seeleite 43 in Breitbrunn.

1968

Oktober: Frau Marlis übernimmt, mit Unterstützung von Freunden, eine Reinigung in München am Rot-Kreuz-Platz (Nymphenburgerstraße 174), womit man sich zunächst über Wasser hält. Das Haus am Ammersee wird verkauft.

„Marlis"

Reinigungs- und Waschsalon

8 München 19

Nymphenburger Str. 174. Tel. 516 99 26

Waschsalon „Marlis" (Zeitungsanzeige: RSA)

Am 06.08. Auftritt im SFB: „Rendezvous"-Sendung mit Peter Igelhoff. Es spielt das Fernseh-Tanzorchester des SFB unter Werner Müller.

1970

Am 15.06 verlassen die Schurickes Breitbrunn und ziehen in einen Reihenbungalow nach Olching, in den Rauschbergweg 8.

13.06. im ZDF „Berlin-Geflüster. Zwei junge Menschen in einer jungen Stadt."
Mit Franziska Oehme und Rolf Zacher, Hildegard Knef, Freddy, Shmuel Rodensky, David Cameron, Oswald Kolle, Grethe Weiser, Uta Sax, Barbara Valentin, Harry Wüstenhagen, Bully Buhlan, Ralf S. Eden, Insterburg und Co. u. a.

1971

10.01. Fernsehauftritt in der „Drehscheibe"; Auftritt auf einer CDU-Veranstaltung in der Neuen Welt in der Hasenheide in West-Berlin.

27.01. Auftritt in der Neuen Welt ab 15:00 in einer „Bunten Varieté-Palette" mit namhaften Künstlern.

Im Mai ist er bei der Bestattung von Hans Carste auf dem Wiesseer Bergfriedhof neben vielen anderen Gästen dabei.

1972

08.01. ZDF, „Wer zählt die Platten, nennt die Namen" RS singt die Capri-Fischer im ZDF.
RS wieder im Aufnahmestudio der Polydor.

14.04. Auftritt in der Abendschau „Stars von damals" (RS wird geschminkt, geht mit einem Reporter den Gang entlang; Interview über seine Karriere; Jugendfotos; Filmausschnitt aus „Maharadscha wider Willen"; Reporter fotografieren; RS singt seine Lieblingsaufnahme „Die Berceuse" aus der Oper „Jocelin" von Godard")[390]

28.08. Umzug nach Fürstenfeldbruck, Emmeringer Str.6.

Gast auf einer CDU-Veranstaltung in der Berliner „Neuen Welt".

06.12. zu Gast live im ZDF-Studio, Titel: „Blick ins Land" (Interview und Gesang).[391]

1973

30.01. ARD-Sendung: „Treffpunkte"[392] (Portrait des Schlagerstars Rudolf Schuricke, der ein Comeback versucht. Er singt: „Capri-Fischer", „So eine Liebe gibt es einmal nur", „Komm bald wieder", "Reich mir deine Hand", Ich danke dir für jeden Tag", Interview und mit Ehefrau zuhause).

ARD- / NDR-Sendung: „Noch einmal mit Gefühl".

24.05. ZDF-Sendung: „Drei mal Neun" mit Wim Thoelke.

Die LP „So leb' dein Leben" (Pol. 2371 427) ist sein letztes Album.

Im August schreibt RS für den Begleittext der Langspielplatte „Meine Lieblingslieder":

„Es gab mal eine Zeit, da habe ich mich geärgert und gewundert, wenn mich jemand ‚Schnulzensänger' nannte! Heute bin ich stolz auf diesen Titel, weil ich weiß, dass ich meine Lieder richtig gesungen habe. Ich kann eben einen Text nicht singen, wenn ich ihn nicht mitempfinde. Ein Künstler muss das selber erlebt haben. Er muss durch alle Freuden und alles Leid selbst hindurchgegangen sein. Er muss an das glauben, was er singt. Und ich habe meine Lieder immer so gesungen und werde es auch weiterhin tun. Ich singe für Dich und für Sie und für alle, die gerne gefühlvolle Melodien und schöne Stimmen hören. Mein Maßstab ist mein Publikum, das mir für Jahre hindurch die Treue

---

[390] SDR-Archiv-Nr. 7213526 Sendedauer: 7'30 Min.
[391] SWF: Archiv- Nr. MZ Sendedauer: 4'20 Min.
[392] ARD-1 Archiv-Nr. 0001186 Sendedauer: 8'55 Min.

gehalten hat. Ich bekam Briefe und Anrufe. Auch wenn eine Zeitlang nichts Neues von mir zu hören war. Sie haben mich nicht vergessen – wofür ich mich an dieser Stelle von Herzen bedanken möchte.
Einmal ist auch die Zeit von Beat und hartem Rock vorbei, das wusste ich. Einmal kommt auch deine Zeit wieder, dachte ich des Öfteren. Die Erinnerung an erfolgreiche Schallplatten, ausverkaufte Tourneen und tausende von Menschen, denen ich mit meinen Liedern den Alltag verschönern konnte. Diese Erinnerung ist viel, doch für einen Künstler wie mich nicht alles. Dann kamen plötzlich Oldies in Mode, das Gute an gestern wurde wieder entdeckt und nie werde ich den Tag vergessen, an dem man mich anrief, um einen Termin für neue Schallplattenaufnahmen zu vereinbaren. Und so entstand nach langer Zeit eine neue LP von mir. Ihr Erfolg und damit Ihr Interesse am „alten neuen" Rudi ermunterte mich, den Weg der ‚Capri-Fischer' in moderner Form weiterzugehen. A propos ‚Capri – Fischer': das Lied entstand im Krieg. 1943 setzten wir uns, das waren Gerhard Winkler, Ralph Maria Siegel und ich an einen Tisch und dachten, so ein Lied wäre gerade richtig für die damalige Zeit. Die ‚Capri-Fischer' wurden prompt verboten. Man wollte nicht, dass wir Deutsche damals an glückliche Ferien am Meer dachten. An den Krieg sollten wir denken und an den Endsieg. Keiner von uns dreien hatte, als wir das Lied machten, jemals Capri auch nur aus der Ferne gesehen.
1950 war ich zum ersten Mal unten. War das seltsam. ‚Wenn bei Capri die rote Sonne im Meer versinkt' – so fing das Lied an. Es war alles genauso. Siegels Text stimmte, Winklers Musik und ich sang der Stimmung entsprechend wie die Fischer, die mitten in der Nacht auf dem Meer herumfuhren. Neben mir standen deutsche Touristen. Plötzlich sagte einer zu seiner Frau: ‚Du, is det doll? Der Schuricke muß oft hiergewesen sein, det der det so jenau hat empfinden können!'
‚So eine Liebe gibt es einmal nur', meine deutsche Version des James-Last-Welthits ‚Music from across the way' ist ebenfalls eines meiner Lieblingslieder, die mir sehr viel bedeuten. Zum einen, weil ich es für einen sehr guten Titel halte, zum anderen aus Dankbarkeit, dass ich mit diesem Lied die seltene Chance erhielt, meine Karriere fortzusetzen und Ihnen zu beweisen, dass der ‚alte neue Rudi' keineswegs ein Alter ist.
Herzlichst Ihr Rudi Schuricke"[393]

---

[393] Vgl. Schuricke II.

Weiter heißt es:

„Rudi Schuricke schrieb diese Zeilen im August letzten Jahres. Er ahnte nicht, dass er nur noch weniger als ein halbes Jahr zu leben hatte. Sein Kommentar, den er zu dieser Platte schrieb, strahlt einen Optimismus aus, der noch vieles erwarten ließ."

Vom 14.-16.Sept. gab es ein Schultreffen in München mit ehemaligen Mitschülern des Hufen-Gymnasiums in Königsberg u.a. mit Heinz Sielmann:

„Mit nicht minderem Beifall wurde RS bedacht, der uns nicht nur mit seinen Capri-Liedern, sondern auch mit einigen neuen Liedern voller Wehmut und Hoffnung – am Flügel assistiert von Wolfgang Winkel – erfreute und verzauberte."[394]

Mitte September war er noch anlässlich der 75-Jahr-Feier der Deutschen Grammophon in Hamburg und besprach die endgültige Zusammenstellung seiner LP „Meine Lieblingslieder". Im Oktober gab es einen Empfang beim Bundespräsidenten Heinemann in Hamburg anlässlich der 75-Jahrfeier der Deutschen Grammophon.

---

[394] Zitat aus dem 16. Rundbrief vom August 1974 (RSA).

401

Zum 75jährigen Jubiläum der Deutschen Grammophon Gesellschaft trafen sich die Ehepaare Schuricke und Heinemann.

Eine für Ende November geplante zehntägige Gastspielreise nach Brasilien musste krankheitsbedingt abgesagt werden.
Im November erschien die LP „Meine Lieblingslieder", wenige Wochen später, am 28. Dezember starb Rudi Schuricke.
Zur Beerdigung waren nur die Töchter Marion und Manuela mit ihrer Tochter Jasmine (*1964) anwesend. Sohn Michaels Flugzeug aus Berlin-Tempelhof konnte wegen Nebels nicht starten. Zu den Feierlichkeiten gehörte auch, seinem Wunsch entsprechend, das Abspielen seines oft in der Nachkriegszeit gesungenen Lieblingstitels „Berceuse" von Benjamin Godard.

Schurickes Grabstätte auf dem Herrschinger Friedhof.

RUDI SCHURICKE 100

Am 16. März 2013 wäre der Sänger
RUDI SCHURICKE (gestorben 1973)
100 Jahre alt geworden. Schuricke
war in den ersten Nachkriegsjahren
Deutschlands populärster Schlager-
und Schallplattensänger (Capri-Fischer
u.a.) der mit seinen Liedern in grauer
Zeit ein wenig Freude und Farbe in den
tristen Alltag brachte.
In Erinnerung und Dankbarkeit für
viele schöne Stunden mit seiner Musik.

Ein Schuricke-Schallplatten-Freund

Anzeige im „Hamburger Abendblatt"
(16.03.2013).

403

Abbildungsnachweis

Alle Abbildungen sind eigenständig erstellte Bilder und ggf. Bildbearbeitungen (von tw. historischen Abbildungsvorlagen) und entstammen dem Privatbildarchiv und dem Besitz des Verfassers / der Verfasser. Auf die veröffentlichten und benutzten Bildquellen wird mit dieser Liste aber grundsätzlich und transparent hingewiesen. Die Abb. 24, 27, 44, 48, 54 sowie sämtliche Bilder des RSA sind ausdrücklich lizenziert und werden in Absprache und mit Genehmigung der Bildeigentümer wiedergegeben. Ansonsten berufen wir uns, im Zweifelsfalle (etwa bei historischen Abbildungen) ausdrücklich, vor allem international, auf die Anwendung und Gültigkeit der anerkannten „Fair Use" [= „Angemessene Verwendungs"] – Regelung für wissenschaftliche Arbeiten mit dem Hauptinteresse der allgemeinen öffentlichen Bildung auf Grundlage des §107 des US-amerikanischen Copyright Act („Title 17" des „United States Code of Law") und den entsprechend üblichen und verwandten, internationalen und EU-Regelungen.

Abbildungen im Text

Abb. 1 nach: Hörzu 41 (1949) „XYZ – Musikalisches Durcheinander", 4.
Abb. 3 nach: ohne Autor, Begleitheft der 5-LP-Box „Das gibt's nur einmal", Electrola 9257, 1966, 8.
Abb. 4 nach: Odeon-Originalplakat im RSA.
Abb. 5 Ausschnitt nach: Walker, 80.
Abb. 9.a nach: Schröer – Buchholz, 6 (RSA).
Abb. 10 nach: Künstler im Rundfunk 4 (1936), 113.
Abb. 11.a nach: Schröer, Spree-Revellers, Abb. 5 (RSA).
Abb. 11.b nach: RSA.
Abb. 13 nach: Illustrierter Filmkurier Nr. 2452 (1936).
Abb. 15.b nach: KR 1 (1937), 137.
Abb. 16 nach: Illustrierter Filmkurier Nr. 2452 (1936).
Abb. 20 nach: Künstler im Rundfunk 4 (1936), 98.
Abb. 23 nach: ohne Autor, Begleitbuch der 5-LP-Box „Bei Dir war es immer so schön". Marcato / Odeon 73940, um 1980, 58 (3).
Abb. 24 nach: Bildarchiv preußischer Kulturbesitz.
Abb. 25 nach: „Die Telefunkenplatte" (Hg.) - bearbeitet von Friedrich Böer und Dr. Walter Facius, Die Schallplattenfibel, Berlin 1939,127 (UFA).
Abb. 27.a nach: RSA.
Abb. 28 nach: KR 2 (1938), 292.
Abb. 29 nach: Michael Jary, Warum ist die Banane gelb? – Swing mit Michael Jary (Booklet der gleichnamigen CD, 2002), 6.
Abb. 32 nach: Festschrift 50 Jahre Metropol-Theater, Berlin 1942.

Abb. 36 nach: K. H. Pütz (Hg.), …und abends in die Scala, Berlin 1991, 35.

Abb. 37 nach: Titelfoto mit Autogramm Melodie 6 (1. Jahrgang, November 1946).

Abb. 38 nach: ohne Autor, Begleitbuch der 5-LP-Box „Das gibt's nur einmal", Electrola 9257, 1966,19.

Abb. 39.a: nach: Schröer – Buchholz, 17 (RSA).

Abb. 39.b nach: Stephan Wuthe.

Abb. 40 nach: Melodie 2 (Februar 1947), 10.

Abb. 42 nach: Schröer – Buchholz, 20 (RSA).

Abb. 44 nach: Gerhard-Winkler-Archiv, Potsdam.

Abb. 46 nach: Schröer – Buchholz, 2 (RSA).

Abb. 48 Gerhard-Winkler-Archiv

Abb. 54 Gerhard-Winkler-Archiv